易學典籍選刊

# 易學啓蒙通釋
# 周易本義啓蒙翼傳

〔宋〕胡方平
〔元〕胡一桂 著
谷繼明 點校

中華書局

**圖書在版編目(CIP)數據**

易學啓蒙通釋/(宋)胡方平著;谷繼明點校. 周易本義啓蒙翼傳/(元)胡一桂著;谷繼明點校. —北京:中華書局,2019.8(2024.6重印)
(易學典籍選刊)
ISBN 978-7-101-13722-4

Ⅰ.①易…②周… Ⅱ.①胡…②胡…③谷… Ⅲ.《周易》-注釋 Ⅳ.B221.2

中國版本圖書館CIP數據核字(2019)第006874號

責任編輯:王 娟
責任印製:陳麗娜

易學典籍選刊

**易學啓蒙通釋**

**周易本義啓蒙翼傳**

〔宋〕胡方平 〔元〕胡一桂 著

谷繼明 點校

*

中華書局出版發行

(北京市豐臺區太平橋西里38號 100073)

http://www.zhbc.com.cn

E-mail:zhbc@zhbc.com.cn

三河市鑫金馬印裝有限公司印刷

*

850×1168毫米 1/32 · 20⅝印張 · 2插頁 · 375千字

2019年8月第1版 2024年6月第4次印刷

印數:6001-7000册 定價:80.00元

ISBN 978-7-101-13722-4

# 目録

## 易學啓蒙通釋

## 周易本義啓蒙翼傳

# 易學啓蒙通釋

# 點校説明

## 一

易學到了宋代，在義理和象數方面都有了新的發展。就象數而言，如朱震所説：「陳摶以先天圖傳种放，放傳穆脩，穆脩傳李之才，之才傳邵雍；放以河圖洛書傳李溉，溉傳許堅，許堅傳范諤昌，諤昌傳劉牧；穆脩以太極圖傳周惇頤，惇頤傳程顥、程頤。是時張載講學於二程、邵雍之間，故雍著皇極經世書，牧陳天地五十有五之數，惇頤作通書，程頤著易傳，載造太和、參兩篇。」這個授受的譜系固然多虚言，但是它反映了宋人對於當時象數學主要流派的認定：亦即以周敦頤爲代表的太極圖説，以劉牧爲代表的圖書之學，以邵雍爲代表的先天之學。至於程頤、張載，則是義理學派易學的傑出人物。周敦頤、二程、張載、邵雍合稱「五子」，是北宋理學的主要代表人物〔一〕。由是可見，理學一派的易學，是兼顧象數與義理的。

到了南宋，朱熹成爲理學的集大成者。他的主要工作，一方面是整理、闡發北宋理學家的著述和學説，一方面則是以理學的觀點注釋群經。就易學而言，程頤早就有易傳，但朱子對其專門闡發義理不甚滿意。他一方面强調易本卜筮之書；一方面强調注解不可連綴成文，使經書變爲發揮己意的工具。在這種見解下，他作了周易本義。然本義所詮釋的對象，主要是易的文本，即卦爻辭；至於易之卦爻象系統的結構，及其中藴含的道理，則便需要另一部著作來表達，此即易學啓蒙。

許多學者認爲，易學啓蒙是爲了補本義言象數的不足，故乃大力表彰象數之作，此話大致不差；然而我們不能忽視的是，啓蒙更深層目的乃在於通過簡單、規範的象數體系來摒棄那些混亂、繁雜的體系。如其答劉君房載：「此書本爲卜筮而作，其言皆依象數以斷吉凶，今其法已不傳。諸儒之言象數者，例皆穿鑿；言義理者，又太汗漫。故其書爲難讀。

〔一〕當然，司馬光也是廣義的道學運動的中堅人物。

此本義、啓蒙所以作也。……啓蒙本欲學者且就大傳所言卦畫蓍數推尋，不須過爲浮説；而自今觀之，如論河圖洛書，亦未免有剩語。」

啓蒙主要作者爲朱子，曾參考過蔡元定的意見，這在當時並無疑問。到了明末，隨着攻擊宋代圖書之學風潮的興起，清代不少學者懷疑此書的主要作者是蔡元定，推崇圖書、先天之學非朱子本意。其代表者有王懋竑、胡渭等。此外，四庫提要亦持此説。當然這只是一偏之見，許多學者對此已經做出駁正。

此書本來只有原卦畫、明蓍策兩篇。前者根據邵子之學來説明八卦、六十四卦形成及其結構、意義。後者則詳細探討揲蓍求卦的方法，計算揲蓍中的數字排列，並批評了一些其他的求卦方案。其中的邏輯在於：古聖先根據一定的數理邏輯創作出八卦、六十四卦，而後再通過揲蓍求卦來使用它們判斷吉凶，創造之理與揲蓍成卦之理是不同的。繫辭傳説「河出圖，洛出書，聖人則之」。然則聖人創作易卦，亦根據於圖書。朱子又經過思考，在原卦畫之前加入本圖書一篇。其實我們開始提到，河圖洛書與邵雍先天之學是兩個系統，朱子皆把它們看做畫卦的根據，這可以看出朱子欲整齊百家的努力。至於末尾加的考變占一篇，則是回答求卦之後如何確定動爻以解卦的。

朱子雖然常强調周易非學者之先務，但他自己卻在這方面下了很深的功夫，而且啓蒙一書與大學章句一併成爲他最得意的著作。由此可以看出此書對於研究朱子易學及其整個思想的重要意義。

## 二

朱子去世以後，宋末至元明的理學特色在於對自周敦頤至朱子整個理學遺産的繼承與疏釋。理學大家特别是朱子，於諸經有了新的權威注本，弟子們的工作便是進一步疏釋、編輯。理學的表達除了解經外，另外一種鮮明的形式便是語録。將語録加以分類編纂，繫於相應的經學解釋之下，即「附録纂疏」之學。此學成爲宋末、元代、明前期經學的主流。

胡方平便是爲易學啓蒙這部經典作疏解者。胡氏字師魯，號玉齋，宋末元初婺源人。據清原宣賢鈔本易學啓蒙通釋所載胡方平自序及胡一桂附記，則其卒於元至元己丑年（一二八九），生年未詳。從師承譜系來講，胡氏爲朱子女婿黄榦的再傳弟子。胡方平的次子胡一桂，亦是有名的易學家。父子二人闡述朱子易學，居功甚偉。

啓蒙通釋的詮釋方式是，先以己意略爲疏解，然後引朱子相關的語録，以及朱子門人的説法來加以佐證、申説。其詮釋的内容，一是對於啓蒙中一些典故進行疏證、就字面的意思進行串講；一是就專門的易學象數、義理背景知識作補充性的説明；一是對其難以理解或表述過於簡單的知識點作更詳細的闡發。

當然，胡氏的解釋不僅僅是重複朱子的意思，他對朱子所留下的一些難題亦作出了解答或補充説明。比如朱子的弟子周謨曾指出，若以先天圖配卦氣，會造成與後天卦氣不一致的矛盾。臨卦在消息卦是十二月卦，但若以先天的卦氣圓圖視之，則正好在卯位上，這是春分的節氣。面對此種矛盾，朱子强調先天圖爲伏羲之學，與後天之學要分開。以我們現在的研究來看，這是兩種不同的卦序排列邏輯，因此不可强合爲一，朱子的回答是比較明智的。然他仍然有追求體系統一性的衝動，因此認爲這種安排「不應无説，當更思之」。朱子没有做進一步的思考，而胡方平則在此處做了深入的揣測和探討。

另外，易學啓蒙糅合衆家，難免有不一致的地方。胡方平便在疏釋中試圖調和、彌縫其中的異同。林忠軍老師已經指出，這是胡方平此書的「獨到之處」〔一〕，並且作了相關的

〔一〕林忠軍象數易學發展史第二卷，齊魯書社一九九八年版，第三七四頁。

研究，可以參考。

總體説來，胡氏此書詳略得體，疏解清晰，當爲瞭解易學啓蒙最便利之書。四庫提要評價此書曰：「方平此書雖亦專闡數學，而根據朱子之書，反覆詮釋。……故所衍説尚不至如他家之竟離其宗，是亦讀啓蒙者所當考矣。」洵爲中肯。

朱子的易學啓蒙現今並未有較早的單行刻本，而胡方平的通釋則有元刻本在。我們選擇此書來點校，一方面可以瞭解胡方平的思想和宋末至元代的經學特色，一方面亦可以作爲易學啓蒙的善本來讀。

## 三

筆者在準備點校此書、版本調查初具眉目時，適逢谷建老師胡方平生平及著作考訂一文在儒家典籍與思想研究發表，所論甚爲翔實。今約述此書版本之大概，並對谷建老師一文稍加補充。

此書撰作的時間，據周易會通「引用諸書群賢姓氏」注「胡方平」曰：「方平玉齋先生，徽州婺源人，師鄱陽介軒董先生、毅齋沈先生，著易學啓蒙通釋，至元己丑自序。」是此書蓋成於己丑（一二八九）。又其自序稱「沈潛反覆二十餘年」，則此書之作，在咸淳（一二六五——一二七四）間即已開始。

四庫提要以爲周易會通所記有問題：「據董真卿周易會通載是書有方平至元己丑自序，則入元已十四年矣。然考熊禾跋稱『己丑春，讀書武夷山中，有新安胡君庭芳來訪，出其父書一編，曰易學啓蒙通釋』，又劉涇跋亦稱『一日，約退齋熊君訪雲谷遺蹟，適新安胡君庭芳來訪，出易學啓蒙通釋一編，謂其父玉齋平生精力盡在此書，輒爲刻置書室』云云，則己丑乃禾與涇刊書作跋之年，非方平自序之年，真卿誤也。」

四庫提要以爲熊氏、劉氏刊此書於至元己丑，非方平作序之年，故董真卿所載有誤。提要這種説法是行不通的。首先，爲何己丑刻書便不得爲自序之時？其次，提要未詳觀跋文，但據文中己丑歲胡一桂攜書示熊禾、劉涇的記載，便以此年爲刻書之年，然考序文「庭芳再入閩，惟汲汲焉父書無傳是懼，且欲以見屬」，則非其己丑歲入閩之時也，提要臆測而已。實則劉涇跋文已明言此書刻於至元壬辰（一二九二）。再者，日本京都大學藏易學啓蒙通釋鈔本，前載胡方平自序及胡一桂附識，所言作序及刊刻之事甚詳：「先君戊子冬精加修訂是書，其時一桂附録録成。明年春正月，命一桂携書千里拜考亭夫子祠下，證文獻於是。閲四月歸省侍，而先君已謝人間世矣。終天抱痛，追慕何極！舍弟天桂出先君遺命，拳拳斯文不朽之屬也。復更定序文一篇，乃絶筆也。一桂承兹付授，不敢失墜。辛卯九月，再入閩閲，歷壬辰季夏，兩書鋟梓皆成。是書感隨齋劉侯捐金造就之賜，永矢無斁。讎校之餘，謹次其事如左。」由此可見，胡方平於至元戊子（一二八八）修訂此書成，而後胡一桂於己丑携此書至福建會晤熊禾、劉涇。四個月後胡一桂歸家，胡方平已殁，其臨終前有序文一篇。一桂於辛卯（一二九一）再入閩，當是爲刻書之事。在劉氏的資助下，此書於壬辰得以刊刻。引文中「感隨齋劉侯」，檢北京大學圖書館所藏通釋本（簡稱北大本），卷首劉涇跋文末牌記，有「建安劉涇」及「隨齋」印，可知劉涇刻本即此書之初刻。

易學啓蒙通釋現存的版本，有國家圖書館藏元刻明修本（簡稱國圖本）、北大本、武漢大學圖書館所藏本（簡稱武大本）亦皆此種刻本。國圖所藏元刻明修本行款是：正文半葉十行，行二十一字；啓蒙原注文低一格，大字單行，行二十字；胡氏注文低二格，小字雙行，行十九字。細黑口，雙魚尾，左右雙邊。北大本行款與國圖本全同，據其標注爲明初刻本，但經與國圖藏本對比，發現二者絶大多數葉面的磨損程度特别是版框的缺損位置相同，當爲同一刻本。國圖本序文殘缺，只剩半葉熊禾跋，卷末一葉亦闕；北大本並載劉涇、熊禾跋，只是卷上闕第四十至四十四葉，即自「有幹幹之有枝」至「爲四分每分」部分。

據嚴紹璗日藏漢籍善本書録，日本尊經閣文庫藏有至元二十九年熊禾刻本〔一〕，由其描述可知與國圖藏本爲同一版本。東京都立中央圖書館又有元至和元年（一三二八）環溪書院覆至元刊本。

比較有趣的是京都大學所藏舊鈔本。據嚴紹璗書録，此本爲十六世紀初著名學者清原宣賢親筆所抄，目前已被指定爲日本重要文化遺産。此本嚴格按照某一刻本的行款進行抄録，經對比，我們發現其自熊禾跋以下，行款、内容與國圖、北大的元刻明修本同，只是卷首有差别。首先是書名頁，題「錦江精舍新刊文公易學啓蒙通釋」，然後是胡方平的易學啓蒙序，低一格附胡一桂的題記，然後是劉涇跋、熊禾跋。此本劉涇跋行款全同熊禾跋，與北大本的字大行疏寫刻不同。我們推測，應當是名爲錦江精舍的一個書坊翻刻了至元本。卷首的胡氏序文，或國圖、北大藏本已經亡佚。此序文極爲重要，前段已有涉及。

〔一〕嚴紹璗日藏漢籍善本書録，中華書局二〇〇七年版，第一〇頁。

據納蘭性德序，通志堂經解本通釋（簡稱通志堂本）即據熊禾刻本而刊。其將朱子序文題作「易學啓蒙通釋序」，四庫提要已辨其誤。其所謂「新安舊有槧本」，谷建以爲即胡氏後裔的明末刻本；然詳玩序文，則其意以新安之舊槧本在至元本之前。蓋作序者誤會劉涇序文，以爲胡一桂之前展示給劉涇的即舊刊本。後來的四庫全書薈要本，據其目録，知是「依内府所藏通志堂刊本繕録，據元新安本、劉涇本恭校」〔一〕。所謂新安本、劉涇本亦是據納蘭序文而列。考其校記，則或以意改，或據前後文改，或據朱子全書本啓蒙改，並未曾引據新安本、劉涇本。四庫提要但云「内府藏本」，是知文淵閣四庫全書本（簡稱四庫本）僅據通志堂本抄録。通過校勘我們發現，通志堂刻本雖以元刻本爲底本，但産生了不少錯誤，一類是因爲原書板漫漶，新刻或認錯了字，或直接留白，一類大概是刻者疏忽造成的。四庫全書薈要本忠實抄録了通志堂本，同時對其中的錯誤作了一些校改；而四庫本最爲惡劣，因抄書者的漫不經心，又添出許多新錯誤。易學啓蒙通釋中圖和數字比較多，這些地方最容易出錯，出錯後對整個内容的理解影響又最大；而四庫本的錯謬之多，

〔一〕摛藻堂四庫全書薈要第一册，第一〇〇頁下。

幾乎使此書不可繹讀。

又，南京圖書館藏有明刊本易學啓蒙通釋述解，除載通釋外，還附有朱謚的述解，原爲丁丙所藏。從校勘來看，一些錯誤承自元刊本，但也有改正。

還需要指出的是，明朝纂修性理大全，亦剿襲此書。如谷建所説，「性理大全是將胡方平易學啓蒙通釋略作删節，幾近全書照録。而所謂另外再補的『朱子、蔡西山、黄瑞節等人的言論』，其實也並非胡廣等人所集，均出自黄瑞節朱子成書」。我們前面説過，通釋的結構先是胡方平就字句進行疏釋，然後就其中的問題或某一點進行發揮，其發揮處多引用先儒之説。今性理大全將其引先儒之説置於前，則變成對問題的解決在前，一般性的疏釋在後，其結構顛亂可知。不過值得肯定的是，性理大全在文字方面遠比通志堂本忠於通釋原刻，因此有一定的校勘價值。

據谷建的文章，胡氏後裔於明末在婺源刊有易學啓蒙通釋，至清代嘉慶間，胡錦川、華川又據此家刻本重新校勘，然而此種刻本不過是據性理大全所載通釋裁取而成，已將原書體例變亂，故校勘價值頗低。

# 凡例

一、本次點校，以中華再造善本影印國家圖書館所藏元刻明修本爲底本，卷首序文及卷末二葉補以北大藏元刻明修本。以北大藏元刻明修本、通志堂本、四庫全書薈要本、四庫本易學啓蒙通釋，以及性理大全本易學啓蒙爲對校本，以朱謐易學啓蒙述解、朱子成書本易學啓蒙爲參校本。其相關條目，又以成化本朱子語類等進行比對。

二、底本行款：啓蒙中經文（引易傳）大字單行頂格；啓蒙中朱子引前賢及自釋之語，大字單行低一格；啓蒙中朱子進一步注解及引蔡元定之語，小字單行低一格；胡方平通釋，小字雙行低兩格。今點校，爲使其較然分明，又不失底本佈局，則設置爲：啓蒙中經文，加粗宋體，大字頂格；啓蒙中朱子引前賢及自釋之語，宋體，大字低一格；啓蒙中朱子進一步注解及引蔡元定之語，宋體，大字低二格；胡方平通釋，宋體，小字低二格。或有其他特殊格式，隨文注明。

三、通釋所引朱子等先儒語，悉以引號分出；或有未見於語類、文集及朱子經注者，更詳加推定，俾其區劃詳明。

四、引據書目及簡稱如下：

中華再造善本影印國家圖書館藏元刻明修本易學啓蒙通釋。國圖本。

北京大學圖書館藏元刻明修本易學啓蒙通釋。北大本。

通志堂經解本收易學啓蒙通釋。通志堂本。

四庫全書薈要收易學啓蒙通釋。四庫薈要本。

文淵閣四庫全書收易學啓蒙通釋。四庫本。

明永樂内府刊性理大全收易學啓蒙。性理大全本。

中華再造善本影印元至正刻本朱子成書所收易學啓蒙。朱子成書本。

南京圖書館藏朱謐易學啓蒙述解。朱謐述解。

明成化九年朱子語類。語類。

宋咸淳間吴革刻周易本義。本義。

# 序

嘗記兒時從家庭授易，聞之先君子云：「昔晦庵先生之講學於雲谷也，我先文簡雲莊兄弟與西山蔡先生父子遊從最久，講四書之餘，必及於易。與諸生時時凌絶頂登眺，觀天地八極之大，察陰陽造化之妙。蓋其胸中已有真易一部在宇宙間，故所論象數義理自有以見其實而造其微。晦庵及雲莊，皆谷中書室名也。舊藏雲莊所抄諸經師説數鉅帙，兵燼之餘，其存者蓋千百之什一耳。一日，約无咎詹君、退齋熊君訪雲谷遺跡，適值新安胡君庭芳來訪，出易學啓蒙通釋一編見示，謂其父玉齋平生精力盡在此書。亟閱諦玩，見其論象説理允謂明備，而其所援引，則雲谷當日及門之士遺言餘論多在焉。時熊君以易學授兒輩，謂是誠讀易者不可闕之書。因言庭芳再入閩，惟汲汲焉父書無傳是懼，且欲以見屬。仰惟一時師友遊從之盛，重念先世問學淵源之舊，輒爲刊寘書室，以寓惓惓景慕之心，且以成胡君之志焉。噫！易之爲學，非潛心之深、玩理之熟者，未易言也。學者誠能由通釋以悟四篇之大旨，由四篇以窺四聖之全書，則是編亦非小補云！至元壬辰季夏朔，雲莊後人〔一〕劉涇楫之謹跋。

伏羲因河圖畫卦，大禹因洛書叙疇。孔安國以來，有是言矣。易大傳曰：「河出圖，洛出書，聖人則之。」且曰：「易有四象，所以示也。」若然，則河圖、洛書皆聖人則之以作易者也。及以先、後天八卦方位考之，與圖書之數已有自然之配合，所謂「易有四象」者，尤昭然可見矣。何則？洛書：一居北，六居西北，老陰之位也，故坤艮居之；九居南，四居東南，老陽之位也，故乾兑居之；三居東，八居東北，少陰之位也，故離震居之；七居西，二居西南，少陽之位也，故坎巽居之；五居中，則固虛之爲太極也，此非先天之四象乎？河圖：天一地六爲水，居北，故坎亦居北；地二天七爲火，居南，故離亦居南；天三地八爲木，居東，故震亦居東；地四天九爲金，居西，而兑亦居西；天五地十爲土，居中分旺於四季，故乾、坤、艮、巽亦居四維之位，此非後天之四象乎？大抵先天方位言對待之體也，天上地下，日東月西，山鎮西北，澤注東南，風起西南，雷動東北，乾

〔一〕通志堂本無「朔雲莊後人」五字。

坤定位，六子成列，乃質之一定而不可易者也；後天方位言流行之位也，春而夏，夏而秋，秋而冬，冬而復春，五氣順布，四時行焉，乃氣之相推而不可窮者也。此皆自然脗合，不假安排，天地之間開眼即見，聖人所以則圖書以畫卦者，蓋非苟焉而作也。漢儒不此之察，毋亦惑於書所謂「天乃錫禹洪範九疇」之説乎？不知此亦「天乃錫王勇智」之類，九疇大法，非人所能爲，則亦天之所與耳。古人之言九數，何莫不出於洛書，又豈特九疇爲然哉？若夫聖人作易，則但當證以吾夫子之言可也。每恨生晚，無從質之文公，徒抱此一大疑而已。己丑春，余讀書武夷山中，有新安胡君庭芳來訪，出其父書一編，曰易啓蒙通釋。其窮象數也精深，其析義理也明白，且其間有言先、後天方位暗與圖書數合者，不符而同。然後知天下之公理，非但一人之私論也。兹因刻梓告成，輒述所見，以識其後云。壬辰仲夏望日，後學武夷熊禾跋。

# 啓蒙所引姓氏〔一〕

孔氏安國。

劉氏歆，字子駿。

關氏朗，字子明。

周子

程子

邵子

歐陽子

程氏迥，字可久，號沙隨。

蔡氏元定，字季通，號西山，文公門人。

〔一〕此「啓蒙所引姓氏」及下頁「通釋所引姓氏」内容，通志堂本、四庫本皆在朱熹序文後。

# 通釋所引姓氏

黄氏榦，字直卿，號勉齋，文公門人，有語録。

董氏銖，字叔重，號盤澗，文公門人，有語録。

劉氏爚，字晦伯，號雲莊，文公門人，有經説。

陳氏植〔一〕，字器之，號潛室，文公門人，有木鍾集及語録。

蔡氏淵，字伯静，號節齋，文公門人，有易訓解及象數餘論等書。

蔡氏沉，字仲默，號九峰，文公門人，有皇極内篇。

蔡氏模，號覺軒，節齋子，有河洛探賾。

徐氏幾，字子與，號進齋，節齋門人，有輯講環中意。

翁氏泳，字永叔，號思齋，節齋門人，有口義。

姓氏終

〔一〕「植」：諸本同，實當作「埴」。

# 易學啓蒙序

聖人觀象以畫卦，揲蓍以命爻，使天下後世之人皆有以決嫌疑、定猶豫，而不迷於吉凶悔吝之塗，其功可謂盛矣。然其爲卦也，自本而榦，自榦而支，其勢若有所迫，而自不能已；其爲蓍也，分合進退，從横逆順，亦無往而不相值焉。是豈聖人心思智慮之所得爲也哉？特氣數之自然，形於法象，見於圖書者，有以啓於其心而假手焉耳。近世學者類喜談易，而不察乎此。其專於文義者，既支離散漫而無所根著；其涉於象數者，又皆牽合傅會，而或以爲出於聖人心思智慮之所爲也。若是者予竊病焉，因與同志頗輯舊聞，爲書四篇，以示初學，使毋疑於其說云。淳熙丙午莫春既望，雲臺真逸手記。

# 啓蒙通釋附圖〔一〕

新安　胡方平　學〔二〕

## 伏羲則河圖以作易圖

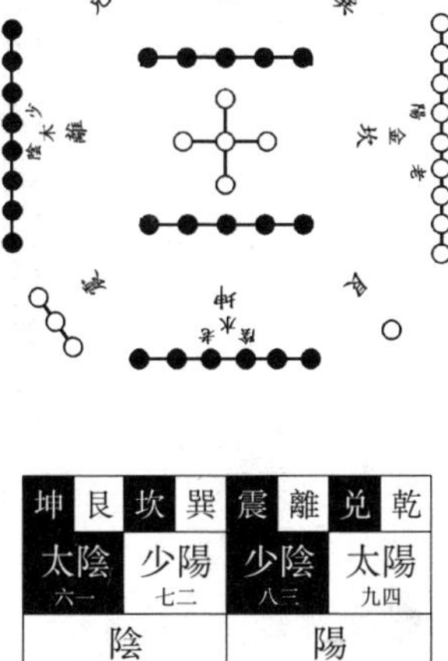


| 坤 | 艮 | 坎 | 巽 | 震 | 離 | 兌 | 乾 |
|---|---|---|---|---|---|---|---|
| 太陰 六一 | | 少陽 七二 | | 少陰 八三 | | 太陽 九四 | |
| 陰 | | | | 陽 | | | |

太極

〔一〕通志堂本作「易學啓蒙通釋附圖」，四庫本作「易學啓蒙通釋圖」。

〔二〕四庫本作「宋胡方平學」。

橫圖者，卦畫之成；圓圖者，卦氣之運。以卦配數，離震艮坤同，而乾兑巽坎異者，以陰之老少主静而守其常，陽之老少主動而通其變故也。

## 大禹則洛書以作範圖

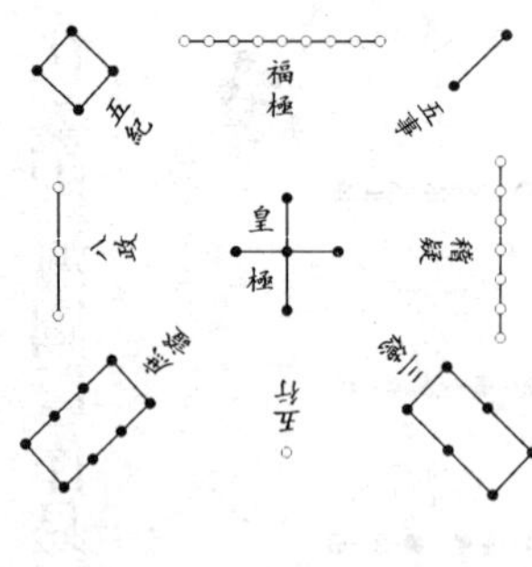


書洪範：「天乃錫禹洪範九疇，彝倫攸叙。初一曰五行，次二曰敬用五事，次三曰農用八政，次四曰協用五紀，次五曰建用皇極，次六曰乂用三德，次七曰明用稽疑，次八曰念用庶證，次九曰嚮用五福、威用六極。」洪範九疇配九宮之數，朱子之論備矣，詳見本圖書篇。上同。

# 先天八卦合洛書數圖

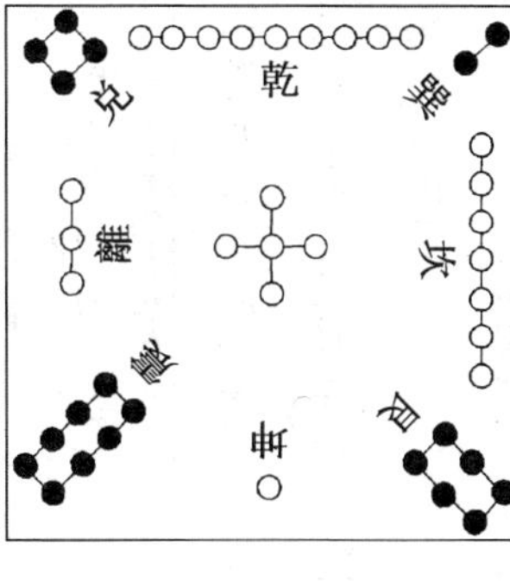


先天八卦，乾、兌生於老陽之四、九，離、震生於少陰之三、八，巽、坎生於少陽之二、七，艮、坤生於老陰之一、六。其卦未嘗不與洛書之位數合，詳見原卦畫篇末。下同。

## 後天八卦合河圖數圖

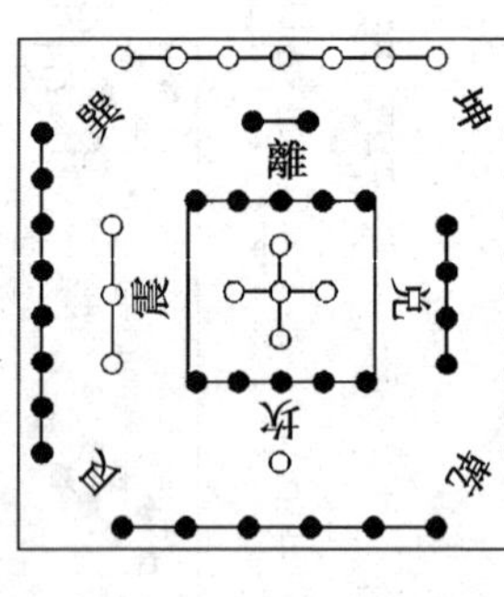


後天八卦：坎，一、六，水；離，二、七，火；震、巽，三、八，木；乾、兑，四、九，金；坤、艮，五、十，土。其卦未嘗不與河圖之位數合。此圖書所以相爲經緯，而先、後天亦有相爲表裏之妙也。

朱子曰：「先天圖一邊本都是陽，一邊本都是陰。陽中有陰，陰中有陽，便是陽往交易陰，陰來交易陽。兩邊各各相對，其實非此往彼來，只其象如此。」又曰：「如乾、夬、大有、大壯、小畜、需、大畜、泰，内體皆乾，是一貞，外體八卦，是八悔，餘放此。」

## 伏羲六十四卦節氣圖〔一〕

嘗因邵子「冬至子半」之説推之，則六十四卦分配節氣，二至二分四立總爲八節，每節各兩卦。外十六氣，每氣各三卦，合之爲六十四卦也。詳見原卦畫篇。

〔一〕按圓圖畫法，通常皆自内至外畫起，即最裏一爻爲初爻，最外一爻爲上爻。至於此圖，通志堂本、四庫薈要本、四庫本皆從外至内畫起，殊誤。

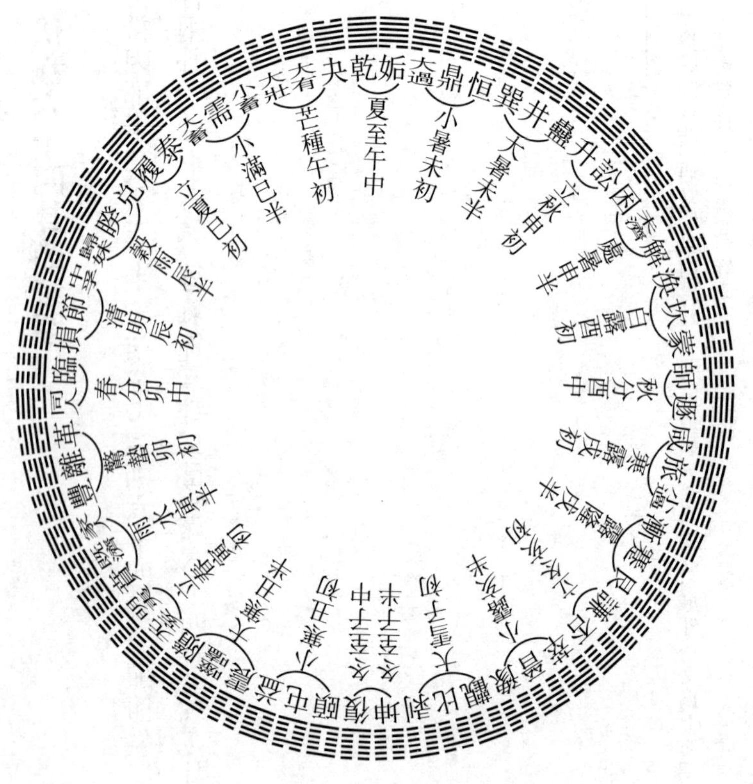
乾
姤
大過
鼎
恒
巽
井
蠱
升
訟
困
未濟
解
渙
坎
蒙
師
遯
咸
旅
小過
漸
蹇
艮
謙
否
萃
晉
豫
觀
比
剝
坤
復
頤
屯
益
震
噬嗑
隨
无妄
明夷
賁
既濟
家人
豐
離
革
同人
臨
損
節
中孚
歸妹
睽
兌
履
泰
大畜
需
小畜
大壯
大有
夬
夏至午中
小暑未初
大暑未半
立秋申初
處暑申半
白露酉初
秋分酉中
寒露戌初
霜降戌半
立冬亥初
小雪亥半
大雪子初
冬至子中
小寒丑初
大寒丑半
立春寅初
雨水寅半
驚蟄卯初
春分卯中
清明辰初
穀雨辰半
立夏巳初
小滿巳半
芒種午初

# 伏羲六十四卦方圖

| | | | | | | | |
|---|---|---|---|---|---|---|---|
| 坤 | 剥 | 比 | 觀 | 豫 | 晉 | 萃 | 否 |
| 謙 | 艮 | 蹇 | 漸 | 小過 | 旅 | 咸 | 遯 |
| 師 | 蒙 | 坎 | 涣 | 解 | 未濟 | 困 | 訟 |
| 升 | 蠱 | 井 | 巽 | 恒 | 鼎 | 大過 | 姤 |
| 復 | 頤 | 屯 | 益 | 震 | 噬嗑 | 隨 | 无妄 |
| 明夷 | 賁 | 既濟 | 家人 | 豐 | 離 | 革 | 同人 |
| 臨 | 損 | 節 | 中孚 | 歸妹 | 睽 | 兑 | 履 |
| 泰 | 大畜 | 需 | 小畜 | 大壯 | 大有 | 夬 | 乾 |

朱子嘗欲取出圓圖中方圖在外，庶圓圖虚中以象太極。今考方圖，乾、坤、艮、兑、坎、離、震、巽，八卦之正也。泰、否、咸、損、既未濟、恒、益，即乾、坤、艮、兑、坎、離、震、巽之交不交也。圓圖乾居南，今轉而居西北，内乾八卦居北，外乾八卦居西。坤居北，今轉而居東南，内坤八卦居南，外坤八卦居東。而艮、兑、坎、離、震、巽皆易其位。于以見方圖不特有一定之位，而有變動交易之義也。詳見原卦畫篇末。

此圖圓布者，乾盡午中，坤盡子中，離盡卯中，坎盡酉中。陽生於子中，極於午中；陰生於午中，極於子中。其陽在南，其陰在北。方布者，乾始於西北，坤盡於東南。其陽在北，其陰在南。此二者陰陽對待之數，圓於外者爲陽，方於中者爲陰，圓者動而爲天，方者静而爲地者也。

# 邵子天地四象圖

邵子經世演易圖以太陽爲乾，太陰爲兑，少陽爲離，少陰爲震，此四卦自陽儀中來，故爲天四象；少剛爲巽，少柔爲坎，太剛爲艮，太柔爲坤，此四卦自陰儀中來，故爲地四象。詳見原卦畫篇。下同。

## 朱子天地四象圖

坎 巽 艮
陰儀上右
乾 太極 坤
陽儀下左
兑 離 震

朱子釋邵子説，以乾、兑、艮、坤生於二太，故爲天四象，離、震、巽、坎生於二少，故爲地四象。但以太陽爲陽，太陰爲陰，少陽爲剛，少陰爲柔，不復就八卦上分陰陽剛柔，與邵子本意不同，自爲一説也。

# 掛扐過揲總圖

| 老陽 | 少陰 |
| --- | --- |
| 掛扐十三，去初掛一十二。 | 掛扐十七，去初掛一十六。 |
| 四約三分，爲一者三。 | 四約三分，爲一者二，爲二者一。 |
| 四約，以四策約之。三分，以十二策分爲三。一即四，與奇爲一者三，即爲四者凡三也。 | 四約、三分，同上。爲一者二，計兩箇四也；爲二者一，計一箇八也。二即八也，即偶也。 |
| 三一各復有三，爲九之母。 | 二一各有三，二二復有二，爲八之母。 |
| 此一字指一策言。言三一者，謂於上圖三箇四策中，各取一策於其上，而三箇一策中各復有三策也。 | 二一，兩箇四各有三，同前。二二，謂於上圖八策中去四不用，於四中取二策在上，而二策中復有二也。 |
| 過揲三十六 | 過揲三十二 |
| 四約得九，爲九之子。 | 四約得八，爲八之子。 |
| 四約，計九箇四，亦爲四箇九。四九三十六，九之子也。 | 四約，計八箇四，亦爲四箇八。四八三十二，八之子也。 |

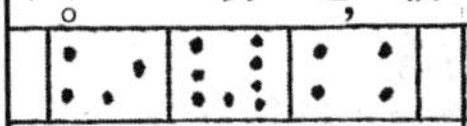

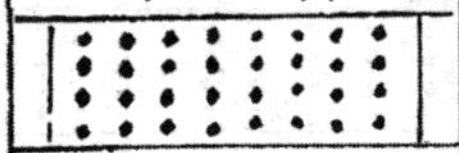

| 少陽 | 老陰 |
| --- | --- |
| 掛扐二十一，去初掛二十。 | 掛扐二十五，去初掛廿四。 |
| 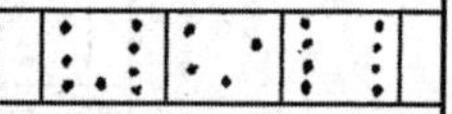 |  |
| 四約三分，爲二者二，爲一者三。四約、三分，同上。爲二者二，計兩箇八也，爲一者一，計一箇四也。一四爲奇，二八爲偶。 | 四約三分，爲二者三。四約、三分，同上。二即八也，即偶也。爲二者三，謂爲八者凡有三樣也。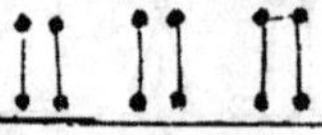 |
| 二二各有二，一復有三，爲七之母。二二，謂於上圖中各去四不用，於用四中各取二策在上，而二策中各有二。一一復有三，同前。 | 三二各復有二，爲六之母。三二，謂於上圖三箇八策中各去四不用，於用四中各取二策於其上，而三箇二策中各復有二也。 |
| 過揲二十八 | 過揲二十四 |
| 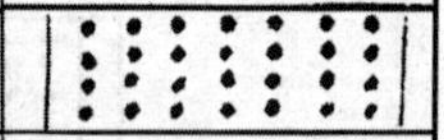 |  |
| 四約得七，爲七之子。 | 四約得六，爲六之子。 |
| 四约，计七箇四，亦爲四箇七。四七二十八，七之子也。 | 四約，計六箇四，亦爲四箇六。四六二十四，六之子也。 |

按朱子掛扐圖，四圖說并及過揲之數，今總爲一圖，蓍之全數，除初掛一外，粲然可見矣。詳見明蓍策篇。

此係近世之法，前一變獨掛，後二變不掛，故老陽、少陰變數皆二十七，少陽變數九，老陰變數一，无復自然之法象也。詳見明蓍策篇。

按第一變獨掛，後二變不掛，非特爲六扐而後掛、三營而成易，於再扐、四營之義不協；且後二變不掛，其數雖亦不四則八，而所以爲四、八者實有不同。蓋掛，則所謂四者，左手餘一則右手餘二，左手餘二則右手餘一；不掛，則左手餘一右手餘三，左手餘二右手餘二，左手餘三右手餘一。此四之所以不同也。三變之後，陰陽變動皆參差不齊，无復自然之法象矣。其可哉？因爲圖以明之。

# 近世揲蓍後二變不掛圖

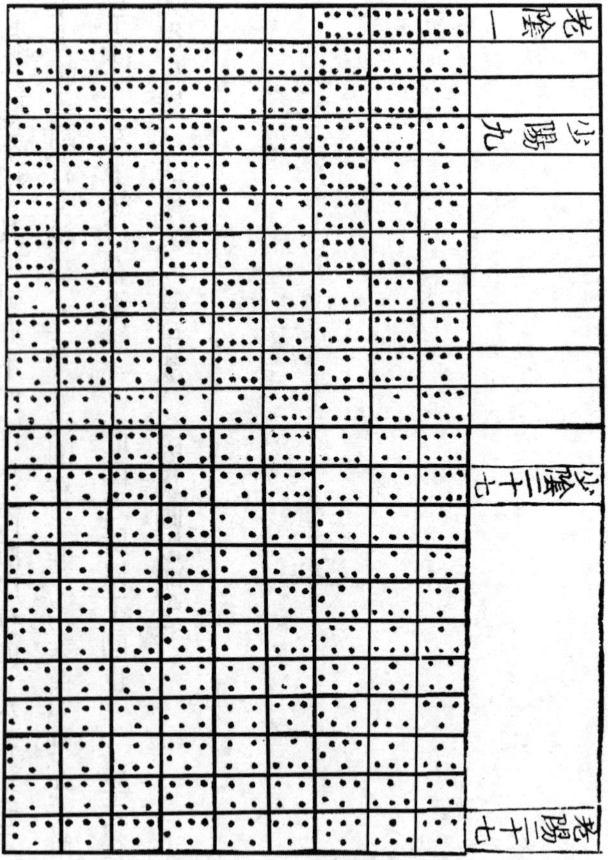

老陰一

少陽九

少陰二十七

老陽二十七

扐三　扐二　扐一掛　扐三　扐二　扐一掛　扐三　扐二　扐一掛

右十圖，附見于此，初學得之以明，篇内本文之義亦庶乎易見云〔一〕。

啓蒙通釋附圖終

〔一〕「云」原作「亡」，性理大全本及通志堂本、四庫薈要本、四庫本均作「云」，據改。

# 易學啓蒙卷上

新安後學　胡方平　通釋[一]

## 本圖書第一

河圖

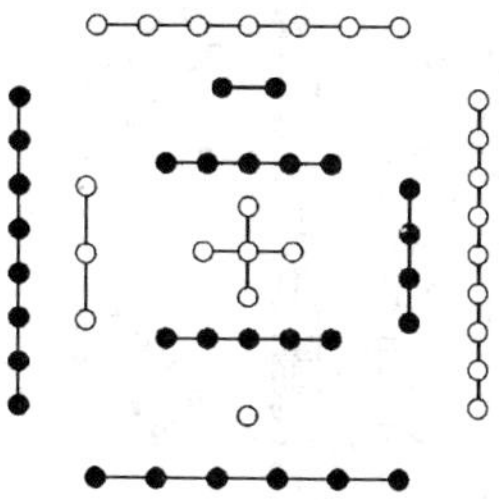

[一] 通志堂本題作「易學啓蒙通釋卷上，新安後學胡方平通釋」，四庫本題作「易學啓蒙通釋卷上，宋胡方平通釋」。

洛書

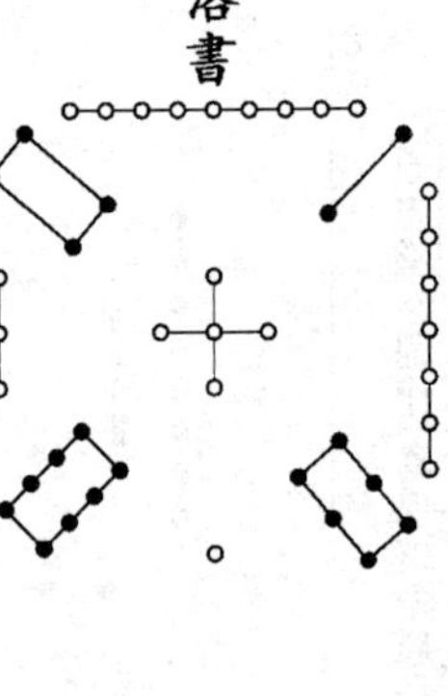

易大傳曰：「河出圖，洛出書，聖人則之。」

孔安國云：「河圖者，伏羲氏王天下，龍馬出河，遂則其文以畫八卦；洛書者，禹治水時，神龜負文而列於背，有數至九，禹遂因而第之，以成九類。」

龍馬，周禮夏官「馬八尺以上爲龍」，言馬之特異如龍也。漢武帝元狩三年，得神馬於渥洼水中，亦此之類。神龜，大戴禮曰「甲蟲三百六十，而神龜爲之長」。○朱子曰：「河圖與易之『天一地十』者合，而載天地五十有五之數，則固易之所自出也。洛書與洪範之『初一』至『次九』者合，而具九疇之數，則固範之所自出也。繫辭雖不言伏羲受河圖以作易，然所謂『仰觀俯察』、『遠求近取』，安知河圖非其中一事耶？大抵聖人制作所由，初非一端，然其法象之規模，必有最親切處。如鴻荒之世，天地之間陰陽之氣雖各有象，然初未嘗有數也；至於河圖之出，然後五十有五之數奇偶生成，粲然可見，此其所以深發聖人之獨智，又非泛然氣象之所可得而擬也。是以仰觀俯察，遠求近取，至此而後兩儀四象八卦之陰陽奇偶可得而言。雖繫辭所論〔一〕聖人作易之由者非一，而不害其得此而後決之也。」

劉歆云：「伏羲氏繼天而王，受河圖，而〔二〕畫之，八卦是也；禹治洪水，賜洛書，法而陳之，九疇是也。河圖、洛書相爲經緯，八卦、九章相爲表裏。」

潛室陳氏曰：「經緯之説，非是以上下爲經，左右爲緯。大抵經言其正，緯言其變。而二圖互爲正變，主河圖而言，則河圖爲正，洛書爲變，主洛書而言，則洛書爲正，而河圖又爲變。要之天地間不過一陰一陽，以兩其五行，而太極常居其中。二圖雖〔三〕縱横變動，要只是參互呈見，此所以謂之『相爲經緯』也。表裏之説亦然。蓋河圖不但可以畫卦，亦可以明疇；洛書不特可以明疇，亦可以畫卦。但當時聖人各因一事以垂〔四〕後世，伏羲但據河圖而畫卦，大禹但據洛書而明疇。要之，伏羲之畫卦，其表爲八卦，而其裏固可以爲疇；大禹之叙疇，其表爲九疇，而其裏固可以爲卦。此所

---

〔一〕「論」：國圖本、北大本底本圖版漫漶，故通志堂本闕。四庫薈要本補作「云」，四庫本補作「稱」，皆非也，文集原作「論」，朱謐本、性理大全本同。

〔二〕朱子成書本「而」字前有「則」字，據漢書，當有「則」字。

〔三〕「雖」，通志堂本、四庫薈要本、四庫本在「縱横」二字後。

〔四〕性理大全本「垂」後有「法」字。按陳埴木鐘集無「法」字。

以謂之『相爲表裏』也。」

關子明云：「河圖之文，七前六後，八左九右；洛書之文，九前一後，三左七右，四前左，二前右，八後左，六後右。」

朱子曰：「讀大戴禮書，又得一證甚明。其明堂篇有『二九四七五三六一八』之語，而鄭氏注云『法龜文也』。然則漢人固以九數者爲洛書矣。」

邵子曰：「圓者，星也，曆紀之數其肇於此乎！曆法合二始以定剛柔，二中以定律曆，二終以紀閏餘，是所謂曆紀也。方者，土也，畫州井地之法其放於此乎！州有九，井九百畝，是所謂畫州井地也。蓋圓者河圖之數，方者洛書之文，故羲、文因之而造易，禹、箕叙之而作範也。」

唐律曆志：「僧一行作曆本議曰：『天數始於一，地數始於二，合二始以定剛柔；天數中於五，地數中於六，合二中以定律曆；天數終於九，地數終於十，合二終以紀閏餘。天有五音，所以司日也；地有六律，所以司辰也。』」朱子曰：「二始者，一、二也；一奇故爲剛，二偶故爲柔。二中者，五、六也；五者十干，六者十二辰也。二終者，九與十也，閏餘之法以一十九歲爲一章。姑借其説，以明十數之爲河圖耳。」又曰：「『圓者，星也』，『圓者河圖之數』，言无那四角底，其形便圓。」又曰：「河圖既無那四隅，則比之洛書固亦爲圓矣。」「方者，土也」，「方者洛書之文」，言畫州井地之所依倣而作者也。書禹貢，禹别九州，冀北揚南，青東梁西，兖東北，雍西北，徐東南，荆西南，豫中也。孟子言周家井地之制，井九百畝，其中爲公田，八家各私百畝，同養公田，是皆法洛書之九數也。

蔡元定曰：「古今傳記自孔安國、劉向父子、班固，皆以爲河圖授羲，洛書錫禹。關子明、邵康節皆以十爲河圖，九爲洛書。蓋大傳既陳天地五十有五之數，洪範又明言『天乃錫禹洪範九疇』，而九宫之數戴九履一，左三右七，二四爲肩，六八爲足，正龜背之象也。惟〔一〕劉牧意見，以九爲河圖，十〔二〕爲洛書，託言出於希夷。既與諸儒舊説不合，又引大傳〔三〕，以爲二者皆出於伏羲之世。其易置圖書，並無明驗，但謂伏羲兼取圖書，則易、範之數誠相表裏爲可疑耳。其實天地之理，一而已矣。雖時有古今先後之不同，而其理則不容於有二也。故伏羲但據河圖以作易，則不必預見洛書，而已逆與之合矣；大禹但據洛書以作範，則亦不必追考河圖，而已暗與之符矣。其所以然者何哉？誠以此理之外無復它理故也。然不特此耳。律吕有

〔一〕「惟」原作「按」，朱子成書本、性理大全作「惟」，據改。
〔二〕通志堂本、四庫本「十」前有「以」字。
〔三〕「傳」原作「博」，朱子成書本、性理大全、清原宣賢鈔本、通志堂本、四庫薈要本、四庫本皆作「傳」，據改。

五聲十二律，而其相乘〔一〕之數究於六十；日名有十干十二支，而其相乘之數亦究于六十。二者皆出於易之後，其起數又各不同，然與易之陰陽策數多少，自相配合，皆爲六十者，無不若合符契也。下至運氣、參同、太一之屬，雖不足道，然亦無不相通。蓋自然之理也。假令今世復有圖書者出，其數亦必相符，可謂伏羲有取於今日而作易乎？大傳所謂「河出圖，洛出書，聖人則之」者，亦汎言聖人作易作範，其原皆出於天之意。如言「以卜筮者尚其占」與「莫大乎蓍龜」之類，易之書豈有龜與卜之法乎？亦言其理無二而已爾。」

前漢律曆志曰：「天之中數五，五爲聲；地之中數六，六爲律。聲者，宫、商、角、徵、羽也。律有二，陽律爲律，陰律爲吕。律以統氣類物，曰黄鍾、太簇、姑洗、蕤賓、夷則、无射是也。」其制，截竹爲筒，陰陽各六，以節五聲之上下。每律吕以五聲加之，則以五乘十二，以十二乘五，是爲六十。十干〔二〕自甲至癸，十二支自子至亥，支干相乘，亦爲六十。陰陽老少策數配合爲六十者，老陽策數三十六，老陰策數二十四，合爲六十；少陽策數二十八，少陰策數三十二，亦合爲六十也。「運

〔一〕「乘」原作「策」，朱子成書本、性理大全本作「乘」，清原宣賢鈔本批校作「乘」。據書集傳或問，作「乘」。據改。

〔二〕「干」原作「下」，性理大全本、清原宣賢鈔本、通志堂本、四庫薈要本、四庫本皆作「干」，據改。

氣」，見黃帝素問。「五運」者，甲己化土，乙庚化金，丙辛化水，丁壬化木，戊癸化火是也。「六氣」者，子午少陰，君火司天爲主氣；寅申少陽，相火司天爲主氣；丑未太陰，濕土司天爲主氣；卯酉陽明，燥金司天爲主氣；辰戌太陽，寒水司天爲主氣；巳亥厥陰，風木司天爲主氣是也。以運氣相乘言之，甲丙戊庚壬爲陽，加於子午寅申辰戌，計三十日；乙丁己辛癸爲陰，加於丑未卯酉巳亥，計三十日。總陰陽支干，是爲六十也。參同乃修養之書，後漢魏伯陽所作，以乾坤爲爐鼎，坎離爲金刀〔一〕大藥，所用以爲火候者，六十卦也。「太乙」，日家有太一統紀之書，其説蓋亦主於六十也。

**天一地二，天三地四，天五地六，天七地八，天九地十。天數五，地數五，五位相得而各有合。天數二十有五，地數三十，凡天地之數五十有五，此所以成變化而行鬼神也。**

此一節，夫子所以發明河圖之數也。天地之間，一氣而已，分而爲二則爲陰陽，而五行造化、萬物始終，無不管於是焉。故河圖之位，一與六共宗而居乎北，二與七爲朋而居乎南，三與八同道而居乎東，四與九爲友而居乎西，五與十相守而居乎中。蓋其所以爲數者，不過一陰一陽、一奇一偶，以兩其五行而已。所謂天者，陽之輕清而位乎上者也；所謂地者，陰之重濁而位乎下者也。陽數奇，故一三五七九皆屬乎天，所

〔一〕「刀」：諸本同，然據丹家常言「金丹大藥」，則「刀」爲「丹」之誤。

謂「天數五」也；陰數偶，故二四六八十皆屬乎地，所謂「地數五」也。天數、地數各以類而〔一〕相求，所謂「五位之相得」者然也。天以一生水，而地以六成之；地以二生火，而天以七成之；天以三生木，而地以八成之；地以四生金，而天以九成之；天以五生土，而地以十成之。此又其所謂「各有合」焉者也。積五奇而爲二十五，積五偶而爲三十，合是二者而爲五十有五，此河圖之全數，皆夫子之意而諸儒之説也。

「一陰一陽」，以生成言也。「一奇一偶」，一三五七九爲奇，二四六八十爲偶也。陰陽奇偶之合，則一六爲水，二七爲火，三八爲木，四九爲金，五十爲土。故其在十干，則木有甲乙，火有丙丁，土有戊己，金有庚辛，水有壬癸，所謂「兩其五行」也。「五位相得」，謂一與二，三與四，五與六，七與八，九與十，各以奇偶爲類而相得。「各有合」，謂一與六，二與七，三與八，四與九，五與十，皆兩相合也。朱子曰：「相得，如兄弟；有合，如夫婦。蓋以相得則取其奇偶之相爲次第，辨其類而不容紊也；有合則取其奇偶之相爲生成，合其類而不容間也。『相得有合』四字，該盡河圖之數。」又曰：「相得有合，在十干：甲乙木，丙丁火，戊己土，庚辛金，壬癸水，便是相得；甲與己合，乙與庚合，丙

〔一〕朱子成書本無「而」字。

與辛合，丁與壬合，戊與癸合，便是各有合也。」○朱子曰：「五行有以質而語其生之序者，則曰水、火、木、金、土；有以氣而語其行之序者，則曰木、火、土、金、水。」「水陰根陽，火陽根陰，錯綜而生，其端是天一生水，地二生火，天三生木，地四生金；到得運行處，便水生木，木生火，火生土，土生金，金又生水，水又生木，循環相生。」又曰：「陽變陰合，初生水火。水火，氣也，流動閃爍，其體尚虛，其成形猶未定。次生木金，則確然有定形矣。」又曰：「大抵天地生物，先其輕清，以及重濁。天一生水，地二生火，二物在五行中最輕清，金木復重於水火，土又重於金木。」或曰：「土寄旺於四季，各十八日，何獨火生土而土生金也？」曰：「夏季十八日，土氣爲最旺，故能生秋金也。」勉齋黄氏曰：「自一至十，特言奇偶之多寡爾，初非以次序而言。天得奇而爲水，故曰一生水；一之極而爲三，故曰三生木。地得偶而爲火，故曰二生火；二之極而爲四，故曰四生金。何也？一極爲三，以一運之，圓而成三，故一[一]而三也；二極爲四，以二周之，方而成四，故二而四也。如果以次序言，則一生水而未成水，必至五行俱足，猶待第六而後成水，二生火而未成火，必待五行俱足，然後第七而成火耶？如此則全不成造化，亦不成義理矣。六之成水也，猶坎之爲卦也，一陽居中，天一生水也，地六包於外，陽少陰多而水始盛成。七之成火也，猶離之爲卦也，一陰居中，地二

[一]「一」原作「二」，性理大全本作「一」，四庫薈要本亦作「一」，其考證曰：「刊本『一』訛『二』，今改。」清原宣賢鈔本作「二」，批校作「一」；黄榦勉齋集原本作「一」。作「一」是，據改。

生火也，天七包於外，陰少陽多而火始盛成。坎屬陽而離屬陰，以其内者爲主，而在外者成之也。」又曰：「只以造化本原及人物之初生驗之便自可合。天一生水，水便有形，人生精血湊合成體，亦若造化之有水也。地二生火，火便有氣，人有此體便能爲聲，聲者氣之所爲，亦若造化之有火也。水陰而火陽，兑亦屬陰，而言亦屬陽也。水火雖有形質，然乃造化之初，故水但能潤，火但能炎，其形質終是輕清。至若天三生木，地四生金，則形質已全具矣。亦如人身，耳目既具，則人之形成矣。木陽而金陰，亦猶視陽而聽陰也。」又曰：「洪範五行、五事，皆以造化之初及人物始生言之也。造化之初，天一生水而三生木，地二生火而四生金。蓋以陰陽之氣一濕一燥而爲水火，濕極燥極而爲木與金也。人物始生，精與氣耳。大傳曰『精氣爲物』，子産曰『物生，始化曰魄，既生魄，陽曰魂』，此皆精妙之語。精濕而氣燥，精實而氣虚，精沉而氣浮，故精爲貌而氣爲言。精之盛者濕之極，故爲木、爲肝、爲視；氣之盛者燥之極，故爲金、爲肺、爲聽。大抵貌與視屬精，故精衰而目暗；言與聽屬氣，故氣塞而耳聾。此曉然易見者也。」又曰：「耳屬金，是誠可疑。醫家以耳屬腎，以肺屬金，然配與屬不同。屬者，管屬之謂；配者，比並之謂。論其管屬，則耳屬於腎；取其比並，則聽比於金也。」又曰：「水火木金有兩項看。如作行之序看，則木火是陽，金水是陰；行於春夏爲陽，行於秋冬爲陰。如作生之序看，則水木是陽，火金是陰；生於天一天三爲陽，生於地二地四爲陰。因云太極圖解有一處可疑：圖以水陰盛故居右，火陽盛故居左，金陰穉故次水，木陽穉故次火，此是説行〔一〕之序，下文却説『水木陽也，火金陰也』，却以水爲陽火爲陰。論來物之初生，自是幼嫩，如陽始生爲水尚柔弱，到生木已强盛，陰始生爲火尚微，到生金已成質。如此則水爲陽穉，木爲陽盛，火爲陰穉，金爲陰盛也。」雲莊劉氏曰：「水陰也，生於天一；火陽也，生於地二。是其方生之始，陰陽互根，故其運行，水居子位極陰之方，而陽已生於子，火居午位極陽之方，而陰已生於午。若木生於天三，專屬陽，故其行於春亦屬陽；金生於地四，專屬陰，故其行於秋亦屬陰。不可以陰陽互言矣。蓋水火未離乎氣，陰陽交合之初，其氣自有互根之妙。木則陽之發達，金則陰之收斂，而有定質矣，此其所以與水火不同也。」思齋翁氏曰：「水火木金，不得土不能各成一器。何以見之？且天一生水，一得五便爲水之成；地二生火，二得五便爲火之成；天三生木，三得五便爲木之成；地四生金，四得五便爲金之成。皆本於中五之土也。」又曰：「河圖陰陽之位，生數爲主而成數配之，東、北陽方，則主之以奇，而與合者偶，西、南陰方，則主之以偶，而與合者奇也。」

至於洛書，則雖夫子之所未言，然其象其説已具於前，有以通之，則劉歆所謂「經緯」、「表裏」者，可見矣。

〔一〕「行」：諸本作「生」，據文義當爲「行」，故改。

或曰：「河圖洛書之位與數，其所以不同何也？」曰：「河圖以五生數統五成數，而同處其方；蓋揭其全以示人而道其常，數之體也；洛書以五奇數統四偶數，而各居其所，蓋主於陽以統陰而肇其變，數之用也。」

河圖以生成分陰陽，以五生數之陽統五成數之陰，而同處其方；陽内陰外，生成相合，交泰之義也。洛書以奇偶分陰陽，以五奇數之陽統四偶數之陰，而各居其所；陽正陰偏，奇偶既分，尊卑之位也。河圖數十，十者對待以立其體，故爲常；洛書數九，九者流行以致其用，故爲變也。常變之說，朱子特各舉所重者爲言，非謂河圖專於常，有體而無用，洛書專於變，有用而無體也。自河圖四象之合者觀之，象之列於四方者，各當其所處之位，此其體之常，象之處于西南者，不叶夫所生之卦，又爲用之變矣。伏羲則其變者以作易。即横圖卦畫之成，而究圓圖卦氣之運，則知四象分爲八卦，陰之老少不動而陽之老少迭遷，此主變也，豈拘於常者乎？自洛書四象之分者觀之，象之居於西南者，不當其所處之位，此其用之變，象之列於四方者，悉協夫所生之卦，又爲體之常矣。大禹則其常者以作範。因武王「彝倫攸叙」之問，以究箕子「天錫禹疇」之對，則知四象分爲九疇，陽居四正，則配四陽之卦，以爲陰之宰，陰居四隅，則配四陰之卦，以爲陽之輔，此主常也，豈撓於變者乎？○節齋蔡氏曰：「河圖數偶，偶者静，静以動爲用，故河圖之行合皆奇，一合六，二合七，三合八，四合九，五合十，是故易之吉凶生乎動，蓋静者必動而後生也。洛書數奇，奇者動，動以静爲用，故洛書之位合皆偶，一合九，二合八，三合七，四合六，是故範之吉凶見乎静，蓋動者必静而後成也。」九峰蔡氏曰：「河圖體圓而用方，聖人以之而畫卦；洛書體方而用圓，聖人以之而叙疇。卦者，陰陽之象也；疇者，五行之數也。象非偶不立，數非奇不行。奇偶之分，象數之始也。陰陽五行固非二體，八卦九疇亦非二致，理一分殊，非深於造化者，安能識之？」又曰：「河圖非無奇也，而用則存乎偶；洛書非無偶也，而用則存乎奇。偶者，陰陽之對待乎；奇者，五行之迭運乎。對待者不能孤，迭運者不可窮。天地之形，四時之行，人物之生，萬化之凝，其妙矣乎！」潛室陳氏曰：「河圖以生數統成數，洛書以奇數統偶數，若不相似也。然一必配六，二必配七，三必配八，四必配九，五必居中而配十，圖書未嘗不相似。河圖之生成同方，洛書之奇偶異位，若不相似也。然同方者有内外之分，是河圖猶洛書也；異位者有比肩之義，是洛書亦猶河圖也。〔一〕」雲莊劉氏曰：「河圖者，陰陽生成之合；洛書者，陰陽奇偶之分。以質而論，則分而各居其所，是對待之定體也；以氣而論，則合而同處其方，是流行之妙用也。然氣質二者初不相離，有分則必有合，有合則

〔一〕性理大全本此下尚多出「又如河圖則備數之全，洛書則缺數之十，此疑若相戾也。然河圖之全數乃皆自五而來。一得五而爲六，二得五而爲七，三得五而爲八，四得五而爲九，至其所謂十者乃五得五而爲十。其實未嘗有十也。八卦全不用十。洛書雖曰缺十，而皆有含十之義。一對九而含十，二對八而含十，三對七而含十，四對六而含十。十常夾居五之兩端，與河圖頗相類，是亦未嘗無十也」。此蓋性理大全編者據陳埴木鐘集補入。

必有分，所謂『推之於前不見其始之合，引之於後不見其終之離』，又不可以拘泥而觀之也。」曰：「其皆以五居中者，何也？」曰：「凡數之始，一陰一陽而已矣。陽之象圓，圓者徑一而圍三；陰之象方，方者徑一而圍四。圍三者以一爲一，故叁其一陽而爲三；圍四者以二爲一，故兩其一陰而爲二。是所謂『叁天兩地』者也，三二之合則爲五矣。此河圖洛書〔一〕之數所以皆以五爲中也。」

陽之數奇而屬乎天，其象爲圓，圓者取其動也。凡物之圓者，其直徑則一，而横圍則三。若陽則其數以一爲一而用其全，擬之於象，實圍三而三各一奇，皆在所用，故曰「叁天」。陰之數偶而屬乎地，其象爲方，方者取其静也。凡物之方者，其直徑則一，而横圍則四。若陰則其數以二爲一而其用半，擬之於象，實圍四而四合二偶，半在所用，故曰「兩地」。夫數始於陰陽，倚於叁兩。叁兩之合則爲五，此圖書之數所以皆以五居中也。陽大陰小，陽饒陰乏，故陽得用全而陰惟用半，其尊陽之義實昉於此矣。或問：「叁天兩地，舊説以爲五生數中，天叁地兩，不知其説如何。」朱子曰：「如此却是三天二地，不見參兩之意。參天者，參之以三；兩地者，兩之以二也。」又曰：「一箇天，參之而爲三；一箇地，兩之而爲二。三三爲九，三二爲六，兩其三一其二爲八，兩其二一其三爲七，此

〔一〕「洛書」：通志堂本、四庫本無此二字，四庫薈要本考證曰：「刊本脱『洛書』二字，據朱子圖説增。」

又七八九六之數所由起也。」○節齋蔡氏曰：「天數奇，以一爲一，故三；地數偶，以二爲一，故兩。卦畫亦然，陽奇爲一而陰偶爲二也。」

然河圖以生數爲主，故其中之所以爲五者，亦具五生數之象焉：其下一點，天一之象也；其上一點，地二之象也；其左一點，天三之象也；其右一點，地四之象也；其中一點，天五之象也。洛書以奇數爲主，故其中之所以爲五者，亦具五奇數之象焉：其下一點，亦天一之象也；其左一點，亦天三之象也；其中一點，亦天五之象也；其右一點，則天七之象也；其上一點，則天九之象也。

圖之五，具五生數之象；書之五，具五奇數之象。蓋皆以其所主者言之。有主必有賓，而圖之成數與書之偶數亦各具於中央之五數矣。圖之中五，下一點既具天一之象，則一與六合，而地六之成數自不能離乎天之一矣，以至二、三、四、五皆然。如是，則河圖由一與六以至五與十，生成相合，而五十五之全數盡具於中央五數之中。書之中五，下一點既具天一之象，以至上一點既具天九之象，則一與二、三與四、七與六、九與八，奇偶亦相爲脗合，而四十五之全數亦盡具於中央之五數矣。豈可惟以五數拘之哉！

其數與位皆三同而二異，蓋陽不可易而陰可易，成數雖陽，固亦生之陰也。

數則河圖自一至十，洛書自一至九之數；位則東西南北中央之位。「皆三同而二異」者，圖書之

一、六皆在北，三、八皆在東，五皆在中，三者之位數皆同也；圖之二、七在南，而書則二、七在西，圖之四、九在西，而書則四、九在南，二者之位數皆異也。「陽不可易」，專指一三五；「陰可易」，統指二七四九。「成數雖陽」，指七九；「固亦生之陰」，指七爲二生數之陰，九爲四生數之陰也。二、四以生數言雖屬陽，然以偶數言則屬陰，不得謂之陽矣，故可易；七、九以奇數言雖屬陽，然以成數言只可謂之陰矣，故可易。其曰「成數雖陽，固亦生之陰」，不曰「生數雖陰，固亦成之陽」者，蓋但主陰可易而言也。○雲莊劉氏曰：「圖之一三五七九皆奇數，陽也，而一三五之位不易，七九之位易者，亦以天地之間陽動主變故也。然陽於北、東則不動，於西、南則互遷者，蓋北、東陽始生之方，西、南陽極盛之方，陽主進數，又必[一]進於極而後變也。」

曰：「中央之五既爲五數之象矣，然其爲數也奈何？」曰：「以數言之，通乎一圖，由內及外，固各有積實可紀之數矣。然河圖之一二三四各居其五象本方之外，而六七八九十者又各因五而得數，以附于其生數之外。洛書之一三七九亦各居其五象本方之外，而二四六八者又各因其類以附于奇數之側。蓋中者爲主，而外者爲客；正者爲君，而側者爲臣。亦各有條而不紊也。

[一]「又必」：通志堂本、四庫薈要本、四庫本皆作「必又」。

在圖者，陽生陰成，在書者，陽奇陰偶，而皆以陽爲尊也。圖之數十，積之爲五十有五，書之數九，積之爲四十有五，皆可以紀其實也。然以中五計之，圖之一二三四者，生數之陽也，各居其中五本來方位之外，六七八九十者，成數之陰也，又各因五而得數，以附于五生數之外。中者爲主，則外者爲客矣。書之一三七九者，四奇數之陽也，各居其中五本來方位之外；而二四六八者，四偶數之陰也，又各從其類以附于四奇數之側。正者爲君，則側者爲臣矣。造化貴陽而賤陰，假圖書以顯其理，出於自然之妙，非可容一毫智力抑揚於其間也。○盤澗先生問：「河圖之數不過一奇一偶相錯而已，故太陽之位即太陰之數，太陰之位即太陽之數，見其迭陰迭陽，陰陽相錯，所以爲生成也。天五地十居中，地十亦天五之成數。蓋一二三四已含六七八九者，以五乘之故也，蓋數不過五也。洛書之用一二三四以對九八七六，其數亦不過十。蓋太陽占第一位，已含太陽之數；少陰占第二位，已含少陰之數；少陽占第三位，已含少陽之數；太陰占第四位，已含太陰之數。雖其陰陽各自爲數，然五數居中，太陽居一得五而成六，少陰居二得五而成七，少陽居三得五而成八，太陰居四得五而成九，則與河圖一陰一陽相錯而爲生成之數者，亦無以異也。不知可如此看否？」朱子答曰：「所論甚當，河圖相錯之説尤佳。」覺軒蔡氏曰：「一二三四爲四象之位，六七八九爲四象之數。河圖位與數常相錯，然五數居中，一得五而爲六，二得五而爲七，三得五而爲八，四得五而爲九，各居其方，雖相錯而未嘗不相對也。洛書位與數常相對，然五數居中，一得五而爲後右之六，二得五而爲右之七，三得五而爲後左之八，四得五而爲前之九。縱横交綜，雖相對，而未嘗不相錯也。」

曰：「其多寡之不同，何也？」曰：「河圖主全，故極於十，而奇偶之位均，論其積實，然後見其偶嬴而奇乏也。洛書主變，故極於九，而其位與實皆奇嬴而偶乏也。必皆虚其中也，然後陰陽之數均於二十而無偏耳。」

「河圖偶嬴而奇乏」者，地三十，天二十五也；「洛書奇嬴而偶乏」者，天二十五，地二十也。河圖虚其中之十五，洛書虚其中之五，則陰陽之數均于二十矣。

曰：「其序之不同，何也？」曰：「河圖：以生出之次言之，則始下，次上，次左，次右，以復于中，而又始于下也；以運行之次言之，則始東，次南，次中，次西，次北，左旋一周而又始于東也。其生數之在内者，則陽居下左，而陰居上右也；其成數之在外者，則陰居下左，而陽居上右也。洛書之次：其陽數則首北，次東，次中，次西，次南；其陰數則首西南，次東南，次西北，次東北也。合而言之，則首北，次西南，次東，次東南，次中，次西北，次西，次東北，而究于南也。其運行，則水克火，火克金，金克木，木克土，右旋一周而土復克水也。是亦各有説矣。」

河圖生出、生成之序，與洛書奇偶次序皆錯雜取義。唯運行次序，河圖則左旋相生，洛書則右轉相克。一六爲水，二七爲火，三八爲木，四九爲金，五十爲土。河圖則水生木，木生火，火生土，土生金，左旋一周而金復生水也。洛書則水克火，火克金，金克木，木克土，右轉一周而土復克水也。思齋翁氏曰：「河圖運行之序，自北而東，左旋相生，固也；然對待之位，則北方一六水克南方二七火，西方四九金克東方三八木，而相克者已寓於相生之中。洛書運行之序，自北而西，右轉相克，固也；然對待之位，則東南方四九金生西北方一六水，東北方三八木生西南方二七火，其相生者已寓於相克之中。蓋造化之運，生而不克則生者無從而裁制，克而不生則克者亦有時而間斷。此圖書生成之妙，未嘗不各自全備也。」

曰：「其七八九六之數不同，何也？」曰：「河圖六七八九既附于生數之外矣，此陰陽老少、進退饒乏之正也。其九者，生數一三五之積也，故自北而東，自東而西，以成於四之外；其六者，生數二四之積也，故自南而西，自西而北，以成於一之外；七則九之自西而南者也，八則六之自北而東者也。此又陰陽老少互藏其宅之變也。洛書之縱横十五，而七八九六迭爲消長，虚五分十，而一含九，二含八，三含七，四含六，則叄伍錯綜，無適而不遇其合焉。此變化無窮之所以爲妙也。」

此一節專言圖書七〔一〕八九六之數，以分陰陽之老少也。七、九爲陽，陽主進，由少陽七而進，七之上爲八，故踰八而進於九，九則進之極，更无去處了，故九爲老陽。六、八爲陰，陰主退，由少陰八而退，八之下爲七，故踰七而退於六，六則退之極，更無轉處了，故六爲老陰。進則饒，故老陽饒於八，少陽饒於六；退則乏，故老陰乏於七，少陰乏於九。進而饒者陽之常，退而乏者陰之常，此所謂正也。以言其變，老陽數九，由一三五積而成於四之外，四，老陰之位也；老陰數六，由二四積而成於一之外，一，老陽之位也。此二老互藏其宅之變也。七、八則非由積數而成，七與九皆陽，故少陽七自九來而居於二之上，二，少陰之位也；八與六皆陰，故少陰八自六來，而居於三之上〔二〕，三，少陽之位也。此二少互藏其宅之變也。其在洛書，雖縱横有十五之數，實皆七八九六之迭爲消長。一得五爲六，而與南方之九迭爲消長；四得五爲九，而與西北之六迭爲消長；三得五爲八，而與西方之七迭爲消長；二得五爲七，而與東北之八迭爲消長。大〔三〕抵數之進者爲長，退者爲消，長者退則又消，消者進則又長。六進爲九，則九長而六消；九退爲六，則九反消而六又長矣。七進爲八，則八長而七消；八退爲七，則八反消而七又長矣。「虚五分十」者，虚中五之外，

〔一〕「七」原作「上」，清原宣賢鈔本、通志堂本、四庫薈要本、四庫本、性理大全本、朱謐述解本皆作「七」，據改。

〔二〕「上」原作「生」，四庫薈要本考證據朱子圖説注改爲「上」，據改。

〔三〕「大」原作「夭」，清原宣賢鈔本、通志堂本、四庫薈要本、四庫本、性理大全本、朱謐述解本皆作「大」，據改。

則縱横皆十，以其十者分之，則九者十分一之餘，八者十分二之餘，七者十分三之餘，六者十分四之餘也。叁伍錯綜，无適而不遇七八九六之合焉，此所謂變化无窮之妙也，又因是推之圖書之文，七與八，九與六，每相聯屬，河圖則二少位東、南，二老位西、北。一居南，内含東外之八；三居東，内含南外之七；一居北，内含西外之九；四居西，内含北外之六。洛書則一得五成六而合九，四得五成九而合六，二得五成七而合八，三得五成八而合七，又如二四成六而九居中，一八成九而六在旁，二六成八而七處内，三四成七而八在下，是亦九六七八无適而不遇其合也。

曰：「然則聖人之則之也，奈何？」曰：「則河圖者虚其中，則洛書者總其實也。河圖之虚五與十者，太極也。奇數二十，偶數二十者，兩儀也。以一二三四爲六七八九者，四象也；析四方之合以爲乾坤離坎，補四隅之空以爲兑震巽艮者，八卦也。洛書之實，其一爲五行，其二爲五事，其三爲八政，其四爲五紀，其五爲皇極，其六爲三德，其七爲稽疑，其八爲庶證〔一〕，其九爲福極，其位與數尤曉然矣。」

伏羲則河圖以作易也，圖之數十，積之爲五十有五。虚其中十與五者，象太極也。而其散布〔二〕於

〔一〕「證」：朱子成書本作「徵」。

〔二〕「布」：通志堂本、四庫薈要本、四庫本皆作「在」。

外者，凡四十。以一三七九爲陽儀者二十，以二四六八爲陰儀者二十，此則之以生兩儀也。以一二三四之位而爲六七八九之象，此則之以生四象也。析二七之合，則七居南爲乾，而二補東南隅之空以爲兑；析三八之合，則八居東爲離，而三補東北隅之空以爲震；析四九之合，則九居西爲坎，而四補西南隅之空以爲巽；析一六之合，則六居北爲坤，而一補西北隅之空以爲艮者。此則之以成八卦也。然聖人之則河圖也，亦因横圖卦畫之成，以發圓圖卦氣之運耳。本河圖以爲先天横圖，則卦畫之成者：老陽居一，分之爲乾、兑；少陰居二，分之爲離、震；少陽居三，分之爲巽、坎；老陰居四，分之爲艮、坤。本河圖以爲先天圓圖，則卦氣之運者：老陰居北，少陰居東，所以分而爲艮、坤、離、震者，此四卦固无以異於横圖也；少陽居南，宜爲巽坎，而乃爲乾兑，老陽居西，宜爲乾兑，而乃爲巽坎，此四卦實有異於横圖矣。其故何哉？蓋河圖二象之居於東、北者，陰之老少也。陰主静而守其常，故水木各一其象，不能他有所兼。一六居北爲水，其於卦也爲艮坤，不得爲離震矣；三〔一〕八居東爲木，其於卦也爲離震，不得爲艮坤矣。陰所以小也，所以居窮冬，相錯而爲冬與春之卦也。河圖二象之居于西、南者，陽之老少也。陽主動而通其變，故金火互通其象，實能兩有所兼。乾居南方火位，説卦曰「乾爲金」；坎居西方金位，而説卦曰「坎爲赤」。故四九居

〔一〕「三」原作「二」，性理大全本作「三」，據改。

西爲金，其於卦也本爲乾兑，而亦得爲巽坎矣；二七居南爲火，其於卦也本爲巽坎，而亦得爲乾兑矣。陽所以爲大也，所以居大夏，相錯而爲夏與秋之卦也。體河圖以爲先天圓圖，其卦氣之運，分陰分陽有如此者，聖人所以作易者，寧不可見也哉？大禹之則洛書以作範也，未必拘拘於書之位次以定疇之先後，然自一至九之數實有以默啓聖人作範之心，故自初一之五行包天地自然之數，餘八法則是大禹參酌天時人事而類之，不必盡叶於火木金土之位也。朱子曰：「洛書本文只有四十五點，班固云『六十五字皆洛書本文』。古字畫少，恐或有模樣，但今無所考。漢儒此説未是，恐只是以義起之，不是數如此。蓋皆以天道人事參互言之，五行最急，故第一；五事又參之，故第二；身既修，可推之於政，故八政次之；政既成，又驗之於天道，故五紀次之；又繼之以皇極居五，蓋能推五行，正五事，用八政，修五紀，乃可以建極也；六，三德，乃是權衡此皇極者也；德既修矣，稽疑、庶證繼之者，著其驗也；又繼之以福極，則善惡之效至是不可加矣。皇極非大中也，皇乃天子，極乃極至，言皇建此極也。」九峰蔡氏曰：「五行不言用，无適而非用也；皇極不言數，非可以數明也。苟明乎此，則大禹叙疇之旨得矣。」

曰：「洛書而虚其中，則亦太極也；奇偶各居二十，則亦兩儀也；一二三四而含九八七六，縱横十五而互爲七八九六，則亦四象也；四方之正以爲乾坤離坎，四隅之偏以爲兑震巽艮，則亦八卦也。河圖之一六爲水，二七爲火，三八爲木，四九爲金，五十爲土，則固洪範之五行，而五十有五者，又九疇之子目也。是則洛書固可以爲易，而河圖亦可以爲範矣。且又安知圖之不爲書，書之不爲圖也耶？」

「四方爲乾坤離坎，四隅爲兑震巽艮」者，蓋一六老陰之數，而畫卦爲艮坤，艮居六，坤居一也；三八少陰之數，而畫卦爲離震，離居三，震居八也；四九老陽之數，而畫卦爲乾兑，乾居九，兑居四也；二七〔一〕少陽之數，而畫卦爲巽坎，巽居二，坎居七也。此洛書亦可以爲八卦也。「九疇子目」者，五行五，五事五，八政八，五紀五，皇極一，三德三，稽疑七，庶證十，福極十一，總五十五也。

曰：「是其時雖有先後，數雖有多寡，然其爲理則一而已。但易乃伏羲之所先得乎圖，而初無所待於書；範則大禹之所獨得乎書，而未必追考於圖耳。且以河圖而虛十，則洛書四十有五之數也；虛五，則大衍五十之數也；積五與十，則洛書縱横十五之數也；以五乘十，以十乘五，則又皆大衍之數也。洛書之五又自含五而得十，而通爲大衍之數矣；積五與十，則得十五，而通爲河圖之數矣。苟明乎此，則横斜曲直無所不通，而河圖洛書又豈有先後彼此之間哉！」

〔一〕「二七」原作「三八」，清原宣賢鈔本、四庫薈要本作「二七」，據改。四庫薈要本考證曰：「刊本『二七』訛『三八』，今改。」

「洛書之五又自含五而得十」者，下一點含天一之象，上一點含地二之象，左一點含天三之象，右一點含地四之象，中一點含天五之象，所謂五自含五而得十，通在外四十爲大衍之數。「積五與十而得十五」者，以其所含之五積之，則合五與十而爲[一]十五，通在外四十而爲河圖五十五也。

## 原卦畫第二

古者包羲[二]氏之王天下也，仰則觀象於天，俯則觀法於地，觀鳥獸之文與地之宜，近取諸身，遠取諸物，於是始作八卦，以通神明之德，以類萬物之情。

易有太極，是生兩儀，兩儀生四象，四象生八卦。

大傳又言包犧畫卦所取如此，則易非獨以河圖而作也。蓋盈天地之間莫非太極陰陽之妙，聖人於此仰觀俯察，遠求近取，固有以超然而默契於其心矣。故自兩儀之未分也，渾然太極，而兩儀四象六十四卦之理已粲然於其中；自太極而分兩儀，則太極固

[一]「爲」：通志堂本、四庫薈要本、四庫本皆作「得」。

[二]「羲」：朱子成書本作「犧」。

太極也，兩儀固兩儀也；自兩儀而分四象，則兩儀又爲太極，而四象又爲兩儀矣。自是而推之，由四而八，由八而十六，由十六而三十二，由三十二而六十四，以至於百千萬億之無窮。雖其見於摹畫者，若有先後而出於人爲，然其已定之形，已成之勢，則固已具於渾然之中，而不容毫髮思慮作爲於其間也。程子所謂「加一倍法」者，可謂一言以蔽之；而邵子所謂「畫前有易」者，又可見其真不妄矣。世儒於此或不之察，往往以爲聖人作易，蓋極其心思探索之巧而得之，甚者至謂凡卦之畫必由蓍而後得，其誤益以甚矣。

「仰則觀象於天」，即所謂「仰以觀於天文」，日月星辰皆是也；「俯則觀法於地」，即所謂「俯以察於地理」，山林川澤皆是也。「鳥獸之文」，羽毛之屬；「地之宜」，草木之屬。「神明之德」，如健順動止之性；「萬物之情」，如雷風山澤之象也。朱子曰：「畫卦只是一分爲二，節節如此，以至於无窮。」蓋以凡一爲極，凡兩爲儀。所謂一者，非專指生兩儀之太極；所謂兩者，非專指太極所生之兩儀。兩儀分爲四象，則兩儀爲一，而四象爲兩矣；四象分爲八卦，則四象爲一，而八卦又爲兩矣。自是推之，以至於不窮，皆此一之分爲兩爾。○節齋蔡氏曰：「聖人之卦，精可以通神明之德，粗可以類萬物之情。神明之德，不可見者也，故曰『通』；萬物之情，可見者也，故曰『類』。」雲莊劉氏曰：「易畫生於太極，故其理爲天下之至精；易畫原於圖書，故其數爲天下之至變。太極，理也，形而上者也，必有所依而後立。故雖不雜乎圖書之數，而亦不離乎圖書之數。則圖書之數以作易，而太極之理行乎其中矣。繫辭論聖人作易之由，又有及於觀察求取，則雖非獨以圖書而作，其實因圖書之數而後決之耳。太極爲理之原，圖書爲數之祖。理之與數，本非有二致也，合而觀之斯可矣。」

## 易有太極

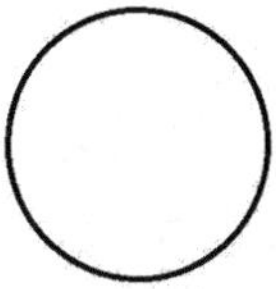

太極者，象數未形而其理已具之稱，形器已具而其理无朕之目。在河圖洛書，皆虚中之象也。周子曰「无極而太極」，邵子曰「道爲太極」，又曰「心爲太極」，此之謂也。

畫前之易，一太極耳。横圖所該儀、象、卦，以至六十四者，皆自此而生也。「象數未形」者，言圖書未出，卦畫未立；「而其理已具」者，言所以爲是兩儀、四象、八卦之理已渾然備具，所謂「不雜乎陰陽之太極」也。「形器已具」者，言圖書既出，卦畫既立；「而其理无朕」者，言雖有是儀、象、卦之畫，而其所以然之理，又初无聲臭之可求，所謂「不離乎陰陽之太極」也。「圖書虚中」，見前篇。

是生兩儀

太極之判，始生一奇一偶，而爲一畫者二，是爲兩儀。其數則陽一而陰二。在河圖洛書，則奇偶是也。周子所謂「太極動而生陽，動極而靜；靜而生陰，靜極復動。一動一靜，互爲其根。分陰分陽，兩儀立焉」，邵子所謂「一分爲二」者，皆謂此也。

陽儀 ▬▬

陰儀 ▬ ▬

朱子答程可久曰：「如所論〔一〕兩儀，有曰『乾之畫奇，坤之畫偶』，只此『乾坤』字便未穩當。蓋儀，匹也，如俗語所謂一雙、一對云耳；自此再變至第三畫，八卦已成，方有乾坤之名。當其爲一畫之時，方有一奇一偶，只可謂之陰陽，未得謂之乾坤也。」

〔一〕「論」原作「倫」，清原宣賢鈔本、通志堂本、四庫薈要本、四庫本、性理大全本、朱謐述解本皆作「論」，據改。

## 兩儀生四象

太陽一 ⚌

少陰二 ⚍

少陽三 ⚎

太陰四 ⚏

兩儀之上，各生一奇一偶，而爲二畫者四，是謂四象。其位則太陽一，少陰二，少陽三，太陰四。其數則太陽九，少陰八，少陽七，太陰六。以河圖言之，則六者一而得於五者也，七者二而得於五者也，八者三而得於五者也，九者四而得於五者也。以洛書言之，則九者十分一之餘也，八者十分二之餘也，七者十分三之餘也，六者十分四之餘也。周子所謂「水火木金」，邵子所謂「二分爲四」者，皆謂此也。

「兩儀生四象」者，陽儀上〔一〕生一畫陽⚌，謂之太陽一象；又生一畫陰⚍，謂之少陰一象；陰儀上生一畫陽⚎，謂之少陽一象；又生一畫陰⚏，謂之太陰一象。朱子曰：「一陰一陽，有各生一陰一陽之象。」或問其義。曰：「一物上自各有陰陽。如人之男女，陰陽已具，逐人身上又各有這血是陰，氣是陽。如晝夜之間，晝爲陽，夜爲陰，而晝自午後又爲陰，夜自子後又屬陽。此便是陰陽有各生陰陽之象。」陰陽各生陰陽，

〔一〕「上」原作「止」，清原宣賢鈔本、通志堂本、四庫薈要本、四庫本、性理大全本、朱謐述解本皆作「上」，據改。

則是四象也，其此之謂矣。四象既立，太陽居一含九，少陰居二含八，少陽居三含七，太陰居四含六。朱子曰：「因一二三四便見九八七六，最妙。蓋數不過十，无如此恰好。這皆是造化自然，都遏他不住。惟此義先儒未曾發。」〔一〕圖書六七八九之象，見前篇。太極圖以水陰盛爲太陰，火陽盛爲太陽，木陽穉爲少陽，金陰穉爲少陰。其分太少陰陽，雖與此不盡合，姑借其説以明水火木金爲四象耳。○朱子答或問云：「所謂『兩儀爲乾坤初爻，四象爲乾坤初、二相錯而成』，則恐立言有未瑩者。蓋方其爲兩儀，則未有四象也；方其爲四象，則未有八卦也。安得先有乾坤之名、初二之辨哉？兩儀只可謂之陰陽，四象方有太少之別，其序以太陽、少陰、少陽、太陰爲次，此序既定，遞升而倍之，適得乾一、兑二、離三、震四、巽五、坎六、艮七、坤八之序也。」

〔一〕成化本朱子語類一載楊至録與此小異：「因一二三四便見六七八九在裏面，老陽占了第一位便含箇九，少陰占第二位便含箇八，少陽占第三位便含箇七，老陰占第四位便含箇六。數不過十。惟此一義先儒未曾發，先儒但只説得他中間進退而已。」徽州本語類無此條。

乾一 ☰

兌二 ☱

離三 ☲

震四 ☳

巽五 ☴

坎六 ☵

艮七 ☶

坤八 ☷

## 四象生八卦

四象之上，各生一奇一偶，而爲三畫者八，於是三才略具，而有八卦之名矣。其位，則乾一、兌二、離三、震四、巽五、坎六、艮七、坤八。在河圖，則乾坤離坎分居四實，兌震巽艮分居四虛；在洛書，則乾坤離坎分居四方，兌震巽艮分居四隅。周禮所謂「三易經卦皆八」，大傳所謂「八卦成列」，邵子所謂「四分爲八」者，皆指此而言也。

朱子曰：「四象生八卦者，太陽之上生一陽則爲☰而名乾，生一陰則爲☱而名兌；少陰之上生一陽則爲☲而名離，生一陰則爲☳而名震；少陽之上生一陽則爲☴而名巽，生一陰則爲☵而名坎；太陰之上生一陽則爲☶而名艮，生一陰則爲☷而名坤。所謂乾一、兌二、離三、震四、巽五、坎六、艮七、坤八者，蓋謂此也。」圖書分八卦，詳見前篇。周禮：「太卜掌三易之法，夏曰連山，商曰歸藏，周曰周易。其經卦皆八也。」○又按朱子曰：「太陰、太陽交而生艮兌，少陰、少陽交而生震巽；坎離不交，各得本畫。坎離之交，在第二畫兩儀生四象時交了。老陽過去交陰，老陰過來交陽，便是兌艮上第三畫；少陰、少陽交，便是震巽上第三畫。所以知其如此者，他這位次相挨傍。」蓋以太陽過去交太陰，則生艮上爻之陽；太陰過來交太陽，則生兑上爻之陰。乾坤不言交而生者，以上爻陽生於太陽，陰生於太陰，於交之義无取也。少陰交少陽則生震上爻之陰，少陽交少陰則生巽上爻之陽。「坎離不交，各得本畫」者，離之上得陽儀之陽，坎之上得陰儀之陰，亦非交而生也。「坎離之交，在第二畫生四象時交」者，陽儀交陰儀而生坎中爻之陽，陰儀交陽儀而生離中爻之陰也。此所以四象生八卦，獨兑艮震巽交而乾坤坎離不交也。「位次相挨傍」者，兑乾、艮坤、震巽六卦，位次皆相挨也。又盤澗先生曰：「自兩儀生四象，則太陽太陰不動，而少陰少陽則交；自四象生八卦，則乾坤震巽不動，而兑離坎艮則交。」蓋二老不動者，陽儀還生陽之象，陰儀還生陰之象；二少則交者，陽儀乃生陰之象，陰儀乃生陽之象也。「乾坤震巽不動」者，陽象還生陽爻，陰象還生陰爻；「兑離艮坎則交」者，陽象乃生陰爻，陰象乃成陽爻也。此與朱子前説不同，參互求之，其義益備。要之，此皆就四象八卦已成者推其相交之妙，若論其初畫時，一齊俱定，本非有俟於交而生也。

八卦之上，各生一奇一偶，而爲四畫者十六，於經无見。邵子所謂「八分爲十六」者是也。又爲兩儀之上各加八卦，又爲八卦之上各加兩儀也。

「兩儀之上各加八卦」者，以八陽八陰爲兩儀，是第一畫爲兩儀也。兩儀之上各有八卦，陽儀八卦，陰儀八卦，二八一十有六，是爲上三畫皆八卦也。「八卦之上各加兩儀」者，乾兑離震巽坎艮坤，各二卦，每二卦之上各有一奇一偶爲兩儀，是自第三畫爲八卦，八卦之上各有兩儀，亦自八分爲十六，第四畫皆兩儀也。

四畫之上各生一奇一偶，而爲五畫者三十二，邵子所謂「十六分爲三十二」者是也。又爲四象之上各加八卦，又爲八卦之上各加四象也。

「四象之上各加八卦」者，第一畫十六陽十六陰爲兩儀，第二畫各八陽八陰爲四象，四象之上各有八卦，上三畫皆八卦也。「八卦之上各加四象」者，下三畫乾兑離震巽坎艮坤，各四卦，上各有兩奇兩偶爲兩儀，第四畫也；每兩儀之上各有一奇一偶爲四象，第五畫也。

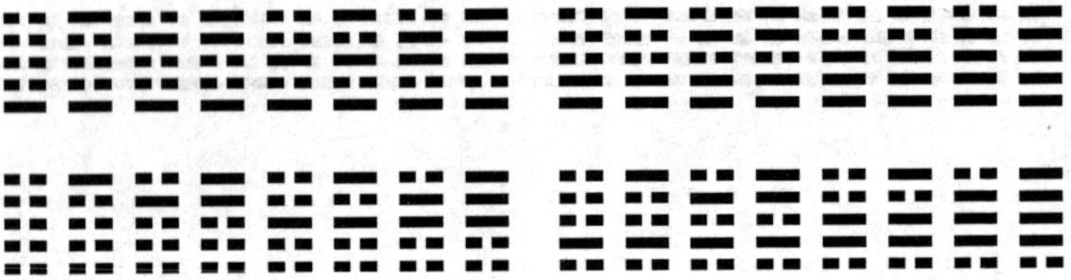

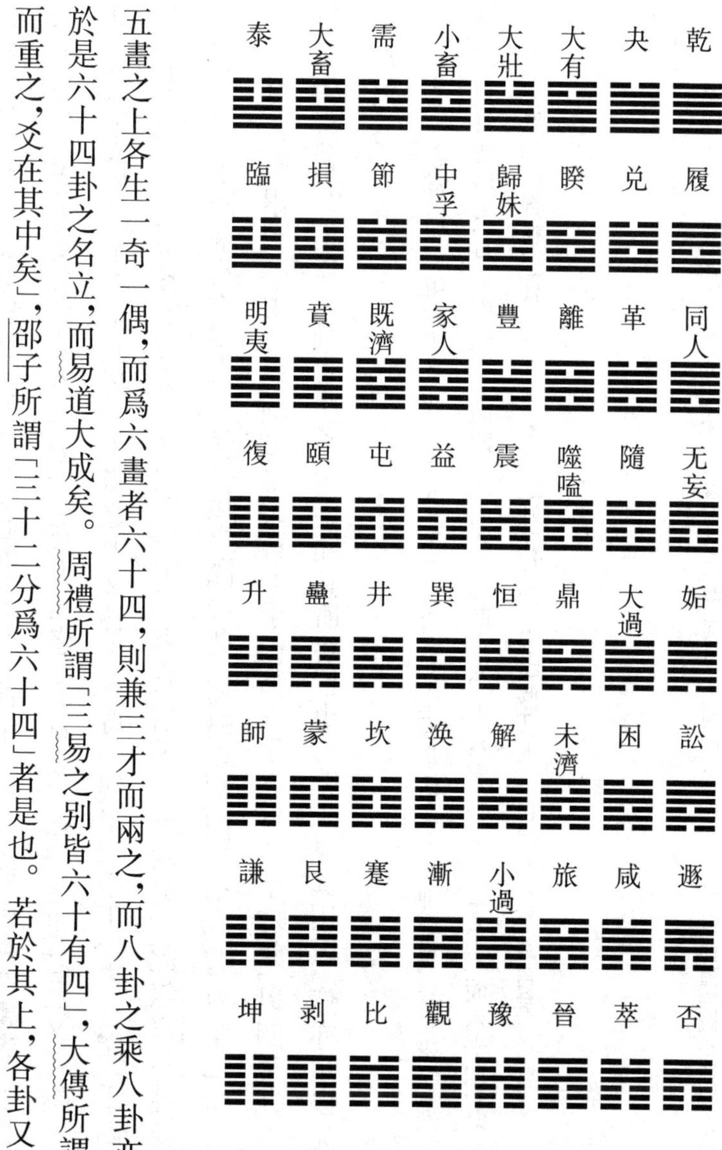


五畫之上各生一奇一偶，而爲六畫者六十四，則兼三才而兩之，而八卦之乘八卦亦周。於是六十四卦之名立，而易道大成矣。周禮所謂「三易之别皆六十有四」，大傳所謂「因而重之，爻在其中矣」，邵子所謂「三十二分爲六十四」者是也。若於其上，各卦又各生一奇一偶，則爲七畫者百二十八矣；七畫之上又各生一奇一偶，則爲八畫者，二百五十六矣；八畫之上又各生一奇一偶，則爲九畫者，五百十二矣；九畫之上又各生一奇一偶，則爲十畫者，千二十四矣；十畫之上又各生一奇一偶，則爲十一畫者，二千四十八矣；十一畫之上又各生一奇一偶，則爲十二畫者，四千九十六矣。此焦貢易林變卦之數，蓋以六十四乘六十四也。今不復爲圖於此，而略見第四篇中。若自十二畫上又各生一奇一偶，累至二十四畫，則成千六百七十七萬七千二百一十六變，以四千九十六自相乘其數，亦與此合。引而伸之，蓋未知其所終極也。雖未見其用處，然亦足以見易道之無窮矣。

朱子答袁機仲曰：「第六畫者，八卦之八卦也。」又曰：「聖人當初亦不恁地思量，只是畫一箇陽，一箇陰，只管恁地去，自一而二，二而四，四而八，八而十六，十六而三十二，三十二而六十四，既成箇物事，自然如此齊整，皆是天地〔一〕本然之妙元如此，但略假聖人手畫出來。」至哉言矣。

〔一〕「地」原作「也」，北大本、清原宣賢鈔本、通志堂本、四庫薈要本、四庫本皆作「地」，是也，此蓋國圖本修版之誤，據改。

# 伏羲八卦圖

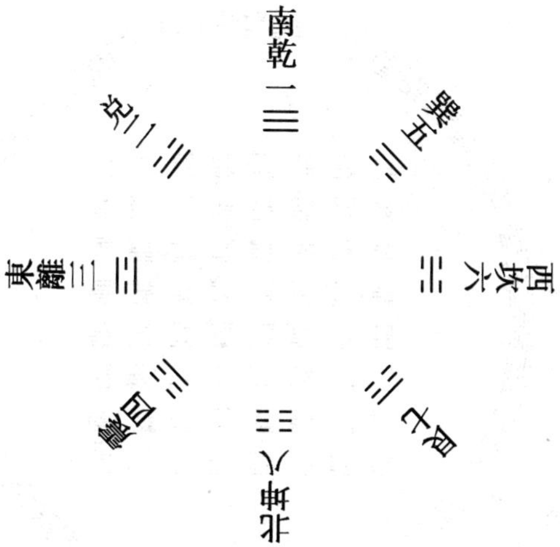

南
乾一☰
兌二☱
離三☲
東
震四☳
巽五☴
坎六☵
西
艮七☶
坤八☷
北

## 伏羲六十四卦圖〔一〕

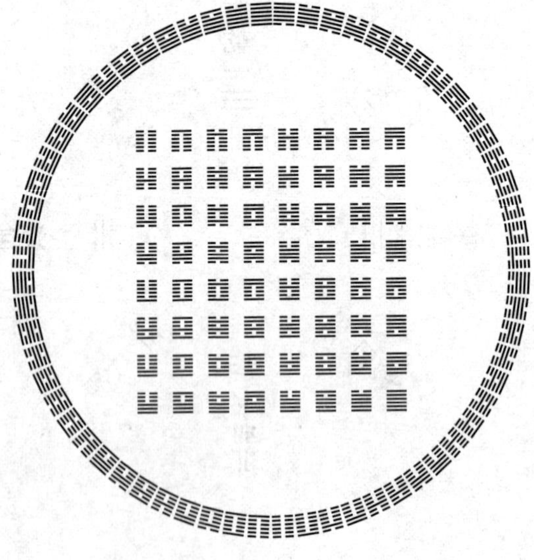

〔一〕按：通志堂本、四庫薈要本、四庫本此圓圖，卦皆自外向内畫，殊誤。

天地定位，山澤通氣，雷風相薄，水火不相射，八卦相錯。數往者順，知來者逆，是故易，逆數也。

雷以動之，風以散之，雨以潤之，日以烜之，艮以止之，兑以説之，乾以君之，坤以藏之。

邵子曰：「此一節，明伏羲八卦也。『八卦相錯』者，明交〔一〕相錯而成六十四也。『數往者順』，若順天而行，是左旋也，皆已生之卦也，故云『數往』也；『知來者逆』，若逆天而行，是右行也，皆未生之卦也，故云『知來』也。夫易之數由逆而成矣。此一節直解圖意，若逆知四時之謂也。」以横圖觀之，有乾一而後有兑二，有兑二而後有離三，有離三而後有震四，有震四而巽五、坎六、艮七、坤八，亦以次而生焉，此易之所以成也。而圓圖之左方，自震之初爲冬至，離兑之中爲春分，以至於乾之末而交夏至焉，皆進而得其已生之卦，猶自今日而追數昨日也，故曰「數往者順」。其右方自巽之初爲夏至，坎艮之中爲秋分，以至於坤之末而交冬至焉，皆進而得其未生之卦，猶自今日而逆計來日也，故曰「知來者逆」。然本易之所以成，則其先後始終如横圖及圓圖右方之序而已，故曰「易，逆數也」。

〔一〕「交」：此字國圖本、北大本皆漫漶，故通志堂本留白，而四庫薈要本、四庫本遂臆補作「其」，朱子成書本啓蒙、清原宣賢鈔本、性理大全本作「交」，因據補。

邵子曰：「易之數由逆而成，若逆知四時之謂也。」此論横圖之序，自乾至坤皆未生之卦也。所謂「未生」者，自卦之未畫者推之。蓋太陽未交以前，乾未生也；自其上生一奇則爲乾，而兑猶未生也。然其生之勢不容已，不必太陽上生一偶方知其爲兑已；可即乾而逆推兑於未生之前，知其必爲兑矣。少陰未交以前，離猶未生也；自其上生一奇則爲離，而震猶未生也。然其生之勢亦不容已，不必少陰上生一偶方知其爲震已；可即離而逆推震於未生之前，知其必爲震矣。自巽五至坤八，其所推者亦然。如自春而推夏，知春之後必爲夏，自夏而推秋，知夏之後必爲秋，自秋而推冬，知秋之後必爲冬，所謂「若逆知四時之謂」者此也。邵子據經文解釋，則先圓圖而後及於横圖，朱子釋邵子之説，則先自横圖而論者，誠以横圖可以見卦畫之立，圓圖可以見卦氣之行。所謂圓圖者，其實即横圖規而圓之耳。朱子嘗答葉永卿曰：「先天圖須先將六十四卦畫作一横圖，則震巽復姤正在中間，先自震復而却行，以至於乾，乃自巽姤而順行，以至於坤，便成圓圖。而春夏秋冬、晦朔弦望、晝夜昏旦，皆有次第，此作圖之大旨也。」數往知來之説，大抵以卦畫之已生者爲往，未生者爲來，亦當先以横圖觀之，而後其義可見。横圖之前一截列於圓圖之左方者，乾一、兑二、離三、震四；而運行之序則始於震，既有震矣，則乾兑離之已生者可見。由是自震之初爲冬至，離兑之中爲春分，以至乾之末而交夏至焉，是皆進而得其已生之卦也。天道左旋，此四卦旋於方之左，若順天而行，所以數之者，豈不如今日追數昨日之順而易乎？橫圖之後一截列於圓圖之右方者，巽五、坎六、艮七、坤八；而運行之序則始於巽，方其有巽，則坎艮坤之未生亦可見。由是自巽之初爲夏至，坎艮之中爲秋分，以至坤之末而交冬至焉，是皆進而得其未生之卦也。天道非右行，此四卦行於方之右，若逆天而行，所以知之者，豈不如今日逆計來日之難乎？要之數往知來之説，以陰陽之節候次第觀之，皆自微而至著；以人之推測言之，亦因微而識著。何則？震巽本同居橫圖之中，今以橫圖中分而成圓圖，則震乃居圓圖之北爲陽之始，巽乃居圓圖之南爲陰之始，各相對望，而不復同處其中，此陰陽之逆順；自復姤而始，其勢已於微而判矣，況曰「數」曰「知」，皆是就人而言，亦皆是各據震巽地頭而論。以此求之，則往來逆順之旨居然可見矣。若論其初，則易畫之所以成其先後始終，不過如橫圖之始乾終坤，及圓圖右方自巽至坤之序而已，是皆以逆而成也，故曰「此一節直解圖意，若逆知四時之謂也」。○嘗因邵子「子半」之説推之，以卦分配節候。復爲冬至子之半，頤、屯、益爲小寒丑之初，震、噬嗑、隨爲大寒丑之半，无妄、明夷爲立春寅之初，賁、既濟、家人爲雨水寅之半，豐、離、革爲驚蟄卯之初，同人、臨爲春分卯之半，損、節、中孚爲清明辰之初，歸妹、睽、兑爲谷雨辰之半，履、泰爲立夏巳之初，大畜、需、小畜爲小滿巳之半，大壯、大有、夬爲芒種午之初，至乾之末交夏至午之半焉，此三十二卦皆進而得夫震、離、兑、乾已生之卦也。姤爲夏至〔一〕午之半，大過、鼎、恒爲小暑未之初，巽、井、蠱爲大暑未之半，升、訟爲立秋申之初，困、未濟、解爲處暑申之半，涣、坎、蒙爲白露酉之初，師、遯爲秋分酉之半，咸、旅、小過爲寒露戌之初，漸、蹇〔二〕、艮爲霜降戌之半，謙、否爲立冬亥之初，萃、晉、豫爲小雪亥之半，觀、比、剥爲大雪子之初，至坤之末交冬至子之半焉，此三十二卦皆進而得夫巽、坎、艮、坤未生之卦也。二分二至四立，總爲八〔三〕節，每節各計兩卦，如坤、復爲冬至，无妄、明夷爲立春，同人、臨爲春分之類是也。如十六氣，每氣各計三卦，如頤、屯、益爲小寒，至觀、比、剥爲大雪之類是也。八節計十六卦，十六氣計四十八卦，合之爲六十四卦，此以卦配氣者然也。〇又按：周謨問：「先天卦氣相接，皆是左旋，蓋乾接以巽初姤卦，便是〔四〕一陰生，坤接以震初復卦，便是

---

〔一〕「夏至」原作「春分」，性理大全本同，清原宣賢鈔本亦同，然於旁批改曰「夏至」，朱謐述解本、通志堂本、四庫薈要本、四庫本皆作「夏至」。據圓圖，顯當作「夏至」，據改。

〔二〕「漸蹇」原作「蹇漸」，四庫薈要本考證曰：「刊本『漸蹇』訛『蹇漸』，據圓圖改。」按：據六十四卦圓圖，則從四庫薈要本當作「漸蹇」，據改。

〔三〕「八」：通志堂本作「戌」，四庫薈要本考證曰：「刊本『八』訛『戌』，今改。」四庫本亦改作「八」。

〔四〕底本「是」後有「〇」，國圖本、北大本、清原宣賢鈔本並同，清原宣賢將此圈標抹去，性理大全、通志堂本、四庫薈要本、四庫本皆無。據語類，此一大段皆周謨語，不可於其中加圈標，故刪。

一陽生〔一〕。自復卦一陽生十一月，盡震四、離三一十六卦，然後得臨卦十二月；又盡兑二凡八卦，然後得泰卦正月；又隔四卦，得大壯二月；又隔大有一卦，得夬三月。夬接乾，乾〔二〕接姤，自姤卦一陰生五月，盡巽五、坎六一十六卦，然後得遯卦六月；又盡艮七凡八卦，然後得否卦七月；又隔四卦，得觀八月；又隔比一卦，得剥九月。剥接坤十月，坤接復，周而復始，循環无端。卦氣左旋，而一歲十二月之卦皆得其序。但陰陽初生，各歷十六卦而後一月，又歷八卦再得一月，至陰陽將極處只歷四卦爲一月，又歷一卦，遂一併三卦相接。其初如此之踈，其末如此之密，此陰陽盈縮當然之理歟？然此圖於復卦之下書曰『冬至子中』，於姤卦之下書曰『夏至午中』，此固无可疑者。獨於臨卦之下書曰『春分卯中』，則臨卦本爲十二月之卦，而春分合在泰卦之下；於遯卦之下書曰『秋分酉中』，則遯卦本爲六月之卦，而秋分合在否卦之下，是固有不可曉者。」朱子答曰：「伏

〔一〕「震初」原作「巽初」，朱謐述解本「巽」作「震」，四庫薈要亦作「震」，考證曰「刊本『震』訛『巽』」。作「震」是，據改。所謂巽初姤卦、震初復卦者，先天六十四卦圖，可依據其内卦分爲八組，如自姤至升即爲巽卦。此處以卦氣左行，故姤卦爲巽之初，復卦爲震之初。姤次乾，復次坤。而語類作：「先天圖卦位，自乾一兑二離三右行至震四住，揭起巽五，作左行，坎六艮七至坤八住，接震四。觀卦氣相接，皆是左旋。蓋乾是老陽，接巽末姤卦，便是一陰生；坤是老陰，接震末復卦，便是一陽生。」此皆作「末」，與本書作「初」不同。然據彼文震右行、巽左行，則復卦固爲震末、姤卦實爲巽初。

〔二〕清原宣賢於此旁批注：「有『四月』」。

義易自是伏羲説話，文王易自是文王説話，固不可交互求合。所看先天卦氣盈縮，極子細。某亦嘗如此理會來，而未得其説。陰陽初生，其氣中固緩，然不應如此之疎，其後又却如此之密。大抵此圖布置皆出乎自然，不應无説，當更思之。」愚謂：前説以復爲冬至子半推之，凡二十四氣在諸卦皆各有所屬，此朱子所謂「伏羲説話」也；周謨所問十二月卦氣不同，朱子所謂「自是文王説話，不可交互求合」也。又嘗曰：「先天圖八卦各自爲一節，不論月氣先後。」斯言盡之矣。尚何疑之有？但朱子謂「卦氣盈縮，不應无説」，愚嘗反覆思之，竊謂先即内八卦以推十二月之卦，獨坎離各八卦，无預於月分者。坎第三畫陰在陽上，離第三畫陽在陰上，非陰陽之以次而生者，故不可當月分。若夫震巽，陰陽之初生者也，一陽一陰在下，故各八卦，當十一月與五月；艮兑，陰陽之浸長者也，二陽二陰在下，故各八卦，當十二月與六月；乾坤，陰陽之極盛者也，三陽三陰之全，故乾八卦當正月至四月，坤八卦當七月至十月。陰陽之初生者宜緩矣，又以坎離間之，故不期疎而愈疎；其浸長者宜稍速矣，又踰於坎離之間，故視震巽爲稍密。至於三陽之乾，陽氣方出地上，温厚之氣浸浸用事，故四陽盛之月皆聚於乾；三陰之坤，陰氣方入秋初，嚴凝之氣浸浸用事，故四陰盛之月皆聚於坤，雖欲其疎亦不可得也。此或可以見卦氣盈縮之由矣。

又曰：「太極既分，兩儀立矣。陽上交於陰，陰下〔一〕交於陽，而四象生矣。陽交於陰，陰交於陽，而生天之四象，剛交於柔，柔交於剛，而生地之四象，八卦相錯而後萬物生焉。是故一分爲二，二分爲四，四分爲八，八分爲十六，十六分爲三十二，三十二分爲六十四。猶根之有幹，幹之有枝，愈大則愈小，愈細則愈繁。」

此一節，申明八卦相錯而爲六十四卦，有此圓圖也。邵子經世演易圖以一動一静之間爲太極，以動静分兩儀，以陽陰剛柔分四象，以太陽、太陰、少陽、少陰分乾、兑、離、震爲天四象，以少剛、少柔、太剛、太柔分巽、坎、艮、坤爲地四象，所謂八卦也。動而陽，静而陰，太極生兩儀也。一奇爲陽儀居圖左方，一偶爲陰儀居圖右方；左爲下，故自下而上交於陰而生陰陽二象，右爲上，故自上而下交於陽而生剛柔二象，兩儀生四象也。陰交於陽，而生乾一爲太陽，兑二爲太陰，陽交於陰，而生離三爲少陽，震四爲少陰，此四卦者皆自陽儀中來，故爲天之四象。柔交於剛，而生巽五爲少剛，坎六爲少柔，剛交於柔，而生艮七爲太剛，坤八爲太柔，此四卦者皆自陰儀中來，故爲地之四象。四象生八卦也。八卦相錯，而後萬物生焉，一卦之上各加八卦，以相間錯，則六十四卦成矣。

〔一〕句中「上」、「下」二字，諸本同，玉海、性理群書句解所引亦同，然皇極經世書及張行成皇極經世觀物外篇衍義則作「下」、「上」。

朱子曰：「陰陽是陽中之陰陽，剛柔是陰中之剛柔。剛柔以質言，是有箇物了，見得剛底柔底；陰陽以氣言。」〇朱子又釋此以答袁機仲曰：「此下四節，通論伏羲六十四卦圓圖。『太極既分，兩儀立矣』，此一節，以第一爻而言，左一奇爲陽，右一偶爲陰，所謂兩儀者也。今此一奇爲左三十二卦之初爻，一偶爲右三十二卦之初爻，乃以累變而分，非本即有此六十四段也，後放此。『陽上交於陰，陰下交於陽，而四象生矣』，此一節以第一爻生第二爻而言也。陽下之半上交於陰上之半，則生陰中第二爻之一奇一偶，而爲少陽、太陰矣；陰上之半下交於陽下之半，則生陽中第二爻之一奇一偶，而爲太陽、少陰矣。所謂兩儀生四象也。太陽一奇，今分爲左上十六卦之第二爻；少陰一偶，今分爲左下十六卦之第二爻。少陽、太陰，其分放此。而初爻之二，亦分爲四矣。『陽交於陰，陰交於陽，而生天之四象；剛交於柔，柔交於剛，而生地之四象』，此一節以第二爻生第三爻言也。陽謂太陽，陰謂太陰，剛謂少陽，柔謂少陰。太陽之下半交於太陰之上半，則生太陰中第三爻之一奇一偶，而爲艮爲坤矣；太陰之上半交於太陽之下半，則生太陽中第三爻之一奇一偶，而爲乾爲兑矣；少陽之上半交於少陰之下半，則生少陰中第三爻之一奇一偶，而爲離爲震矣；少陰之下半交於少陽之上半，則生少陽中第三爻之一奇一偶，而爲巽爲坎矣。此所謂四象生八卦也。乾一奇，今分爲八卦之第三爻；坤一偶，今分爲八卦之第三爻，餘皆放此。而初爻二爻之四，今又分爲八矣。乾兑艮坤生於二太，故爲天之四象；離震巽坎生於二少，故爲地之四象。『八卦相錯而後萬物生焉』，一卦之上各加八卦以相間錯，則六十四卦成矣。然第三爻之相交，則生第四爻之一奇一偶，於是一奇一偶各爲四卦之第四爻，而下三爻亦分爲十六矣；第四爻又相交，則生第五爻之一奇一偶，於是一奇一偶各爲二卦之第五爻，而下四爻亦分爲三十二矣；第五爻又相交，則生第六爻之一奇一偶，於是一奇一偶各爲一〔一〕卦之第六爻，而下五爻亦分爲六十四矣。蓋八卦相乘爲六十四，而自三畫以上三加一倍，以至六畫，則三畫者亦加一倍，而卦體横分亦爲六十四矣。二數殊塗，不約而會，如合符節，不差毫釐，正是易之妙處。」又曰：「此段雖通論圓圖，實先以横圖自兩儀至六十四者明之。」所謂「二數」者，指横圖所生與圓圖所分而言，二數相參，皆不約而合也。嘗合邵子、朱子之説考之，邵子以太陽爲陽，少陰爲陰，少陽爲剛，太陰爲柔，此四象也；朱子釋之，乃曰陽爲太陽，陰爲太陰，剛爲少陽，柔爲少陰。其言陽與剛同，而言陰與柔異，何也？邵子以太陽爲乾，太陰爲兑，少陽爲離，少陰爲震，四卦天四象；少剛爲巽，少柔爲坎，太剛爲艮，太柔爲坤，四卦地四象。天地各四象，此八卦也。朱子釋之，乃曰乾兑艮坤生於二太，故爲天四象；離震巽坎生於二少，故爲地四象。其言乾兑巽坎同，而言離震艮坤異，何也？蓋四象八卦之位，邵

〔一〕「一」原作「二」，此字國圖本僅留一畫，然必是「二」字之下横，非「一」字，清原宣賢鈔本、通志堂本、四庫薈要本、四庫本亦作「二」。按其數自三十二而十六，而八，而四，而二，而一遞減，此顯當作「一」，語類原即作「一」。據改。

子以陰陽剛柔四字分之，朱子唯〔一〕以陰陽二字明之。其論四象既殊，則論八卦亦異。邵子以乾兑離震爲天四象者，以此四卦自陽儀中來；以巽坎艮坤爲地四象者，以此四卦自陰儀中來。朱子則以乾兑艮坤生於太陽、太陰，故屬其象於天；離震巽坎生於少陰、少陽，故屬其象於地。二者各有不同也。但詳玩邵子本意，謂陰陽相交者，指陽儀中之陰陽，剛柔相交者，指陰儀中之剛柔。是以老交少，少交老，而生天地四象，其機混然而無間。朱子易陽爲太陽，陰爲太陰，剛爲少陽，柔爲少陰，二太相交而生天四象，二少相交而生地四象，其分粲然而有别。朱子之説雖非邵子本意，然因是可以知圖之分陰分陽者，以交易而成象之或老或少，初不易其分也。朱子嘗言：「文王後天八卦，震東、兑西，爲長少相合於正方；巽東南、艮東北，爲長少相合於偏方。以長少之合爲非其偶，必若伏羲先天八卦。震以長男而合陰長之巽，爲雷風不相悖；艮以少男而合陰少之兑，爲山澤通氣。以長合長、少合少，爲得其偶。」又言：「无伏羲底，做文王底不成，其歸却在伏羲上。」今邵子説四象之交，即文王之説也；朱子説四象之交，即伏羲之説也。觀朱子説，實廣邵子未盡之意；而觀邵子説者，亦庶乎有折衷矣。下文朱子復舉邵子説曰「震兑在天之陰，巽艮在地之陽」，則於彼處只據邵説，而不以己意混之者又可見也。

〔一〕「唯」：通志堂本、四庫薈要本、四庫本作「乃」。

是故乾以分之，坤以翕之，震以長之，巽以消之。長則分，分則消，消則翕也。乾、坤，定位也；震、巽，一交也；兑、離、坎、艮，再交也。故震陽少而陰尚多也，巽陰少而陽尚多也。兑、離，陽浸多也；坎、艮，陰浸多也。

震者長之始，「雷以動之」也。歷離兑而乾，則長之極而爲陰陽之分限矣，「乾以君之」也。巽者消之始，「風以散之」也。歷坎艮而坤，則消之極而爲純陰之翕聚矣，「坤以藏之」也。此所以長則分，分則消，消則翕，翕則復爲長，而循環无端也。乾，至陽也，居上而臨下，故曰君；以震離兑之陽得乾，而有所君宰。坤，至陰也，居下而括終，故曰藏；以巽坎艮之陰得坤，而〔一〕有所歸宿。然謂「乾以分之」，則動而陽者乾也，静而陰者亦乾也，乾實分陰陽而无不君宰也。朱子嘗言「天地之間本一氣之流行而有動静耳，以其流行之體統〔二〕而言，則但謂之乾，而无所不包；以動静分之，然後有陰陽剛柔之别」，正此意也。夫如是，則諸卦皆乾之所君宰，聖人特以君言之。造化貴陽之大義，聖人扶陽之至意，昭昭矣。乾坤以陰陽之純定上下之位。震一交，兑離再交，由一陽之交以至二陽之交也；巽一交，坎艮再交，由一陰之交以至二陰之交也。故初交爲震，則陽尚少；再交爲離

〔一〕「而」：通志堂本、四庫薈要本、四庫本作「則」。

〔二〕「體統」：通志堂本、四庫薈要本、四庫本作「統體」。

兑，則陽浸多矣。初交爲巽，則陰尚少；再交爲坎艮，則陰浸多矣。

〇又曰：「無極之前，陰含陽也；有象之後，陽分陰也。陰爲陽之母，陽爲陰之父。故母孕長男而爲復，父生長女而爲姤，是以陽起於復，而陰起於姤也。」

或問：「无極如何説『前』？」朱子曰：「邵子就圖上説循環之意。自姤至坤是陰含陽，自復至乾是陽分陰，坤復之間乃无極，自坤反姤乃无極之前。」朱子言「就圖上説循環之意」者，蓋以右一邊屬陰，而陰中有陽，故自一陰之姤至六陰之坤，皆是以陰而含陽；陰主翕，其翕聚者所以含蓄此陽也。左一邊屬陽，而陽中有陰，故自一陽之復至六陽之乾，皆是以陽而分陰；陽主闢，其發散者所以分布此陰也。「坤復之間乃爲无極」，蓋以一動一静之間，一无聲无臭之理而已。自坤而反觀，則推之於前，以至於姤，故爲无極之前；自復而順數，則引之於後，以至於乾，故爲有象之後。四卦之循環，蓋未見其終窮也。「陰爲陽之母」，謂坤爲復之母，故生復也；「陽爲陰之父」，謂乾爲姤之父，故生姤也。圖分陰陽，復、姤爲陰陽之起處，故曰「乾坤爲大父母，復姤爲小父母也」。〇進齋徐氏曰：「无極之前，陰含陽也，言自巽消而至坤，翕静之妙也；有象之後，陽分陰也，言自震長而至乾，分動之妙也。陰含陽，故曰母孕；陽分陰，故曰父生。朱子曰『坤復之間乃无極』，其論密矣。又詩曰：『忽然夜半一聲雷，萬户千門次第開。若識无中含有象，許君親見伏羲來。』『无中含有象』，即坤復之間，无極而太極也。」

○又曰：「震始交陰而陽生，巽始消陽而陰生。兑，陽長也；艮，陰長也。震兑，在天之陰也；巽艮，在地之陽也。故震兑上陰而下陽，巽艮上陽而下陰。天以始生言之，故陰上而陽下，交泰之義也；地以既成言之，故陽上而陰下，尊卑之位也。乾坤定上下之位，坎離列左右之門，天地之所闔闢，日月之所出入，春夏秋冬、晦朔弦望、晝夜長短、行度盈縮，莫不由乎此矣。」

此一節，先論震巽艮兑四維之卦，而後及於乾坤坎離四正之位。「震始交陰而陽生」，以震接坤言也；至兑二陽，則爲陽之長。「巽始消陽而陰生」，以巽接乾言也；至艮二陰，則爲陰之長。「震兑在天之陰」者，邵子以震爲天之少陰，兑爲天之太陰，推其爲陰，故陰爻皆在上而陽爻皆在下，天以生物爲主，始生之初非交泰不能，故陰上陽下，而取交泰之義。「巽艮在地之陽」者，邵子以巽爲地之少剛，艮爲地之太剛，推其爲剛，故陽爻皆在上而陰爻皆在下，地以成物爲主，既成之後則尊卑定，故陰下陽上，而取尊卑之位。「乾坤定上下之位」，天地之所闔闢也；「坎離列左右之門」，日月之所出入也。歲而春夏秋冬，月而晦朔弦望，日而晝夜行度，莫不胥此焉出，豈拘拘爻畫陰陽之間哉！○進齋徐氏曰：「一氣循環，自復至乾爲陽，生物之始也，故震兑陰上而陽下，爲交泰之義，蓋主動而言，太極之用所以行；自姤至坤爲陰，成物之終也，故巽艮陽上而陰下，爲尊卑之位，蓋主静而言，太極之體所以立也。」思齋翁氏曰：「卯爲日門，太陽所生；酉爲月門，太陰所生。不但日月出入於此。大而天地之開物雖始於寅，至卯而門彌闢；閉物雖始於戌，至酉而門已闔。一歲而春夏秋冬，一月而晦朔弦望，一日而晝夜行度，莫不由乎左右之門，所以極贊坎離功用之大也。」

○又曰：「乾四十八而四分之，一分爲陰所尅也；坤四十八而四分之，一分爲所尅之陽也。故乾得三十六，而坤得十二也。」兑離以下，更思之。○今按：兑離二十八陽二十陰，震二十陽二十八陰，艮坎二十八陰二十陽，巽二十陰二十八陽。

「乾四十八」者，内卦爲乾，自乾至泰八卦，陰陽爻共四十八畫也。「四分之」者，以四十八分爲四分，每分計十二畫也。乾至泰計三十六畫陽、十二畫陰，是陽占四分之三，内一分爲陰所克也。坤四十八者，内卦爲坤，自否至坤八卦，陰陽爻共四十八畫也。「四分之」者，以四十八分爲四分，每分計十二畫也。否至坤計三十六畫陰、十二畫陽，是陰占四分之三，内一分爲所克之陽也。「故乾得三十六陽，而坤得十二陽」者，蓋乾固以陽爲主，而坤亦以陽爲主也。可見天道貴陽賤陰，聖人扶陽抑陰之義，邵子得之耳。程子論復之陽長，而曰「陰亦然，聖人不言」者，正與此合。兑八卦自履至臨，離八卦自同人至明夷，各計二十八陽，共五十六陽，各計二十陰，共四十陰，則其四十者爲陰所克也。震八卦自无妄至復計二十陽二十八陰，則二十八爲陰所克也。艮八卦自遯至謙，坎八卦自訟至師，各計二十八陰，共五十六陰，各計二十陽，共四十陽，則其四十者爲所克之陽也。巽八卦自姤至升計二十陰二十八陽，則二十八者爲所克之陽也。是兑離震得七十六陽，巽坎艮得六〔一〕十八陽也。

○又曰：「乾坤縱而六子横，易之本也。」

圓圖：南、北爲縱；東、西，東南、西北，西南、東北，爲横。八卦對待以立其體，易之本也。

○又曰：「陽在陰中，陽逆行；陰在陽中，陰逆行。陽在陽中，陰在陰中，則皆順行。此真至之理，按圖可見之矣。」

朱子曰：「圓圖左屬陽，右屬陰。坤无陽，艮、坎一陽，巽二陽，爲陽在陰中逆行；乾无陰，兑、離一陰，震二陰，爲陰在陽中逆行。震一陽，離、兑二陽，乾三陽，爲陽在陽中順行；巽一陰，坎、艮二陰，坤三陰，爲陰在陰中順行。」此皆以内八卦三畫陰陽言也。若以外八卦推之，陰陽逆順行亦然。右方外卦四節，皆首乾終坤，四坤无陽，自四艮各一陽，逆行而至於乾之三陽，其陽皆自下而上，亦陽在陰中陽逆行也；左方外卦四節，亦首乾終坤，四乾无陰，自四兑各一陰，逆行而至於坤之三陰，其陰皆自上而下，亦陰在陽中陰逆行也。左方外卦四坤无陽，自四艮各一陽，順行而至於乾之三陽，其陽皆自下而上，亦陽在陽中陽順行也；右方外卦四乾无陰，自四兑各一陰，順行而至於坤

〔一〕「六」原作「四」，據計算，作「六」是，故改。

之三陰，皆自上而下，亦陰在陰中陰順行也。以逆順之説推之，陰陽各居本方，則陽自下而上，陰自上而下，皆爲順。若陰陽互居其方，則陽自上而下，陰自下而上，皆爲逆。此自然之勢，固自有真至之理也。○思齋翁氏曰：「先天圓圖左陽右陰。左三十二卦，陽始於復之初九，歷十六變而二陽臨，又八變而三陽泰，又三變而四陽大壯，又一變而五陽夬，而乾以君之，陽之進也。始緩而終速，其進也以漸，所謂陽在陽中順也。陽主升，自下而升，亦順也。復至无妄二十陽，明夷至同人二十八陽，臨至履亦二十八陽，乾至泰三十六陽。二十者陽之微，二十八陽之著，三十六陽之盛。陽在北則微，在東則著，在南則盛，亦順也。陽順而陰逆，不言可知矣。陽在右方三十二卦，則反是。故曰『真至之理，按圖可見』也。」

○又曰：「復至乾，凡百一十有二陽；姤至坤，凡八十陽。姤至坤，凡一百一十有二陰；復至乾，凡八十陰。」

圖之陰陽在兩邊正相等，自復至乾，居圖之左，陽方也，故陽多而陰少，自姤至坤，居圖之右，陰方也，故陰多而陽少。左邊一畫陽，便對右邊一畫陰；左邊一畫陰，便對右邊一畫陽。對待以立體，而陰陽各居其半也。由此觀之，天地間陰陽各居其半，本无截然爲陽、截然爲陰之理。但造化貴陽賤陰，聖人扶陽抑陰，故於消長之際、淑慝之分，又不能不致其區别爾。豈容以概論哉！

○又曰：「坎離者，陰陽之限也，故離當寅，坎當申，而數常踰之者，陰陽之溢也。然用數不過乎中也。」此更宜思。離當卯，坎當酉，但以坤爲子半可見矣。

「坎離，陰陽之限」者，就寅申而言也。以四時論之，春爲陽而始於寅，是離當寅而爲陽之限；秋爲陰而始於申，是坎當申而爲陰之限也。「數常踰之」者，離雖當寅而盡於卯中，坎雖當申而盡於酉中，是踰寅申之限而爲陰陽之溢矣。「然用數不過乎中」者，蓋邵子以卯酉爲陰陽之溢，則其所謂中者，是取寅申而不取卯酉也。陽之用始於寅，陰之用始於申。蓋子位陽雖生，而未出乎地，至寅則温厚之氣始用事。巳位陰雖生，而未害於陽，至申則嚴凝之氣始用事。是所謂用數仍不過乎寅申之中也。夫以離當寅、坎當申推之，則乾當巳，坤當亥，兑當卯、辰，震[一]當子、丑，巽當午、未，艮當酉、戌，皆數之不及，而邵子以爲中者也。又以離當卯，坎當酉，坤爲子半推之，則乾當午，坤當子，兑當辰、巳，震當丑、寅，巽當未、申，艮當戌、亥，皆四方之中、四隅之會處，而[二]邵子以爲數嘗踰之者也。此即邵子怕處其盛之意。

〇又曰：「先天學，心法也，故圖皆自中起，萬化萬事生于心也。」

此明圖之所謂太極也。圖從中起者，心法也。心爲太極，而萬化萬事生於心；圖之中亦爲太極，

[一]「震」後原有「〇」，北大本、清原宣賢鈔本同，他本無，蓋衍，據删。
[二]「而」後原衍「而」字，北大本、清原宣賢鈔本同，他本無，蓋衍，據删。

而儀、象、卦生於中也。林學履問：「『圖皆從中起，萬化萬事生于心』，何也？」朱子曰：「其中間白處便是太極；三十二陽，三十二陰，便是兩儀；十六陰，十六陽，便是四象；八陰八陽，便是八卦。」又曰：「太極，中間虚處便是。他自説圖從中起，今不合被方圖在中間塞，却待取出放外。他兩邊生者，即是陰根陽，陽根陰。這箇有對，從中出則无對。」

○又曰：「圖雖無文，吾終日言而未嘗離乎是。蓋天地萬物之理盡在其中矣。」

或問：「『圖雖無文，吾終日言而未嘗離乎是』，何也？」朱子曰：「一日有一日之運，一月有一月之運，一歲有一歲之運。大而天地之始終，小而人物之生死，遠而古今之世變，皆不外乎此，只是一箇盈虚消息之理。本是箇小底變成大底，到那大處又變成小底。如納甲法，乾納甲壬，坤納乙癸，艮納丙，兑納丁，震納庚，巽納辛，坎納戊，離納己，亦是這箇。又如道家以坎離爲真，水火爲六卦之主，而六卦爲坎離之用。自月初三爲震，上弦爲兑，望日爲乾，望後爲巽，下弦爲艮，晦日爲坤，亦不外此。」又曰：「乾之一爻屬戊，坤之一爻屬己。留戊就己，方成坎離。蓋乾坤是大父母，坎離是小父母。又如火珠林，占得一屯卦，則初九是庚子，六二是庚寅，六三是庚辰，六四是戊申，九五是戊戌，上六是戊子，亦都是這箇。」又曰：「先天圖，今所寫者是以一歲之運言之，推而至於元會運世十二萬九千六百歲，亦只是恁地道理。小而一日一時，亦只是這圈子，都從復上推起去。」朱子之意，蓋謂〔一〕自有先天圖以後，如納甲法、道家修養法，下至火珠林占筮等書，莫不自先天圖出，此所謂「天地萬物之理盡在其中」也。邵子嘗自贊曰「弄環餘暇，時往時來」，又曰「自從會得環中意，閑氣胸中一點無」，其有得於圖者如此。朱子贊之曰：「天挺人豪，英邁蓋世，駕風鞭霆，歷覽无際。手探月窟，足躡天根，閑中今古，静裏乾坤。」可謂形容盡之矣。今歷引其言，而終之以圖爲心法，圖皆從中起，且以爲天地萬物之理盡在其中。則其學之得於心，心之根於理者，又豈徒象數云乎哉！

○按：易本義曰：「伏羲四圖【三畫、六畫、横圖、圓圖】〔二〕，其説皆出邵氏，蓋邵氏得之李之才，之才得之穆修，修得之希夷先生陳摶，所謂先天之學也。」朱子答黄勉齋書曰：「先天乃伏羲本圖，非康節所自作。雖无言語，而所該甚廣。今易中一字一義无不自其中流出。」【以上總説四圖】○又曰：「易是互相博〔三〕易之義，觀先天圖便可見。東邊一畫陰，便對西邊一畫陽。蓋東一邊本皆是陽，西一邊本皆是陰。東邊陰畫都自西邊來，西邊陽畫都自東邊來。姤在西，是東邊五畫陽過；

〔一〕「謂」：清原宣賢鈔本作「謂」，批校爲「論」。

〔二〕「三畫、六畫、横圖、圓圖」：底本皆以陰文表示，今以方頭括號表示，後放此。

〔三〕「博」原作「愽」，四庫本作「搏」，清原宣賢鈔本、通志堂本、四庫薈要本、性理大全本作「博」，與語類原本同，作「博」是，形近致誤，據改。後同改。

復在東，是西邊五畫陰過。互相博易而成。易之變雖多般，然此是第一變。」又曰：「左邊百九十二爻本皆陽，右邊百九十二爻本皆陰。陽中有陰，陰中有陽，便是陽往交易陰，陰來交易陽。兩邊各各相對，其實非此往彼來，只其象如此。」邵子詩曰：「耳目聰明男子身，洪鈞賦予不爲貧。因探月窟方知物，未躡天根豈識人。乾遇巽時觀月窟，地逢雷處見天根。天根月窟閑來往，三十六宮都是春。」朱子贊之亦曰：「手探月窟，足躡天根。」池陽何巨源問：「詩并贊云，莫是説陰陽否？」朱子答曰：「先天圖自復至乾，陽也；自姤至坤，陰也。陽主人，陰主物。『手探足躡』，亦無甚意義，但復在下，姤在上，上故言手探，下故言足躡。『天根月窟』，指復姤二卦，乃是説他圖之所從起處。」「三十六宮」之説，邵子嘗曰：「八卦之象，不易者四【乾坤坎離】，反易者二【震反爲艮，巽反爲兑，本是四卦，以反易爲二卦】，以六變而成八也。重卦之象，不易者八【乾、坤、坎、離、頤、中孚、大小過】，反易者二十八【如屯反爲蒙之類，本五十六卦，反易只二十八卦】，以三十六變爲六十四也。」張行成曰：「天地間唯一无對，唯中无對。乾坤陰陽之一，坎離陰陽之中。頤、大過似乾坤之一，中孚、小過似坎離之中，所以皆无對。其餘五十六卦，不純乎一與中者，則有對也。」劉砥問曰：「『都是春』，蓋云天理流行，而已常周流其間之意否？」朱子曰：「是。」【以上説圓圖】〇邵子又詩曰：「天地定位，否泰反類。山澤通氣，咸損見義。雷風相薄，恒益起意。水火相射，既濟未濟。四象相交，成十六事。八卦相盪，爲六十四。」朱子釋之曰：「此是釋方圖中兩交股底。且如西北角乾，東南〔一〕角坤，是『天地定位』，便對東北〔二〕角泰，西南角否。次乾是兑，次坤是艮，是『山澤通氣』，便對次否之咸，次泰之損。後四卦亦如此，共十六事〔三〕。」「後四卦」，謂次兑是離，次艮是坎，是『水火相射』，便對次損之既濟、次咸之未濟。次離是震，次坎是巽，是『雷風相薄』，便對次既濟之益、次未濟之恒是也。【以上説方圖】○易本義曰：「此圖圓布者，乾盡午中，坤盡子中，離盡卯中，坎盡酉中。陽生於子中，極于午中；陰生於午中，極於子中。其陽在南，其陰在北。方布者，乾始于西北，坤盡於東南，其陽在北，其陰在南。此二者陰陽對待之數。圓于外者爲陽，方于中者爲陰。圓者動而爲天，方者静而爲地也。」圓圖乾在南，坤在北；方圖坤在南，乾在北。乾位陽畫之聚爲多，坤位陰畫之聚爲多，此陰陽之各以類而聚也，亦莫不有自然之法象焉。又曰：「圓圖象天，一順一逆，流行中有對待，如震八卦對巽八卦之類。方圖象地，有逆无順，定位中有對待，四角相對，如乾八卦對坤八卦之類。此則方圓圖之辨也。」「圓圖象天」者，天圓而動包乎地外；「方圖象地」者，地方而静囿乎天中。圓圖者天道之陰陽，方圖者地道之柔剛。震離兑乾爲天之陽、地之剛，巽坎艮坤爲天之陰、地之柔。地道承天而行，以地之柔剛應天之陰陽，同一理也。特

〔一〕「南」原作「北」，諸本同，清原宣賢批校作「南」，據語類及方圖所示，當作「南」，據改。

〔二〕「北」原作「南」，諸本同，清原宣賢批校作「北」，據語類及方圖所示，當作「北」，據改。

〔三〕「事」：諸本同，語類原作「卦」。

在天者一逆一順，卦氣所以運；在地者惟主乎逆，卦畫所以成耳。【以上總説方圓圖】○【此以上數條，啓蒙未盡述，今附見于此，亦可互相發矣。】

## 文王八卦圖

南 離　坤　兑 西　乾　坎 北　艮　震 東　巽

帝出乎震，齊乎巽，相見乎離，致役乎坤，説言乎兑，戰乎乾，勞乎坎，成言乎艮。萬物出乎震，震東方也。齊乎巽，巽東南也，齊也者，言萬物之絜齊也。離也者，明也，萬物皆相見，南方之卦也，聖人南面而聽天下，嚮明而治，蓋取諸此也。坤也者，地也，萬物皆致養焉，故曰「致役乎坤」。兑，正秋也，萬物之所説也，故曰「説言乎兑」。戰乎乾，乾西北之卦也，言陰陽相薄也。坎者水也，正北方之卦也，勞卦也，萬物之所歸也，故曰「勞乎坎」。艮，東北之卦也，萬物之所成終而所成始也，故曰「成言乎艮」。神也者，妙萬物而爲言者也。動萬物者莫疾乎雷，橈萬物者莫疾乎風，燥萬物者莫熯乎火，説萬物者莫説乎澤，潤萬物者莫潤乎水，終萬物始萬物者莫盛乎艮。故水火相逮，雷風不相悖，山澤通氣，然後能變化，既成萬物也。

邵子曰：「此一節，明文王八卦也。」○又曰：「至哉！文王之作易也，其得天地之用乎！故乾坤交而爲泰，坎離交而爲既濟也。乾生於子，坤生於午，坎終於寅，離終於申，以應天之時也。置乾於西北，退坤於西南，長子用事而長女代母，坎離得位而兑艮爲耦，以應地之方也。王者〔一〕文王也。其盡於是矣。」此言文王改易伏羲卦圖之意也。蓋自乾南坤北而交，則乾北坤南而爲泰矣；自離東坎西而交，則離西坎東而爲既濟矣。乾坤之交者，自其所已成而反其所由生也，故再變則乾退乎西北，坤退乎西南也。坎離之變者，東自上而西，西自下而東也，故乾坤既退則離得乾位，而坎得坤位也。震用事者，發生〔二〕於東方；巽代母者，長養於

〔一〕「王者」後，朱子成書本有「之法」二字，據皇極經世書，當有此二字。
〔二〕「生」原作「主」，通志堂本、四庫薈要本、四庫本作「生」，據改。

東南也。

乾南，坤北，離東，坎西者，先天卦位。乾坤由南北而交，坤南乾北則坤上乾下，故交而爲泰也。離坎由東西而交，坎東離西則坎上離下，故交而爲既濟也。先天卦乾居午，而云「生於子」者，以乾陽始生於復，復，子之半也；坤居子，而云「生於午」者，以坤陰始生於姤，姤，午之半也。午，乾之所已成，今下而交坤於子，是反其所由生也；子，坤之所已成，今上〔一〕交乾於午，是反其所由生也。故再變而爲後天卦，則乾退西北，坤退西南也。先天卦離當寅，而云「終於申」者，申乃坎之位，離交坎而終於申也；坎當申，而云「終于寅」者，寅乃離之位，坎交離而終于寅也。東者，離之本位，其變則交於坎而向西，是東自上而西也；西者，坎之本位，其變則交於離而向東，是西自下而東也。故再變而爲後天卦。乾坤既退，則離上而得乾位，坎下而得坤位也。震代父始事而發生於東方，巽代母繼事而長養於東南也。先天主乾坤坎離之交，其交也將變而無定位，天時之不窮也，故曰「應天」；後天主坎離震兑之交，其交也不變而有定位，地方而有常也，故曰「應地」。由先天卦而爲後天卦，此文王作易，所以得天地之用，而邵子以「至哉」之辭贊之也。雖然，此邵子、朱子之所已言者；而其所未言者，尤當竟也。先天卦乾以君言，則所主者在乾；後天卦震以帝言，則所主

〔一〕性理大全本「上」後有「而」字。

者又在震。何哉？此正夫子發明羲、文尊陽之意也。蓋乾爲震之父，震爲乾之子。以統臨謂之君，則統天者莫如乾，而先天卦位宗一乾也，此乾方用事則震居東北而緩其用也；以主宰謂之帝，主器者莫若長子，後天卦位宗一震也，此乾不用則震居正東而司其用也。先天所重者在正南，後天所重者在正東。如此，則文王改易伏羲卦圖，均一尊陽之心可見矣。○雲莊劉氏曰：「八卦之象各一，而水則有二。合先後天卦位觀之，實周於東南西北，以天地之間水爲最多也。然坎爲水而兑止爲澤者，以坎乃陽水，陽主動，江河之流是也；兑乃陰水，陰主静，湖海之匯是也。朱先生嘗謂坎水塞其下流則爲兑澤，愚亦謂兑澤疏其隄防則爲坎水，其實一水而已。特以坎陽兑陰，而有水澤之分也。」

○又曰：「易者，一陰一陽之謂也。震兑，始交者也，故當朝夕之位；坎離，交之極者也，故當子午之位；巽艮不交而陰陽猶雜也，故當用中之偏；乾坤純陽純陰也，故當不用之位也。」

一陰一陽居正，則相對而有交易之義；居偏則不對，而於交之義无取。後天八卦正而對者震兑坎離，偏而不對者乾坤艮巽。故在東西南北者相對，則取其交；而在東北、東南、西北、西南者不對，則不取其交也。自其交者論之，震東兑西爲交之始，當卯酉之中，朝夕之位也；離南坎北爲交之極，當子午之位，天地之中也。自其不交者論之，巽艮居南北之東，比於乾坤陰陽爲尤雜，故巽稍向用而艮全未用，所以爲當用中之偏；乾坤居南北之西，比於巽艮爲陰陽之純，所謂父母既老而退處於不用之地也。○思齋翁氏曰：「坎離是乾坤中爻之交，在八卦位中只有東西南北四正位，位之極好。先天則位坎離以卯酉，後天則位坎離以子午也。只此四位，陽中有陰，陰中有陽，皆是羲文微意。」

○又曰：「兑離巽，得陽之多者也；艮坎震，得陰之多者也。是以爲天地用也。乾極陽，坤極陰，是以不用也。」

此承上文而言。六子，得陰陽之多，而致用；乾坤，陰陽之極，而不用也。陰卦多陽，故兑離巽得陽之多；陽卦多陰，故艮坎震得陰之多。是以各司天地之用，而生成萬物也。至於乾極陽，坤極陰，極則止而不復用矣。然六子之用即乾坤之用也。○雲莊劉氏曰：「兑離巽，陰卦，宜多陰而反多陽；艮坎震，陽卦，宜多陽而反多陰。何也？蓋三男乃坤求於乾，各得乾一陽而成，本皆坤體，故多陰；三女乃乾求於坤，各得坤一陰而成，本皆乾體，故多陽。多陽多陰者，各得乾坤之一體；極陽極陰者，乃乾坤之全體。乾坤雖不用，而六卦之用无往而非乾坤之用矣。」

○又曰：「震兑横而六卦縱，易之用也。」

前論先天八卦有縱横，爲易之本；故此論後天八卦亦有縱横，爲易之用也。先天八卦圓圖，乾南坤北，於象爲縱也；離東、坎西，震東北、巽西南，兑東南、艮西北，於象皆爲横矣。後天八卦圓圖，震東兑西，於象爲横也；離南、坎北，艮東北、巽東南，坤西南、乾西北，於象皆爲縱矣。先後天縱横不齊者，蓋先天對待以立其本，而所重在乾坤；後天流行以致其用，而所重在震兑。先天有乾坤之縱以定南北之位，然後六子之横布列於東西者，倚之以爲主，是相爲對待以立本也；後天有震兑之横以當春秋之分，然後六卦之縱其成全於冬夏者，資之以爲始，是迭爲流行以致用也。本立用行，先後天所以可相有而不可相無也。或曰：「上文既以震兑離坎交而當用，巽艮不交而未用，乾坤純而不用，又統論六子致用，乾坤不用，至此則并乾坤皆以爲易之用，何也？」蓋就後天八卦論乾坤，則終於不用；若合先後天八卦而論，先天所以立易之本，後天所以致易之用，則皆謂之入用矣。況後天乾坤，雖云不用，而有六子以致用，則用者雖在六子，不用而主其用者實在乾坤，豈荒於无用哉？故亦皆以用言也。

嘗考此圖而更爲之説曰：「震東、兑西者，陽主進，故以長爲先而位乎左，陰主退，故以少爲貴而位乎右也。坎北者，進之中也；離南者，退之中也。男北而女南者[一]，互藏其宅也。四者皆當四方之正位，而爲用事之卦。然震兑始而坎離終，

〔一〕底本「者」前空一字，通志堂本因之。清原宣賢鈔本作「者」。蓋原刻衍一「者」字，國圖本、北大本遂挖去而成空白。朱子成書本、性理大全本、四庫薈要本皆無留白，四庫本臆補作「二」，殊誤。

震兑輕而坎離重也。乾西北、坤西南者，父母既老而退居不用之地也。然母親而父尊，故坤猶半用，而乾全不用也。艮東北、巽東南者，少男進之後而長女退之先，故亦皆不用也。然男未就傅，女將有行，故巽稍向用而艮全未用也。四者皆居四隅不正之位，然居東者未用而居西者不復用也。故下文歷舉六子而不數乾坤，至其水火、雷風、山澤之相偶，則又用伏羲卦云。」

自「震東兑西」至「坎離重也」爲一節，專論震兑離坎居四方之正位而爲用事之卦。震居東爲陽，主乎進，兑居西爲陰，主乎退，而東西之位以定。離居南爲退之中，坎居北爲進之中，而南北之位以成。離得乾位以陰卦居陽，坎得坤位以陽卦居陰，男女之互藏其宅也。震當生育之始，兑當收成之始，離當長養之終，坎當歸藏之終。當其始者其責輕，當其終者其責重也。自「乾西北」至「不復用也」爲一節，專論四隅之卦。乾坤以父母之老不復用，巽艮以男女之長少而未用。「坤西南，猶半用」者，謂其當長養收成之交，母道當親也；「乾西北，全不用」者，謂其當嚴凝主静之候，父道當〔一〕尊也。艮東北、巽東南者，以進退之先後定之。「男未就傅」，少而未習其事；「女將有行」，長而可以任其事也。故「巽稍用而艮全未用也」。然四卦固皆四隅，而居東方生育之位者特未用，

〔一〕「當」原作「常」，清原宣賢鈔本批校作「當」，通志堂本、四庫薈要本、四庫本作「之」。據前文，當作「當」，據改。

居西方收成之位者全不用矣。自「故下文歷舉六子」以下爲一節，是總上兩節論六子致用而乾坤不用也。謂之曰「不數乾坤」者，以致用在六子，故不復及之耳。而其下文仍用伏羲卦次者，沿流泝源，不容以後天而遺先天也。或問：「此下歷舉六子，而不數乾坤。然着一句『神也者，妙萬物而爲言』引起，則乾坤在其中矣。」朱子曰：「恐是如此。」問：「且如雷風水火山澤，自不可喚做神？」曰：「神也者，乃其所以動所以撓者也。」又曰：「『水火相逮』一段，與上面『水火不相射』同。又自是伏羲卦。」又曰：「上言六子，用文王八卦之位者，以六子之主時成用而言，故以四時爲序，而用文王後天之序。下言六子，用伏羲八卦之位者，推六子之所以主時成用而言，故以陰陽交合爲義，而用伏羲八卦之序。蓋陰陽以其偶合，即六子之用行，所以能變化，盡成萬物也。」又曰：「无伏羲底，則做文王底不出，故其歸却在伏羲上。」朱子蓋謂後天八卦以四時進退爲序，先天八卦以陰陽交合爲義。四時進退者，用之所以行也，故不以卦位之非其偶爲拘。陰陽交合者，體之所以立也，故必以卦位之得其偶爲主。要之先天以其偶合，而八卦之體立；則後天雖不以其偶合，而六子之用自行。此「變化既成萬物」，固歸之文王卦次；而所以「變化既成萬物」者，實歸之伏羲卦次也。不然，聖人論伏羲卦次之後，何爲必申之以「然後能變化既成萬物」歟？

**乾健也，坤順也，震動也，巽入也，坎陷也，離麗也，艮止也，兑説也。**

程子曰：「凡陽在下者，動之象；在中者，陷之象；在上，止之象。陰在下者，入之象；在中者，麗之象；在上，説之象。」

此以八卦之性情爲言。一陽起於二陰之下則爲動，墮於二陰之中則爲陷，終於二陰之上則爲止。一陰伏於二陽之下則爲入，附于二陽之中則爲麗，見于二陽之上則爲説。純於陽爲健，純於陰爲順也。

乾爲馬，坤爲牛，震爲龍，巽爲雞，坎爲豕，離爲雉，艮爲狗，兑爲羊。

此遠取諸物之象。

乾爲首，坤爲腹，震爲足，巽爲股，坎爲耳，離爲目，艮爲手，兑爲口。

此近取諸身之象。

乾，天也，故稱乎父；坤，地也，故稱乎母。震一索而得男，故謂之長男；巽一索而得女，故謂之長女。坎再索而得男，故謂之中男；離再索而得女，故謂之中女。艮三索而得男，故謂之少男；兑三索而得女，故謂之少女。

今按：坤求於乾，得其初九而爲震，故曰一索而得男；乾求於坤，得其初六而爲巽，故曰一索而得女。坤再求而得乾之九二以爲坎，故曰再索而得男；乾再求而得坤之六二以爲離，故曰再索而得女。坤三求而得乾之九三以爲艮，故曰三索而得男；乾三求而得坤之六三以爲兑，故曰三索而得女。

朱子曰：「乾索於坤而得女，坤索於乾而得男。初間畫卦時不是恁地，只是畫卦後便見有此象耳。」愚謂：三男，陽也，乾之似也，乃歸之于坤求而後得；三女，陰也，坤之似也，乃歸之於乾求而後得。何也？蓋三男本坤體，各得乾一陽而成，此陽根于陰，故歸之坤也；三女本乾體，各得坤一陰而成，此陰根於陽，故歸之乾也。邵子曰：「母孕長男而爲復，父生長女而爲姤。」陰陽互根之義可見矣。

凡此數節，皆文王觀於已成之卦而推其未明之象以爲説。邵子所謂後天之學，入用之位者也。

此總論「乾健也」以下四節之旨也。

○愚嘗合先後天之易而參之圖書矣。伏羲先天之易，固以河圖爲本，而其卦位未嘗不與洛書合。且以乾南、兑東南，則老陽四九之位也；離東、震東北，則少陽三八之位也；巽西南、坎西，則少陰二七之位也；艮西北、坤北，則老陰一六之位也。其卦實與洛書合焉。文王後天之易，雖但本之伏羲，然亦未嘗不與河圖合。且以坎離當南北之正、子午之中，則兩卦各當夫水火之一象，離當地二天七之火而居南，坎當天一地六之水而居北。外此六卦，則每卦共當一象。震者木之生，當天三之木於東；巽者木之成，當地八之木於東南。兑者金之生，當地四之金於西；乾者金之成，當天九之金於西北。艮則土之生，當天五之土於東北；坤者土之成，當地十之土於西南。坤、艮所以獨配夫中宫之五、十者，以土實寄旺於四季，无乎不在，故配夫中數耳。其卦實與河圖合焉。原其初，伏羲但據河圖以作易，未必預見于書；文王但據先天八卦以爲後天八卦，未必追考于圖。而方位既成，自默相符合，于以見天地之間河洛自然之數，其與聖人心意之所爲，自有不期合而合者，此理之所必同也。不可不察焉。

# 易學啓蒙卷下

新安後學　胡方平　通釋

## 明蓍策第三

大衍之數五十。

河圖、洛書之中數皆五，衍之而各極其數，以至於十，則合爲五十矣。

大傳曰：「天生神物，聖人則之。」又曰：「是興神物以前民用。」又曰：「聖人幽贊於神明而生蓍。」神物，謂蓍。蓍一根百莖，可當大衍之數者二，是五十者大衍之蓍數也。以圖書中宫之數衍之，亦爲五十，而與蓍數合。圖書中數計五箇一，衍而推極之爲五箇十。一者數之始，十者數之終，極即終也。圖書中五，下一點爲第一，本身已自是一數，衍而極之，後面只有箇九，以一合九爲十矣。上一點爲第二，本身已自是二數，衍而極之，後面只有箇八，以二合八爲十矣。左右中各一點皆然。自一點小衍之爲十，合五點大衍之通爲五十也。盤澗先生問曰：「竊謂天地之數不過五而已，五者數之祖也。河圖洛書皆五居中而爲數祖宗，大衍之數五十者，即此五數衍而乘之，各極其數而合爲五十也。是五也，於五行爲土，於五常爲信。水火木金不得土不能各成一器，仁義禮智不實有之亦不能各成一德。此五所以爲數之宗也。不知是否？」朱子答曰：「此説是。」

河圖積數五十五，其五十者皆因五而後得，獨五爲五十所因，而自無所因，故虚之，則但爲五十。又五十五之中，其四十者分爲陰陽老少之數，而其五與十者無所爲，則又以五乘十，以十乘五，而亦皆爲五十矣。洛書積數四十五，而其四十者散布於外，而分陰陽老少之數，唯五居中而無所爲，則亦自含五數而并爲五十矣。

河圖五十因五而後得者：一得五爲六，一六合七；二得五爲七，二七合九；三得五爲八，三八合十一；四得五爲九，四九合十三；五得五爲十，總爲五十。是皆因五而後得也。五自無所因，故虚之，則四圍之數但爲五十。「以五乘十，以十乘五，而爲五十」者，以五乘十是爲五箇十，以十乘五是爲十箇五，乘乘取義，皆可以爲五十。洛書中五亦自含五，而并爲五十者，天地間只有十數，統舉中央五數，自可以含得後面五數而成十，并四圍四十，亦合爲五十也。蓋言圖書之數無往而不與大衍之數合者如此。

其用四十有九。

大衍之數五十，而蓍一根百莖，可當大衍之數者二。故揲蓍之法：取五十莖爲一握，置其一不用，以象太極，而其當用之策，凡四十有九，蓋兩儀體具而未分之象也。

説文云：「蓍，蒿屬，易以爲數。天子九尺，諸侯七尺，大夫五尺，士三尺。」龜策傳曰：「天下和平，王道得，而蓍莖長丈。其叢生滿百莖，下有神龜守之，上有雲氣覆之。」○趙彦肅易解欲以四十九莖握而未分爲太極之象，朱子答之曰：「恐未穩當。蓋太極，形而上者也；兩、三、四、五，形而下者也。若四十九蓍可合而命之曰太極之象，則兩、三、四、五亦可合而命之曰太極之體矣。蓋太極雖不外乎陰陽五行，而亦不雜乎陰陽五行。與其以握而未分者象太極，反不若以一策不用者象之爲无病也。」又曰：「虚天一，故用四十九策。」又曰：「參天兩地，便是虚去天一，只用天參對地二爾。」愚謂一爲太極，虚一所以見太極之無不存；其不用者，所以爲用之原歟。○雲莊劉氏曰：「蓍之數七，七七而四十九，卦之數八，八八而六十四。七數奇，故其德圓而神；八數偶，故其德方以知。以是知卦不自變，因蓍而後變。此四十九蓍必言用者，有蓍之用乃可以用卦也。乾坤二用，爲諸卦陰陽爻之通例，亦因蓍而後有用耳。若有卦而無蓍，何以通其變而爲事哉。此包羲氏畫卦之後必幽贊於神明而生蓍，其以此歟！」

分而爲二以象兩，掛一以象三，揲之以四以象四時，歸奇於扐以象閏，五歲再閏，故再扐而後掛。

掛者，懸於小指之間；揲者，以大指、食指間而別之。奇，謂餘數。扐者，扐於中三指之兩間也。蓍凡四十有九，信手中分，各置一手，以象兩儀；而掛右手一策於左手小指之間，以象三才。遂以四揲左手之策以象四時，而歸其餘數於左手第四指間以象閏。又以四揲右手之策，而再歸其餘數於左手第三指間以象再閏。五歲之象，掛一，一也；揲左，二也；扐左，三也；揲右，四也；扐右，五也。是謂一變。其掛扐之數，不五即九。

得五者三，所謂奇也。五除掛一即四，以四約之爲一，故爲奇，即兩儀之陽數也。

得九者一，所謂偶也。九除掛一即八，以四約之爲二，故爲偶，即兩儀之陰數也。

| 左右 | 左右 | |
|---|---|---|
| | ●●●●● | 扐掛 |
| | ●●●●● | 扐掛 |
| ●●●●●●●●● | ●●●●● | 扐掛 |

左手象天，右手象地，此象兩也；掛一所以象人而配天地，此象三也；四四揲而數之，此象四時也；揲蓍五節，內有再扐，所以象五歲內有再閏。掛一象一歲，揲左象二歲，歸奇於左爲一扐象三歲一閏，揲右象四歲，歸奇於右爲再扐象五歲再閏。「後掛」者，再扐之後，復以所餘之蓍合而爲一，爲第二變，再分、再掛、再扐也。不言分二、揲四、歸奇，獨言「而後掛」者，明第二變之不可以不掛也。○「得五者三」，蓋以第一變右手餘三則左手餘一，右手餘二則左手餘二，右手餘一則左手餘三。以右手之三二一，湊左手之一二三，併掛一之數而各成其五，則成五者凡三矣。凡初揲而可得五者，有此三樣也。「得九者一」，蓋以第一變右手餘四則左手亦餘四，併掛一之數爲九，初揲

而可得九者只有此一樣也。朱子曰：「以四約之者，揲之以四之義也。」又曰：「凡四爲奇，是一箇四也；凡八爲偶，是兩箇四也。一箇四爲一，故爲奇，即兩儀之陽數；兩箇四爲二，故爲偶，即兩儀之陰數也。」

一變之後，除前餘數，復合其見存之策，或四十，或四十四，分、掛、揲、歸如前法，是謂再變。其掛扐者不四則八。

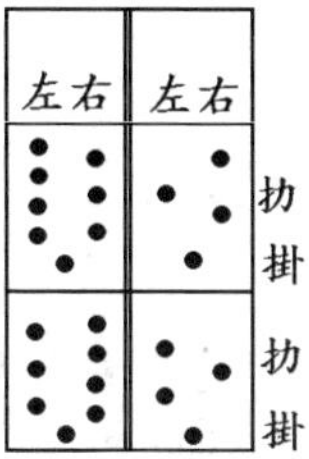

| | 右 | 左 |
| --- | --- | --- |
| 掛扐 | ●●● | ●●●●●●●● |
| 掛扐 | ●●● | ●●●●●●●● |

| | 右 | 左 |
| --- | --- | --- |
| 掛扐 | ●●● | ●●●●●●●● |
| 掛扐 | ●●● | ●●●●●●●● |

得四者二，所謂奇也。不去掛一，餘同前義。

得八者二，所謂偶也。不去掛一，餘同前義。

「前餘數」，即一變掛扐之數見存之策。則一變過揲之數，掛扐除九則過揲存四十，掛扐除五則過揲存四十四。掛扐之數不四則八，左二[一]則右必一，左一則右必二，左三則右必四，左四則右必三。通掛一之數，爲四與八也。○得四者二，即右一左二通掛一爲四，右二左一通掛一亦爲四，是得四者凡有二樣也。得八者二，則右四左三通掛一爲八，右三左四通掛一亦爲八，是得八者凡有

[一]「二」原作「三」，四庫薈要本作「二」，清原宣賢鈔本旁批亦作「二」，按文義顯當作「二」，據改。

二樣也。奇偶之説同上。

再變之後，除前兩次餘數，復合其見存之策，或四十，或三十六，或三十二，分、掛、揲、歸如前法，是謂三變。其掛扐者如再變例。

「前兩次餘數」，即一變、再變掛扐之數見存之策。即再變過揲之數，掛扐若兩次除五、四，則過揲存四十；掛扐若兩次除九、四及五、八，則過揲存三十六；掛扐若兩次除九、八，則過揲存三十二。

三變既畢，乃合三變，視其掛扐之奇偶以分所遇陰陽之老少，是爲一爻。

掛扐四、五爲奇，九、八爲偶。三奇爲老陽，遇老陽者其爻爲□，所謂重也；二奇一偶爲少陰，遇少陰者其爻爲⚋[一]，所謂拆也；二偶一奇爲少陽，遇少陽者其爻爲⚊，所謂單也；三偶爲老陰，遇老陰者其爻爲乂，所謂交也。

---

［一］按國圖與北大本似皆作陽爻畫⚊，清原宣賢鈔本、性理大全本、朱謐述解本、四庫薈要本、四庫本作陰爻畫⚋，據改。

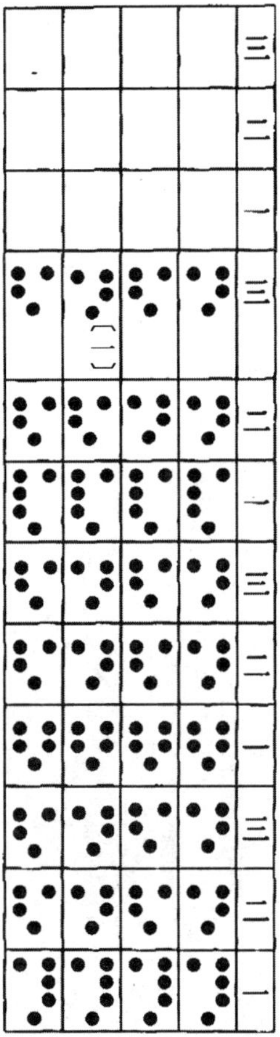

| | | | | |
|---|---|---|---|---|
| 三 | | | | |
| 二 | | | | |
| 一 | | | | |
| 三 | | 〔一〕 | | |
| 二 | | | | |
| 一 | | | | |
| 三 | | | | |
| 二 | | | | |
| 一 | | | | |
| 三 | | | | |
| 二 | | | | |
| 一 | | | | |

右三奇爲老陽者凡十有二，掛扐之數十有三，除初掛之一爲十有二，以四約而三分之。爲一者三，一奇象圓而圍三，故三一之中各復有三，而積三三之數則爲九。過揲之數三十有六，以四約之亦得九焉。掛扐除一，四分四十有八而得其一也，一其十二而三其四也，九之母也。過揲之數，四分四十八而得其三也，三其十二而九其四也，九之子也。皆徑一而圍三也。即四象太陽，居一含九之數也。

已下四圖，引老少掛扐之數，而圖説又兼及過揲之數也。此圖明老陽掛扐之策。一箇五，兩箇四，是爲三奇。「凡十有二」者，言老陽之數其變凡十二樣也。掛扐之數十有三，除初掛之一爲十有二，以四約其十二策之數，而以三變分之，每一變計四數也。「爲一者三」，謂一箇四策爲一，一即

〔一〕底本爲五點，誤，今據例改正，他處放此。

四也，即奇也，故不言四而言一。合三變則爲一者凡三，謂爲四者凡三也。一奇象圓而圍三，本參天之義，是於四策之中取一策以象圓，而以三策爲圍三而用其全，此一之中復有三也。如是而象圓圍三者，凡三焉。合三奇用其全者而言，則三一之中各復有三∴∴∴，積三三⋮⋮⋮爲老陽之九。以四約過揲三十六，亦得四箇九也。○「掛扐除一，四分四十八而得其一」者，以四十九策除初掛之一，而四分四十八策，計四箇十二於其中，得一箇十二，是爲四分中之一分。一其十二，而三其四也。一箇十二，亦徑一之義；三箇四，亦圍三之義。即上文三三之數，只是一箇九，故爲九之母。過揲之數，以四十八而四分之，亦計四箇十二於其中，得三箇十二，是得四分中之三分。三其十二，而九其四也。即上文三十六之數，以四約之，却是四箇九，故爲九之子。三箇十二，亦徑一之義；九箇四，亦圍三之義。即四象中太陽，占第一位而含九之數。特揲蓍逐爻各有老少之數，觀其變與不變以爲占，而由太極加倍以生者，則老少在第二爻方見，此又不可不知也。

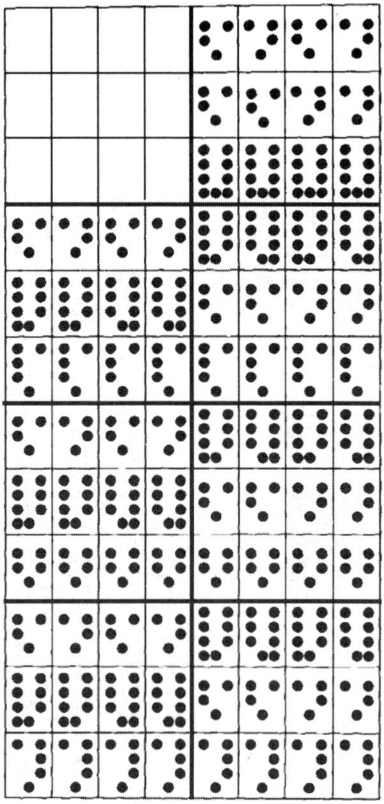

右兩奇一偶，以偶爲主，爲少陰者凡二十有八。掛扐之數十有七，除初掛之一爲十有六。以四約而三分之，爲一者二，爲二者一。一奇象圓而用其全，故二一之中各〔一〕復有三。二偶象方而用其半，故一二之中復有二焉。而積二三一二之數則爲八。過揲之數三十有二，以四約之亦得八焉。掛扐除一，四其四也。自一其十二者而進四也，八之母也。過揲之數，八其四也，自三其十二者而退四也，八之子也。即四象少陰，居二含八之

〔一〕「各」原作「名」，朱子成書本、清原宣賢鈔本、性理大全本、四庫薈要本、四庫本皆作「各」，據改。

數也。

此圖明少陰掛扐之策，一箇九兩箇四，或一箇五一箇四一箇八，是爲兩奇一偶。凡二十有八者，言少陰之數其變凡二十八様也。掛扐之數十有七，除初掛之一則爲十有六，以四約其十六策之數，而以三變分之，兩變計四數，一變計八數也。爲一者二，謂一箇四策爲一，一即四也，即奇也，故不言四而言一。合二變，則爲一者凡二，謂爲四者凡二也。爲二者一，謂二箇四策爲二，二即八也，即偶也，故不言八而言二。只一變，則爲二者凡一，謂爲八者凡一也。一奇象圓而用全，亦本參天之義，是於二變各四策全用，而於其中各取一策以象圓，而各以三策爲圍三而用全，故二一〔一〕之中各復有三⋔⋔〔二〕。二偶象方而用半，亦本兩地之義，是於一變八策中，去其四不用，而於所存四策中取二策以象方，而以二策爲圍〔三〕四而用其半，故二之中復有二⫶。積二三一二⠿〔四〕爲少陰之八。以四約過揲三十二，亦得四箇八也。○掛扐十七除初掛之一，而以四約之，則四其四爲

〔一〕「二二」：通志堂本留白。
〔二〕圖符⋔，通志堂本留白，四庫薈要本、四庫本臆補作「之名」。
〔三〕「圍」：通志堂本留白。
〔四〕圖符⠿，通志堂本留白，四庫本臆補作「之數則」。

十六。自一其十二而進四，蓋自老陽之十二進四而變爲少陰，即上文積二〔一〕三一二之數只是一箇八，故爲八之母。過揲三十二，以四約之，爲四八三十二。自三其十二者而退四，亦自老陽之三十六退四而得三十二，即上文四約三十二之數，却是四箇八，故爲八之子。即四象中少陰，占第二位而含八之數。餘悉同前義。

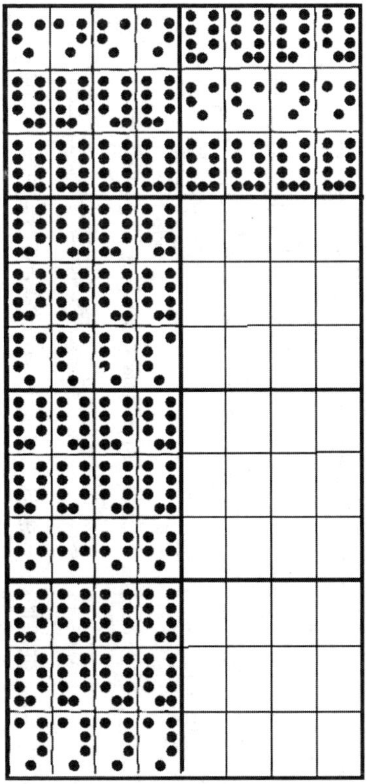

右兩偶一奇，以奇爲主，爲少陽者凡二十。掛扐之數二十有一，除初掛之一爲二十。

〔一〕「二」原作「三」，性理大全本、清原宣賢鈔本亦作「三」，眉批作「二」，通志堂本、四庫薈要本、四庫本作「二」，據改。

以四約而三分之，爲二者二，爲一者一。二偶象方而用其半，故二二之中各復有二；一奇象圓而用其全，故一一之中復有三焉。而積二二一三之數則爲七。過揲之數二十有八，以四約之亦得七焉。掛扐除一，五其四也。自兩其十二者而退四也，七之母也。過揲之數，七其四也。自兩其十二者而進四也，七之子也。即四象少陽，居三含七之數也。

此圖明少陽掛扐之策，兩箇八一箇五，或一箇九一箇八一箇四，是爲兩偶一奇。凡二十者，言少陽之數其變凡二十樣也。掛扐之數二十一，除初掛之一爲二十，以四約其二十策之數，而以三變分之，兩變計八數，一變計四數也。爲二者二，謂二箇四策爲二，二即八也，即偶也，故不言八而言二。合二變則爲二者凡二，謂爲八者凡二也。爲一者一，謂一箇四爲一，一即四也，即奇也，故不言四而言一。只一變則爲一者凡一，謂爲四者凡一也。二偶象方而用其半，亦本兩地之義，是於二變各八策中各去其四不用，而於各存四策中各取二策以象方，而各以二策爲圍四而用半，故二二之中各復有二⁞⁞。一奇象圓而用其全，亦本參天之義，是一變四策全用，而於其中取一策以象圓，而以三策爲圍三而用全，故一一之中復有三ᐱ。積二二一三⁙爲少陽之七。以四約過揲二十八，亦得四箇七也。○掛扐二十一，除初掛之一而以四約之，則四其五而爲二十。自兩其十二者而退四，蓋自老陰之二十四退四而變爲少陽，即上文積二二一三之數只是一箇七，故爲七之母。過揲二十八，以四約之，爲四七二十八。自兩其十二者而進四，亦自老陰之二十四進四而得二十八，即上文以四約二十八之數，却是四箇七，故爲七之子。即四象中少陽，占第三位而含七之數。

餘悉同前義。

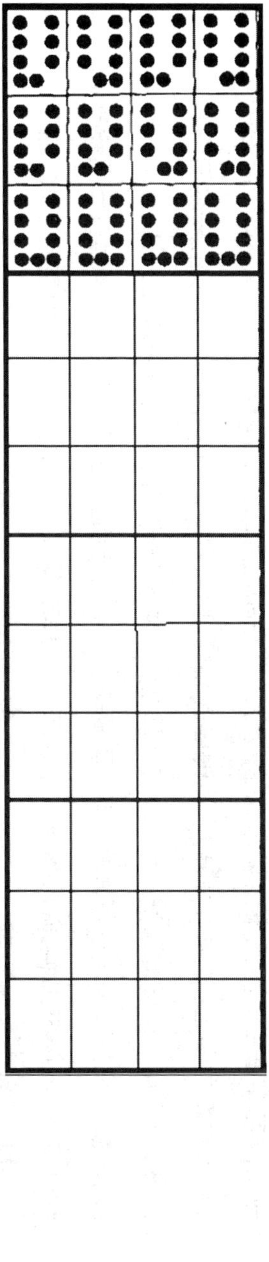

右三偶爲老陰者四。掛扐之數二十有五，除初掛之一爲二十有四。以四約而三分之，爲二者三。二偶象方而用其半，故三二之中各復有二，而積三二之數則爲六。過揲之數亦二十有四，以四約之亦得六焉。掛扐除一，六之母也，過揲之數，六之子也。四分四十有八而各得其二也。兩其十二而六其四也。皆圍四而用半也。即四象太陰，居四含六之數也。

此圖明老陰掛扐之策，一箇九兩箇八，是爲三偶。凡四者，言老陰之數其變凡四樣也。掛扐之數二十五，除初掛之一爲二十四，以四約其二十四數，而以三變分之，每一變計八數也。爲二者三，謂二〔一〕箇四策爲二，二即八也，即偶也，故不言八而言二。合三變則爲二者凡三，謂爲八者凡三也。二偶象方而用半，本兩地之義，是於三變八策中各去四不用，而於各所存四策中，各取二策以象方，而各以二策爲圍四而用半，此二之中復有二也。如是而象方圍四者凡三焉。合三偶用半者而言，則三二之中各復有二II II II，積三二⠿爲老陰之六。以四約過揲二十四，亦得四箇六也。○掛扐除一爲六之母者，積其三二之數爲一箇六也。過揲爲六之子者，四約過揲之數爲四箇六也。四分四十八，掛扐得二分，爲兩箇十二，過揲得二分，亦兩箇十二，六其四也。兩其十二，亦圍四之義；六其四，亦用半之義。則四象中太陰，占第四位而含六之數。餘悉同前義。○愚按本圖書篇有曰：「陽之象圓，圓者徑一而圍三；陰之象方，方者徑一而圍四。圍三者以一爲一，故參其一陽而爲三；圍四者以二爲一，故兩其一陰而爲二。」以此參之揲蓍之法，其三變之中，掛扐之數一奇象圓而用其全，是以四策皆用四，而四策中以一奇象圓，餘三奇爲陽用其全。陽以一爲一，故參其一陽而爲三，非參天歟？二偶象方而用其半，是以八策只用四，而四策中以二策象方，餘二策爲陰用其半。陰以二爲一，故兩其一陰而爲二，非兩地歟？及揲之三變也，因掛扐以見過揲，則參兩尤有可言者。以參天言老陽，掛扐三奇十二，象圓用全，參其三奇爲九也；過揲四九三十

〔一〕「二」原作「四」，性理大全本、清原宣賢鈔本亦作「四」，眉批作「二」，通志堂本、四庫薈要本、四庫本作「二」，據改。

六，亦參其十二也。以兩地言老陰，掛扐三偶二十四，象方用半，兩其三偶爲六也；過揲四六二十四，則亦兩其十二也。以參天兩地言少陽，掛扐兩偶一奇爲二十，象方用半，兩其二偶爲四，象圓用全，參其一奇爲三，合而爲七；過揲四七二十八，則亦兩其八參其四也。以參天兩地言少陰，掛扐兩奇一偶爲十六，象圓用全，參其兩奇爲六，象方用半，兩其一偶爲二，合而爲八也；過揲四八三十二，則亦參其八兩其四也。二老陰陽之純，分參天兩地而得之；二少陰陽之雜，合參天兩地而得之。此占法所以爲妙也。○又按：前四圖皆因掛扐之數以論過揲之數，已无可疑。但掛扐之數尤有當辨者，請得而究論之。掛扐全數列於四圍者，老陽十二，而變數亦十二；少陽二十，而變數亦二十；至於老陰則二十四，而變數惟止于四；少陰十六，而變數乃有二十八。此其故何哉？嘗以西山蔡先生之説證之，其論陰陽老少掛扐之數有曰：「老陽、少陽，得奇策之本數。而老陰之策二十四，以少陽之奇二十損之而得四；少陰之奇十六，以老陽之奇十二益之而得二十八。故陽者君道，首出庶物；陰者臣道，无成而代有終也。」其意蓋謂老陽之掛扐本十二，自老陽變爲少陰也，雖以其十二益之，而仍得其本數之十二；是老陽雖以其十二致益於少陰，而奇之本數不見其或少。少陽之掛扐本二十，自少陽由老陰而變也，雖得其二十〔一〕之益，而仍不越乎本數

〔一〕「二十」原作「十二」，諸本並同。今按下文云「少陽雖受益於老陰之二十」，是知當作「二十」也，故改。作「十二」者蓋涉上文而誤。

之二十焉；是少陽雖受益於老陰之二十，而奇之本數亦不見其或多。此老陽少陽所以得奇策之本數也。至於陰，則有不可與陽等者矣。老陰本二十四，以其二十爲少陽所損，故其數之變僅存其四，是爲少陽所損而多者浸少也；少陰本十六，其餘十二爲老陽所益，故其數之變乃得二十有八，是爲老陽所益而少者浸多也。此老陰、少陰所以於奇策之本數有損益也。是知陽者君道，首出庶物，其於奇策之本數不見其或盈而或縮；陰者臣道，无成而代有終，其於奇策之本數未免因陽以爲之損益矣。此陽得制陰，陰必從陽。惟其從陽也，故其數之多也或爲陽所損，其數之少也或爲陽所益。惟其制陰也，故可以損陰之多而爲少，可以益陰之少而爲多，而其本數之一定者，初未嘗有損益也。以是觀之，陽尊陰卑之義，蓋可見矣。○又嘗觀掛扐之數，極其變則六十四，而其中實該八卦之象：老陽三變皆奇，乾三畫純陽之象也；老陰三變皆偶，坤三畫純陰之象也；至於少陰則該三女之象，其乾索于坤而變爲巽離兑乎；少陽則該三男之象，其坤索于乾而變爲震坎艮乎。少陰者，陰之稺，其變則二十有八，以四約而七分之，初變得偶者凡一，巽之一陰在下也；第二變得偶者凡三，離之一陰在中也；第三變得偶者凡三，兑之一陰在上也。合其一、二、三，則七其四而爲二十八矣。少陽者，陽之稺，其變則有二十，以四約而五分之，初變得奇者凡三，震之一陽在下也；第二變得奇者凡一，坎之一陽在中也；第三變得奇者凡一，艮之一陽在上也。合其一、三、一，則五其四而爲二十矣。要之，二老則陽實陰虚，故老陽多而老陰少；二少則陽少陰多，故少陽少而少陰多也。然陽固少矣，而長男則未嘗少其變，有三肖父而得陽實之義。至於中少二男，則惟各得一變之象。是長男之陽不可少，而所以成其少者，男之中與少也。陰固多矣，而長女則未嘗多其變，惟一肖母而得陰虚之義。至於中少二女，則反各得三變之象。是長女之陰不可多，而所以成其多者，女之中與少也。此長男代父而長女代母，所以其變數皆擬於乾坤，而中與少則或不及乎父，或有踰於母，此又陰陽之變不可執一拘也。此其一變而得兩儀之象，再變而得四象之象，三變而得八卦之象，互之爲六十四變，而八卦之象又可以該六十四卦之象，其自然之妙，莫不各有法象也。

凡此四者，皆以三變皆掛之法得之。蓋經曰「再扐而後掛」，又曰「四營而成易」，其指甚明。注疏雖不詳説，然劉禹錫所記僧一行、畢中和、顧象之説亦已備矣。近世諸儒乃有前一變獨掛、後二變不掛之説。考之於經，乃爲六扐而後掛，不應五歲再閏之義。且後兩變又止三營，蓋已誤矣。

按王輔嗣注云：「分而爲二，一營也；掛一象三，二營也；揲之以四，三營也；歸奇於扐，四營也。」孔穎達疏云：「再扐而後掛者，既分天於左手，地於右手，乃四四揲天之數，最末之餘歸之合于掛扐之一處，是一扐也。又以四四揲地之數，最末之餘又合于前所歸之扐而總扐之，是再扐而後掛也。」劉禹錫辨易九六論云：「畢中和之學，其傳原於一行禪師。」一行唐開元時所作大衍曆本議曰

「綜盈虚之數，五歲而再閏」，蓋其衍法皆以再扐而後掛也。畢中和有揲法，其言三揲皆掛，正合四營之義。朱子亦謂：「畢氏揲法，視疏義爲詳。」顧象之説未詳。禹錫又自言揲法，第一指餘一益三，餘二益二，餘三益一，餘四益四；第二指餘一益二，餘二益一，餘三益四，餘四益三；第三指與第二指同。此可以見三變皆掛矣。近世儒者若郭雍所著蓍卦辨疑，專以前一變獨掛，後二變不掛，其載横渠先生之言曰：「再扐而後掛，每成一爻而後掛也。謂第二、第三揲不掛也。」且謂横渠之言所以明注疏之失。朱子辨之曰：「此説大誤，恐非横渠之言也。再扐者，一變之中，左右再揲而再扐也。一掛再揲再扐而當五歲，蓋一掛再揲當其不閏之年，而再扐當其再閏之歲也。『而後掛』者，一變既成，又合見存之策分二掛一，以起後變之端也。今曰第一變掛而第二、第三變不掛，遂以當掛之變爲掛而象閏，以不掛之變爲扐而當不閏之歲，則與大傳所云『掛一象三』、『再扐象閏』者全不相應矣。且不數第一變之再扐，而以第二、第三變爲再扐，又使第二、第三變中止有三營，而不足乎成易之數。且於陰陽老少之數亦多有不合者。」其載伊川先生之説曰：「再以左右手分而爲二，更不重掛奇。」朱子辨之曰：「此説猶多可疑。然郭氏云本无文字，則其傳授之際不无差舛，宜矣。」郭氏又曰：「第二、第三揲雖不掛，亦有四八之變，蓋不必掛也。」朱子辨之曰：「所以不可不掛者有兩説。蓋三變之中，前一變屬陽，故其餘五、九，皆奇數；後二變屬陰，故其餘四、八，皆偶數。屬陽者爲陽三而陰一，皆圍三徑一之術；屬陰者爲陰二而爲陽二，皆以圍四用半之術也。是皆以三變皆掛之法得之，後兩變不掛則不得也。三變之後，其可爲老陽者十二，可爲老陰者四，可爲少陰者二十八，可爲少陽者二十。雖多寡之不同，而皆有法象，是亦以三變皆掛之法得之，而後兩變不掛則不得也。郭氏僅見第二、第三變可以不掛之一端耳，而遂執以爲説。夫豈知其掛與不掛之爲得失乃如此哉！大抵郭氏他説偏滯雖多，而其爲法尚无甚戾，獨此一義所差雖小，而深有害于成卦變爻之法，尤不可不辨。」愚嘗考之，第一變獨掛，後二變不掛，非特爲六扐而後掛、三營而成易，於再扐、四營之義不協；且後二變不掛，其數雖亦不四則八，而所以爲四八者實有不同。蓋掛，則所謂四者，左手餘一則右手餘二，左手餘二則右手餘一，不掛，則左手餘一右手餘三，左手餘二右手餘二，左手餘三右手餘一，此四之所以不同也。掛，則所謂八者，左手餘四右手餘三，左手餘三右手餘四，不掛，則左手餘四右手亦餘四，此八之所以不同也。三變之後，陰陽變數皆參差不齊，无復自然之法象矣，其可哉！

且用舊法，則三變之中又以前一變爲奇，後二變爲偶。奇，故其餘五、九；偶，故其餘四、八。餘五、九者，五三而九一，亦圍三徑一之義也；餘四、八者，四、八皆二，亦圍四用半之義也。三變之後，老者陽饒而陰乏，少者陽少而陰多，亦皆有自然之法象焉。

舊法與今所用之法，四十九蓍虚一、分二、掛一、揲四、歸奇初无以異，而三變之分，得五者三，得四者二，得九者一，得八者二，亦莫不同。但其於第一變以或五或九者皆爲奇，第二、第三變以或四或八者皆爲偶，與今所論五四爲奇，九八爲偶者有不同耳。舊法所分，蓋以前一變在先而屬奇，故其餘五、九亦奇數也；後二變在後而屬偶，故其餘四、八亦偶數也。不過因其數以分奇偶，初未嘗遽以此奇偶而定陰陽。然以餘五、九者爲奇，則五三九一亦有圍三徑一之義；以餘四、八者爲偶，則四、八皆二，亦有圍四用半之義。況三變之後，老陽十二，老陰四，少陽二十，少陰二十八，其饒乏多寡自然之法象初不害其本同也。朱子特舉此説，所以深明三變皆掛之得，以證上文近世後二變不掛之失，又以起下文「若用近世之法，三變之餘皆爲圍三徑一之義，而无復奇偶之分」，以辨明其誤也。

蔡元定曰：「按五十之蓍，虚一、分二、掛一、揲四，爲奇者三，爲偶者二，是天三地二自然之數；而三揲之變，老陽老陰之數本皆八，合之得十六。陽以老爲動，而陰性本静，故以四歸于老陽，此老陰之數所以四，老〔一〕陽之數所以十二也。少陽少陰之數本皆二十四，合之四十八。少爲静，而陽性本動，故以四歸於少陰，此少陽之數所以二十，而少陰之數所以二十八也。易用老而不用少，故六十四變所用者

〔一〕「老」原作「不」，朱子成書本、性理大全本、朱謐述解本、通志堂本、四庫薈要本、四庫本作「老」，是也。清原宣賢鈔本亦作「不」，批校作「老」。據衆本改。

十六〔一〕變，十六變又以四約之，陽用其三，陰用其一。蓋一奇一偶對待者，陰陽之體；陽三陰一，一饒一乏者，陰陽之用。故四時春夏秋生物而冬不生物，天地東西南可見而北不可見，人之瞻視亦前與左右可見而背不可見也。不然，則以四十九蓍虛一、分二、掛一、揲四，則爲奇者二，爲偶者二，而老陽得八，老陰得八，少陽得二十四，少陰得二十四，不亦善乎！聖人之智豈不及此？而其取此而不取彼者，誠以陰陽之體數常均，用數則陽三而陰一也。」

揲蓍之法，所謂「奇三而偶二」者，朱子嘗釋之于卷末曰：「卷内蔡氏説爲奇者三，爲偶者二。蓋凡初揲，左手餘一餘二餘三皆爲奇，餘四者爲偶，至再揲三揲，則餘三者亦爲偶，故曰奇三而偶二也。」二老本皆八，二少本皆二十四者，其實非揲蓍有此例，蓋亦以天地之間陰陽各居其半，本无多寡之殊。以六十四卦言之，陽卦三十二，陰卦三十二；以三百八十四爻言之，陽爻百九十二，陰爻百九十二。夫如是，則以陰陽老少而均之，二老皆八，合之得十六；二少皆二十四，合之得四十八。亦言其體數對待，一奇一偶本如此而已。至於揲蓍而見于用，用二老而不用二少，然其爲數之饒乏多寡，實有不可概論者。是以三揲之變，老者陽饒而陰乏，少者陽少而陰多。二老以陽之

〔一〕「六」原作「二」，朱子成書本、性理大全本作「六」，據改。

動爲主，故老陰以其四歸于老陽，而老陽得十二，老陰得四也。二少以陰之靜爲主，故少陽以其四歸于少陰，而少陰得二十八，少陽得二十也。合之計六十四變，此則合老少之變以推二老之用，因揲蓍而後見也。體數常均者，合陰陽老少之本數而言，故一奇一偶對待者陰陽之體也；用數則陽三而陰一者，于六十四變之中取其十六變者爲用，又於十六變之中以四約之，則老陽十二而用其三，老陰四而用其一，是一饒一乏爲陰陽之用也。即此推之，蔡氏之言了然矣。邵子曰：「天有四時，一時四月，一月四十日。四四十六而各去其一，是以一時三月，一月三十日也。四時，體數也；三月、三十日，用數也。體雖具四而其一常不用也，故用者止于三而極于九也。」以此證蔡氏之說，則一時必〔一〕无四月，一月必无四十日，老陽、老陰必无本皆八之數，少陽、少陰必无本皆二十四〔二〕之數，所以爲此言者，亦指其體數之常均耳。至於用數，則一時三月，一月三十日，陽用其三而陰用其一，又豈可得而强同哉。要之，蔡氏損益之說視此又較明白云。

若用近世之法，則三變之餘皆爲圍三徑一之義，而無復奇偶之分；三變之後，爲老陽少陰者皆二十七，爲少陽者九，爲老陰者一，又皆參差不齊，而無復自然之法象。此

〔一〕此處原二「必」字，蓋衍。通志堂本、四庫薈要本、四庫本唯一「必」字，據删。

〔二〕「四」原作「八」，諸本同，按上下文，此必爲「四」之誤，故改。

足以見其説之誤矣。

舊法三變皆掛，則初變五三九一，爲圍三徑一之義；後二變四八皆二，而爲圍四用半之義。今後二變不掛則皆四三八一，並如前一變之五三九一，而无復後二變之四八皆二。故惟有圍三徑一之術，而无圍四用半之術也，尚安有奇偶之分哉。是以三變之後，老少變數雖有六十四，而參差不齊，无自然之法象矣。今爲圖以附于卷後，庶觀者易見其誤云。

至於陰陽老少之所以然者，則請復得而通論之。蓋四十九策，除初掛之一而爲四十八，以四約之爲十二，以十二約之爲四。故其揲之一變也，掛扐之數一其四者爲奇，兩其四者爲偶。其三變也，掛扐之數三其四、一其十二，而過揲之數九其四、三其十二者爲老陽；掛扐過揲之數皆六其四、兩其十二者爲老陰。自老陽之掛扐而增一四，則是四其四也，一其十二而又進一四也，自其過揲者而損一四，則是八其四也，三其十二而損一四也，此所謂少陰者也。自老陰之掛扐而損一四，則是五其四也，兩其十二而去一四也，自其過揲而增一四，則是七其四也，兩其十二而進一四也，此所謂少陽者也。二老者陰陽之極也，二極之間相距之數凡十有二，而三分之，自陽之極而進其掛扐，退其過揲，各至于三之一則爲少陰，自陰之極而退其掛扐，進其過揲，各至於三之一則爲少陽。

老陽掛扐十二，老陰掛扐三十四，老陽過揲三十六，老陰過揲二十四，其間相距各隔十二也。自老陽變爲少陰，以其掛扐十二進一四，則爲少陰掛扐十六；以其過揲三十六退一四，則爲少陰過揲三十二。自老陰變爲少陽，以其掛扐二十四退一四，則爲少陽掛扐二十；以其過揲二十四進一四，則爲少陽過揲二十八。此所謂二極之間相距之數凡十有二，掛扐過揲皆進退以四而成二少者如此。「各至於三之一」者，以十二分爲三分，其進退各至于三分中一分而成二少也。一分指四數言。

老陽居一而含九，故其掛扐十二爲最少，而過揲三十六爲最多；少陰居二而含八，故其掛扐十六爲次少，而過揲三十二爲次多；少陽居三而含七，故其掛扐二十爲稍多，而過揲二十八爲稍少；老陰居四而含六，故其掛扐二十四爲極多，而過揲亦二十四爲極少。蓋陽奇而陰偶，是以掛扐之數老陽極少，老陰極多，而二少者一進一退而交於中焉，此其以少爲貴者也。陽實而陰虚，是以過揲之數老陽極多，老陰極少，而二少者亦一進一退而交於中焉，此其以多爲貴者也。

老陽居一含九，少陽居三含七，其位與數皆奇；老陰居四含六，少陰居二含八，其位與數皆偶。主陽之奇而言，則掛扐以少爲貴，故老陽極少，少陰次少，而老陰掛扐〔一〕極多，少陽〔二〕掛扐次多者，不能以並乎陽之少也。老陽少陽位數皆奇，奇則一而實；老陰少陰位數皆偶，偶則二而虛。主陽之實而言，則過揲以多爲貴，故老陽極多，少陰〔三〕次多，而老陰過揲極少，少陽〔四〕過揲次少者，不能以並乎陽之多也。壹皆以陽之奇與實者爲主，其尊陽之義可見矣。二少掛扐過揲皆一進一退而交于二老之中者，即上文二老進退各至於三之一以成二少之義。

凡此不唯陰之與陽，既爲二物，而迭爲消長；而其一物之中，此二端者又各自爲一物而迭爲消長。其相與低昂如權衡，其相與判合如符契，固有非人之私智所能取舍而有無者。

陰陽二物，指二老言。迭爲消長，指掛扐、過揲言。同一掛扐也，老陽以長而變爲少陰，老陰則以消而變爲少陽；同一過揲也，老陽以消而變爲少陰，老陰則以長而變爲少陽。此迭爲消長以成二

---

〔一〕「扐」原作「掛」，性理大全本、通志堂本、四庫薈要本、四庫本、朱謐述解本皆作「扐」，據改。

〔二〕「陽」原作「陰」，四庫薈要本、四庫本作「陽」，據改。

〔三〕「陰」原作「陽」，通志堂本、四庫薈要本、四庫本並同，然老陽過揲三十六，少陰三十二，少陽二十八，老陰二十四，故少陰次多，少陽次少，因改正。下條準此。

〔四〕「陽」原作「陰」，理由見上條。

少也。一物，指或爲老陽一物，或爲老陰一物言。二端，指掛扐、過揲言。且以老陽一物論之，老陽掛扐十二，視少陰掛扐十六，消矣；少陰掛扐十六，視老陽掛扐十二，則爲長焉。老陽過揲三十六，視少陰過揲三十二，長矣；少陰過揲三十二，視老陽過揲三十六，則爲消焉。掛扐長則過揲消，過揲長則掛扐消，推之老陰一物之中亦然。相與低昂如權衡，陽長則陽昂而陰低，陰長則陰昂而陽低，如權衡之有輕重也。相與判合如符契，合焉而陰陽二物迭爲消長，判焉而一物之中又各自有消長，如符契之有判合也。因其相與之義，究其迭爲之旨，其自然之妙豈容人力於其間哉！而況掛扐之數乃七八九六之原，而過揲之數乃七八九六之委，其勢又有輕重之不同。而或者乃欲廢置掛扐而獨以過揲之數爲斷，則是舍本而取末，去約以就煩，而不知其不可也。豈不誤哉！

有過揲必先有掛扐，掛扐所以爲七八九六之原；有掛扐而後有過揲，過揲所以爲七八九六之委。

朱子辨郭氏曰："「四十九蓍，蓍之全數也。以其全而揲之，則其前爲掛扐，其後爲過揲。以四乘掛扐之數，必得過揲之策；以四除過揲之策，必得掛扐之數。其自然之妙，如牝牡之相御，如符契之相合，可以相勝而不可以相无。且其前後相因，固有次第，而掛扐之數所以爲七八九六，又有非偶然者，皆不可以不察也。今於掛扐之策既不知其所自來，而以爲无所預于揲法，徒守過揲之數以爲正策，而亦不知正策之所自來也。其欲增損全數以明掛扐之可廢，是又不知其不可相无之説。

其失益以甚矣。」又答郭氏書曰：「過揲之數雖先得之，然其數衆而繁；歸奇之數雖後得之，然其數寡而約。紀數之法以約御繁，不以衆制寡。故先儒舊說，專以多少決陰陽之老少，而過揲之數亦冥會焉，初非有異說也。然七八九六所以爲陰陽之老少者，其說本於圖書，定於四象，其歸奇之數亦因揲而得之耳。大抵河圖洛書者，七八九六之祖也；四象之形體次第者，其父也；歸奇之奇偶方圓者，其子也；過揲而以四乘之者，其孫也。今自歸奇以上皆棄而不録，而獨以過揲四乘之數爲說，恐未究象數之本原也。」按：此二條說掛扐、過揲本末先後，最爲精密，所以正郭氏之誤，无餘說矣。此節所謂「或者」，正指郭氏言也。雲莊劉氏曰：「掛扐之數所以不可廢置者，有兩儀三才四時閏餘之象焉。使聖人當時若不以掛扐爲主，將四十〔一〕有九之蓍分二之後去其一足矣，何必掛之以象三才？揲左之後去其所餘之奇足矣，何必扐之以象閏？揲右之後又去其所餘之奇足矣，何必再扐之以象再閏？所以然者，正欲以掛扐爲主也。若夫乾坤之策以過揲紀之，而不及掛扐者，畢竟過揲之數皆四十九蓍中之策。以掛扐定爻之老少，復以過揲紀爻之策數，則蓍之全數於卦爻皆有用矣。如必欲廢置掛扐，盡用過揲，是爲不知本之論也。其誤可勝言哉！」

邵子曰：「五與四、四，去掛一之數則四三十二也。九與八、八，去掛一之數則四六二

〔一〕「十」原作「士」，性理大全本、通志堂本、四庫薈要本、四庫本、朱謐述解本皆作「十」，據改。

十四也。五與八、八，九與四、八，去掛一之數則四五二十也。九與四、四，五與四、八，去掛一之數則四四十六也。故去其三、四、五、六之數，以成九、八、七、六之策。」此之謂也。

老陽掛扐十三，去初掛一爲十二；老陰掛扐二十五，去初掛一爲二十四；少陽掛扐二十一，去初掛一爲二十；少陰掛扐十七，去初掛一爲十六。此去初掛之一以驗奇偶多寡之所由分也。奇偶既分，用數斯判。奇圓用全而徑一圍三，偶方用半而徑一圍四。是以老陽掛扐三奇，十二全用。又於三奇内去一策以象圓，而三一之中各復有三。積三三之數爲九，是去三以成九也。少陰掛扐兩奇一偶，十六，兩奇全用，故四策各全用，一偶用半，故八策只用四，亦用十二。於兩奇内去一數以象圓，而二一之中各復有三；於一偶内去二數以象方，而一二之中復有二。積二三一二之策爲八，是去四以成八也。少陽掛扐兩偶一奇，二十，一奇用全，故四策全用，兩偶用半，故八策各用四，亦用十二。於一奇内去一數以象圓，而一之中復有三；於兩偶内各去二數以象方，而二〔一〕二之中各復有二。積一三二二之策爲七，是去五以成七也。老陰掛扐三偶，二十四，用半，亦只用十二。又於三偶内各去二數以象方，而三二之中各復有二。積三二之策爲六，是去六以成六也。此

〔一〕「二」原作「三」，清原宣賢鈔本批校曰「三或作二」，按作「二」是，據改。

「去三、四、五、六之數，以成九、八、七、六之策也」。是知老少掛扐，去初掛之後，多寡雖不同而用全用半，均不過十二之數。以其十二者去三則成九，去四則成八，去五則成七，去六則成六。十二乃老陽掛扐之數也，壹是皆以老陽之數爲準，而去取以成九八七六焉。其尊陽之意又可見於此矣。

一爻已成，再合四十九策，復分、掛、揲、歸，以成一變。每三變而成一爻，並如前法。

**乾之策二百一十有六，坤之策百四十有四，凡三百有六十，當期之日。**

「乾之策二百一十有六」者，積六爻之策各三十六而得之也；「坤之策百四十有四」者，積六爻之策各二十有四而得之也。「凡三百六十」者，合二百一十有六、百四十有四而得之也。「當期之日」者，每月三十日，合十二月爲三百六十也。蓋以氣言之則有三百六十六日，以朔言之則有三百五十四日。今舉氣盈朔虛之中數而言，故曰三百有六十也。然少陽之策二十八，積乾六爻之策則一百六十八；少陰之策三十二，積坤六爻之策則一百九十二。此獨以老陰陽之策爲言者，以易用九、六，不用七、八也。然二少之合亦三百有六十。

策，指過揲之策。乾坤二老之策足以當期之數，二少之策亦足以當期之數。易以九、六名爻，故言老而不言少。朱子答程可久曰：「不可專指乾坤之爻爲老陽老陰。其實六爻之爲陰陽者，老少錯雜。大傳以六爻乘二老言，故曰『乾之策二百一十六，坤之策百四十四，凡三百六十』，然爲六子諸卦者亦互有老少焉，以策數合之亦三百六十。若便以乾坤皆爲老陰陽，六子皆爲少陰陽，則恐未安也。」「三百六十當期之日」，期者，周也，謂周一歲也。「以氣言則有三百六十六日，以朔言則有三百五十四日」，今曰三百六十者，比之氣盈則少六日，不得謂之盈，比之朔虛則多六日，不得謂之虛。是蓋於氣朔盈虛之間指其數之中者爲言也。乾坤之策合之爲三百六十，亦正足以當期之數也。〇按：閏法始於堯典曰：「期三百六旬有六日，以閏月定四時成歲。」朱子曰：「天體至圓，周圍三百六十五度四分度之一，繞地左旋，常一日一周而過一度。日麗天而少遲，故日一日亦繞地一周，而在天爲不及一度。積三百六十五日九百四十分日之二百三十五而與天會，是一歲日行之數也。月麗天而尤遲，一日常不及天十三度十九分度之七。積二十九日九百四十分日之四百九十九而與日會。十二會，得全日三百四十八，餘分之積五千九百八十八，如日法九百四十而得六，不盡三百四十八，通計得三百五十四日九百四十分日之三百四十八，是一歲月行之數也。歲有十二月，月有三十日，三百六十者，一歲之常數也。故日與天會而多五日二百三十五分者，爲氣盈；月與日會，而少五日五百九十二分者，爲朔虛。合氣盈朔虛而閏生焉，故一歲閏率十日九百四十分日之八百二十七；三歲一閏，則三十二日九百四十分日之六百一；五歲再閏，則五十四日九百四十分日之三〔一〕百七十五；十九歲七閏，則氣朔分齊，是爲一章也。」愚謂天體圓如彈丸，半覆地上，半在地下，以二十八宿分周天之度，共爲三百六十五度四分度之一。朱子曰「天無體，只二十八宿便是體」，是也。四分度之一者，天行每一度，計九百四十分，分爲四分，則計四箇二百三十五分，而得其四分之一也。天行過一度者，天行健，一日一夜周天三百六十五度四分度之一，而又過一度也。朱子曰：「日月皆從角起，日則一日運一周，依舊只到那角上；天則周了又過那角些子。日日累將去，到一年便與日會。」又曰：「而今若就天裏看時，只是行得三百六十五度四分度之一，若把天外來説，則是一日過了一度。季通嘗言『論日月則在天裏，論天則在太虚空裏，若去那太虚空裏觀天，自是日日衮得不在舊時處』。」所謂日之二百三十五者，在天爲度，在歲爲日，天有三百六十五度四分度之一，歲亦有三百六十五日四分日之一也。天一度有九百四十分，歲一日亦有九百四十分，均以四分分之，每分計二百三十五分，是天與日所行之餘分也。所謂二百三十五者，即四分度之一耳。日與天會者，一期内二十四氣，必有三百六十六日，雖遇置閏年亦同。如自今年冬至至來年冬至前一日，必三百六十六日也，日與天在來年冬至三百六十六日上會而成一歲也。十九分度之七者，以九百四十分分爲十九分，每分計四十九分四釐七毫三忽〔二〕六絲八秒，十九分

〔一〕「三」原作「二」，諸本同，然今加以演算，分子實爲三百七十五，「二」乃「三」之譌，故改。

〔二〕底本無「三忽」二字，清原宣賢鈔本此處批校增「三忽」。今加以演算，則當有「三忽」，故增。

内中取七分，總爲三百四十六分三釐一毫五忽七絲六〔一〕秒，此月行一日不及天與日常度之餘分也。如是則月行一日，不及日十二度三百四十六分半，每月積至二十九日四百九十九分上，其不及日者三百六十五度二百三十五分，則日所進過之度恰周得本數，而月所不及之度亦退盡本數，恰恰與日會而成一月。合十二箇二十九日，計全日三百四十八，十二箇四百九十九分，積五千九百八十八，以日法九百四十分除之，得六日零三百四十八，通計三百五十四日三百四十八分，此一歲月行之常數也。月與日會處，係于每月二十九日四百九十九分上會。如正月斗柄指寅，寅與亥合，日月則會於亥，其辰爲陬訾；二月斗柄指卯，卯與戌合，日月則會於戌，其辰爲降婁。積十二會，皆於斗柄所指之宫合宫上會也。三百六十爲一歲之常數者，以五行之氣言之，各旺七十二日，則五其七十二爲三百六十；以六甲之數言之，每甲六十，六其六十亦三百六十；以乾坤二篇之策言之，乾二百一十六，坤百四十四，亦合三百六十，所謂一歲之常數也。氣，則二十四氣，自今年冬至至來年冬至前一日，計三百六十五日二百三十五分，是於三百六十日外多五日二百三十五分者爲氣盈。朔，則十二月朔，自今年十一月初一至來年十一月初一前一日，計三百五十四日三百四十八分，是於三百六十日内少五日五百九十二分者爲朔虚。合氣盈朔虚而閏生者，一歲閏積氣朔

〔一〕此以上之約數乘以七，得此數；若直以九百四十乘以十九分之七計算，則末當爲八秒。

之數，計十日八百二十七分；三歲一閏，積氣朔之數三箇十日八百二十七分，計三十二日六百丹〔一〕一分；五歲再閏，積氣朔之數五箇十日八百二十七分，計五十四日三〔二〕百七十五分。但五歲内無再閏，而易係乃有「五歲再閏」之文者，蓋以氣盈六日，朔虚六日，而再閏在五歲内者，舉成數也。氣盈五日二百三十五分，朔虚五日五百九十二分，而再閏在六歲内者，舉本數也。十九歲七閏爲一章者，蓋九爲天數之終，十爲地數之終，十九歲而天地之數俱終，故當七閏也。自一歲餘十日令八百二十七分，積十九年，得全日一百九十日，零分積一萬五千七百一十三分，以日法九百四十分除之，計成日一十六日，零六百七十三分，通前所得全日，總計二百丹六日零六百七十三分。將此數於十九年内分作七箇閏月，計三七二百一十日内少三日二百六十七分。七閏月之中合除此三日二百六十七分，均作三箇月小盡，正恰好。故氣朔分齊，定是冬至在十一月朔，是爲至、朔同日，而爲一章之歲也。嘗論之：日月皆麗乎天者也，日之行比天只不及一度，月之行乃不及日十二度，何哉？蓋天秉陽而在上，日爲陽之精，月爲陰之精也。造化之間，陽大陰小，陽饒陰乏，陽得兼陰，陰不得兼陽，此日行所以常過，月行所以常不及也。且一歲朔虚五日五百九十二分，固月之所不及行者矣；氣盈五日二百三十五分，亦月之所不及行者也。使日之運常有餘，月

〔一〕「丹」：性理大全本、朱謚述解本作「單」。丹、單通。

〔二〕「三」原作「二」，諸本並同。今據計算當作「三」，因改正。

之運常不足，不置閏以齊之，積之三年，春之一月入于夏，子之一月入于丑矣，又至于三失閏，則季春皆入于夏，十二失閏，子年皆入于丑矣，何以成造化之功哉？故聖人作曆，必歸餘於閏，以補月行不及于日之數，則月之行也，始可與一歲日與天會之數相參爲一；至十九年，而氣朔分齊无毫髮之差矣。聖人財成輔相之功豈淺淺哉！或曰：「曆家之説，則以爲日行遲，一日行一度，月行速，一日行十二度十九分度之七，何也？」曰：「陳安卿嘗問：『天道左旋，自東而西，日月右行，則如何？』朱子曰：『横渠説日月皆是左旋，説得好。蓋天行甚健，一日一夜周天三百六十五度四分度之一，而又過一度。日行速，健次于天，一日一夜周三百六十五度四分度之一，止恰好。彼天進一度，則日却成每日退了一度，積至三百六十五日四分日之一，則天所進過之度又恰周得本數，而日所不及之度亦恰退盡本數，遂與天會而成一年。月行遲，一日一夜三百六十五度四分度之一行不盡，比之天却成退了十三度有奇。進數爲順天而左，退數若逆天而右。曆家以進數難筭，只以退數筭之，故謂之右行，且曰日行遲月行速也。然則日行却得其正。』」愚謂欲知日速月遲，其迹有易見者。且日月會於晦朔之間，初一日晚最好看起，日纔西墜，微茫之月亦隨之而墜矣，至初二便相隔微闊，初三生明以後相去漸遠，一日遠似一日，直至十五，日月對望。則是日行速，進而遠至半天；月行遲，退而不及，亦遠半天矣。自十六至月晦，日行全遠，盡一天，月行全不及，亦盡一天。即所謂日進盡本數，月退盡本數，而復相會也。

二篇之策，萬有一千五百二十，當萬物之數也。

二篇者，上下經六十四卦也。其陽爻百九十二，每爻各三十六策，積之得六千九百一十二；陰爻百九十二，每爻二十四策，積之得四千六百八。又合二者爲萬有一千五百二十也。若爲少陽，則每爻二十八策，凡五千三百七十六，少陰則每爻三十二策，凡六千一百四十四，合之亦爲萬一千五百二十也。

二篇之策足以當萬物之數，二老之策固然，二少之策亦然也。

是故四營而成易，十有八變而成卦，八卦而小成。引而伸之，觸類而長之，天下之能事畢矣。

四營者，四次經營也。分二者第一營也，掛一者第二營也，揲四者第三營也，歸奇者第四營也。易，變易也，謂揲之一變也。四營成變，三變成爻。一變而得兩儀之象，再變而得四象之象，三變而得八卦之象。一爻而得兩儀之畫，二爻而得四象之畫，三爻而得八卦之畫，四爻成而得其十六者之一，五爻成而得其三十二者之一，至於積七十二營而成十有八變，則六爻見而得乎六十四卦之一矣。然方其三十六營而九變也，已得三畫，而八卦之名可見，則内卦之爲貞者立矣。此所謂八卦而小成者也。自是而往，引而伸之，又三十六營九變以成三畫，而再得小成之卦者一，則外卦之爲悔者亦備矣。六爻成，内外卦備，六十四卦之別可見。然後視其爻之變與不變，而觸類以長焉，則天下之事，其吉凶悔吝皆不越乎此矣。

「一變而得兩儀之象」，至「三變而得八卦之象」，蓋一爻以三變而成，猶八卦以三畫而成，故以爲象也。「一變而得兩儀〔一〕之象」，謂得五者象陽儀，得九者象陰儀也。「再變而得四象之象」，謂得五、四者象太陽，得五、八者象少陰，得九、四者象少陽，得九、八者象太陰。「三變而得八卦之象」，謂得五、四、四者象乾，得五、四、八者象兑，得五、八、四者象離，得五、八、八者象震，得九、四、四者象巽，得九、四、八者象坎，得九、八、四者象艮，得九、八、八者象坤，其逐變皆彷彿近似於儀、象、卦，而未有其畫，故惟以其象言之。「一爻而得兩儀之畫」，謂初揲而得⚊〔二〕者爲陽之儀，必自乾至復三十二卦；得⚋爲陰之儀，必自姤至坤三十二卦也。「二爻而得四象之畫」，謂再揲而得⚌者爲太陽，必自乾至臨十六卦；得⚍者爲少陰，必自同人至復十六卦；得⚎者爲少陽，必自姤至師十六

〔一〕「儀」原作「義」，性理大全本、通志堂本、四庫薈要本、四庫本、朱謐述解本皆作「儀」，據改。下「一爻而得兩儀之畫」之「儀」放此。

〔二〕按此以下卦畫，通志堂本、四庫薈要本、四庫本皆作横畫，無復區別陰陽，舛譌特甚，不一一出校。

卦；得⚏者爲太陰，必自遯至坤十六卦〔一〕也。「三爻而得八卦之畫」，謂三揲而得☰者爲乾，必自乾至泰八卦；得☱者爲兑，必自履至臨八卦也。餘放此。「四爻而得十六者之一」，謂四揲而得四爻，則得⚌⚌者必自乾至大壯四卦，得⚍⚌者必自小畜至泰四卦，餘放此，所謂十六卦中一卦也。「五爻而得三十二者之一」，五揲而得五爻，則得☰⚌者非乾則夬，得☱⚌非大有則大壯，餘放此，謂三十二卦中一卦也。以至六揲而得六爻，則一卦於乎成，而六十四卦之中各隨所遇而得其一矣。朱子屢言揲蓍求卦之法，謂「一爻成只有三十二卦，二爻成只有十六卦，三爻成只有八卦，四爻成只有四卦，五爻成只有二卦，六爻既成，一卦乃定」者，此之謂也。或問：「内卦爲貞，外卦爲悔，如何？」朱子曰：「貞悔出洪範，貞看來是正，悔是過意。凡悔字都是過了方悔。這悔字是過底意思。下三爻便是正卦，上三爻似過多了，恐是如此。」又曰：「内卦爲貞，外卦爲悔。因説生物只有初時好，凡物皆然。康節愛説。」又曰：「康節看物事便成四箇，渠只怕處其盛。且如看花，方其蓓蕾，向盛也半開，漸盛正開，大盛則衰矣。人之勢焰者必衰，强壯者必死。康節一見便能知之。」「觸類以長」，朱子謂：「如占得這一卦，則就上面推看，如乾則推其爲圜爲君爲父之類，觸其類於彼，而長其見於此，則舉天下之事或吉或凶，或自悔而趨吉，或自吝而向凶者，皆可以決諸此而无

〔一〕底本「卦」前有「爻」字，蓋衍，性理大全本無，據删。

復疑矣。」

顯道神德行，是故可與酬酢，可與祐神矣。

道因辭顯，行以數神。酬酢者，言幽明之相應，如賓主之相交也。祐神者，言有以佑助神化之功也。

朱子曰：「道是無形底物事，因卦辭説出來。道這是吉，這是凶，這是可爲，這是不可爲。」此「道因辭顯」也。又曰：「德行是人做底事，因數推出來方知得。這非是人硬恁地做，都是神之所爲。」又曰：「德行是人事，却須決于蓍。」此「行以數神」也。「幽明之相應，如賓主之相交」者，幽言蓍也，明言人也。蓍與人之相應，无異于賓主之交相酬酢也。方揲之初，則人爲主而蓍爲賓，既揲之後則蓍爲主而人爲賓。又云「神不能自説吉凶與人，必待蓍而後見」，皆佑助于神也。

卷内蔡氏説爲奇者三，爲偶者二，蓋凡初揲，左手餘一、餘二、餘三，皆爲奇，餘四爲偶。至再揲、三揲，則餘三者亦爲偶，故曰奇三而偶二也。

## 考變占第四

乾卦用九：「見群龍无首，吉。」象曰：「用九天德，不可爲首也。」

坤卦用六：「利永貞。」象曰：「用六永貞，以大終也。」

用九、用六者，變卦之凡例也。言凡陽爻皆用九而不用七，陰爻皆用六而不用八。用九，故老陽變爲少陰；用六，故老陰變爲少陽。不用七、八，故少陽少陰不變。獨於乾坤二卦言之者，以其在諸卦之首，又爲純陽純陰之卦也。聖人因繫以辭，使遇乾而六爻皆九，遇坤而六爻皆六者，即此而占之。蓋「群龍无首」則陽皆變陰之象，「利永貞」則陰皆變陽之義也。餘見六爻變例。歐陽子曰：「乾坤之用九用六，何謂也？」曰：「乾爻七、九，坤爻八、六。九、六變，而七、八无爲。易道占其變，故以其所占者名爻，不謂六爻皆九、六也。及其筮也，七、八常多，而九、六常少，有无九、六者焉，此不可以不釋也。六十四卦皆然，特於乾坤見之，則餘可知耳。○愚按：此説發明先儒所未到，最爲有功。其論七、八多而九、六少，又見當時占法三變皆掛，如一行説。

「群龍」，六龍也。筮得六爻皆用老陽之九，則變而之坤。既變而坤，故「不可爲首」。首，先也，坤爲首則先迷矣。「永貞」，陽也。筮得六爻皆用老陰之六，則變而之乾。既變而乾，故「以大終」。大，陽也。易中稱大爲陽也。「乾爻七、九，坤爻八、六」者，蓋謂遇乾而變者爲老陽之九，其間亦有不變而爲少陽〔一〕之七者；遇坤而變者爲老陰之六，其間亦有不變而爲少陰之八者。「七、八常多，九、六常少」者，七八每易遇，以其或奇或偶之不齊，故常多也；九六每難遇，以其老陽必三奇，老陰必三偶，故常少也。「又見當時占法三變皆掛」者，蓋三變皆掛則少陽二十，少陰二十八，爲易遇；老陽十二爲難遇。後二變不掛，則老陽二十七，遇之甚易矣。進齊徐氏曰：「六爻皆用九，則乾變之坤。九者剛健之極，天德也。『天德不可爲首』指卦變言，即坤『无首』之義，非謂乾剛有所不足也。善用九者，物極必變，剛而能柔，不爲物先，用坤道也。」

凡卦六爻皆不變，則占本卦彖辭，而以内卦爲貞，外卦爲悔。彖辭爲卦下之辭。孔成子筮立衛公子元，遇屯，曰「利建侯」；秦伯伐晉，筮之，遇蠱，曰「貞，風也；其悔，山也」。

朱子曰：「陽用九而不用七，且如占得純乾卦皆七數，這却不是變底。他未當得九，未在這爻裏面，所以只就占上面彖辭。」他亦然。「以内卦爲貞，外卦爲悔」者，朱子曰：「貞是事之始，悔是事之終。貞是事之主，悔是事之客。貞是事在我底，悔是應人底。」今統占本卦彖辭而分内外卦爲貞悔者，大抵筮法有變卦，則以本卦爲貞，之卦爲悔；无變卦，則以内卦爲貞，外卦爲悔。此又是兼内外卦體推斷，如貞風悔山之類。是以貞爲我，悔爲彼也。論貞悔，詳見前篇末。○左昭七年，衛

〔一〕「陽」原作「陰」，清原宣賢鈔本批校作「陽」。按作「陽」是，據改。

卿孔成子欲立公子元，筮之遇屯，以示子朝，子朝曰：「元亨。且其繇辭曰『利建侯』，子其建之！」成子遂立元，即靈公也。○僖十五年，秦伯伐晉，卜徒父筮之，吉，其卦遇蠱。「貞，風也，悔，山也。歲云秋矣，我落其實，而取其材，所以克也。實落材亡，不敗何待？」遂獲晉侯以歸。

一爻變，則以本卦變爻辭占。沙隨程氏曰：「畢萬遇屯之比，初九變也；蔡墨曰『乾之同人』，九二變也；晉文公遇大有之睽，九三變也；陳敬仲遇觀之否，六四變也；南蒯遇坤之比，六五變也；晉獻公遇歸妹之睽，上六變也。」

一爻變者凡六卦，有圖在後。如第一圖，以乾爲本卦，一爻變自姤至夬；以坤爲本卦，一爻變自復至剥是也。餘放此。沙隨所舉六事，皆各得一爻變，就本卦變爻占，其例觀後注可見。○左閔元年，畢萬筮仕於晉，遇屯之比，辛廖占之曰：「吉孰大焉，其必蕃昌，公侯之卦也。」○昭二十九年秋，龍見于絳郊，魏獻子問於蔡墨，墨曰「乾之同人」，九二變也。○僖二十五年，晉文公將納王，使卜偃筮之，遇大有之睽，曰：「公用享于天子之卦。戰克而王饗，吉孰大焉？」○莊二十二年，陳厲公生敬仲，使周史筮之，遇觀之否，曰：「是謂『觀國之光，利用賓于王』，此其代陳有國乎？」○昭十二年，南蒯將叛，筮遇坤之比，曰「黄裳元吉」，以爲大吉。子服惠伯曰：「忠信之事則可，不然必敗。」後蒯果敗。○僖十五年，晉獻公筮嫁伯姬於秦，遇歸妹之睽，史蘇占之曰：「不吉。其繇曰：『士刲羊，亦无衁也；女承筐，亦无貺也。』」

二爻變，則以本卦二變爻辭占，仍以上爻爲主。經傳無文，今以例推之，當如此。

二爻變者，凡十五卦。如第一圖以乾爲本卦，二爻變自遯至大壯；以坤爲本卦，二爻變自臨至觀是也。後放此。朱子曰：「凡變須就其變之極處看，所以以上爻爲主；不變者是其常，只順其先後，所以以下爻爲主。亦如陰陽老少之義：老者變之極，少者只順其初。」又曰：「二爻變者，下至上而極；二爻不變者，下便是不變之本，故以之爲主。」又曰：「卦是從下生，占事都有一箇先後首尾。」

三爻變，則占本卦及之卦之彖辭，而以本卦爲貞，之卦爲悔。前十卦主貞，後十卦主悔。凡三爻變者，通二十卦，有圖在後。○沙隨程氏曰：「晉公子重耳筮得國，遇貞屯悔豫皆八，蓋初與四、五，凡三爻變也。初與五用九變，四用六變，其不變者二、三、上，在兩卦皆爲八，故云『皆八』，而司空季子占之曰『皆利建侯』。」

三爻變者凡二十卦，如第一圖以乾爲本卦，三爻變自否至泰，以坤爲本卦，三爻變自泰至否是也。後放此。所以占本卦及之卦彖辭者，蓋變至三爻，則所變爻與不變爻六爻平分，故就兩卦彖辭占，而以本卦爲貞、之卦爲悔也。前十卦主貞，後十卦主悔者，且如乾三爻變，自否至恒爲前十卦，自益至泰爲後十卦，如坤三爻變，自泰至益爲前十卦，自恒至否爲後十卦。若所得變卦在前十卦内，雖占兩卦彖辭，却以本卦貞爲主，是重在本卦彖辭占也；若所得變卦在後十卦内，雖亦占兩卦彖辭，却以變卦悔爲主，是重在變卦彖辭占也。司空季子所占屯豫皆利建侯，其例可見。朱子曰：「三爻變，則所主者不一，故以兩卦彖辭占。」又曰：「所以到那三爻變，第三十二卦以後占變卦彖辭者，无他[一]，到這裏時離那本卦分數多了，到四畫五畫則更多矣。」○國語晉公子重耳筮得國，親筮之，曰「尚有晉國」，得貞屯悔豫皆八，司空季子曰：「吉。是在周易，皆利建侯。我命筮曰『尚有晉國』，告我曰『利建侯』，得國之務也。」

四爻變，則以之卦二不變爻占，仍以下爻爲主。經傳亦無文，今以例推之，當如此。

四爻變，凡十五卦。如第一圖，以乾爲本卦，四爻變自觀至臨；以坤爲本卦，四爻變自大壯至遯是也。後放此。

五爻變，則以之卦不變爻占。穆姜往東宮，筮遇艮之八，史曰「是謂艮之隨」。蓋五爻皆變，唯二得八，故不變也。法宜以「係小子，失丈夫」爲占，而史妄引隨之彖辭以對，則非也。

五爻變，凡六卦。如第一圖，以乾爲本卦，五爻變自剥至復；以坤爲本卦，五爻變自夬至姤是也。後放此。○左襄九年，穆姜始往東宮，筮之，遇艮之八，史曰：「是謂艮之隨，隨其出也，君必速

[一]「他」原作「也」，啓蒙通釋諸本同，朱謚述解、徽州本及成化本朱子語類皆作「他」。按：「无也」頗不辭，當從語類，故改。

出。」姜曰云云。按：穆姜，魯成公母。姜淫僑如，欲廢成公，故徙居太子宫也。筮遇艮之八者，艮五爻皆變，惟六二少陰八不變。不云「之隨」而云「之八」者，八指隨之六二言也，以之卦不變爻占，則重在六二，故云「之八」也。史妄引隨之彖辭以對，故又不云「之八」而云「之隨」耳。

六爻變，則乾坤占二用，餘卦占之卦彖辭。蔡墨曰「乾之坤曰『見群龍无首吉』」，是也。然「群龍无首」，即坤之「牝馬先迷」也；坤之「利永貞」，即乾之「不言所利」也。

六爻變，只一卦。如第一圖，以乾爲本卦，六爻盡變則爲坤；以坤爲本卦，六爻盡變則爲乾是也。後放此。乾坤占用九、用六之辭，餘卦无二用可占，故占之卦彖辭也。朱子曰：「遇乾而六爻皆變則爲陰，故有『群龍无首』之象，即坤『利牝馬之貞』也，言群龍而却无頭，剛而能柔則吉也。」牝馬順而健行者，故坤利此以爲貞。先迷，陽先陰後，以陰而先陽，則迷矣。又曰：「遇坤而六爻皆變則爲陽，故有『利永貞』之象。即〔一〕乾之『元亨利貞』也。」不言所利者，貞也。○左昭二十九年，蔡墨答魏獻子曰「乾之坤曰『見群龍无首吉』」，蓋言六爻皆變之占也。

於是一卦可變六十四卦，而四千九十六卦在其中矣。所謂「引而伸之，觸類而長之，天下之能事畢矣」，豈不信哉！今以六十四卦之變列爲三十二圖，得初卦者自初而

〔一〕「即」原作「則」，性理大全本及語類皆作「即」，據上文例，作「即」是，故改。

終，自上而下；得末卦者自終而初，自下而上。變在第三十二卦以前者，占本卦爻之辭；變在第三十二卦以後者，占變卦爻之辭。凡言初終、上下者，據圖而言。言第幾卦前後者，從本卦起。

三十二圖，初終上下。各主首末兩卦爲本卦，反復變易，隨所遇老陽老陰，而一卦可變六十四卦，共四千九十六卦，皆在六十四卦所變之中。引伸觸類，人謀鬼謀，百姓與能，而天下之能事備於此矣。得初卦者，自初而終，自上而下：如得乾卦者，自變姤初六至坤上六之類。得末卦者，自終而初，自下而上：如得坤卦者，自變復初九至乾上九之類。後放此。三十二卦前後者，如乾自姤至恒，坤自復至益爲三十二卦之前，皆占本卦爻辭者，即所謂一爻、二爻以至三爻之變前十卦，皆以本卦爲占也；如乾自益至坤，坤自恒至乾，爲三十二卦之後，皆占變卦爻辭者，即所謂三爻之變後十卦，以至四、五、上爻變，皆以之卦爲占也。然而必以三十二卦爲限，以在前者主貞，在後者主悔，亦取其中也。變在三十二卦之前，則正適其中，故皆主貞卦以爲占；變在三十二卦之後，則便過其中，故皆主悔卦以爲占也。○雲莊劉氏曰：「筮法占卦爻之辭，然其辭與事應者，吉凶固自可見，又有不相應者，吉凶何自而決？蓋人於辭上會者淺，於象上會者深。伏羲教人卜筮，亦有卦而已。隨其所遇求之，卦體、卦象、卦變无不應矣。文王、周公之辭雖以明卦，然辭之所該終有限，故有時而不應。必如左傳及國語所載，占卦體、卦象、卦變，又推互體，始足以濟辭之所不及，而爲

吉凶之前知耳。讀易者不可不察也。」〔一〕

〔一〕按：此三十二幅卦變圖，依朱子之意，每一幅皆相對稱。其行格，第一行爲本卦（不變），頂格；第二行爲一爻變，頂格（此行卦數六，以下括號内數字即本行卦數，不復注明）；第三行至六行二爻變，第三行頂格（五），四、五、六依次低一格（四，三，二）；第七至十二行爲三爻變，第七行頂格（四），八行低一格（三），九行低二格（三），十行低一格（三），十一、十二行低二格（三，四）；第十三至十六行爲四爻變，第十三行頂格（二），十四、十五、十六行低一格（三，四，五）；第十七行五爻變，頂格（六）；第十八行爲末卦（六爻變）。然通志堂本、四庫薈要本、四庫本通釋，朱子成書、性理大全本啓蒙皆錯亂，惟元刻本通釋大致不誤，然第二十一至二十八圖則有錯謬，王鐵先生點校朱子全書中易學啓蒙時已指出，並認爲「大約這幾葉是元刻本所闕，而以他本補之」（朱子全書第一册，頁二〇五）。今觀中華再造善本、北大藏本及清原宣賢鈔本，其所誤皆同，第二十一至二十八圖，版心作「啓蒙」，與元版版心「易下」字不同，頁數如「五十某」，與元版作「五某」亦不同，其爲補版無疑。蓋啓蒙傳刻已錯謬，通釋補版遂因啓蒙而誤也。朱謐述解本皆不誤。今據理改正，不復出校。

| | | | | | |
|---|---|---|---|---|---|
| 乾 坤六爻變 | 乾爲本卦，順變至坤，後同。 | | | | |
| 姤 乾一爻變 | 同人 | 履 | 小畜 | 大有 | 夬 坤五爻變 |
| 遯 乾二爻變 | 訟 | 巽 | 鼎 | 大過 | |
| | 无妄 | 家人 | 離 | 革 | |
| | | 中孚 | 睽 | 兌 | |
| | | | 大畜 | 需 | 大壯 坤四爻變 |
| 否 乾三爻變 | 漸 | 旅 | 咸 | | |
| | 渙 | 未濟 | 困 | | |
| | | 蠱 | 井 | 恒 | |
| | 益 | 噬嗑 | 隨 | | |
| | | 賁 | 既濟 | 豐 | |
| | | 損 | 節 | 歸妹 | 泰 坤三爻變 |
| 觀 乾四爻變 | 晉 | 萃 | | | |
| | 艮 | 蹇 | 小過 | | |
| | 蒙 | 坎 | 解 | 升 | |
| | 頤 | 屯 | 震 | 明夷 | 臨 坤二爻變 |
| 剝 乾五爻變 | 比 | 豫 | 謙 | 師 | 復 坤一爻變 |
| | | | | 坤爲本卦，逆變至乾，後同。 | 坤 乾六爻變 |

| | | | | | | | | | | | | | | | | | |
|---|---|---|---|---|---|---|---|---|---|---|---|---|---|---|---|---|---|
| | 頤 | | | | 益 | | | | | | 无妄 | | | | 同人 | 乾 | 姤 |
| | 屯 | 剥 | 損 | 賁 | 噬嗑 | | | 觀 | | 中孚 | 家人 | | | 否 | 履 | 遯 | |
| | 震 | 比 | 節 | 既濟 | 隨 | 蒙 | 艮 | 晉 | 大畜 | 睽 | 離 | | 渙 | 漸 | 小畜 | 訟 | |
| | 明夷 | 豫 | 歸妹 | 豐 | | 坎 | 蹇 | 萃 | 需 | 兑 | 革 | 蠱 | 未濟 | 旅 | 大有 | 巽 | |
| | 臨 | 謙 | 泰 | | | 解 | 小過 | | 大壯 | | | 井 | 困 | 咸 | 夬 | 鼎 | |
| 復 | 坤 | 師 | | | | 升 | | | | | | 恒 | | | | 大過 | |

| | | | | | | | | | | | | | | | | | |
|---|---|---|---|---|---|---|---|---|---|---|---|---|---|---|---|---|---|
| | 蒙 | | | | 渙 | | | | | | 訟 | | | | 姤 | 遯 | 同人 |
| | 坎 | 損 | 剥 | 蠱 | 未濟 | | | 中孚 | | 觀 | 巽 | | | 履 | 否 | 乾 | |
| | 解 | 節 | 比 | 井 | 困 | 頤 | 大畜 | 睽 | 艮 | 晉 | 鼎 | | 益 | 小畜 | 漸 | 无妄 | |
| | 升 | 歸妹 | 豫 | 恒 | | 屯 | 需 | 兑 | 蹇 | 萃 | 大過 | 賁 | 噬嗑 | 大有 | 旅 | 家人 | |
| | 坤 | 泰 | 謙 | | | 震 | 大壯 | | 小過 | | | 既濟 | 隨 | 夬 | 咸 | 離 | |
| 師 | 臨 | 復 | | | | 明夷 | | | | | | 豐 | | | | 革 | |

| | | | | | | | | | | | | | | | | | |
|---|---|---|---|---|---|---|---|---|---|---|---|---|---|---|---|---|---|
| | 艮 | | | | 漸 | | | | | | 遯 | | | | 否 | 訟 | 履 |
| | 蹇 | 賁 | 蠱 | 剥 | 旅 | | | 家人 | | 巽 | 觀 | | | 同人 | 姤 | 无妄 | |
| | 小過 | 既濟 | 井 | 比 | 咸 | 大畜 | 頤 | 離 | 蒙 | 鼎 | 晉 | | 小畜 | 益 | 渙 | 乾 | |
| | 坤 | 豐 | 恒 | 豫 | | 需 | 屯 | 革 | 坎 | 大過 | 萃 | 損 | 大有 | 噬嗑 | 未濟 | 中孚 | |
| | 升 | 復 | 師 | | | 大壯 | 震 | | 解 | | | 節 | 夬 | 隨 | 困 | 睽 | |
| 謙 | 明夷 | 泰 | | | | 臨 | | | | | | 歸妹 | | | | 兌 | |

|  | 晉 |  |  |  | 否 |  |  |  |  |  | 觀 |  |  |  | 漸 | 巽 | 小畜 |
|---|---|---|---|---|---|---|---|---|---|---|---|---|---|---|---|---|---|
|  | 萃 | 噬嗑 | 未濟 | 旅 | 剥 |  |  | 无妄 |  | 訟 | 遯 |  |  | 益 | 渙 | 家人 |  |
|  | 坤 | 隨 | 困 | 咸 | 比 | 睽 | 離 | 頤 | 鼎 | 蒙 | 艮 |  | 履 | 同人 | 姤 | 中孚 |  |
|  | 小過 | 復 | 師 | 謙 |  | 兑 | 革 | 屯 | 大過 | 坎 | 蹇 | 大有 | 損 | 賁 | 蠱 | 乾 |  |
|  | 解 | 豐 | 恒 |  |  | 臨 | 明夷 |  | 升 |  |  | 夬 | 節 | 既濟 | 井 | 大畜 |  |
| 豫 | 震 | 歸妹 |  |  |  | 大壯 |  |  |  |  |  | 泰 |  |  |  | 需 |  |

| | | | | | | | | | | | | | | | | | |
|---|---|---|---|---|---|---|---|---|---|---|---|---|---|---|---|---|---|
| | 觀 | | | | 剝 | | | | | | 晉 | | | | 旅 | 鼎 | 大有 |
| | 坤 | 益 | 渙 | 漸 | 否 | | | 頤 | | 蒙 | 艮 | | | 噬嗑 | 未濟 | 離 | |
| | 萃 | 復 | 師 | 謙 | 豫 | 中孚 | 家人 | 无妄 | 巽 | 訟 | 遯 | | 損 | 賁 | 蠱 | 睽 | |
| | 蹇 | 隨 | 困 | 咸 | | 臨 | 明夷 | 震 | 升 | 解 | 小過 | 小畜 | 履 | 同人 | 姤 | 大畜 | |
| | 坎 | 既濟 | 井 | | | 兌 | 革 | | 大過 | | | 泰 | 歸妹 | 豐 | 恒 | 乾 | |
| 比 | 屯 | 節 | | | | 需 | | | | | | 夬 | | | | 大壯 | |

|  | 坤 |  |  |  | 比 |  |  |  |  |  | 萃 |  |  |  | 咸 | 大過 | 夬 |
|---|---|---|---|---|---|---|---|---|---|---|---|---|---|---|---|---|---|
|  | 觀 | 復 | 師 | 謙 | 豫 |  |  | 屯 |  | 坎 | 蹇 |  |  | 隨 | 困 | 革 |  |
|  | 晉 | 益 | 渙 | 漸 | 否 | 臨 | 明夷 | 震 | 升 | 解 | 小過 |  | 節 | 既濟 | 井 | 兌 |  |
|  | 艮 | 噬嗑 | 未濟 | 旅 |  | 中孚 | 家人 | 无妄 | 巽 | 訟 | 遯 | 泰 | 歸妹 | 豐 | 恒 | 需 |  |
|  | 蒙 | 賁 | 蠱 |  |  | 睽 | 離 |  | 鼎 |  |  | 小畜 | 履 | 同人 | 姤 | 大壯 |  |
| 剝 | 頤 | 損 |  |  |  | 大畜 |  |  |  |  |  | 大有 |  |  |  | 乾 |  |

| | 損 | | | | 中孚 | | | | | | 履 | | | | 乾 | 同人 | 遯 |
|---|---|---|---|---|---|---|---|---|---|---|---|---|---|---|---|---|---|
| | 節 | 蒙 | 頤 | 大畜 | 睽 | | | 渙 | | 益 | 小畜 | | | 訟 | 无妄 | 姤 | |
| | 歸妹 | 坎 | 屯 | 需 | 兌 | 剝 | 蠱 | 未濟 | 賁 | 噬嗑 | 大有 | | 觀 | 巽 | 家人 | 否 | |
| | 泰 | 解 | 震 | 大壯 | | 比 | 井 | 困 | 既濟 | 隨 | 夬 | 艮 | 晉 | 鼎 | 離 | 漸 | |
| | 復 | 升 | 明夷 | | | 豫 | 恒 | | 豐 | | | 蹇 | 萃 | 大過 | 革 | 旅 | |
| 臨 | 師 | 坤 | | | | 謙 | | | | | | 小過 | | | | 咸 | |

|  | 賁 |  |  |  | 家人 |  |  |  |  |  | 同人 |  |  |  | 无妄 | 履 | 訟 |
| --- | --- | --- | --- | --- | --- | --- | --- | --- | --- | --- | --- | --- | --- | --- | --- | --- | --- |
|  | 既濟 | 艮 | 大畜 | 頤 | 離 |  |  | 漸 |  | 小畜 | 益 |  |  | 遯 | 乾 | 否 |  |
|  | 豐 | 蹇 | 需 | 屯 | 革 | 蠱 | 剥 | 旅 | 損 | 大有 | 噬嗑 |  | 巽 | 觀 | 中孚 | 姤 |  |
|  | 復 | 小過 | 大壯 | 震 |  | 井 | 比 | 咸 | 節 | 夬 | 隨 | 蒙 | 鼎 | 晉 | 睽 | 渙 |  |
|  | 泰 | 坤 | 臨 |  |  | 恒 | 豫 |  | 歸妹 |  |  | 坎 | 大過 | 萃 | 兌 | 未濟 |  |
| 明夷 | 謙 | 升 |  |  |  | 師 |  |  |  |  |  | 解 |  |  |  | 困 |  |

|  | 噬嗑 |  |  |  | 无妄 |  |  |  |  |  | 益 |  |  |  | 家人 | 小畜 | 巽 |
|---|---|---|---|---|---|---|---|---|---|---|---|---|---|---|---|---|---|
|  | 隨 | 晉 | 睽 | 離 | 頤 |  |  | 否 |  | 履 | 同人 |  |  | 觀 | 中孚 | 漸 |  |
|  | 復 | 萃 | 兌 | 革 | 屯 | 未濟 | 旅 | 剝 | 大有 | 損 | 賁 |  | 訟 | 遯 | 乾 | 渙 |  |
|  | 豐 | 坤 | 臨 | 明夷 |  | 困 | 咸 | 比 | 夬 | 節 | 既濟 | 鼎 | 蒙 | 艮 | 大畜 | 姤 |  |
|  | 歸妹 | 小過 | 大壯 |  |  | 師 | 謙 |  | 泰 |  |  | 大過 | 坎 | 蹇 | 需 | 蠱 |  |
| 震 | 豫 | 解 |  |  |  | 恒 |  |  |  |  |  | 升 |  |  |  | 井 |  |

| | 益 | | | | 頤 | | | | | | 噬嗑 | | | | 離 | 大有 | 鼎 |
|---|---|---|---|---|---|---|---|---|---|---|---|---|---|---|---|---|---|
| | 復 | 觀 | 中孚 | 家人 | 无妄 | | | 剝 | | 損 | 賁 | | | 晉 | 睽 | 旅 | |
| | 隨 | 坤 | 臨 | 明夷 | 震 | 渙 | 漸 | 否 | 小畜 | 履 | 同人 | | 蒙 | 艮 | 大畜 | 未濟 | |
| | 既濟 | 萃 | 兌 | 革 | | 師 | 謙 | 豫 | 泰 | 歸妹 | 豐 | 巽 | 訟 | 遯 | 乾 | 蠱 | |
| | 節 | 蹇 | 需 | | | 困 | 咸 | | 夬 | | | 升 | 解 | 小過 | 大壯 | 姤 | |
| 屯 | 比 | 坎 | | | | 井 | | | | | | 大過 | | | | 恒 | |

| | | | | | | | | | | | | | | | | | |
|---|---|---|---|---|---|---|---|---|---|---|---|---|---|---|---|---|---|
| | 復 | | | | 屯 | | | | | | 隨 | | | | 革 | 夬 | 大過 |
| | 益 | 坤 | 臨 | 明夷 | 震 | | | 比 | | 節 | 既濟 | | | 萃 | 兌 | 咸 | |
| | 噬嗑 | 觀 | 中孚 | 家人 | 无妄 | 師 | 謙 | 豫 | 泰 | 歸妹 | 豐 | | 坎 | 蹇 | 需 | 困 | |
| | 賁 | 晉 | 睽 | 離 | | 渙 | 漸 | 否 | 小畜 | 履 | 同人 | 升 | 解 | 小過 | 大壯 | 井 | |
| | 損 | 艮 | 大畜 | | | 未濟 | 旅 | | 大有 | | | 巽 | 訟 | 遯 | 乾 | 恒 | |
| 頤 | 剝 | 蒙 | | | | 蠱 | | | | | | 鼎 | | | | 姤 | |

| 无妄 | 否 | 訟 | | | | 姤 | | | | | | 巽 | | | | 蠱 | |
|---|---|---|---|---|---|---|---|---|---|---|---|---|---|---|---|---|---|
| | 履 | 遯 | 乾 | | | 渙 | 漸 | | 小畜 | | | 鼎 | 蒙 | 艮 | 大畜 | 井 | |
| | 同人 | 觀 | 中孚 | 家人 | | 未濟 | 旅 | 剥 | 大有 | 損 | 賁 | 大過 | 坎 | 蹇 | 需 | 恒 | |
| | 益 | 晉 | 睽 | 離 | 頤 | 困 | 咸 | 比 | 夬 | 節 | 既濟 | | 解 | 小過 | 大壯 | 師 | |
| | 噬嗑 | 萃 | 兌 | 革 | 屯 | | | 豫 | | 歸妹 | 豐 | | | 坤 | 臨 | 謙 | |
| | 隨 | | | | 震 | | | | | | 復 | | | | 明夷 | 泰 | 升 |

| | ䷿未濟 | | | | ䷅訟 | | | | | | ䷺渙 | | | | ䷸巽 | ䷴漸 | ䷤家人 |
|---|---|---|---|---|---|---|---|---|---|---|---|---|---|---|---|---|---|
| | ䷮困 | ䷥睽 | ䷢晉 | ䷱鼎 | ䷃蒙 | | | ䷉履 | | ䷋否 | ䷫姤 | | | ䷼中孚 | ䷓觀 | ䷈小畜 | |
| | ䷆師 | ䷹兌 | ䷬萃 | ䷛大過 | ䷜坎 | ䷔噬嗑 | ䷍大有 | ䷨損 | ䷷旅 | ䷖剥 | ䷑蠱 | | ䷘无妄 | ䷀乾 | ䷠遯 | ䷩益 | |
| | ䷟恒 | ䷒臨 | ䷁坤 | ䷭升 | | ䷐隨 | ䷪夬 | ䷻節 | ䷞咸 | ䷇比 | ䷯井 | ䷝離 | ䷚頤 | ䷙大畜 | ䷳艮 | ䷌同人 | |
| | ䷏豫 | ䷡大壯 | ䷽小過 | | | ䷗復 | ䷊泰 | | ䷎謙 | | | ䷰革 | ䷂屯 | ䷄需 | ䷦蹇 | ䷕賁 | |
| ䷧解 | ䷵歸妹 | ䷲震 | | | | ䷶豐 | | | | | | ䷣明夷 | | | | ䷾既濟 | |

| 坎 | | | | | |
| --- | --- | --- | --- | --- | --- |
| 節 | 比 | 井 | 困 | 師 | 渙 |
| 屯 | 需 | 兑 | 臨 | 中孚 | |
| | 蹇 | 萃 | 坤 | 觀 | |
| | | 大過 | 升 | 巽 | |
| | | | 解 | 訟 | 蒙 |
| 既濟 | 隨 | 復 | 益 | | |
| | 夬 | 泰 | 小畜 | | |
| | | 歸妹 | 履 | 損 | |
| | 咸 | 謙 | 漸 | | |
| | | 豫 | 否 | 剝 | |
| | | 恒 | 姤 | 蠱 | 未濟 |
| 革 | 明夷 | 家人 | | | |
| | 震 | 无妄 | 頤 | | |
| | 大壯 | 乾 | 大畜 | 睽 | |
| | 小過 | 遯 | 艮 | 晉 | 鼎 |
| 豐 | 同人 | 賁 | 噬嗑 | 大有 | 旅 |
| | | | | | 離 |

|  | 師 |  |  |  | 坎 |  |  |  |  |  | 困 |  |  |  | 大過 | 咸 | 革 |
|---|---|---|---|---|---|---|---|---|---|---|---|---|---|---|---|---|---|
|  | 渙 | 臨 | 坤 | 升 | 解 |  |  | 節 |  | 比 | 井 |  |  | 兌 | 萃 | 夬 |  |
|  | 未濟 | 中孚 | 觀 | 巽 | 訟 | 復 | 泰 | 歸妹 | 謙 | 豫 | 恒 |  | 屯 | 需 | 蹇 | 隨 |  |
|  | 蠱 | 睽 | 晉 | 鼎 |  | 益 | 小畜 | 履 | 漸 | 否 | 姤 | 明夷 | 震 | 大壯 | 小過 | 既濟 |  |
|  | 剝 | 大畜 | 艮 |  |  | 噬嗑 | 大有 |  | 旅 |  |  | 家人 | 无妄 | 乾 | 遯 | 豐 |  |
| 蒙 | 損 | 頤 |  |  |  | 賁 |  |  |  |  |  | 離 |  |  |  | 同人 |  |

|  | 旅 |  |  |  | 遯 |  |  |  |  |  | 漸 |  |  |  | 觀 | 渙 | 中孚 |
|---|---|---|---|---|---|---|---|---|---|---|---|---|---|---|---|---|---|
|  | 咸 | 離 | 鼎 | 晉 | 艮 |  |  | 同人 |  | 姤 | 否 |  |  | 家人 | 巽 | 益 |  |
|  | 謙 | 革 | 大過 | 萃 | 蹇 | 大有 | 噬嗑 | 賁 | 未濟 | 蠱 | 剥 |  | 乾 | 无妄 | 訟 | 小畜 |  |
|  | 豫 | 明夷 | 升 | 坤 |  | 夬 | 隨 | 既濟 | 困 | 井 | 比 | 睽 | 大畜 | 頤 | 蒙 | 履 |  |
|  | 恒 | 震 | 解 |  |  | 泰 | 復 |  | 師 |  |  | 兑 | 需 | 屯 | 坎 | 損 |  |
| 小過 | 豐 | 大壯 |  |  |  | 歸妹 |  |  |  |  |  | 臨 |  |  |  | 節 |  |

| | 漸 | | | | 艮 | | | | | | 旅 | | | | 晉 | 未濟 | 睽 |
|---|---|---|---|---|---|---|---|---|---|---|---|---|---|---|---|---|---|
| | 謙 | 家人 | 巽 | 觀 | 遯 | | | 賁 | | 蠱 | 剝 | | | 離 | 鼎 | 噬嗑 | |
| | 咸 | 明夷 | 升 | 坤 | 小過 | 小畜 | 益 | 同人 | 渙 | 姤 | 否 | | 大畜 | 頤 | 蒙 | 大有 | |
| | 比 | 革 | 大過 | 萃 | | 泰 | 復 | 豐 | 師 | 恒 | 豫 | 中孚 | 乾 | 无妄 | 訟 | 損 | |
| | 井 | 屯 | 坎 | | | 夬 | 隨 | | 困 | | | 臨 | 大壯 | 震 | 解 | 履 | |
| 蹇 | 既濟 | 需 | | | | 節 | | | | | | 兌 | | | | 歸妹 | |

| | 謙 | | | | 蹇 | | | | | | 咸 | | | | 萃 | 困 | 兌 |
|---|---|---|---|---|---|---|---|---|---|---|---|---|---|---|---|---|---|
| | 漸 | 明夷 | 升 | 坤 | 小過 | | | 既濟 | | 井 | 比 | | | 革 | 大過 | 隨 | |
| | 旅 | 家人 | 巽 | 觀 | 遯 | 泰 | 復 | 豐 | 師 | 恒 | 豫 | | 需 | 屯 | 坎 | 夬 | |
| | 剥 | 離 | 鼎 | 晉 | | 小畜 | 益 | 同人 | 渙 | 姤 | 否 | 臨 | 大壯 | 震 | 解 | 節 | |
| | 蠱 | 頤 | 蒙 | | | 大有 | 噬嗑 | | 未濟 | | | 中孚 | 乾 | 无妄 | 訟 | 歸妹 | |
| 艮 | 賁 | 大畜 | | | | 損 | | | | | | 睽 | | | | 履 | |

|  | 否 |  |  |  | 晉 |  |  |  |  |  | 剝 |  |  |  | 艮 | 蠱 | 大畜 |
|---|---|---|---|---|---|---|---|---|---|---|---|---|---|---|---|---|---|
|  | 豫 | 无妄 | 訟 | 遯 | 觀 |  |  | 噬嗑 |  | 未濟 | 旅 |  |  | 頤 | 蒙 | 賁 |  |
|  | 比 | 震 | 解 | 小過 | 坤 | 履 | 同人 | 益 | 姤 | 渙 | 漸 |  | 睽 | 離 | 鼎 | 損 |  |
|  | 咸 | 屯 | 坎 | 蹇 |  | 歸妹 | 豐 | 復 | 恒 | 師 | 謙 | 乾 | 中孚 | 家人 | 巽 | 大有 |  |
|  | 困 | 革 | 大過 |  |  | 節 | 既濟 |  | 井 |  |  | 大壯 | 臨 | 明夷 | 升 | 小畜 |  |
| 萃 | 隨 | 兌 |  |  |  | 夬 |  |  |  |  |  | 需 |  |  |  | 泰 |  |

| | 豫 | | | | 萃 | | | | | | 比 | | | | 蹇 | 井 | 需 |
|---|---|---|---|---|---|---|---|---|---|---|---|---|---|---|---|---|---|
| | 否 | 震 | 解 | 小過 | 坤 | | | 隨 | | 困 | 咸 | | | 屯 | 坎 | 既濟 | |
| | 剝 | 无妄 | 訟 | 遯 | 觀 | 歸妹 | 豐 | 復 | 恒 | 師 | 謙 | | 兌 | 革 | 大過 | 節 | |
| | 旅 | 頤 | 蒙 | 艮 | | 履 | 同人 | 益 | 姤 | 渙 | 漸 | 大壯 | 臨 | 明夷 | 升 | 夬 | |
| | 未濟 | 離 | 鼎 | | | 損 | 賁 | | 蠱 | | | 乾 | 中孚 | 家人 | 巽 | 泰 | |
| 晉 | 噬嗑 | 睽 | | | | 大有 | | | | | | 大畜 | | | | 小畜 | |

| | | | | | | | | | | | | | | | | | |
|---|---|---|---|---|---|---|---|---|---|---|---|---|---|---|---|---|---|
| | 比 | | | | 坤 | | | | | | 豫 | | | | 小過 | 恒 | 大壯 |
| | 剝 | 屯 | 坎 | 蹇 | 萃 | | | 復 | | 師 | 謙 | | | 震 | 解 | 豐 | |
| | 否 | 頤 | 蒙 | 艮 | 晉 | 節 | 既濟 | 隨 | 井 | 困 | 咸 | | 臨 | 明夷 | 升 | 歸妹 | |
| | 漸 | 无妄 | 訟 | 遯 | | 損 | 賁 | 噬嗑 | 蠱 | 未濟 | 旅 | 需 | 兌 | 革 | 大過 | 泰 | |
| | 渙 | 家人 | 巽 | | | 履 | 同人 | | 姤 | | | 大畜 | 睽 | 離 | 鼎 | 夬 | |
| 觀 | 益 | 中孚 | | | | 小畜 | | | | | | 乾 | | | | 大有 | |

|  | 大畜 |  |  |  | 小畜 |  |  |  |  |  | 乾 |  |  |  | 履 | 无妄 | 否 |
|---|---|---|---|---|---|---|---|---|---|---|---|---|---|---|---|---|---|
|  | 需 | 蠱 | 賁 | 損 | 大有 |  |  | 巽 |  | 家人 | 中孚 |  |  | 姤 | 同人 | 訟 |  |
|  | 大壯 | 井 | 既濟 | 節 | 夬 | 艮 | 蒙 | 鼎 | 頤 | 離 | 睽 |  | 漸 | 渙 | 益 | 遯 |  |
|  | 臨 | 恒 | 豐 | 歸妹 |  | 蹇 | 坎 | 大過 | 屯 | 革 | 兑 | 剥 | 旅 | 未濟 | 噬嗑 | 觀 |  |
|  | 明夷 | 師 | 復 |  |  | 小過 | 解 |  | 震 |  |  | 比 | 咸 | 困 | 隨 | 晉 |  |
| 泰 | 升 | 謙 |  |  |  | 坤 |  |  |  |  |  | 豫 |  |  |  | 萃 |  |

| | 睽 | | | | 履 | | | | | | 中孚 | | | | 小畜 | 家人 | 漸 |
|---|---|---|---|---|---|---|---|---|---|---|---|---|---|---|---|---|---|
| | 兌 | 未濟 | 噬嗑 | 大有 | 損 | | | 訟 | | 无妄 | 乾 | | | 渙 | 益 | 巽 | |
| | 臨 | 困 | 隨 | 夬 | 節 | 晉 | 鼎 | 蒙 | 離 | 頤 | 大畜 | | 否 | 姤 | 同人 | 觀 | |
| | 大壯 | 師 | 復 | 泰 | | 萃 | 大過 | 坎 | 革 | 屯 | 需 | 旅 | 剥 | 蠱 | 賁 | 遯 | |
| | 震 | 恒 | 豐 | | | 坤 | 升 | | 明夷 | | | 咸 | 比 | 井 | 既濟 | 艮 | |
| 歸妹 | 解 | 豫 | | | | 小過 | | | | | | 謙 | | | | 蹇 | |

| | 中孚 | | | | 損 | | | | | | 睽 | | | | 大有 | 離 | 旅 |
|---|---|---|---|---|---|---|---|---|---|---|---|---|---|---|---|---|---|
| | 臨 | 渙 | 益 | 小畜 | 履 | | | 蒙 | | 頤 | 大畜 | | | 未濟 | 噬嗑 | 鼎 | |
| | 兌 | 師 | 復 | 泰 | 歸妹 | 觀 | 巽 | 訟 | 家人 | 无妄 | 乾 | | 剥 | 蠱 | 賁 | 晉 | |
| | 需 | 困 | 隨 | 夬 | | 坤 | 升 | 解 | 明夷 | 震 | 大壯 | 漸 | 否 | 姤 | 同人 | 艮 | |
| | 屯 | 井 | 既濟 | | | 萃 | 大過 | | 革 | | | 謙 | 豫 | 恒 | 豐 | 遯 | |
| 節 | 坎 | 比 | | | | 蹇 | | | | | | 咸 | | | | 小過 | |

| | 臨 | | | | 節 | | | | | | 兌 | | | | 夬 | 革 | 咸 |
|---|---|---|---|---|---|---|---|---|---|---|---|---|---|---|---|---|---|
| | 中孚 | 師 | 復 | 泰 | 歸妹 | | | 坎 | | 屯 | 需 | | | 困 | 隨 | 大過 | |
| | 睽 | 渙 | 益 | 小畜 | 履 | 坤 | 升 | 解 | 明夷 | 震 | 大壯 | | 比 | 井 | 既濟 | 萃 | |
| | 大畜 | 未濟 | 噬嗑 | 大有 | | 觀 | 巽 | 訟 | 家人 | 无妄 | 乾 | 謙 | 豫 | 恒 | 豐 | 蹇 | |
| | 頤 | 蠱 | 賁 | | | 晉 | 鼎 | | 離 | | | 漸 | 否 | 姤 | 同人 | 小過 | |
| 損 | 蒙 | 剥 | | | | 艮 | | | | | | 旅 | | | | 遯 | |

|  | 離 |  |  |  | 同人 |  |  |  |  |  | 家人 |  |  |  | 益 | 中孚 | 渙 |
|---|---|---|---|---|---|---|---|---|---|---|---|---|---|---|---|---|---|
|  | 革 | 旅 | 大有 | 噬嗑 | 賁 |  |  | 遯 |  | 乾 | 无妄 |  |  | 漸 | 小畜 | 觀 |  |
|  | 明夷 | 咸 | 夬 | 隨 | 既濟 | 鼎 | 晉 | 艮 | 睽 | 大畜 | 頤 |  | 姤 | 否 | 履 | 巽 |  |
|  | 震 | 謙 | 泰 | 復 |  | 大過 | 萃 | 蹇 | 兑 | 需 | 屯 | 未濟 | 蠱 | 剥 | 損 | 訟 |  |
|  | 大壯 | 豫 | 歸妹 |  |  | 升 | 坤 |  | 臨 |  |  | 困 | 井 | 比 | 節 | 蒙 |  |
| 豐 | 小過 | 恒 |  |  |  | 解 |  |  |  |  |  | 師 |  |  |  | 坎 |  |

| | 家人 | | | | 賁 | | | | | | 離 | | | | 噬嗑 | 睽 | 未濟 |
|---|---|---|---|---|---|---|---|---|---|---|---|---|---|---|---|---|---|
| | 明夷 | 漸 | 小畜 | 益 | 同人 | | | 艮 | | 大畜 | 頤 | | | 旅 | 大有 | 晉 | |
| | 革 | 謙 | 泰 | 復 | 豐 | 巽 | 觀 | 遯 | 中孚 | 乾 | 无妄 | | 蠱 | 剥 | 損 | 鼎 | |
| | 屯 | 咸 | 夬 | 隨 | | 升 | 坤 | 小過 | 臨 | 大壯 | 震 | 渙 | 姤 | 否 | 履 | 蒙 | |
| | 需 | 比 | 節 | | | 大過 | 萃 | | 兌 | | | 師 | 恒 | 豫 | 歸妹 | 訟 | |
| 既濟 | 蹇 | 井 | | | | 坎 | | | | | | 困 | | | | 解 | |

| | 明夷 | | | | 既濟 | | | | | | 革 | | | | 隨 | 兌 | 困 |
|---|---|---|---|---|---|---|---|---|---|---|---|---|---|---|---|---|---|
| | 家人 | 謙 | 泰 | 復 | 豐 | | | 蹇 | | 需 | 屯 | | | 咸 | 夬 | 萃 | |
| | 離 | 漸 | 小畜 | 益 | 同人 | 升 | 坤 | 小過 | 臨 | 大壯 | 震 | | 井 | 比 | 節 | 大過 | |
| | 頤 | 旅 | 大有 | 噬嗑 | | 巽 | 觀 | 遯 | 中孚 | 乾 | 无妄 | 師 | 恒 | 豫 | 歸妹 | 坎 | |
| | 大畜 | 剥 | 損 | | | 鼎 | 晉 | | 睽 | | | 渙 | 姤 | 否 | 履 | 解 | |
| 賁 | 艮 | 蠱 | | | | 蒙 | | | | | | 未濟 | | | | 訟 | |

| 蠱 | 大畜 | 賁 |  |  |  | 頤 |  |  |  |  |  | 噬嗑 |  |  |  | 无妄 |  |
|---|---|---|---|---|---|---|---|---|---|---|---|---|---|---|---|---|---|
|  | 艮 | 損 | 剝 |  |  | 離 | 睽 |  | 晉 |  |  | 益 | 同人 | 履 | 否 | 震 |  |
|  | 蒙 | 大有 | 旅 | 未濟 |  | 家人 | 中孚 | 乾 | 觀 | 遯 | 訟 | 復 | 豐 | 歸妹 | 豫 | 屯 |  |
|  | 鼎 | 小畜 | 漸 | 渙 | 姤 | 明夷 | 臨 | 大壯 | 坤 | 小過 | 解 |  | 既濟 | 節 | 比 | 革 |  |
|  | 巽 | 泰 | 謙 | 師 | 恒 |  |  | 需 |  | 蹇 | 坎 |  |  | 夬 | 咸 | 兌 |  |
|  | 升 |  |  |  | 井 |  |  |  |  |  | 大過 |  |  |  | 困 | 萃 | 隨 |

| | 震 | | | | 隨 | | | | | | 屯 | | | | 既濟 | 需 | 井 |
|---|---|---|---|---|---|---|---|---|---|---|---|---|---|---|---|---|---|
| | 无妄 | 豫 | 歸妹 | 豐 | 復 | | | 萃 | | 兌 | 革 | | | 比 | 節 | 蹇 | |
| | 頤 | 否 | 履 | 同人 | 益 | 解 | 小過 | 坤 | 大壯 | 臨 | 明夷 | | 困 | 咸 | 夬 | 坎 | |
| | 離 | 剥 | 損 | 賁 | | 訟 | 遯 | 觀 | 乾 | 中孚 | 家人 | 恒 | 師 | 謙 | 泰 | 大過 | |
| | 睽 | 旅 | 大有 | | | 蒙 | 艮 | | 大畜 | | | 姤 | 渙 | 漸 | 小畜 | 升 | |
| 噬嗑 | 晉 | 未濟 | | | | 鼎 | | | | | | 蠱 | | | | 巽 | |

| | 屯 | | | | 復 | | | | | | 震 | | | | 豐 | 大壯 | 恒 |
|---|---|---|---|---|---|---|---|---|---|---|---|---|---|---|---|---|---|
| | 頤 | 比 | 節 | 既濟 | 隨 | | | 坤 | | 臨 | 明夷 | | | 豫 | 歸妹 | 小過 | |
| | 无妄 | 剝 | 損 | 賁 | 噬嗑 | 坎 | 蹇 | 萃 | 需 | 兌 | 革 | | 師 | 謙 | 泰 | 解 | |
| | 家人 | 否 | 履 | 同人 | | 蒙 | 艮 | 晉 | 大畜 | 睽 | 離 | 井 | 困 | 咸 | 夬 | 升 | |
| | 中孚 | 漸 | 小畜 | | | 訟 | 遯 | | 乾 | | | 蠱 | 未濟 | 旅 | 大有 | 大過 | |
| 益 | 觀 | 渙 | | | | 巽 | | | | | | 姤 | | | | 鼎 | |

以上三十二圖，反復之則爲六十四圖。圖以一卦爲主，而各具六十四卦，凡四千九十六卦，與焦贑易林合。然其條理精密，則有先儒所未發者，覽者詳之。〔一〕

三十二圖反復，其變悉如乾坤二卦變圖例。每圖各以第一卦爲本卦，順變將去，則自初而終，自上而下，是由乾以至于坤；反之則又以末一卦爲本卦，逆變轉來，則自終而初，自下而上，是由坤以至於乾。一順一逆，每圖遂以兩卦爲本卦，而成兩圖矣。合三十二圖，反復則爲六十四圖矣。然三十二圖先後次第皆本於乾坤卦變〔二〕，只以第一圖觀之可見。如以乾爲本卦，則次姤，次同人，以至于恒〔三〕，計三十二卦，今各爲三十二圖之第一卦，而次第不紊矣。如以坤爲本卦，則次復，次師，以至于益，計三十二卦，今各爲三十二圖之末一卦，而次第亦不紊矣。此即三十二圖之序也。又以三十二圖末一圖逆數轉來，如以益爲本卦，則次噬嗑，次隨，以至于坤，計三十二卦，即第一圖後三十二卦，由益而順數至坤也。如以恒爲本卦，則次井，次蠱，以至於乾，亦計三十二卦，即第一圖之前三十二卦，由恒而逆數至乾也。變卦既成，每圖前三十二卦一畫陽必對後三十二卦一畫陰，前三十二卦一畫陰必對後三十二卦一畫陽，各各相對，又具兩邊博易而成之義。而乾坤艮兑

〔一〕此段至卷下末尾，中華再造善本所影印的國圖本闕，兹據北大藏本爲底本。

〔二〕「乾坤卦變」：清原宣賢鈔本作「坤卦乾變」。

〔三〕「恒」原作「常」，性理大全本作「恒」。按第一圖自乾數三十二卦而至恒，作「常」蓋避諱，故回改。

震巽坎離雖无先後次序，然其對待則一定而不易。此本不過明卦變之凡例，而陰陽對待自然之妙如此，亦足以見易畫從横逆順，无適非一陰一陽之道而不亂也。此皆條理精密，先儒所未發者。合而論之，圖之變固无窮，而莫不以乾坤卦變爲主焉，然乾坤第一圖次第，固皆爲三十二圖之例矣。又必先乾六爻之變者，蓋乾坤雖陰陽之純，而乾又坤之尊故也。故曰乾者君道，首出庶物；坤者臣道，无成而代有終。其分如此，其數如此，推而至於圖之變亦如此。愚所以合四篇大旨，一言蔽之曰「尊陽」，於斯爲尤信矣。

# 附録

## 京都大學藏清原宣賢鈔本書名頁

錦江精舍新刊文公易學啓蒙通釋

啓蒙四篇，子朱子發明象數、義理，深有以見其實而造其微，今復得新安玉齋胡氏援引諸説，以爲通釋，誠讀易之不可闕之書也。故用刻梓，以廣其傳，幸鑒。

## 京都大學藏清原宣賢鈔本序文

易學啓蒙序

易本義一書，闡象數理義之原，示開物成務之教，可謂深切著明矣。啓蒙又何爲而作也？朱子嘗言：「易最難讀，以開卷之初，先有一重象數，必明象數而後易可讀。」啓蒙四篇，其殆專明象數，以爲讀本義者設歟？象非卦不立，數非蓍不行。象出於圖書而形於卦畫，則上足以該太極之理，而易非淪於无體；數衍於蓍策而達於變占，則下足以濟生人之事，而易非荒於无用。且其間又多發造化尊陽賤陰之意，易之綱領，孰有大於是者哉？明乎此，則本義一書如指諸掌矣。然啓蒙固爲讀本義設，而讀啓蒙者，又未可以易而視之也。方平曾祖〔一〕昴，政和間由辟雍第奉常，於韋齋有同邑同年之好；曾祖溢，紹興初復繼世科，因伯氏交於韋齋，獲聞河洛緒論，而於先師朱子則世好也。詩、書餘澤，迪我後人。方平蚤歲又幸受易於鄱陽介軒董先生夢程，繼師毅齋沈先生貴瑤。毅齋實介軒上游，而介軒乃盤澗先生從子，得其家傳者也。盤澗受易于朱子之門最久，淵源蓋深遠矣。方平因得受誦是書，沈潛反覆二十餘年，著爲通釋一編，以授兒輩誦習，庶由此進於本義之書，非敢爲他人設也。先覺之士幸有以亮其非僭焉。己丑仲春中澣，新安後學胡方平序。

〔一〕「曾」「祖」之間行外補小字「伯」。

先君戊子冬精加修訂是書，其時一桂附録録成。明年春正月，命一桂携書千里拜考亭夫子祠下，證文獻於是。閲四月歸省侍，而先君已謝人間世矣。終天抱痛，追慕何極！舍弟天桂出先君遺命，拳拳斯文不朽之屬也。復更定序文一篇，乃絶筆也。一桂承兹付授，不敢失墜。辛卯九月，再入閩閲，歷壬辰季夏，兩書鋟梓皆成。是書感隨齋劉侯捐金造就之賜，永矢無斁。讎校之餘，謹次其事如左。六月望日，男胡一桂百拜謹識。

讎校校是非，去非如去讎也。

點校者按：新安文獻志卷二三有胡方平書易啓蒙後，蓋節引胡方平序文自「易本義一書」至「未可以易而視之也」一段。

## 胡次焱啓蒙通釋序

世之爲圖書説者，何紛紛乎！彼惟于十數中求所謂八卦者，而見其夐不相干，于是創説以强通之。幸有一節偶合，矜以自喜；而于他節不合者，輒變例易辭，牽挽傅會，抑勒之俯就其説，雖穿鑿支離不恤也。余嘗以平易之説求之，竊謂圖者，奇耦數而已。天一爲奇，地二爲耦；三、五、七、九，奇之積；四、六、八、十，耦之積。故一二爲奇耦之始，五六爲奇耦之中，九十爲奇耦之成。一與二，三與四，以至九與十，奇偶之相得也；一與六，二與七，以至五與十，奇偶之有合也。天下之數不出乎奇偶兩者。聖人于極儀象卦之理，默會于心久矣，于是仰觀俯察，近取遠取，而有見于圖之奇偶與吾心極儀象卦之理犂然有合。遂則其天一畫奇，是爲陽儀，而陽卦奇出焉；則其地二畫偶，是爲陰儀，而陰卦偶出焉。斯兩儀也。于兩儀上各加一奇一偶而爲畫者四，斯四象也。又于四象上各加一奇一偶而爲畫者八，斯八卦也。由是衍之爲十六，爲三十二，爲六十四，以至萬有一千五百二十及四千九十六，以至無有終窮，皆自一奇一偶衍之。所謂則圖畫卦者，如此而已矣。不特此也，七八九六，易所謂四象。内之一二三四者，四象之位；外之六七八九者，四象之數。圖之外，七南、八東、九西、六北，此成數之四象；圖之内，一合五爲六居北，三合五爲八居東，二合五爲七居南，四合五爲九居西，此生數之四象。筮用其全，故七八常多；易取其變，故七八不用。積生數之一三五爲成數之九，乾用之；積生數之二四爲成數之六，坤用之。所謂則圖畫卦者，如此而已矣。何必執泥四方，强配八卦，而規規然曰此屬乾坤坎離，彼屬震巽艮兑。至其窒礙牴牾，則嘔心斷腸，巧辭牽合，棄坦途，行荆棘，何乃自苦如此。宗老玉齋先生于衆言殽亂中尊信啓蒙，爲之訓釋纂注，明白正大，具有淵源，隱然足以折近説之謬。于余蓋老友也。余嘗舉前説質之玉齋，曰：「此所謂言近指遠者，而吾注偶未及之。請書爲序。」予曰：「玉齋此注足以闡明朱子之書，次焱此説足以翼輔玉齋之注。」遂書之不辭。宗生胡次焱濟鼎謹序。

胡次焱梅巖文集卷三，文淵閣四庫全書本。

## 胡次焱跋胡玉齋啓蒙通釋

宗家耆英有以玉齋自號者，名方平。于予爲老友。其子雙湖，于予爲益友。此書玉齋所著也。歲己丑，雙湖攜入閩鋟梓，留滯踰一年。辛卯秋再往，明年壬辰夏季回，留滯過一年。冒寒暑，疲跋涉，必成父志乃已，允謂孝矣。弛擔云初，首惠此本，嘗復其書曰：玉齋平生精力寓于此書，儻非繼志述事，不懈益勤，未有不墜于泯滅無聞者，是故貴有子也。十年前，嘗跋輶軒唱和詩集，極言有子無子之效，于今益信。嗟夫！談史以遷顯，彪史以固顯，故曰貴有子也。然此史學也，非經學也。充禮以裒傳，曾書以祉傳，故曰貴有子也。然此書、禮學也，非易學也。乃若梁丘賀之有臨，劉昆之有軼，張興之有舫，伏曼容之有昛，易學傳家，父作而子述之，赫乎相映，故曰貴有子也。夫啓蒙者，入易門户也。玉齋既爲通釋，雙湖又爲本義附録，非惟橋梓相映，楂梨兼美，且將突過烟樓，此又賀、臨以來所無者。嗟夫！箕裘失墜者，固不足言矣。其或苟安憚煩，無以張皇先美爲不朽計，雖讀父書，亦無取焉。古今嗜學著述如玉齋者，豈謂盡無其人？無雙湖爲之子，遂使潛德弗耀，抱恨幽宫，雖謂之不孝可也。有是父，有是子，有是子，有是父，或曠百載纔一遇爾。吾于雙湖此舉，敬歎無射。其中大義奥旨，尚遲紬玩，嘉羡之劇，亟題此卷端，庋置几間，俾有目者必觀，有識者必羡，非徒贊揚雙湖，亦以勸天下之爲人子者，併書一本寄雙湖云。七月辛巳，宗末次焱濟鼎敬跋。

胡次焱梅巖文集卷七，文淵閣四庫全書本。

## 納蘭性德周易啓蒙通釋序

周易啓蒙通釋二卷，宋婺源梅里胡方平著。方平字師魯，世所稱玉齋先生，而雙湖胡一桂庭芳父也。朱子之爲啓蒙，蓋發明象數，爲讀本義者設；玉齋之通釋，則因啓蒙以發明本義者也。其言曰：「本義闡象數理義之原，示開物成務之教。象非卦不立，數非蓍不行。象出於圖書而形於卦畫，則上足以演太極，而易非淪於無體；數衍於蓍策而達於變占，則下足以濟生人之事，而易非荒于無用。易之要領孰大於是？明乎此，則本義一書如指諸掌也。」蓋其沈潛反覆，研精易旨者二十餘年，始成是書，故其見之精卓若此。其生平易學，本於介軒董夢程，復師毅齋沈貴瑶。二君皆饒之德興人。介軒故受易於勉齋黄榦，又爲槃澗董銖之猶子，宜其淵源有自來也。是書新安舊有槧本，今已不可得。此本爲元建陽劉涇所梓，有涇及熊禾去非序。涇字楫之，雲莊文簡公爚後人。

## 四庫全書總目易學啓蒙通釋提要

易學啓蒙通釋二卷。内府藏本。

宋胡方平撰。方平字師魯，號玉齋，婺源人。據董真卿周易會通載，是書有方平至元己丑自序，則入元已十四年矣。然考熊禾跋稱「己丑春，讀書武夷山中，有新安胡君庭芳來訪，出其父書一編，曰易學啓蒙通釋」，又劉涇跋亦稱「一日，約退齋熊君訪雲谷遺蹟，適新安胡君庭芳來訪，出易學啓蒙通釋一編，謂其父玉齋平生精力盡在此書，輒爲刻置書室」云云，則己丑乃禾與涇刊書作跋之年，非方平自序之年，真卿誤也。方平之學出於董夢程；夢程之學出於黄榦；榦，朱子壻也。故方平及其子一桂皆篤守朱子之説。此書即發明朱子易學啓蒙之旨。案朱子易學啓蒙序曰「近世學者類喜談易」，「其專於爻義者，既支離散漫而無所根據；其涉於象數者，又皆牽合附會，而或以爲出於聖人心思智慮之所爲也。若是者，余竊病焉。因與同志頗輯舊聞，爲書四篇，以示初學，使毋疑於其説」云云。蓋易之爲道，理、數並存，不可滯於一説。朱子因程傳專主明理，故兼取邵子之數以補其偏；非脱略易理，惟著此書以言數也。後人置本義不道，惟假借此書以轉相推衍，至於支離轇轕而不已，是豈朱子之本旨乎？方平此書雖亦專闡數學，而根據朱子之書，反覆詮釋。所採諸書，凡黄榦、董銖、劉爚、陳埴、蔡淵、蔡沈六家，皆朱子門人，又蔡模、徐幾、翁泳三家。模，蔡淵子；幾、泳，皆淵之門人。故所衍説尚不至如他家之竟離其宗，是亦讀啓蒙者所當考矣。董真卿所稱方平自序，今本佚之，惟存後序一篇，朱彝尊經義考乃竟以朱子原序爲方平之序，可謂千慮之一失。徐氏通志堂刻本於此序之末題「淳熙丙午暮春既望，雲臺真逸手記」，是顯著朱子之别號矣，而其標目乃稱「易學啓蒙通釋序」。淳熙丙午下距至元己丑凡一百一十三年，朱子安知有通釋乎？今刊正之，俾無滋後來之疑焉。

**汪師泰胡玉齋**方平。**傳**子一桂。

胡玉齋方平，婺源人，曾伯祖昴，政和間由辟雍第，嘗與朱韋齋有同邑同年之好。曾祖溢，紹興初復繼世科，因伯氏交於韋齋，獲聞河洛之論，而朱子則世好也。方平早受易於介軒董夢程，繼師毅齋沈貴瑶。沈實介軒上客，而介軒乃盤澗從子，得其家傳者。盤澗受易於朱子之門最久。方平研精易旨，沉潛反覆二十餘年，嘗因文公易本義及啓蒙，注通釋一書。又外易四卷，考象求卦，明數推占。又有易餘問記。其言曰：「本義闡象數理義之原，示開物成務之教。朱子言：『易開卷之初，先有一重象數，而後易可讀。』啓蒙四篇，其殆專明象數，以爲讀本義者設與？象非卦不立，數非蓍不行。象出於圖書而形於卦畫，則上足以演太極，而易非淪於無體；數衍於蓍策而達於變占，則下足以濟生人之事，而易非荒于無用。易之要領孰大於是？明乎此，則本義一書如指諸掌也。」

長子一桂字庭芳，生而穎悟，好讀書，尤精於易。景定甲子年十八，領鄉薦，試禮部不第，退而講學。得朱氏源委之正，嘗入閩博訪諸名士，以求文公緒論。建安熊禾去非方讀書武夷山中，與之上下議論，歸則裒集諸家之説，疏朱子之言爲易本義附録纂疏、本義啓蒙翼傳。其言曰：「易爲卜筮作也。辭以象著，占以變推，故象有未明則占有未瑩。是故易道有四，象爲要。易學有四，占爲難。朱子啓蒙、本義專主卜筮，本義又專以象占示訓，蓋皆引而不發，待學者自悟爾。去非曰：『更得詩、書、春秋、周禮、儀禮一如易纂，以復六經之舊，豈非文公所望於吾輩者乎？』」一桂又爲詩傳附録纂疏、十七史纂、人倫事鑒、歷代編年諸書，並行于世。一桂居之前有二小湖，自號雙湖居士，遠近師之，號雙湖先生。新安文獻志卷七〇行實，萬曆刻本。

## 姚鼐胡玉齋雙湖先生兩先生易解序

六藝之學，惟易最難明。自朱子生於東南，而天下之學始有統宗。啓蒙、本義之書，固講易者所當本也。婺源爲朱子故里，而胡玉齋先生方平生南宋之末，受學於黄勉齋之門人董介軒夢程，於是作啓蒙通釋上下二卷，發明啓蒙之旨。及其子雙湖先生一桂，當元時隱居不出，作本義附録纂注十五卷，詳取朱子他書之言及群儒所説，以廣朱子本義之意，又作啓蒙翼傳上中下篇及外篇，則於其父之書爲益詳博矣。宋、元學者皆宗尚朱子，而胡氏父子於朱子之易尤深，其書固可貴，近世學者厭宋儒之學爲近易，乃蒐求殘闕，自名漢學，譬如舍五穀之味而刮木掘土以爲食者也。胡氏三書舊於婺源有雕本，今皆殘缺，而崑山徐氏所刻通志堂經解則三書具存。玉齋先生有裔孫紫園，取家藏殘本與通志堂本校其異同，而擇從其善，復刻此三書於婺源，未竣而卒。其子錦川、華川繼成其美，以之示余。余欣紫園父子能闡揚其先祖之美，又冀是書流傳天下，士君子有志於學易者，慎毋舍此而他騖也，遂爲序之。

嘉慶十五年八月桐城後學姚鼐。

嘉慶慶餘堂刊本

# 周易本義啓蒙翼傳

# 點校説明

宋末胡方平撰易學啓蒙通釋，爲朱子易學啓蒙作逐句解釋。其相關問題已見前書點校説明。胡方平之後，其子胡一桂承家學，羽翼朱子，又作周易本義附録纂疏及周易本義啓蒙翼傳，於是朱子易學終成光大之局。

胡一桂在易學史及經學史中的地位，較胡方平更顯著。其周易本義啓蒙翼傳，顧名思義，是羽翼周易本義和周易啓蒙的。與其父易學啓蒙通釋逐句疏解的方式不同，胡一桂的周易本義啓蒙翼傳則是通過追溯學術史、廣引諸家的方式來發揚朱子學。其易學學術史的建構，一是説明朱子的學問是綜羅百代，並證成朱子易學所以爲百家之冠的合理性；另一方面亦是以朱子學來涵攝諸家易學，突破一些朱子學末流只學朱子而忽視諸家的狹隘學術路徑。也正是因爲這個原因，周易本義啓蒙翼傳可以稱得上是宋元易學的結成性著作和提綱性著作。作爲元代經學的傑出代表，它具有多方面的價值。

## 一、翼傳的文獻價值

翼傳具有相當大的文獻學價值，特别是其中卷的傳注部分，搜羅了歷代易學書目，著録其卷數、序跋及評論等。

### （一）考佚書

經籍年代既久，自然亡佚不少，如宋元人所見到的許多書，我們今天已難看到，只有靠一些目録才能揣測大致的情況。具體到宋以前的易學典籍，瞭解的途徑有二：一是各類官私的目録學著作，比如正史的藝文志、晁公武的郡齋讀書志、鄭樵的通志、馬端臨的文獻通考等；二是一些易學書籍的羅列和徵引。就易學而言，後者無疑具有重要意義。因爲易學家所作的專門目録，對於易學書籍的評騭更爲專業，其搜羅亦更完備。

翼傳便是在這兩類目録之上而成傳注部分。胡氏自謂「合唐、宋藝文志，唐五行志，晁氏公武郡齋讀書志，鄭氏樵通志所載易經注解，及愚收拾所得在諸志外者，互相參訂，件列於左，通計三百餘家」，這是目録學書籍的方面；而考其内容，胡氏抄録自馮椅厚齋易學附録者亦復不少。在此基礎上，胡氏又親自目驗，增補、節録了許多題跋和評論，保存了不少而今已不可得見的經籍材料。

如周易義海撮要一書，今本但存其書，而翼傳則節録了周汝能的題跋，爲今本所無。再如蔡攸任大學士時，領銜進了不少民間的書，並寫了提要，如今這些書多已失傳，但翼傳多有引及，並不以人廢言。

翼傳的外篇，述易緯、易林等諸家之學。這其中的不少書已經佚失，我們由翼傳得以窺其大概。如郭璞的洞林，是其一生占驗的記録和心得，但今天已不得見。晉書郭璞本傳載有其占筮數事，蓋皆録自洞林。翼傳録有洞林筮例八則，並標明其卷次，於是洞林之大概可獲睹矣。

值得指出的是，朱彝尊作經義考，大段引用了翼傳的資料。

## （二）翼傳與中興國史藝文志

從文獻學角度來看，翼傳最突出的價值在於對宋人修國史藝文志的保存。余嘉錫先生嘗謂：「宋時國史凡四修，每修一次，輒有藝文志，其每類皆有小序，通考尚間引之。並條列其卷數甚詳。元人修宋史，即據此四志，刪除重複，合爲一志焉。」〔一〕元修的宋史藝文志雖參考宋人舊志，而小序等多删去，殊爲可惜。

而翼傳凡引宋志，皆是宋人所修國史之藝文志。例如其所引「易類小序」根本不見於元代官修宋史藝文志；又如於「李椿年易解」，小注謂「宋志稱『直院李公』」，今宋史藝文志但著録李氏之書，未有「直院李公」之小注。不過，宋代多次修國史，則胡氏所據到底是三朝國史藝文志，還是兩朝、四朝，抑或中興國史藝文志？如從時間上看，其引有不少在南宋者，似當即中興國史藝文志。對此判定，且有更直接的證據。其厚齋易學條引：宋藝文志序云：「寧宗時，馮椅爲輯注、輯傳、外傳。猶以迴、熹未及盡正孔傳名義，乃改『彖曰』、『象曰』爲『贊曰』，以繫卦之辭即爲彖，繫爻之辭即爲象。王弼『彖曰』、『象曰』乃孔子釋彖象，與商飛卿説同。又改繫辭上下爲説卦上中，以隋經籍志有説卦三篇云。」文獻通考卷一七六引作：中興藝文志：「椅爲輯注、輯傳、外傳。蓋以程沙隨、朱文公雖本古易爲注，猶未及盡正孔傳名義，乃改『彖曰』、『象曰』爲『贊曰』，以繫卦之辭即爲彖，繫爻之辭即

〔一〕余嘉錫目録學發微，中華書局二〇〇九年版，頁一三三。

爲象。王弼本『彖曰』、『象曰』乃孔子釋彖象，與商飛卿説同。又改繫辭上下爲説卦上中，以隋經籍志有説卦三卷云。」由此可見，翼傳中的宋藝文志即中興國史藝文志。

中興國史藝文志至理宗寶祐五年（一二五七）才成書〔一〕，翼傳所引宋志，最晚的學者至楊簡，時間上在此下限之前。

翼傳保留了中興國史藝文志經部易類的豐富材料。近代學者趙士煒欲據文獻通考等書輯宋國史藝文志及中興國史藝文志，所得僅吉光片羽，易類只有周易集解與厚齋易學兩條。翼傳爲了最大限度地搜羅易學目録，理論上自然是全部吸收了中興國史藝文志經部易類的内容。

翼傳明引中興國史藝文志的地方，一般有兩種形式：一是直接在所引後面以小注標「宋志」二字；二是稱「宋藝文志」，引起小序。然而在筆者看來，翼傳保存的宋志不僅僅是這些。因爲胡一桂做這一部分的時候，體例本就不甚嚴格，標注也不十分精確。比如他很多地方明顯是抄録馮椅厚齋易學的目録，卻有時標出，有時不標出。最明顯的證據是，

〔一〕馬常録宋朝四部國史藝文志考論，山東大學二〇一二届碩士論文，頁二七。

趙士煒的輯本，據通考有「李鼎祚周易集解十卷。李鼎祚易宗鄭康成，排王弼」〔一〕一條，而翼傳卻作：「李鼎祚集解十卷。唐藝文志作十七卷。皆避唐諱，又取序卦各冠逐卦之首。所集有子夏、孟喜、京房……孔穎達三十餘家，又引九家易、乾鑿度義。蜀才者，顔之推云范長生也。其序云：『自卜商之後，傳注百家，唯王鄭相沿，頗行於代。鄭則多參天象，王乃全釋人事。易豈偏滯天人哉。』」

其實這一條標目下面屬「解題」的部分，内容見於厚齋易學附録。此處内容顯與文獻通考所載不同。這是因爲胡氏在抄撮中興國史藝文志時是隨意摘取嗎？似乎不太可能。那麽最合理的解釋是：一些與厚齋易學條目重複的地方，胡氏摘録了厚齋易學的解題，而未採納中興國史藝文志。這些不同的地方，有些胡氏標明了，有些則未標出。我曾以翼傳爲基礎，參考史志，對此作了復原〔二〕，今不贅述。

〔一〕趙士煒輯中興國史藝文志輯本，見二十五史藝文經籍志考補萃編第二十卷，頁五二二。

〔二〕谷繼明宋中興國史藝文志經部易類復原，經學文獻研究輯刊第十八輯，上海書店出版社二〇一七年版。

## （三）資校勘

翼傳除保存了今天許多未見之書或書目外，因其目驗甚廣，故就流傳的易學著作來説，也保留了許多異本或别本，足資校勘之用。

比如太玄，其版本非常複雜，據劉韶軍統計，到清代爲止，太玄各種版本已亡佚者六十五種，見存者五十六種〔一〕。我們最常用的太玄版本，一是司馬光的太玄集注，一是明萬玉堂翻宋本的太玄經，後一種有范望的解贊、王涯的説玄。但除此之外，還有許多其他版本。翼傳所載的，即是宋政和七年（一一一七）許良肱所進太玄經解。這個本子非常有特色。一是自范望注本以來，玄首序和玄測序就被置於整個書的前面，而最初玄首序與八十一首相連，玄測序與測辭相連，許氏本則置於中首的首辭之下。二者，太玄每贊有測以準周易之小象，許氏以爲没有準大象者十分遺憾，故大膽地自撰首測以準大象。三者，翼傳所見已非許氏進書之舊，大概傳抄者又把玄首序、玄測序、首測、玄文拆開分入八十一

〔一〕劉韶軍揚雄與太玄研究，人民出版社二〇一一年版，頁五八。

首之中，類似於周易之彖傳、象傳、文言分入經中。許氏此書未見於史誌目録，翼傳摘録乃獨一無二。由此可見，北宋除了司馬光、邵雍之外，研究太玄的尚有很多人，因此形成了一個太玄研究的熱潮。

另外如京氏易傳，翼傳所摘録的也與今本不同。京氏易傳今天主要的版本有天一閣刻本、程榮校漢魏叢書本、汲古閣津逮秘書本等。翼傳所引，則與諸本頗有出入，像坤卦「陰氣凝盛」，今天一閣本、程榮本皆作「陰凝感」，不如前者爲善。李秋麗已指出，建侯和積算的起訖位次，翼傳所抄亦與今本不同〔一〕。其實除此之外，五星配卦亦不同。大要言之，今本爲善。但翼傳所載，一定程度上亦可以反映京氏易傳在宋代的流行狀況。那麽胡一桂看到的到底是什麽版本？李秋麗根據胡氏引用了「此晁氏讀書記所謂『星行氣候之學，非章句也』」一句，認爲就是經過晁以道編纂、見於晁公武郡齋讀書志的本子，但今日的通行本也是讀書志中的本子，所以爲何有差别，很難明白。筆者認爲，不宜坐實了説翼傳所抄即是晁氏所載的本子，因爲胡氏取書十分複雜，很多是抄本，像抄録的太玄、洞

〔一〕李秋麗胡一桂易學思想研究，山東大學二〇〇八届博士論文，頁六八。

林都是如此。郭彧據讀書志載晁以道「以其象數辨正文字之舛謬」，指出今本京氏易傳是經過晁以道整理的〔一〕。那麽比較合理的推測是翼傳所抄乃未經晁氏整理的本子。

## 二、翼傳的學術思想特色

### （一）對象數的重視

理學家治易，亦有義理與象數兩種方法。若張載、程頤易學皆爲義理派，邵雍則爲象數派。然程頤爲理學宗主，故北宋理學家之易學，偏主於義理。朱子以爲不可偏重義理，故其易學綰合程頤與邵雍之學。其周易本義已於卷首列九圖，又以易爲卜筮之書；周易啓蒙復發揚河圖洛書之説及邵雍先天之學。胡一桂治易，對於象數的推崇，與朱子相比乃有過之而無不及。

胡一桂的觀點可以通過其論述歷代易學學者及其著作而知。比如他褒揚陳隆山的大易集傳精義説「所集解詳贍，時及象數」，並引史繩祖謂：「學者不可曰『易論理不論數，

〔一〕郭彧京氏易傳導讀，齊魯書社二〇〇二年版，頁六三。

數非易所先』，善易者必當因義圖之象數而明周經之彖、象，方能得其門而入也。」對於輕視象數的學者或著作，便時加批評，比如：「切意其（丁寬）學只是文義章句；象數之學，恐非所及也。」「（周易正義）大概因王弼、韓康伯注爲之解釋敷演，於義理象數之學未能卓然自有所見者也。然則唐家一代之易學，從可知矣。」「吴博士周易詳解四十卷，只是敷演文義，爲時文之學，全不及象數。」

丁寬是漢代易學先導，胡氏因爲看到儒林傳的「訓詁」字眼，遂斷定丁寬未有象數之學而價值不大。周易正義是六朝以來義疏學的匯總，因其祖王弼、韓康伯，於是被胡氏認爲不通象數而水平較低。如此則胡氏之意較然可見。故而也就不難理解他要在外篇將易緯、參同契、京氏易傳等附入，並且做了深入研究，還收入了不少與象數相關的僞書。

## （二）梳理易學源流，樹立朱子正統

在翼傳中，歷代易學源流的梳理佔有很大的篇幅。這開創了清人傳經授受統系研究之先河。然而對於譜系的叙述總是建構性的，也就是説，譜系建立的背後總伴隨着建構者自己的認識，而且建構的目的也往往是爲了樹立正統。與清儒梳理傳經譜系以復興漢學不同，胡氏欲由此以樹立朱子易學的權威，並且將朱子易學定位爲義理和象數兼備者。胡氏叙述漢代傳易源流，多據儒林傳，然其於傳易者多有批評，其總結西漢易學曰「自二京以前文辭勝，自二京以後占數勝」，文辭勝是訓詁之學，占數勝則流於技術。東漢易學，費氏大興，變亂古經，其罪甚大。魏晉南北朝易學雜染玄學，而孔穎達等義疏學又是王弼易學的附庸。這樣，在胡氏看來，以往的易學家見道者甚尠。

既然歷史上的易學都是有問題的，胡氏遂引出宋代易學的傳承：「前宋一代之易學，自分爲三節：希夷先天一圖，開象數之門，至邵子經世書而碩大光明；周子太極一圖，洪理義之源，至程子易傳而浩博弘肆。然邵乃推步之法，程子不言象數，至朱子斷然以易爲卜筮作，且就象占上發明義理以示教。而後一代之易，理數大明，體用兼該，使天下後世識易之所由作，不迷於吉凶悔吝之塗，而能適乎仁義中正之歸，不其幸歟。噫，朱夫子於易學傳授，其亦可謂金聲玉振，集大成者矣。」

在胡氏看來，程頤、邵雍猶有所偏，只有到了朱熹，才是金聲玉振、百川歸海。其實我們看胡氏論及繫辭傳説「若徒有上下經而无繫辭傳，則象數之學不明，理義之微莫顯，易亦竟无以致用於萬世，而適乎仁義中正之歸矣」，即可知其認爲易學即中正仁義之學，而中正即在於象數、義理的平衡。朱熹由此而成爲近合程、邵，遠接羲、文、周、孔的里程碑人物。

### （三）羽翼朱子

胡方平已作易學啓蒙通釋，可以看作忠實疏解周易啓蒙的著作；胡一桂作周易本義附録纂疏是疏解周易本義的著作。周易本義啓蒙翼傳，則是以「翼」的形式，對周易本義、周易啓蒙兩書的進一步解説。翼即羽翼，明顯模仿了孔子對周易古經的詮釋體裁。羽翼意味着不是對經典内容的逐字逐句的直接解説，而是作爲經典的輔助，證成和豐富經典。於是翼傳就根據朱子學，對於易學本身、對於易學史都進行了一次系統、條理的建構。這也是以朱子學會通漢學、宋學的一個努力。

## 三、翼傳的版本流傳

周易本義啓蒙翼傳一書，目前最早的刻本是元皇慶二年（一三一三）所刻。目前傳世者，一在日本内閣文庫，一在上海圖書館。其中内閣文庫所藏比較完整，上海圖書館所藏則缺頁嚴重。中華再造善本所收此書，即據上海圖書館藏本影印。因其在流傳中磨損脱漏嚴重，明正德間，又有蕭乾元重刻此書。據蕭乾元跋文，其所據底本乃楊乾叔書笥中所藏本；觀其行款，當即據皇慶刻本。上海圖書館藏有此書的外篇一册，末附蕭氏跋文；而北京大學圖書館所藏明刻本，未著録刻者及具體年代，今觀其行款版式，與上海圖書館藏本全同，亦當是正德刻本。北京大學圖書館藏正德本近乎完帙，唯闕末尾蕭氏跋文一篇，將兩館所藏本對照，適相互印證。上海圖書館又有天一閣鈔本殘卷，録此跋文，行款全同，是亦據正德本繕録。因正德刻本所據底本已有殘缺，故新刻問題不少：一是因底本缺頁或圖版漫漶導致缺頁、缺字，一是手民新增之誤。通過這些錯誤，可知後來的通志堂經解收入此書便以正德本爲底本；而四庫全書薈要、文淵閣四庫全書等復以通志堂經解本爲底本，錯誤不斷增加。

萬曆間，胡雙湖的後裔又謀刻胡方平和胡一桂的書，其中的周易啓蒙翼傳，末載蕭乾元跋，當是以蕭乾元正德刻本爲底本。不過根據校勘結果來看，萬曆刻本顯然曾據元刻本做過校改，比如「牽合六爻，作小兒狀。大率可笑如此」，北京大學圖書館藏正德本作「牽合六如此小兒」，通志堂經解本、文淵閣四庫全書本因之。蓋其所據底本已殘闕，故誤如此；而萬曆本不誤。但萬曆本的錯誤還是非常多的，清代，胡氏後裔又根據傳下來的家刻本加以訂正，重新刊刻，是爲慶餘堂本。新的版本校勘頗爲認真，只是似乎未見元刻，故常常有以所引典籍改原書的現象。

作爲家刻本，萬曆本、慶餘堂本最詭異的是增入了其所謂「先祖」的書和學説。如傳注部分隋唐五代一節，家刻本多一條：「胡明經公昌翼周易傳注三卷，周易解微三卷，見後。易傳摘疑一卷。公字宏遠，登後唐同光乙丑明經都魁進士。義不仕。倡明經學，爲世儒宗。尤邃於易，嘗謂學者曰：『知象中有理，則顯微無間；知理中有象，則體用一源。』後周廣順癸丑，徵辟不就，賜號明經公，是爲吾家鼻祖云。」按「體用一源，顯微無間」，乃程頤易傳序所獨發明者，焉能其胡氏祖先早於程子發之？蓋胡氏子孫欲推美其祖先，竊程子之言而僞託於胡昌翼也。其餘尚有數條，詳見校記。

本次點校，以内閣文庫藏周易本義啓蒙翼傳爲底本，其缺頁處，配以中華再造善本影印上海圖書館藏本；以正德本和慶餘堂本爲對校本，參校以萬曆本、通志堂本等；其引據各書，又核查相關善本。

# 校勘引據書目

焦贛焦氏易林，國家圖書館藏宋本；黄丕烈覆刻陸敕先校宋本。

京房京氏易傳，天一閣刻本；程榮校漢魏叢書本；汲古閣津逮秘書本。

揚雄太玄經，四部叢刊影印翻宋本。

司馬光太玄集注，中華書局一九九八年點校本。

鄭萬耕太玄校釋，中華書局二〇一五年版。

彭曉周易參同契分章真義，影印續金華叢書本，見叢書集成續編册三九。

朱熹周易參同契考異，中華再造善本影印宋刻朱子成書本。

朱熹朱子語類，朱子全書點校本，上海古籍出版社二〇一〇年版。

郭璞洞林，馬國翰玉函山房輯佚書子編雜占類。

元包經傳，中華再造善本影印南宋刻八行本；汲古閣津逮秘書本。

司馬光潛虚，四部叢刊三編影印鐵琴銅劍樓藏影宋鈔本。

蔡沈洪範皇極内篇，明永樂刊性理大全本。

房玄齡等晉書，中華書局一九七四年點校本。

# 序

朱子於易有本義，有啓蒙。其書則古經，其訓解則主卜筮，所以發明四聖人作經之初旨。至于專論卦畫蓍策，則本圖書以首之，考變占以終之，所以開啓蒙昧而爲讀本義之階梯。大抵皆易經之傳也。先君子懼愚不敏，既爲啓蒙通釋以誨之；愚不量淺陋，復爲本義附録纂疏以承先志。今重加增纂之餘，又成翼傳四篇者，誠以去朱子纔百餘年，而承學浸失其真。如圖書已釐正矣，復仍劉牧之謬者有之；本義已復古矣，復循王弼之亂者有之；卜筮之教炳如丹矣，復祖尚玄旨者又有之。若是者，詎容於得已也哉。故日月、圖書之象數明，天地自然之易彰矣；卦、爻、十翼之經傳分，羲、文、周、孔之易辨矣。夏、商、周之易雖殊，而所主同于卜筮；古易之變復雖艱，而今終不可逾於古傳授；傳注雖紛紛不一，而專主理義。曷若卜筮上推理義之爲實夫。然後舉要以發其義，而辭、變、象、占尤所當講明；筮以稽其瀍，而左傳諸書皆所當備；辨疑以審其是，而河圖、洛書當務爲急。凡此者，固將以羽翼朱子之易，由朱子之易以參透夫羲、文、周、孔之易也。若夫易緯、焦、京、玄、虚，以至經世皇極内篇等作，自邵子專用先天卦外，餘皆易之支流餘裔，苟知其概，則其列諸外篇固宜。而朱子之易卓然不可及者，又可見矣。抑又有説，朱子嘗曰：「易只是卜筮之書，本非以設教。」然今凡讀一卦一爻，便如筮斯得觀象玩辭、觀變玩占，而又求其理之所以然者，施之身心家國天下，皆有所用，方爲善讀。是故於乾坤當識君臣父母之分，於咸恒當識夫婦之别，於震坎艮巽離兑當識長幼之序，於麗澤兑當識朋友之講習。以至謹言語、節飲食，當有得於頤；懲忿窒慾、遷善改過，當有得于損益；不諂不瀆，以謹上下之交，安其身而後動，易其心而後語，定其交而後求，以爲全身之道，當有得於大傳。即此而推，隨讀而受用焉，是則君平依孝依忠之微意也。雖曰端策而筮，其根底所在，亦何以尚此。請申之。

皇慶癸丑歲一陽來復之日，新安後學胡一桂庭芳父序。

# 周易本義啓蒙翼傳上篇

新安前鄉貢進士　胡一桂　學

## ○天地自然之易

日月爲易

易大傳曰：「日月運行，一寒一暑」，「陰陽之義配日月」，「懸象著明莫大乎日月」，「日月之道，貞明者也」，「日往則月來，月往則日來，日月相推而明生焉；寒往則暑來，暑往則寒來，寒暑相推而歲成焉。」

太虚中，天地山澤雷風水火，飛潛動植，何莫非易之呈露，豈但日月、圖書。特日月繼照，真天地自然之易；圖書迭出，真天地自然之數。作易之原雖肇於圖書，而易之爲義尤著明於日月，故揭以爲首。鄭氏厚曰：「易從日從月，天下之理一奇一偶盡矣。天文、地理、人事、物類，以至性命之微、變化之妙、否泰損益、剛柔失得、出處語默，皆有對敵。故易設一長畫、一短畫以總括之，所謂『一陰一陽之謂道』者，此也。」陸氏秉曰：「易字篆文，日下從月，取日月交配而成，是日往月來、迭相爲易之義。」說文：「日，實也，太陽之精不虧，從〇一象形。」通論天无二日，故於文〇一爲日，古文作乙。徐氏曰：「陰不可抗陽，臣不可敵君，於文闕者爲月。」正義曰：「日譬之火，月譬之水。火外光，水含景，故月生於日之所照，魄生於日之所蔽。當日爲光，就日則明，明盡謂之一月。」愚謂：於文，日中有一，奇也；月中有二，偶也。一而二，二而三，三才道立，萬物生生，變化无窮矣。或曰：日月特坎離二象，何以得專易之名？曰：易有爻與位，九六爲爻之陰陽，九陽而六陰也；初二三四五上爲位之陰陽，初三五陽，而二四上陰也。以爻之陰陽言，唯坎離二卦當日月之象；以位之陰陽言，初二三爲位之離，四五上爲位之坎。六十四卦之位皆坎離，則六十四卦之位皆日月之象也。況日月，陰陽之精，天地功化皆寄在大光明中。日之功又大於月，月特受日之光。大哉日乎，出則晝，入則夜，行南陸則暑，行北陸則寒，萬萬古生殺慘舒，皆日功用。不然，八表同昏，父母諸子亦且奈何哉。或又曰：離陰卦，乃日象，坎陽卦，乃月象，何也？陰陽之精，互藏其宅也，又況離雖陰卦，實生於陽儀，坎雖陽卦，實生於陰儀。陽中有陰，陰中有陽也。然則離日坎月，厥義彰矣。按蜀彭曉參同論云：「日者，陽内含陰象，故日中有烏；月者，陰内含陽象，故月中有兔。」愚謂卯屬兔，月生西乃有兔；酉屬雞，烏屬，日生東乃有雞。此亦互藏其宅處。即楚辭「顧菟烏羽」之論。朱子不謂然。此姑以其有「互藏其宅」之象而及之爾。

## 河圖洛書

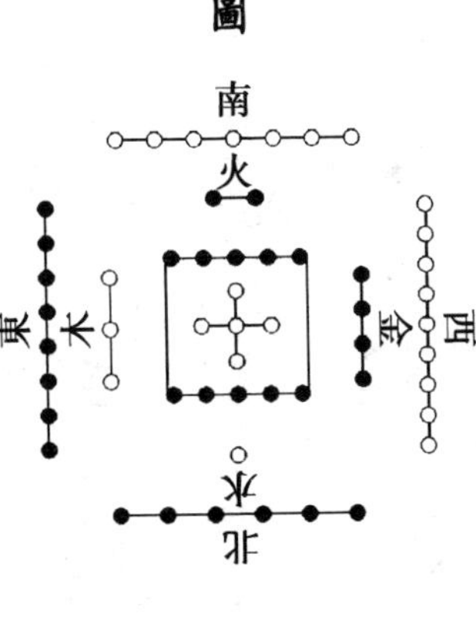

**洛書**

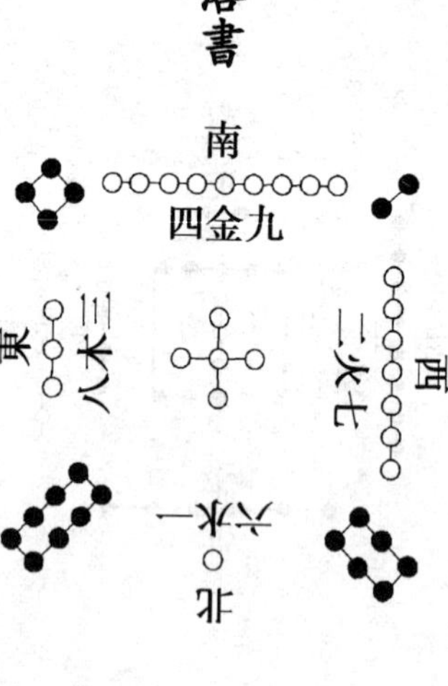


易大傳曰：「河出圖，洛出書，聖人則之」，「易有四象，所以示也；繫辭焉，所以告也；定之以吉凶，所以斷也。」

此統論河圖、洛書也。

又曰：「天一地二，天三地四，天五地六，天七地八，天九地十。按此簡本在第十章之首，本義從程子說，移在第九章之首。天數五，地數五，五位相得而各有合。天數二十有五，地數三十，凡天地之數五十有五，此所以成變化而行鬼神也。」按此簡本在大衍之後，本義移在「天九地十」之下。又按班固律曆志、唐衛元包，二簡皆是連書。

此專明河圖之數也。古今言數學者蓋始於此。天地間只有一十數，衍而爲百千萬億之无筭者，此十之積也。十數又只始於一數，自二至十皆此一之積也。一之上更有何物？理而已矣。此所謂「易有太極」是也。太極之理雖超乎數之外，而實行乎數之中也。自天一至地十細積之，已自具天地五十有五之數。一與二爲三，三與三爲六，六與四爲十，十與五爲十五，十五與六爲二十一，二十一與七爲二十八，二十八與八爲三十六，三十六與九爲四十五，四十五與十爲五十五，數備矣。其下文不過申明此十數而已。其義先人啓蒙通釋備矣。天地人物、古往今來、萬事萬變，與夫鬼神之情狀，皆在此數包羅中矣。今以圖觀之，天一生水，地六成之；地二生火，天七成之；天三生木，地八成之；地四生金，天九成之；天五生土，地十成之。然天一生水必待地六而後成，以至天五生土必待地十而後成者，以五行之生皆不能離乎中五之土以成形質。天一生水矣，水非土則原泉從何出，故一得五則成六，是地六成之也；地二生火矣，火非土則歸宿於何所，故二得五則成七，是天七成之也；天三生木矣，木非土亦无所培植，故三得五則成八，是地八成之也；地四生金矣，金固土之所滋長，故四得五則成九，是天九成之也；天五生土矣，生而必成，則積之罙厚，故五得五則成十，是地十成之也。一二三四五者，生之序也；六七八九十者，皆因五而後得，非真藉六七八九十之數以成之也。春屬木居東方，而三八生成木在東，在十干則爲甲乙，十二支則爲寅卯，在人則爲五臟之肝；夏屬火居南方，而二七生成火在南，在十干則爲丙丁，十二支則爲巳午，在人則爲五臟之心；秋屬金居西方，而四九生成金在西，在十干則爲庚辛，十二支則爲申酉，在人則爲五臟之肺；冬屬水居北方，而一六生成水在北，在十干則爲壬癸，十二支則爲亥子，在人則爲五臟之腎；四季屬土居中宫，而五十生成土在中，在十干則爲戊己，十二支則爲辰戌丑未，在人則爲五臟之脾。若配以五常，則東屬仁，南屬禮，西屬義，北屬智，中宫屬信而貫乎四者。五行質具於地，氣行於天。以質言，則曰水火木金土，取天地生成之序也；以氣言，則曰木火土金水，取春夏秋冬運行之序也。故圖之左旋，自東而南，南而中，中而西，西而北，合四時之序焉。此圖不過龍馬負之出於河爾，而數之所具包括如此，其可以人力彊爲也哉。

易大傳雖以河圖與洛書並言，却未嘗明言洛書之數。〔一〕

如所論河圖之詳者，今以洛書觀之，其爲數也，一居北，六居西北，三居東，八居東北，

〔一〕慶餘堂本此段未頂格，且與下段連爲一段。

五居中，與河圖之位數合，至於九自居南，四自居東南，七居西，二自居西南，二方之數視河圖實相易置焉，何哉？朱子謂：「陽不可易，而陰可易。」其義精矣。愚又自其粗者觀之，蓋圖、書之數雖不相襲，然而天地間，東西南北中，不過一水火木金土之位，一二三四五六七八九十，不過一水火木金土之數。自二圖並觀，河圖五行之數各協五方之位，洛書之數三同而二異焉，其居中者不可易矣；縱使東北二方之數相易，亦不過有相生而无相克；至西南二方之數相易，則金乘火位，火入金鄉，有相克制之義焉。此造化所以必易二方之數者，正以成其相克之象也。自二方既易之後，書皆右轉相克：北方一六水，克西方二七火；西方二七火，克南方四九金；南方四九金，克東方三八木；東方三八木，克中央五土；五土復克北方水焉。若使東北二方之數亦易，非但无相克之象，又且於右轉之序紊其位次，而无復自然之法象矣。此造化之所以巧妙也。河圖主左旋相生，洛書主右轉相克，造化不可无生，亦不可无克。不生則或幾乎熄，不克則亦无以爲之成就也。五行相克，子必爲母報讎。如土克水，水之子木又克土；水克火，火之子土又克水；火克金，金之子水又克火；金克木，木之子火又克金；木克土，土之子金又克木。其循環相克，亦无已焉。今有人忘父母之大讎而不報者，可以觀諸此矣。或曰：克有必報，而生未之酬，何也？蓋生者，理之常，數之順，如天之生物，本无求於報，而受生者固亦不屑屑以報爲事，其河圖之謂乎。克者，理之變，數之逆，爲受克之子者，豈容坐視而不報哉，其洛書之謂乎。體常盡變，則子必爲母報讎，乃造化自然之象，人事當然之理，而不可易者也。至於中央，視河圖惟有五而无十，然一九、二八、三七、四六之合，環而向之，未嘗无十焉，正造化之妙處。合圖、書之數悉計之，爲數者百，如犬牙之相制，牝牡之相銜，其巧又有如此者。

蓋嘗論之：河圖雖授羲以畫八卦，竊意伏羲見是圖奇偶之數，卦便可畫，初非規規然模倣其方位與數也。卦畫既成，隱然自與圖之位數合。洛書雖云授禹，以叙九疇，然九疇自「初一五行」之外，「次二五事」以下，與洛書之位數初不相關。今合二圖以觀先後天之易，且以伏羲先天八卦，乾兑生於老陽之四九，離震生於少陰之三八，巽坎生於少陽之二七，坤艮生於老陰之一六，其卦未嘗不與洛書之位數合。文王後天八卦，坎一六水，離二七火，震巽三八木，乾兑四九金，坤艮五十土，其卦未嘗不與河圖之位數合。先人之説，見啓蒙通釋上卷末。所以然者，豈伏羲之時圖書既皆並出。禮緯亦曰：「伏羲德合上下，天應以鳥獸文章，地應以河圖、洛書。伏羲則以畫卦。」其後天復以錫禹耶？九疇，蓋亦本洛書九數也。二圖精奥，朱子備見啓蒙，先人通釋詳矣。今姑就其粗者與夫一二未發之要者講之，然後進於啓蒙亦易易也。

## ○四聖之易

### 伏羲易

#### 伏羲始作八卦圖

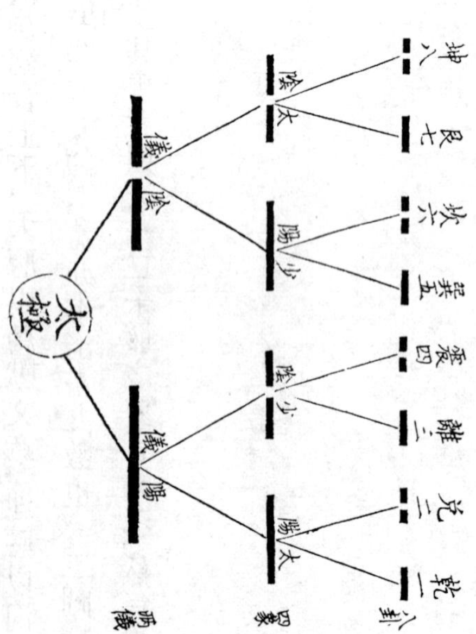

易大傳曰：「古者包羲氏之王天下也，仰則觀象於天，俯則觀法於地，觀鳥獸之文與地之宜，近取諸身，遠取諸物，於是始作八卦，以通神明之德，以類萬物之情。」又曰：「易有太極，是生兩儀，兩儀生四象，四象生八卦。」又曰：「八卦成列，象在其中矣。」

此明伏羲始畫八卦也。八卦爲小成之卦。三畫之卦。乾一、兑二、離三、震四、巽五、坎六、艮七、坤八，伏羲不是逐卦如此畫，只是自太極理也。生兩儀，爲第一畫者二，陽儀一⚊，陰儀二⚋。兩儀生四象，爲第二畫者四，四象者，陽儀之上生一陽爲太陽一⚌，生一陰爲少陰二⚎，陰儀之上生一陽爲少陽三⚍，生一陰爲太陰四⚏。太陽、少陰、少陽、太陰，即所謂四象也。四象生八卦，爲第三畫者八。太陽之上生一陽爲乾☰，生一陰爲兑☱；少陰之上生一陽爲離☲，生一陰爲震☳；少陽之上生一陽爲巽☴，生一陰爲坎☵；太陰之上生一陽爲艮☶，生一陰爲坤☷。所謂始畫八卦者，此也。朱子曰：「爻之所以有奇偶，卦之所以三畫而成者，皆是自然流出，不假安排。此易學之綱領，開卷第一義。然古今未見有識者，至康節先生始傳先天之學而得其説，且以爲伏羲氏之易也。」蔡西山要旨曰：「自太極判而爲陰陽，陰陽之中又自有陰陽，出於自然，不待智營力索也。」愚觀河圖、洛書，皆木數居東方，伏羲畫卦，自下而上，即木之自根而幹，幹而枝也。其畫三，木之生數也；其卦八，木之成數也。重卦則亦兩其三，八其八爾。三八木數大備，而後六十四卦大成。一六水，二七火，四九金，五十土，皆在包羅中矣。吁！木行，春也，春貫四時；木德，仁也，仁包四端。大哉易也，斯其至矣。

## 伏羲重卦圖

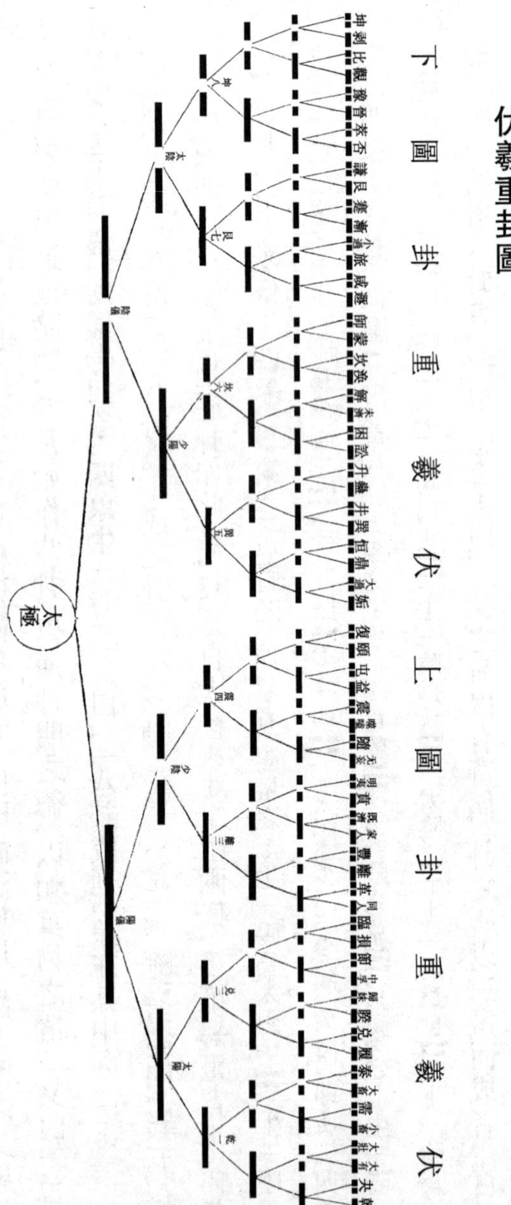

易大傳曰：「八卦成列，象在其中矣；因而重之，爻在其中矣。」

此明伏羲於前八卦上因而重之爲六十四卦，大成之易也。伏羲重卦，亦不是連將三畫安頓在上，只是因八卦既成，又自八卦上逐卦各生一陽一陰，則八分爲十六卦，十六卦上又各生一陽一陰，則十六分爲三十二卦，三十二卦上又各生一陽一陰，則三十二分爲六十四卦，而六畫卦成矣。以六十四卦横圖觀之，其卦亦首乾終坤，重乾居一，重兑居二，重離居三，重震居四，重巽居五，重坎居六，重艮居七，重坤居八。乾一坤八之序亦不易焉。且前三十二卦一畫陽，便對後三十二卦一畫陰；前三十二卦一畫陰，便對後三十二卦一畫陽。陰陽兩邊各各相對，莫非自然之序。此伏羲先天之易，邵子謂「一分爲二，二分爲四，四分爲八，八分爲十六，十六分爲三十二，三十二分爲六十四」是也。朱子曰：「某看康節易了，都看别人底不得。他説箇『太極生兩儀，兩儀生四象』，又都无甚玄妙，只是從來更无人識。」又答林黄中曰：「邵子之前論重卦者，多只是説并累三陽以爲乾，連疊三陰以爲坤，然後以意交錯而成六子；又先畫八卦於内，復畫八卦於外，以旋相加，而後得爲六十四卦。其出於天理之自然，與人爲之造作，蓋不同矣。」

伏羲八卦方位圖

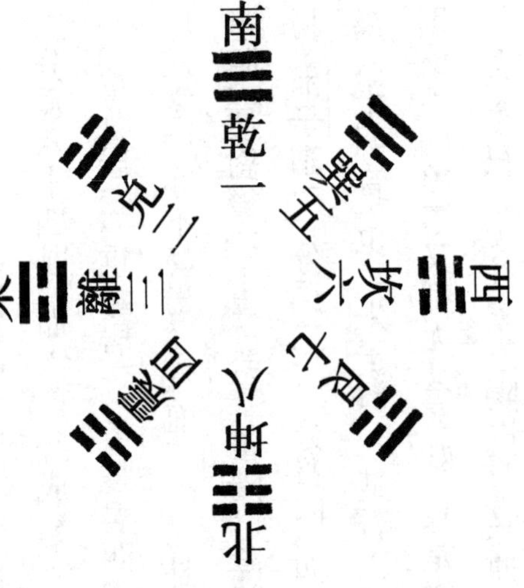


説卦曰：「天地定位，山澤通氣，雷風相薄，水火不相射，八卦相錯。」

右伏羲八卦方位圓圖，不過以前八卦横圖揭陽儀中乾兑離震居東南，揭陰儀中巽坎艮坤居西北。圖既成後，乾南、坤北、離東、坎西，以四正卦乾坤離坎，反覆只是一卦，八卦中以此四卦爲四正卦。居四方之正位；震東北、巽西南、艮西北、兑東南，以二反卦震反爲艮，巽反爲兑，本只震巽二卦，反而成四卦。八卦中以此四卦爲震巽之變卦。居四隅不正之位。合而言之，天位乎上，地位乎下，日生於東，月生於西，山鎮西北，澤注東南，風起西南，雷動東北，自然與天地大造化合。先天八卦對待以立體如此。其位，則乾一坤八，兑二艮七，離三坎六，震四巽五，各各相對而合成九數；其畫，則乾三坤六，兑四艮五，離四坎五，震五巽四〔一〕，亦各各相對而合成九數。九，老陽之數，乾之象而无所不包也，造化隱然尊乾之意可見。方八卦之在横圖也，則首乾，次兑，次離，次震，次巽，次坎，次艮，終坤，是爲生出之序；及八卦之在圓圖也，則首震一陽，次離兑二陽，次乾三陽，接巽一陰，次坎艮二陰，終坤三陰，是爲運行之序。生者卦畫之成，而行者卦氣之運也。乾坤，父母也；震巽，長男女也；坎離，中男女也；艮兑，少男女也。乾統三女，坤統三男，本其所由生也。

〔一〕「震五巽四」原作「震四巽五」，據文義當爲「震五巽四」，故改。

# 伏羲六十四卦方圓圖

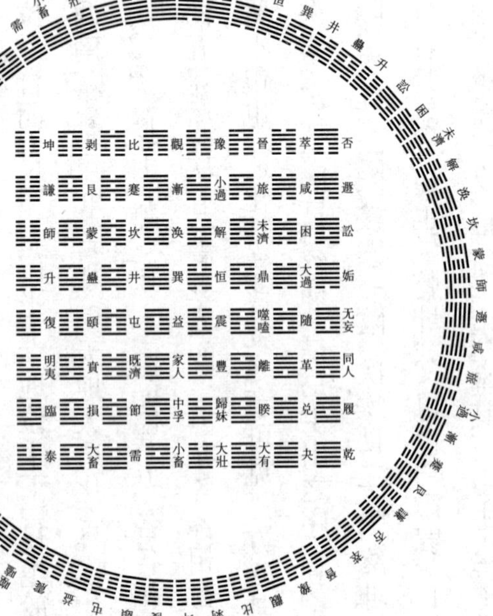
否 遯 訟 姤 无妄 同人 履 乾
萃 咸 困 大過 隨 革 兑 夬
晉 旅 未濟 鼎 噬嗑 離 睽 大有
豫 小過 解 恒 震 豐 歸妹 大壯
觀 漸 涣 巽 益 家人 中孚 小畜
比 蹇 坎 井 屯 既濟 節 需
剥 艮 蒙 蠱 頤 賁 損 大畜
坤 謙 師 升 復 明夷 臨 泰

右伏羲六十四卦圓圖，亦就前六十四卦横圖中，揭陽儀中前三十二卦，自乾至復居圖左方，東邊。乾在南之半，復在北之半，揭陰儀中後三十二卦，自姤至坤居圖右方，西邊。姤在南之半接乾，坤在北之半接復。先自震復而却行，以至於乾，乃自巽姤而順行，以至於坤。圖既成後，坤、復之間爲冬至子中，同人、臨間爲春分卯中，乾、姤間爲夏至午中，師、遯間爲秋分酉中，自合四時運行之序。朱子曰：「此圖若不從中起以向兩端，而但從頭至尾，則此等類皆不可通矣。」但陰陽消長，較之文王十二月卦疎密不同：復隔十六卦爲臨，臨隔八卦爲泰，泰隔四卦爲大壯，大壯隔一卦爲夬爲乾；姤、遯、否、觀、剥、坤亦然。若依陰陽消長之次分節候，未免疎密不齊。卦氣疎密一節，先人於通釋先天圓圖下論之已詳。但初藁謂：「卦氣盈縮，蓋亦有説。且即内八卦以推十二月之卦：坎離，陰陽之中者也，又爲日爲月，周於一歲十二月之間。故坎離各八卦，不當月分，所以疎密愈不同。」後以坎離日月之説太新，削去不用。今看來，離日坎月乃易象正説，共十六卦，又誠不當月分，未爲不可。故記於此，以相參考。〔一〕要之伏羲卦氣自是一樣，坤、復、乾、姤與文王十二月

〔一〕今觀易學啓蒙通釋，則胡玉齋削去「坎離日月」之取象，然猶以爲坎離不當月份。

卦適同外，餘皆不同。文王自是一樣，不可混而觀也。天道左旋，其運行之序自北而東，東而南，南而西，西而北，北而復東也。

説卦傳曰：「雷以動之，風以散之，雨以潤之，日以烜之，艮以止之，兑以説之，乾以君之，坤以藏之。」

友人程直方。道大引邵子曰「先天學，心法也，故圖皆從中起，萬化萬事生於心也」，以爲「皆」字是指説卦「天地定位」及「雷以動之」兩節而言。「天地定位」一節，則圓圖乾坤從南北之中起；「山澤通氣」，則艮居坤之右，兑居乾之左；「雷風相薄」，則震居坤之左，巽居乾之右；「水火不相射」，則坎居正西，離居正東。是起南北之中而分於東西也。「雷以動之，風以散之」一節，則方圖震巽自圖之中起；「雨以潤之」，則坎次巽；「日以烜之」，則離次震；「艮以止之」，則艮次坎；「兑以説之」，則兑次離；「乾以君之」，則乾次兑；「坤以藏之」，則坤次艮。亦起圖之中而達乎西北東南也。故曰「皆從中起，萬化萬事生於心也」。其論最爲的當，且使説卦此一節亦有歸著，實發啓蒙之所未發。然而此圖不過以前大横圖分爲八節，自下疊上而成：第一層即横圖自乾至泰八卦，第二層即横圖自履至臨八卦，以至第八層即横圖自否至坤八卦。圖既成後，乾本在圓圖之南，今轉而居西北，内乾八卦居北，外乾八卦居西。坤本在圓圖之北，今轉而居東南，内坤八卦居南，外坤八卦居東。艮兑坎離震巽皆易其位。子至亥十二辰，正月至十二月，四時卦氣皆右轉以應地之方。泰在寅爲正月，乾在亥爲四月，否在申爲七月，坤在巳爲十月。蓋圓於外者爲天，方於内者爲地，地道右轉，自東北至西南，卦畫自然配合夫造化；而震巽與恒益四卦亦適自中央而起，乾坤則位乎西北東南，泰否則位乎東北西南，又有萬化萬事生乎心之象也。邵子方圓圖起數法，詳具於外篇。

## 伏羲揲蓍求卦之法

説卦傳曰：「昔者聖人伏羲。之作易也，畫六十四卦。幽贊於神明而生蓍，幽贊，默助之意，中庸「贊化育」之「贊」。神明，天地之道。蓍，草屬。蓍形類蒿，花似菊。鄭氏通志：「史記蓍〔一〕策傳：『天下和平，王道得，而蓍莖長丈餘，其叢生滿百莖，可以當大衍之數者二，下有神龜守之，上有雲氣覆之。』」參天兩地而倚數，觀變於陰陽而立卦，發揮於剛柔而生爻，和順於道德而理於義，

〔一〕「蓍」：慶餘堂本作「龜」，蓋據史記而改。

窮理盡性以至於命。」

此夫子言伏羲畫易，欲教人用易，故贊助天地之道而生蓍草，以供卜筮之用；倚數、立卦、生爻，使人和順道德而理義，窮理盡性而至命也。乾鑿度云：「垂皇策者羲。」孔穎達云：「伏羲始用蓍。」夫有卦則有蓍，信然矣。

繫辭傳曰：「大衍之數五十，蓍一叢百莖之半。其用四十有九，虚一象太極。分而爲二以象兩，將四十九蓍信手中分爲二。兩，兩儀，天地之象。掛一以象三，掛一策於左手小指間。三，三才。掛一象人生天地間，參爲三才。揲之以四以象四時，以四數蓍策，象四時。歸奇於扐以象閏，奇，餘也。四揲左手所餘之策，扐於左手无名指間。閏，閏月。五歲再閏，閏法五歲内无再閏，此姑借言之耳。故再扐又四揲右手所餘之策，再扐左手中指間，是爲一變。而後掛。而後掛者，前一變既足，復掛以起第二變之端。」又曰：「四營而成易，四營者，謂分二、掛一、揲四、歸奇，凡四遍經營。易，變也，四營成一變也。十有八變而成卦。變，即易也。凡三變成一爻，十八變成六爻，是成一卦，計七十二營也。」

此夫子論伏羲教人所以揲蓍之法也。大衍數五十，虚一不用，取四十九蓍爲一握，信手中分，置几左右；次以左手取左策執之，而以右手取右一策掛左手小指間；次以右手四揲左策，觀其所餘，或一、或二、或三、或四，扐之左手无名指間；次以右手反過揲之策於左上，過揲，揲過者。遂取几右策執之，而以左手四揲之，觀所餘策如前，扐之左手中指間；次以右手反過揲策於几右，合兩手一掛二扐之策，置几之西邊，是謂一變。再以兩手取几左右見存之策，合之，復四營如第一變之儀，而置掛扐之策於第一變掛扐之側，是謂二變。再以兩手取几左右見存之策，合之，復四營如前二變之儀，而置掛扐之策於第二變掛扐之側，是謂三變。乃觀三變所得掛扐多少，以畫第一爻。如是每三變成爻，十八變成卦，視其老少之變與不變，以占事之吉凶焉。詳見本義筮儀。

## 揲蓍所得掛扐之策圖

筮法初揲掛扐，不五則九；第二、三揲，不四則八。五、四爲奇爲少，九、八爲偶爲多。五除掛一則四，九除掛一則八。

| 右左 | 右左 | 右左 | 右左 | 右左 | 右左 | 右左 | 右左 |
|---|---|---|---|---|---|---|---|
| 三揲皆奇，是爲老陽，有乾之象。通掛扐十三，除初掛十二。 | 或初揲偶，再揲、三揲奇，爲少陰。一偶在下，巽象。通掛扐十七，除初掛十六。 | 或初揲奇，再揲偶，三揲奇，亦爲少陰。一偶在中，有離之象。 | 或初揲奇，再揲奇，三揲偶，亦爲少陰。一偶在上，有兑之象。 | 或初揲奇，再揲、三揲偶，爲少陽。一奇在下，震象。通掛扐廿一，除初掛二十。 | 或初揲偶，再揲奇，三揲偶，亦爲少陽。一奇在中，有坎之象。 | 或初揲偶，再揲偶，三揲奇，亦爲少陽，一奇在上，有艮之象。 | 三揲皆偶，是爲老陰，有坤之象。通掛扐廿五，除初掛廿四。 |

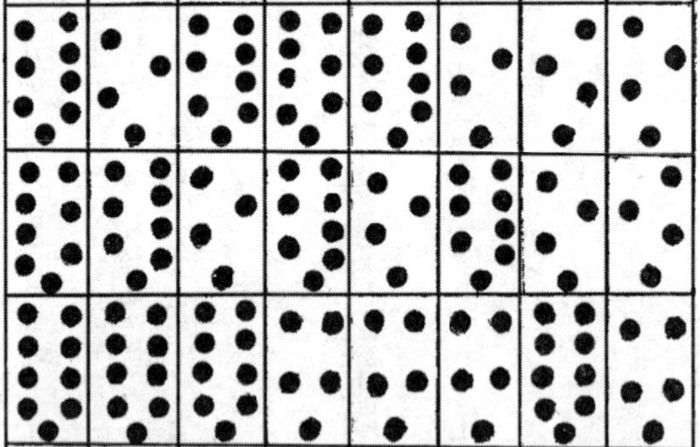

## 老少掛扐定九八七六之數

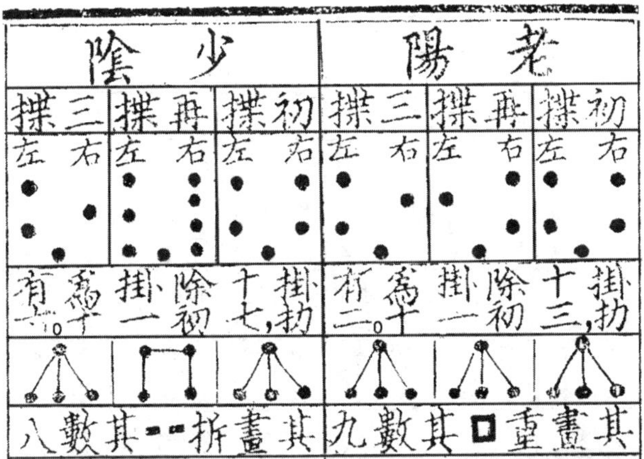

| 老陽 | | | 少陰 | | |
|---|---|---|---|---|---|
| 初揲 | 再揲 | 三揲 | 初揲 | 再揲 | 三揲 |
| 右　左 | 右　左 | 右　左 | 右　左 | 右　左 | 右　左 |
| 掛扐十三， | 除初掛一 | 爲十有二。 | 掛扐十七， | 除初掛一 | 爲十有六。 |
| 其畫 | 重□ | 其數九 | 其畫 | 拆-- | 其數八 |
| 老陽三奇，象圓而用全。遂於上面掛扐除初掛一外，計三箇四。於三箇四中各取一策於上，各列三策於下，故三一之中各復有三，總三三之數則成九也。 | | | 少陰一偶二奇，以偶爲主。象方用半，於掛扐一箇八中去四不用，只用四，又於四中取二策於上，列二策於下，故一二中復有二。二奇象圓用全，於掛扐二箇四中各取一策於上，各列三策於下，故二一中各復有三。總一二、二三之數，則成八也。 | | |

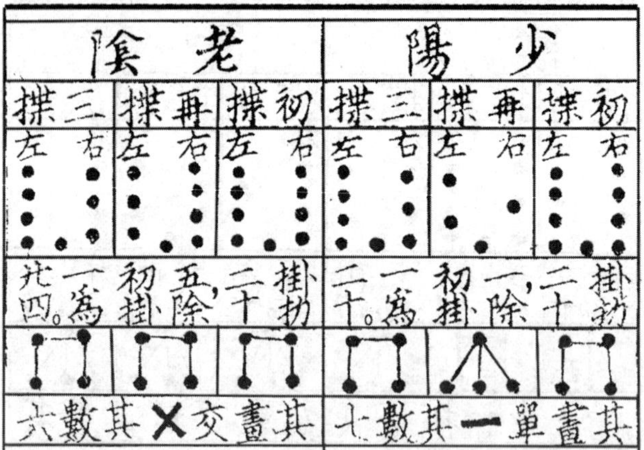

| 少陽 | | | 老陰 | | |
|---|---|---|---|---|---|
| 初揲 | 再揲 | 三揲 | 初揲 | 再揲 | 三揲 |
| 右　左 | 右　左 | 右　左 | 右　左 | 右　左 | 右　左 |
| 掛扐二十一，除初掛一，爲二十。 | | | 掛扐二十五，除初掛一，爲廿四。 | | |
| 其畫單 — 其數七 | | | 其畫交 ✕ 其數六 | | |

少陽一奇二偶，以奇爲主。象圓用全，於掛扐一箇四中取一策於上，列三策於下，故一箇一中復有三。二偶象方用半，於掛扐二箇八中各去四不用，又於二箇四中各取二策於上，各列二策於下，故二二中各復有二。總一三、二二之數，則成七也。

老陰三偶，象方而用半。是於上面掛扐除初掛一外，計三箇八。又於三箇四中各取二策於上，各列二策於下，故三二之中各復有二。總三二之數則成六也。

右按：四象老少之由，原於河圖之數。一二三四五，圖之生數也；六七八九十，圖之成數也。四象九八七六之數，雖就成數内見，然九者一三五之積，六者二四之積，七者二五之積，八者三五之積，言九八七六，則生數已在其中。必以九六爲老，七八爲少者，以成數論之：陽主進，由七之進至九而極，爲陽之老；陰主退，由八之退至六而極，爲陰之老。九退而爲七，則七爲少；六進而爲八，則八爲少也。進極而退，所以七爲少陽；退極而進，所以八爲少陰也。

# 老少掛扐過揲進退圖

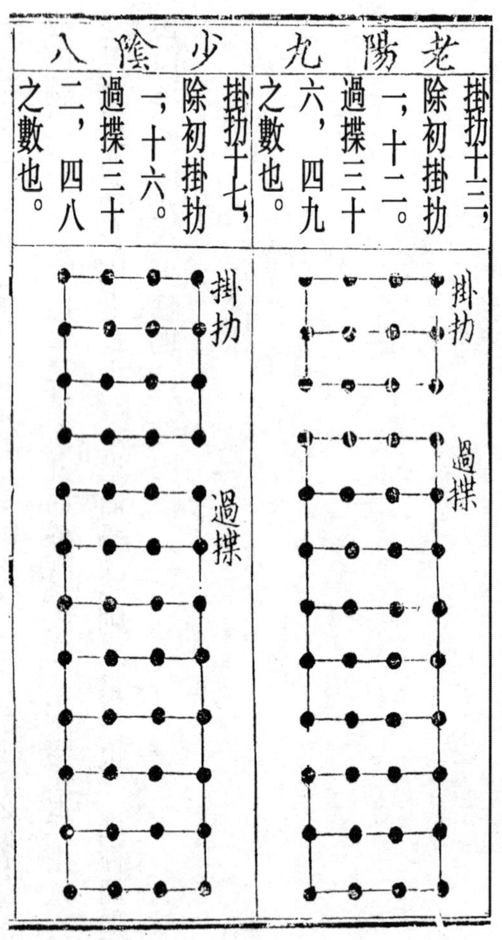
老陽九
掛扐十三，除初掛扐一，十二。過揲三十六，四九之數也。
少陰八
掛扐十七，除初掛扐一，十六。過揲三十二，四八之數也。
掛扐
過揲
掛扐
過揲

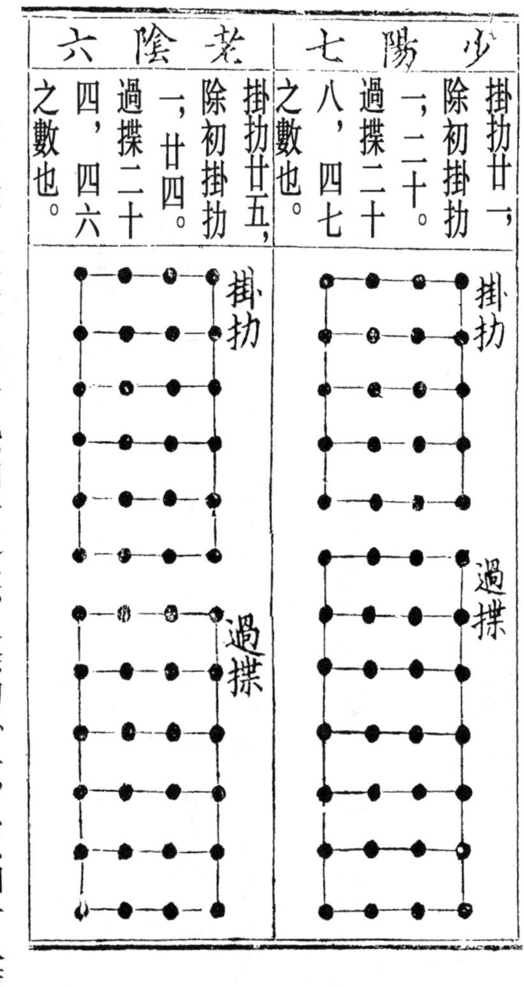

少陽七
掛扐廿一，除初掛扐一，二十。過揲二十八，四七之數也。
掛扐
過揲
老陰六
掛扐廿五，除初掛扐一，廿四。過揲二十四，四六之數也。
掛扐
過揲


右按：五十之蓍，虚一用四十九，四營之後，又除初掛一，只以四十八策分掛扐、過揲而爲此圖。掛扐、過揲，進退各以四。由老陽掛扐十二進一四，爲少陰掛扐十六；少陰掛扐十六進一四，爲少陽掛扐二十；少陽掛扐二十進一四，爲老陰掛扐二十四。其進也，至四十八策之中焉止矣。又由老陽過揲三十六退一四，爲少陰過揲三十二；少陰過揲

三十二退一四，爲少陽過揲二十八；少陽過揲二十八退一四，爲老陰過揲二十四。其退也，亦至四十八策之中焉止矣。進退皆不過乎其中也。舊説多用過揲以定九八七六之爻，棄掛扐不用。朱子非之，用掛扐而不用過揲，辨之詳矣。若如舊説，則四揲之後，棄所餘策足矣，何必一掛兩扐之多端哉！朱子謂用掛扐而不用過揲，蓋以簡御煩、以寡制衆，最爲得之。

## 二老過揲當期物數圖

繫辭傳曰：「乾之策二百一十六，乾六爻老陽過揲數。坤之策百四十四，坤六爻老陰過揲數。凡三百〔一〕六十，當期之日〔二〕。萬有一千五百二十，合乾坤與六子三百八十四爻二老過揲之數。當萬物之數也。」

此以二老過揲數論。若以二少過揲數論，總數亦同。今爲圖於左。或曰：何以不論

〔一〕慶餘堂本「百」下多「有」字，蓋據今易補。其實雙湖引書爲約引，不必字字忠實。

〔二〕慶餘堂本「當期之日」下多「二篇之策」四字，蓋據今易補。

掛扐？曰：掛扐以生爻，過揲以明數，而或者乃捨掛扐，并以過揲生爻，誤矣。

二老過揲計三百八十四爻數

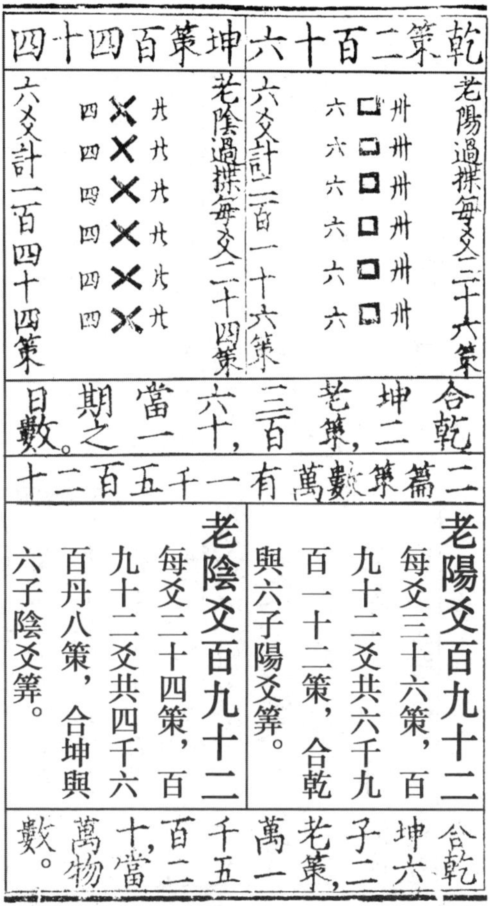

| 乾策二百十六 | 坤策百四十四 |
|---|---|
| 老陽過揲每爻三十六策<br>卅 ☐ 六<br>卅 ☐ 六<br>卅 ☐ 六<br>卅 ☐ 六<br>卅 ☐ 六<br>卅 ☐ 六<br>六爻計二百一十六策 | 老陰過揲每爻二十四策<br>廾 ✕ 四<br>廾 ✕ 四<br>廾 ✕ 四<br>廾 ✕ 四<br>廾 ✕ 四<br>廾 ✕ 四<br>六爻計一百四十四策 |
| 合乾坤二老策，三百六十，當一期之日數。 | |
| 二篇策數萬有一千五百二十 | |
| **老陽爻百九十二**<br>每爻三十六策，百九十二爻共六千九百一十二策，合乾與六子陽爻筭。 | **老陰爻百九十二**<br>每爻二十四策，百九十二爻共四千六百丹八策，合坤與六子陰爻筭。 |
| 合乾坤六子二老策，萬一千五百二十，當萬物數。 | |

## 二少過揲計三百八十四爻數

| 乾策百六十六 | 坤策百九十二 |
|---|---|
| 少陽過揲每爻二十八策<br>廾 ⚊ 八<br>廾 ⚊ 八<br>廾 ⚊ 八<br>廾 ⚊ 八<br>廾 ⚊ 八<br>廾 ⚊ 八<br>六爻計一百六十八策 | 少陰過揲每爻三十二策<br>卅 ⚋ 二<br>卅 ⚋ 二<br>卅 ⚋ 二<br>卅 ⚋ 二<br>卅 ⚋ 二<br>卅 ⚋ 二<br>六爻計一百九十二策 |
| 合乾坤二少策，亦三百六十，當一期日數。 | |
| 二篇策數亦萬一千五百二十 | |
| **少陽爻百九十二**<br>每爻二十八策，百九十二爻共五千三百七十六策，合乾與六子陽爻筭。 | **少陰爻百九十二**<br>每爻三十二策，百九十二爻共六千一百四十四策，合坤與六子陰爻筭。 |
| 合乾坤六子二少策，亦萬一千五百二十，當萬物數。 | |

## 揲蓍占法

一爻變，則以本卦變爻占。按左傳占法又不只就一爻占，合本、之二卦體，并互體論。觀陳厲〔一〕公筮公子完之生可見。

二爻變，則以本卦二變爻占，仍以上爻爲主。按陳摶爲宋太祖占，亦旁及諸爻與卦體。

三爻變，則占本、之卦辭及卦體，以卦體平分故也。仍以本卦爲貞，之卦爲悔，主在本卦。按啓蒙但云「占本、之彖辭」，然引晉侯屯豫之占，則并占卦體可見。〔二〕

四爻變，則占之卦二不變爻，仍以下爻爲主。愚謂仍先觀本卦二不變爻，然後重在之卦二不變爻，而以下爻爲主，方備。

五爻變，則占之卦一不變爻。愚謂仍先觀本卦一不變爻，然後以之卦一不變爻爲主，尤爲詳備。

六爻盡變，則新成舊毁，惟以之卦内外兩體占。乾坤占二用，餘占之卦彖辭。

六爻皆不變，則占本卦彖辭，而以内卦爲貞，外卦爲悔。并占上下兩體爲全備。

〔一〕「厲」原作「宣」，慶餘堂本改作「厲」，是也，據改。

〔二〕萬曆本又增「又云前十卦主貞，後十卦主悔」。慶餘堂本較萬曆本少「又云」二字。

按：伏羲易无文字，只占卦體卦爻之象。至文王、周公有辭矣，就辭上占。然卦爻辭固有與所占事意相應者，又有全不應者，自以卦體、卦爻象推測之，方驗。大抵於辭上會處少，於象上會處多也。如乙亥年六月旦日食既，天漆黑久漸光時，愚在祈門桴溪李氏館，以蓍筮之，得大有之需，上體三爻俱變也，法當以兩卦彖辭占求之。辭未悟，以本、之卦體占：下體乾天不動，上體以離日變坎月，日在天上，倏變爲月在天上矣，以月掩日，正日食象。以南方之離變北方之坎，獨无意乎？得非本卦彖辭所謂元亨之兆歟？此可以見占法矣。

## 伏羲神農黄帝堯舜十三卦制器尚象圖

易繫辭傳下：「包羲氏罔罟取諸離。神農氏耒耜取諸益，市取諸噬嗑。黄帝、堯、舜衣裳取諸乾坤，舟楫取諸渙，服牛乘馬取諸隨，門柝取諸豫，杵臼取諸小過，弧矢取諸睽，棟宇取諸大壯，棺椁取諸大過，書契取諸夬。

☲離下離上離重離有巽體，巽繩離目，有罔罟象。

☴震下巽上益巽木入於前，耒象；震木動於後，耜象。

䷔震下離上**噬嗑**市，離虛象；致民，震出象；聚貨，艮止象，又藏山海之寶象。交易，否初五爻得所，陰陽均。

䷀乾下乾上**乾**乾天在上，衣象。

䷁坤下坤上**坤**坤地在下，裳象。

䷺坎下巽上**渙**巽木，坎亦堅木，刳剡，巽伏兑金象，方成舟楫，又巽木行坎水象。

䷐震下兑上**隨**初至四似離，牛象。震，馬象。

䷏坤下震上**豫**坤爲户，艮爲門闕，重門也；艮手遇震木，擊柝也；暴客，震躁也。

䷽艮下震上**小過**震木兑金，斷之；艮土震動，而有兑金揉之，又上動下止，杵臼之象。

䷥兑下離上**睽**兑爲巽木之反，有弓象；巽繩，又弦象；坎堅木，兑金，剡爲矢象。

䷡乾下震上**大壯**震木在上爲棟，乾天在〔一〕下爲宇，兑澤雨象，震伏巽風象。

䷛巽下兑上**大過**巽木，兑反體亦爲巽木，四陽在中，有棺槨象。

䷪乾下兑上**夬**乾兑本同生老陽，判爲二卦，今復合成夬，有書契判合象。金氣行天，又有凋木

〔一〕「天在」原作「在天」，今據慶餘堂本及文義改。

之象。

愚謂：此夫子述五聖人雖不假卜筮而用易，所謂制器尚象之事也。

文王易

文王八卦方位圖

朱子曰：「此圖若以卦畫言之，震一陽居下，兑一陰居上，故相對；坎一陽居中，離一陰居中，故相對；巽一陰居下，艮一陽在〔一〕上，故相對；乾純陽，坤純陰，故相對。亦是一説。」見大全集。

説卦傳曰：「帝出乎震，齊乎巽，相見乎離，致役乎坤，説言乎兑，戰乎乾，勞乎坎，成言乎艮。萬物出乎震，震東方也；齊乎巽，巽東南也，齊也者，言萬物之絜齊也；離也者，明也，萬物皆相見，南方之卦也，聖人南面而聽天下，嚮明而治，蓋取諸此也；坤也者，地也，萬物皆致養焉，故曰致役乎坤；兑正秋也，萬物之所説也，故曰説言乎兑；戰乎乾，乾西北之卦也，言陰陽相薄也；坎者水也，正北方之卦也，勞卦也，萬物之所歸也，故曰勞乎坎；艮東北之卦也，萬物之所成終而所成始也，故曰成言乎艮。」

右文王八卦，又自取東南西北四方之位，及春夏秋冬四時運行之序。震東爲春，巽東南春夏之交，離南爲夏，坤西南夏秋之交，兑西爲秋，乾西北秋冬之交，坎北爲冬，艮東北冬春之交。震巽爲木，離爲火，坤艮爲土，兑乾爲金，坎爲水。春夏秋冬，木火金

〔一〕「在」：萬曆本、慶餘堂本作「居」。

水，與四方俱協焉。後天八卦流行以致用，又如此。天地之間有對待之體，不可无流行之用；有伏羲易，不可無文王之易。所以知得此爲文王者，文王彖坤有曰「西南得朋，東北喪朋」，正合此圖之方位也。陳氏友文曰：「離爲日，大明生於東，故在先天居東；日正照於午，日中時也，故在後天居南。坎爲月，月生於西，故在先天居西；月正照於子，夜分時也，故在後天居北。在先天則居生之地，在後天則居旺之地。」不特坎離，後天卦位皆以生旺爲序。正南午位，離火旺焉；正北子位，坎水旺焉；震木旺於卯，故震居東；兑金旺於西，故兑居西；土旺中央，故坤位金火之間，艮位水木之間。兑陰金，乾陽金，故乾次兑居西北；震陽木，巽陰木，故巽次震居東南。皆以五行生旺爲序，此所謂易之用也。若夫乾統三男於東北，坤統三女於西南，是入用之際，男皆從父，女皆從母，各從其類也。愚於説卦論之詳矣。

## 文王改易先天爲後天圖

內圖文王後天八卦，外圖伏羲先天八卦。按圖而觀，則知文王本伏羲卦位以成後天卦位者，其變易之意厥有攸在矣。

右文王改易伏羲卦圖之意，邵子發明之，朱子釋之已詳，見啓蒙，可謂得王者之心矣。盤澗董先生又曰：「天地以中相易爲坎離，水火以上下相易爲震兌，澤雷以上下相易爲巽艮，風山以上下交相易爲乾坤。六子並以一爻變，惟乾坤變其二爻，陰陽之純故也。故震兌横而六卦縱，有自然之象矣。」愚按：後天四隅之卦，先生蓋取先天艮巽震兑以縱相易，爲乾坤艮巽。若皆就對宫取，亦有説。先天兑與艮對，以兑下二陽易艮下二陰，則爲後天西北角乾矣；故先天艮初、三兩爻復往易兑，初爻爲陰，三爻爲陽，則成後天東南角巽矣。先天震與巽對，以震上二爻陰易巽上二爻陽，則成後天西南角坤矣；故先天巽初、三兩爻復往易震，初爻爲陰，三爻爲陽，則成後天東北角艮矣。亦未爲不可。若又以先天乾坤爲變之主推之，以定後天八卦，又有可言者。先天乾中爻既變坤中爻爲坎，故天氣下降而乾位西北；坤中爻既變乾中爻爲離，故地氣上騰而坤位西南。乾既當先天艮位，故艮進位東北，當先天震位，艮亦震之反也；坤既當先天巽位，故巽退位東南，當先天兑位，巽亦兑之反也。若後天東西〔一〕二方震兑二卦，亦因離既往居乾位，當後天南方之卦，離性炎上，故先天離三爻變則爲後天震矣，坎既往居坤位，當後天北方之卦，坎性潤下，故先天坎初爻變則爲兑〔二〕矣，亦未爲不可。大抵易，變易也，横斜曲直無往不通，由人是取，但未知文王初意果如

〔一〕「西」原作「南」，慶餘堂本改作「西」，據改。
〔二〕慶餘堂本「兑」前增「後天」二字，蓋據前文例補。

何耳。秪恐愈巧則愈失其真也。盤澗先生此段不見梓本，愚元貞乙未往先生家見其曾孫，柄扁新齋。首蒙以遺藁此段見教，因得推廣師說云。

## 文王六十四卦反對圖

| | | 蒙 | 訟 | 比 | 履 | 否 | 大有 | 豫 | 蠱 | 觀 | 賁 | 復 | 大畜 | | | | |
|---|---|---|---|---|---|---|---|---|---|---|---|---|---|---|---|---|---|
| 乾 | 坤 | 屯 | 需 | 師 | 小畜 | 泰 | 同人 | 謙 | 隨 | 臨 | 噬嗑 | 剝 | 无妄 | 頤 | 大過 | 坎 | 離 |

| 恆 | 大壯 | 明夷 | 睽 | 解 | 益 | 姤 | 升 | 井 | 鼎 | 艮 | 歸妹 | 旅 | 兌 | 節 | | | 未濟 |
|---|---|---|---|---|---|---|---|---|---|---|---|---|---|---|---|---|---|
| 咸 | 遯 | 晉 | 家人 | 蹇 | 損 | 夬 | 萃 | 困 | 革 | 震 | 漸 | 豐 | 巽 | 渙 | 中孚 | 小過 | 既濟 |

文王序六十四卦，皆以反對而成次第。何謂對？如上經乾與坤對，頤與大過對，坎與離對，下經中孚與小過對，陰陽爻各各相對也。何謂反？如屯反爲蒙，既濟反爲

未濟，一卦反爲兩卦也。對者八卦，反者二十八卦，而六十四卦次序成矣。試嘗細考之：上經三十卦一百八十爻，陽爻八十六，陰爻九十四；下經三十四卦二百丹四爻，陽爻一百丹六，陰爻九十八。卦爻陰陽多寡參差不齊，亦甚矣。今以反對計之，則上經以十八卦成三十卦，下經亦以十八卦成三十四卦。上經五十二陽爻，五十六陰爻，下經五十六陽爻，五十二陰爻，共用三十六卦成六十四卦，而卦爻陰陽均平齊整，條理精密，又未有如此之甚者。於不齊之中而有至齊者存，是亦可樂而翫之也，按圖可見矣。然此特姑見其反對之巧妙，若夫經分上下，與卦先後次第之所以然者，詳見後六十四卦全圖。

## 文王六十四卦次序圖并説

### 上經

| ䷀ ䷁ 乾乾 坤坤 乾自 坤對 | 乾坤，天地也，陰陽之純，坎離，日月水火也，陰陽之中，故爲上經始終。先儒謂以天道言也。乾坤爲上經主，自坎離外，諸卦皆乾坤會遇。 |
|---|---|

|  |  |
| --- | --- |
| 坎震 **屯** 鼎<br>艮坎 **蒙** 革<br>下 | 乾、坤後次屯、蒙者，震坎艮以三男代父母用事，雖无乾坤正體，然三男實由坤三索於乾而得，有互體之坤，是亦坤與三男會也。 |
| 坎乾 **需** 晉<br>乾坎 **訟** 明夷<br>下 | 屯、蒙之後，乾遇坎而爲需、訟。 |
| 坤坎 **師** 同人<br>坎坤 **比** 大有 | 需、訟之後，坤遇坎而爲師、比。自屯至比三男卦，震艮各一用，坎獨六用者，亦見天地間水爲最多，猶人一身无非血脉之流轉也。 |
| 巽乾 **小畜** 豫<br>乾兑 **履** 謙 | 師、比後，乾方與巽兑會，成小畜、履，此長少二女代兄從父，始入用。惟離中女未用耳。自乾坤至此十變。十，成數也，陰陽之氣一周矣。 |
| 坤乾 **泰** 反<br>乾坤 **否** 對 | 小畜、履後，乾坤自相遇成泰、否。然乾坤十變方泰，何其難；泰一變即否，何其易。履其交，處其會者，宜知警戒，爲變化持守之道可也。 |
| 乾離 **同人** 師<br>離乾 **大有** 比 | 泰、否而後，乾坤異處，乾自與離相遇爲同人、大有，至此則離始入用，而三女之卦全用矣。 |

|  | |  |
|---|---|---|
| ䷎ 坤艮 謙 履<br>䷏ 震坤 豫 小畜 | | 同人、大有後，坤又自與艮震相遇成謙、豫，亦爲長少二男之從母也。至此震艮二男復用事矣。 |
| ䷐ 兌震 隨<br>䷑ 艮巽 蠱 | 反對 | 謙、豫後，震兌巽艮會，男女長少成隨、蠱。若无預乾坤，其實乾坤三陰三陽雜居，隨自否初上變，蠱自泰初上變，謂非由於乾坤，可乎？ |
| ䷒ 坤兌 臨 遯<br>䷓ 巽坤 觀 大壯 | 下 | 隨、蠱而後，坤與兌巽相遇而爲臨、觀，亦爲長少二女之從母也。 |
| ䷔ 離震 噬嗑 井<br>䷕ 艮離 賁 困 | 下 | 臨、觀而後，噬、賁雖震離艮相遇而成，實亦乾坤三陰三陽分布。隨、蠱由泰、否變，噬、賁由隨、蠱變，隨五上易爲噬嗑，蠱初二易爲賁也。 |
| ䷖ 艮坤 剥 夬<br>䷗ 坤震 復 姤 | 下 | 噬嗑、賁後，坤遇震艮而成剥、復，亦爲長少二男之從母也。 |
| ䷘ 乾震 无妄 升<br>䷙ 艮乾 大畜 萃 | 下 | 剥、復而後，乾遇震艮而成无妄、大畜，亦爲長少二男之從父也。 |

| 卦 | 說 |
| --- | --- |
| 震艮 頤　兑巽 大過　自對 | 无妄、大畜後，震艮巽兑雖男女長少自合成頤、大過，然頤互兩坤，大過互兩乾，謂之无乾坤不可也。自乾坤至此，无一卦无乾坤，信矣。 |
| 坎坎 坎　離離 離　自對 | 頤、大過而後，坎、離終焉。頤似離，大過似坎，固也。頤初二五上變則爲重體之坎，大過初二五上變，亦爲重體之離矣。 |

上經正卦凡六，反卦二十四，共用十八卦成三十卦。

## 下經

| 卦 | 說 |
| --- | --- |
| 艮兑 咸 損　巽震 恒 益 | 咸恒，夫婦之道，既未濟，水火之交不交，爲下經始終。先儒謂以人道言也。咸恒爲下經之主，自既未濟外，諸卦皆艮兑巽震之會遇。 |
| 艮乾 遯 臨上　乾震 大壯 觀上 | 咸、恒而後，艮震遇乾而爲遯、壯，亦爲父之臨二男也。 |
| 坤離 晉 需上　離坤 明夷 訟上 | 遯、壯而後，惟晉、明夷由離、坤而成，爲母之臨中女，雖无震巽艮兑，然有互艮互震。亦猶上經屯、蒙，雖无乾坤正體，而實未嘗不互坤也。 |

| 卦畫 | 上下 | 卦 | 對 | 説 |
|---|---|---|---|---|
| ䷤ | 巽離 | 家人 | 解 | 晉、明夷而後，巽兑遇離而爲家人、睽。 |
| ䷥ | 離兑 | 睽 | 隔 | |
| ䷦ | 艮坎 | 蹇 | 對 | 家人、睽而後，艮震遇坎而爲蹇、解，自遯至解八卦，艮震巽兑之遇乾坤離坎也，自成一局。 |
| ䷧ | 震坎 | 解 | 家人 | |
| ䷨ | 兑艮 | 損 | 咸 | 蹇、解而後，損、益次之者，咸十卦變之盡爲損而艮上兑下，恒十卦變之盡爲益而巽上震下，亦由上經乾坤十變而有否、泰也。 |
| ䷩ | 巽震 | 益 | 恒 | |
| ䷪ | 乾兑 | 夬 | 剥 | 損、益而後，兑巽遇乾而成夬、姤，亦爲父之臨二女也。乾體止於此。 |
| ䷫ | 乾巽 | 姤 | 上　復 | |
| ䷬ | 坤兑 | 萃 | 大畜 | 夬、姤而後，兑巽遇坤而成萃、升，亦爲母之臨二女也。坤體止於此。 |
| ䷭ | 坤巽 | 升 | 上　无妄 | |
| ䷮ | 坎兑 | 困 | 賁 | 萃、升而後，兑巽遇坎而成困、井。 |
| ䷯ | 坎巽 | 井 | 上　噬 | |

| 革　鼎 | 震　艮 | 漸　歸妹 | 豐　旅 | 巽　兌 | 渙　節 |
| --- | --- | --- | --- | --- | --- |
| ䷰ ䷱ | ䷲ ䷳ | ䷴ ䷵ | ䷶ ䷷ | ䷸ ䷹ | ䷺ ䷻ |
| 離兌　巽離 | 震震　艮艮 | 艮巽　兌震 | 離震　艮離 | 兌兌　巽巽 | 坎巽　兌坎 |
| 蒙上屯 | 巽　兌 | 反對 | 渙　節 | 震　艮 | 豐　旅 |
| 困、井而後，兌巽遇離而成革、鼎，自夬至鼎八卦，皆兌巽之遇乾坤坎離也，又自成一局。 | 革、鼎而後，震、艮純卦次之。 | 震、艮而後，艮巽兌震又自相遇而爲漸、歸妹，亦咸、恒下二體合爲漸，上二體合爲歸妹也。 | 漸、歸妹後，震艮遇離成豐、旅。 | 豐、旅而後，巽、兌純卦次之。 | 巽、兌又自出而遇坎以成渙、節。 |

| 卦 | 説 |
|---|---|
| 兌巽中孚　自<br>艮震小過　對 | 渙、節後，兌巽艮震自相遇爲中孚、小過。亦咸、恒上下二體交互相重成卦也。咸、恒一變損、益，再變漸、歸妹，三變中孚、小過，陰陽各從其類焉。 |
| 離坎既濟　自<br>坎離未濟　對 | 中孚、小過後，離坎重爲既、未濟，爲下經之終。中孚、小過似離坎，固也。中孚二三四五各易位則爲離，小過二三四五各易位亦爲坎矣。 |

下經正卦凡二，反卦三十二，亦十八卦成三十四卦。

右文王演易羑里，取伏羲六十四卦，分爲上下經二篇。大抵本先天圓圖，以東西南北四方正卦乾坤坎離爲上經之始終。以西北隅艮、東南隅兑合而爲咸，西南隅巽、東北隅震合而爲恒，四隅反卦爲下經之始；而終以既濟、未濟，則亦坎離之交不交也。故乾坤坎離四純卦皆居上經，震艮巽兑四純卦皆居下經，又以反對爲次，非復先聖之舊。夫子序卦直以卦名發其次第之義，他則未及。今觀反對之序，上經自乾至離共用十八卦，反對爲三十卦；下經自咸至未濟亦用十八卦，反對爲三十四卦。有「十八變而成卦」之象。乾數九，二九爲十八；坤數六，三六亦十八。乾奇，其畫六，坤偶，二六一十二，合之則爲三六，亦十八。愚已作反對圖并説，附本義末，今爲全圖于此。然上下經豈無以爲之主者乎？蓋嘗思之：天地爲萬物之祖，乾坤爲六十四卦之祖，不易之論也。然以六十四卦分上下經，則乾坤爲上經之首，即爲上經之主，而終之以坎離，餘震艮巽兑與坎離之餘卦，皆其遇也。故八卦各體散見於上經者，乾坤最多，各十有二，而震艮各七，巽兑各四，坎八離六而已。以咸恒爲下經之首，即爲下經之主，艮兑巽震是也，而終之以既濟未濟，亦坎離也，餘乾坤坎離皆其遇也。故八卦各體散見於下經者，兑巽最多，各十有二，震艮各九，而乾坤各四，坎八離十而已。此上經自坎離外，无一卦无乾坤；下經自既未濟外，亦无一卦无艮兑震巽。上經自乾坤而後，三陰三陽之卦凡六，乃乾坤之三變：泰、否，乾坤之三陰三陽交不交也；隨、蠱，乾坤之三陰三陽雜居也；噬嗑、賁，乾坤之三陰三陽分布也。餘則乾坤兩體各司諸卦。下經自咸恒而後，艮兑震巽相重之卦亦凡六，乃咸恒之三變：損、益，咸恒之首變，咸變盡爲損而艮上兑下，恒變盡爲益而巽上震下，猶上經之有泰、否也；漸、歸妹，咸恒之再變，咸恒之下二體艮巽合而爲漸，咸恒之上二體兑震合而爲歸妹，猶上經之有隨、蠱也；中孚、小過，咸恒之三變，咸恒上下二體交互相重，以咸下體艮遇恒上體震則爲小過，以咸上體兑遇恒下體巽則爲中孚，亦猶上經之噬嗑、賁也。餘則艮兑巽震各司諸卦焉。然乾、坤三變，必一吉而一凶，泰、隨、賁吉，而否、蠱、噬嗑凶矣。咸、恒三變，亦必一吉而一凶，益、漸、中孚吉，損、歸妹、小過凶矣。或曰：乾坤、艮兑巽震分主上下經，固也，而上經屯、蒙、隨、蠱、噬嗑、賁、頤、大過八卦乃艮兑巽震之合，无乾坤正體，下經遯、壯、晉、明夷、夬、姤、萃、升八卦乃有乾坤，非盡艮兑巽震之合體。文王序卦何不徑以十六卦兩相博易，則非特上經自坎離外无一卦无乾坤正體，而下經自既未濟外，艮兑巽震兩兩相從，正體之卦尤无間斷，今下經晉、明夷无艮兑巽震之正體，只有互體之艮震。不亦可乎？曰：聖人之智豈不及此，而必爲是者，其意誠不欲使上下經截然爲乾坤，截然爲艮兑巽震，於以見男女有從父母之象，父母有臨男女之象，而又不害其爲上下經。雖不盡有主卦之正體，而亦未嘗无可取之乾坤艮兑巽震乎。上經屯、蒙有互體坤，隨、蠱、噬、賁、頤、大過，實分具乾坤三陰三陽之體。下經晉、明夷有艮震互體。此猶分陰分陽，陰陽又互爲根，正易之妙處。衆人固不識也。以此求之，庶乎可以竊窺文王之心，而其間關節脈理之通，默而識之，又存乎其人焉。今略見兩兩相從卦下。呂氏曰：「易，變易也，天下有可變之理，聖人有能變之道。反需爲訟，泰爲否，隨爲蠱，晉爲明夷，家人爲睽，此不善變者也；反剥爲復，遯爲壯，蹇爲解，損爲益，困爲井，此善變者也。文王示人以可變之幾，則危可安，亂可治，特在一轉移間爾。後天之學，其以人事贊天地之妙與。」見要指。又嘗合上下經始終而論之：乾坤，天地也，坎離，水火也，以體言也；咸恒，夫婦也，既未濟，水火之交不交也，以用言也。上經以天道爲主，具人道於其中；下經以人道爲主，具天道於其内。三才之間，坎離最爲切用，日月不運，寒暑不成矣，民非水火不生活矣，心火炎燥而不降，腎水涸竭而不升，百病侵陵矣。故上下經皆以坎離終焉。又見本義後卦序圖説下。

## 文王作六十四卦卦下辭

文王序卦後，以伏羲易但有卦畫，無文字，遂於逐卦下作爲卦辭，名之曰彖辭，左傳名之曰繇辭。彖者，斷也，所以斷一卦之吉凶，如乾卦「元亨利貞」一句，坤卦「元亨利牝馬之貞」以下是也。六十四卦皆然。文王之易所以首乾次坤者，蓋本天地之位，著君臣上下之分，以紀綱〔一〕人極。今觀乾坤二卦彖辭「利貞」、「安貞吉」之訓，可以見文王之心矣。此其所以三分有二道化廣及，人心歸之者衆，非謂已有紂三分有二之土地也。以服

〔一〕「紀綱」：萬曆本、慶餘堂本作「綱紀」。

事殷也。要之文王彖辭只是卜筮占決之辭，亦多取象及卦變。卦變多於往來二字上見，如泰「小往大來」，否「大往小來」，又分明易見者。已解見泰卦辭下。大抵皆因占以寓教，如言「利貞」，不言「利不貞」，言「貞吉」，不言「不貞吉」之類。貞便是一箇正固底道理，文王作卦辭，雖未嘗明言太極，然所謂正理，是即所謂太極矣。故孔子發之。

## 文王九卦處憂患圖

| | | | |
|---|---|---|---|
| ䷉兌下乾上 | 履，德之基也。 | 履和而至。 | 履以和行。 |
| ䷎艮下坤上 | 謙，德之柄也。 | 謙尊而光。 | 謙以制禮。 |
| ䷗震下坤上 | 復，德之本也。 | 復小而辨於物。 | 復以自知。 |
| ䷟巽下震上 | 恒，德之固也。 | 恒雜而不厭。 | 恒以一德。 |
| ䷨兌下艮上 | 損，德之修也。 | 損先難而後易。 | 損以遠害。 |
| ䷩震下巽上 | 益，德之裕也。 | 益長裕而不設。 | 益以興利。 |
| ䷮坎下兌上 | 困，德之辨也。 | 困窮而通。 | 困以寡怨。 |
| ䷯巽下坎上 | 井，德之地也。 | 井居其所而遷。 | 井以辨義。 |
| ䷸巽下巽上 | 巽，德之制也。 | 巽稱而隱。 | 巽以行權。 |

易繫辭傳曰：「易之興也，其於中古乎。作易者，其有憂患乎。是故履，德之基也，止。巽以行權。」

此夫子發明文王處憂患，不假卜筮用易之事，豈所謂「以動者尚其變」之義乎。一陳卦德，二陳卦材，三陳聖人用卦，皆有次第。然易豈止此九卦可處憂患，如屯否蹇剥，皆可也。蓋道理只在聖人口頭，偶然在九卦上說，文義亦足，初未嘗留意，若更添幾卦，更減幾卦，皆可。舊看九卦，於三畫八卦内，七卦有取，獨无取於離，以爲聖人晦明之意。然有互體離在焉，實未嘗不明也。又以太巧，不入之本義纂注後，今姑記于此。

## 文王十二月卦氣圖

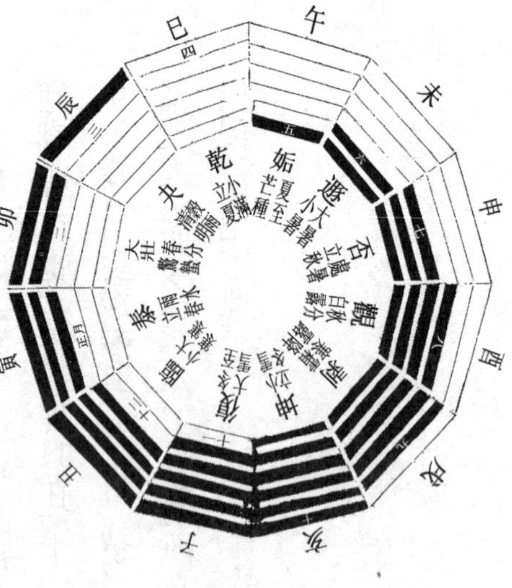


文王十二月卦，自復卦一陽生，爲冬至子中，屬十一月中；臨卦二陽生，爲大寒丑中，屬十二月中；泰卦三陽生，爲雨水寅中，屬正月中；大壯四陽生，爲春分卯中，屬二月中；夬卦五陽，生爲穀雨辰中，屬三月中；乾卦六陽生，爲小滿巳中，屬四月中：爲純

陽之卦。陽極則陰生，故姤卦一陰生，爲夏至午中，屬五月中；遯卦二陰生，爲大暑未中，屬六月中；否卦三陰生，爲處暑申中，屬七月中；觀卦四陰生，爲秋分酉中，屬八月中；剥卦五陰生，爲霜降戌中，屬九月中；坤卦六陰生，爲小雪亥中，屬十月中：爲純陰之卦。陰極則陽生，又繼以十一月之復焉。陰陽消長，如環无端，不特見之卦畫之生如此，而卦氣之運亦如此，自然與月之陰陽消長相爲配合。大傳所謂「易與天地準，故能彌綸天地之道」，於此亦可見其一端。所以知得十二月卦屬文王者，以文王卦下之辭復卦「七日來復」、臨卦「八月有凶」之類可見。此圖既成，以四時之氣配四方之位，雖與文王序卦先後不協，實自然與伏羲六十四卦圓圖之位次合。卦氣流行之接，卦畫對待之妙，陰陽盛衰消長相爲倚伏之機，備於此圖十二月卦中矣。按朱子本義，伏羲六十四卦横圖用黑白以别陰陽爻，答袁樞曰：「黑白之位亦非古法，但今欲易曉，且爲此以寓之耳。」今愚本文公法，作爲此圖。白者爲陽，黑者爲陰，了然在目矣。

## 周公易

### 周公作三百八十四爻下之辭

如乾卦初九「潛龍勿用」、坤卦初六「履霜堅冰至」之類是也。爻辭取象尤多，所以明一爻之吉凶。大抵卦分兩體，以象言則只是兩象，以人言則只是兩人。爻分六爻，以象言則分爲六象，以人言則分爲六人，與卦體全不同矣。各據卦爻而論可也，謂爻辭爲周公作者，易初無明文。馬融、王肅、姚信謂周公作爻辭，孔穎達正義正義，易疏是也。引説者云：「爻辭中有説文王處，如升卦六四『王用亨于岐山』之類，武王克商之後，始追號文王爲王，若爻辭並是文王作，不應文王自説『王用亨于岐山』。又明夷六五『箕子之明夷』，武王觀兵之後，箕子始被囚奴。文王不宜預言箕子之明夷。又左傳韓宣子適魯，見易象而知周公之德。晁説之曰：「韓宣子見易象，是古人以卦爻統名之曰象也。故曰易者象也。其意深矣。」驗此諸説，以爲卦辭文王，爻辭周公，馬融、陸績之徒並用此説。今依而用之。」愚按孔氏所引諸説，證據甚明，而箕子之稱尤足以見其決非文王所作也。餘見後辨疑内。

右伏羲六十四卦，文王卦下之辭，周公爻下之辭，通稱曰經。孔氏正義曰：「子夏傳云：『雖分上下二篇，未有經字。經字後人所加，不知起自誰始。』按前漢，孟喜易本云『分上下二經』，是孟喜之前已題經字。其篇題經字，雖起於後，其稱經之理久在於前矣。」又按陳氏皋曰：「六經首書皆不曰經，惟易稱上下經，説者援孟喜本分上下經，是喜以前已題經字矣。又鉤命訣云：『曾子問於孔子曰：孝經與易何以得稱經？』則孔子時已稱經矣。此讖緯之言，未可必信。皋以爲孔子始題以記之，故有上下經之號也。」

## 孔子易

### 孔子作十翼之辭

孔穎達曰：「十翼之辭，以爲孔子所作，先儒更无異論。但數十翼亦多家。既文王易經本分爲上下二篇，則區域各别；彖、象釋卦，亦當隨經而分。故一家云：上彖一，下彖二，上象三，下象四，上繫五，下繫六，文言七，説卦八，序卦九，雜卦十。鄭學之徒並同此説。今亦依之。」朱子本義亦然。又按胡公旦謂：「彖一，大象二，小象三，乾文言四，坤文言五，上繫六，下繫七，説卦八，序卦九，雜卦十。」且謂孔氏説非。胡公瑗又謂：「上彖、下彖、大象、小象、文言、上繫、下繫、説、序、雜爲十翼。」皆朱子所不取，今姑記以備看。漢上朱氏曰：「十翼本與周易異卷。前漢『費直傳古文周易，以彖、象、繫辭、文言解説上下經』是也。費氏之易，至馬融始作傳。融傳鄭康成，康成始以彖、象連卦辭爻辭。魏王弼又以文言附乾坤二卦，故自康成而後，其本加『彖曰』、『象曰』，王弼而後加『文言曰』。至於文辭連屬，不可附六十四卦之爻，則仍其舊篇，今繫辭上下、説卦、序卦、雜卦是也。魏高貴鄉公問博士淳于俊曰：『今彖、象不連經文，而注連之，何也？』俊對曰：『鄭康成合彖、象於經者，欲便〔一〕學者尋省易了。孔子恐其與文王相亂，是以不合。』則鄭未注易經之前，彖、象不連經文矣。」漢上所引證，極有功，東萊先生所深取。觀此，則十翼本與周易異卷，詎不信然？

〔一〕「便」：慶餘堂本作「使」，蓋據三國志改。

## 彖上傳第一 上經三十卦。

## 彖下傳第二 下經三十四卦。

彖傳，如乾卦「彖曰大哉乾元」以下，坤卦「彖曰至哉坤元」以下是也。文王卦下之辭正是彖辭，孔子於繫辭傳有曰「彖者言乎其象也」，象指卦象，又曰「知者觀其彖辭，則思過半矣」。所謂彖，正謂文王卦下之辭也。彖傳者，乃是孔子贊易十篇之二。先儒附其辭於彖下，故加「彖曰」以別之，若曰：孔子贊文王卦下之辭，云「彖之意如此也」。孔子雖是贊文王卦辭，然多自發明己意以解伏羲卦，不盡同於文王。如乾「元亨利貞」，文王本意只作占辭，以爲筮得此卦六爻皆不變，或一卦内有三爻變，皆用彖辭占，若得此卦，其事大亨而利在貞正耳，孔子却自作四德解。又其間多說卦變，此卦自某卦來，說卦變凡二十卦，訟、泰、否、隨、蠱、噬嗑、賁、无妄、大畜、咸、恒、晉、睽、家人、解、升、鼎、漸、渙、節。皆孔子所自發其意者也。文王間亦有取卦變處，孔子自取尤多。

## 象上傳第三上經三十卦大小象。

## 象下傳第四下經三十四卦大小象。

象有大象，説一卦兩體之象。一卦，如乾是一卦；兩體，如乾有乾下乾上是也。乾卦大象曰「天行健，君子以自彊不息」之類，此是孔子所自取六十四卦大象，如乾則統象於天，坤則統象於地，象屯以雲雷，象蒙以山泉。先聖文王、周公。所未嘗有也。漢上朱氏曰：「史墨對趙簡子曰：『在易卦，雷乘乾曰大壯。』觀此，則『雷在天上大壯』之類，有卦則有此象矣；如曰『君子以非禮勿履』，則孔子所繫之大象也。」愚謂漢上説非是。如雷、如天等象，往往古或有之，却未嘗有人將作大象如此齊整。若謂有卦則有此象，固是如此，但「雷在天上大壯」一句之類，既非文王，又非周公，將屬之誰作乎？且孔子小〔一〕象必自爲卷，大象首句既非我作，何故襲而取之乎？必不然也。

〔一〕慶餘堂本「小」前有「大」字。

史墨三字但與易象意似，而文又不同，便執此盡疑夫子大象，最爲學者之通患。愚恐後進不能无惑，故不可不辨。或曰：象述伏羲，彖述文王，而象在彖後者？孔穎達謂「象是孔子所述，其肯先文王乎」，此論得矣。看來六十四卦大象與卦彖爻義全不相蒙，又別是説一道理，自是孔子解説伏羲一卦兩體，又不蹈文王、周公之義也。只合自作一處爲是。

有小象，乃逐爻解周公三百八十四爻之辭。如乾初九爻下，象曰「潛龍勿用，陽在下也」之類是也。漢上曰：「仲尼繫三百八十四爻之象，文皆中律，是謂少而法，多而類，世罕知者。故陸氏作傳，諧音以發其辭體〔一〕。」

## 繫辭上傳第五 天尊地卑以下。

## 繫辭下傳第六 八卦成列以下。

易始有卦爻，文王繫卦辭，周公繫爻辭，正是繫辭；而孔子所作繫辭，乃是繫辭之傳

〔一〕「辭體」原作「繫體」，頗費解，正德本、通志堂本、慶餘堂本誤同。漢上易傳叢説原爲「辭體」，據改。

也。故繫辭傳中言「聖人繫辭」者六，曰「聖人設卦觀象，繫辭焉而明吉凶」，曰「聖人有以見天下之動，繫辭焉以斷其吉凶」，兩出。曰「繫辭焉所以告也」，曰「繫辭焉以盡其言」，曰「繫辭焉而命之」，皆指文王、周公卦爻辭言也。若繫辭上下傳，則是孔子統論一經之卦爻大體凡例。如論先聖作易之由，則見於「包義氏仰觀俯察」及「易有太極」及河圖洛書數章。如論用易之法，則見於「大衍之數五十」章，與夫卦爻之剛柔、象數之變化、三極之道、幽明之故、鬼神之情狀，皆搜抉无隱。若徒有上下經而无繫辭傳，則象數之學不明，理義之微莫顯，易亦竟无以致用於萬世，而適乎仁義中正之歸矣，其可哉！繫辭有稱大傳者，因太史公引「天下同歸而殊途，一致而百慮」爲「易大傳」。太史公受易於楊何，何之屬又著易傳行世，曰「大傳」者，别楊何之徒所爲傳耳。向來科場中遇出繫辭題目，於冒子後入官題處多稱「大傳曰」云云，蓋本諸此。今久不復見此矣。吁。繫辭中有稱「子曰」者，文公本義謂疑皆後人所加也。

## 文言傳第七

乾坤二卦文言爲諸卦之例，文飾其辭以言之，發明義理爲多。歐公曰：「文言，夫子自作，不應自稱『子曰』，恐非夫子文言之全篇。漢之易師擇取其文以解卦體，至有所不取，則文斷不屬，故以『子曰』起之也。其先『何謂』而後言『子曰』者，乃講師自爲問答之言。」

## 説卦傳第八

説卦首論聖人生蓍立卦，次及伏羲、文王卦位不同，次論八卦之象甚備，其象多是夫子所自取，不盡同於先聖。漢儒以來千五百餘年，未能勘破此義，以爲夫子只是櫽括前聖所取之象，求之於經又不合，是以言象多牽合傅會而不得其説。愚嘗謂：數聖取象各有不同，故説卦言象，求之於經不盡合。蓋夫子自取之象爲多，不必盡同於先聖。若分文王、周、孔之易各自求之，坦然明白矣。此説似足以祛古今之惑。詳見本義後圖象説。○漢上云：「秦、漢之際，易亡説卦，孝宣時河内女子發老屋，得説卦。至後漢荀爽集解，又得八卦逸象三十有一。」東萊吕氏家塾論云：「隋經籍志序云：『秦後惟失説卦三篇，後河内女子得之。』今韓康伯説卦乃止一篇，而别出序、雜。愚謂隋志疑是。蓋費直所傳不及説卦以後，而所謂三篇，恐并序、雜言也。」

## 序卦傳第九

論文王序次六十四卦之義。

## 雜卦傳第十

雜卦乃夫子雜論六十四卦之義，而有无限旨趣。馮氏去非曰：「雜卦以兩兩相對爲義，取序卦而雜之。然自乾坤三十卦而至咸恒，以應上篇之卦，自咸恒而下三十四卦，以應下篇之卦，蓋有不雜者存。愚謂自乾坤而下三十卦，雜下經十二卦於其間，自咸恒而下三十四卦，亦雜上經十二卦於其間，亦雜卦之義也。但其所以然之理，必有至妙者存，此姑見其粗也。

| | | | |
|---|---|---|---|
| 乾 | 坤 | 咸 | 恒 |
| 比 | 師 | 渙 | 節 |
| 臨 | 觀 | 解 | 蹇 |
| 屯 | 蒙 | 睽 | 家人 |
| 震下 | 艮下 | 否上 | 泰上 |
| 損下 | 益下 | 大壯 | 遯 |
| 大畜 | 无妄 | 大有上 | 同人上 |
| 萃下 | 升下 | 革 | 鼎 |
| 謙 | 豫 | 小過 | 中孚 |
| 噬嗑 | 賁 | 豐 | 旅 |
| 兌下 | 巽下 | 離上 | 坎上 |
| 隨 | 蠱 | 小畜上 | 履上 |
| 剥 | 復 | 需上 | 訟上 |
| 晉下 | 明夷下 | 大過上 | 頤上 |
| 井下 | 困下 | 既濟 | 未濟 |
| | | 歸妹 | 漸 |
| | | 姤 | 夬 |

右夫子十翼，皆名之曰傳，然由夫子視前聖，則二篇爲經，十翼爲傳。吴仁傑曰：「或者謂聖人之書不當捨經稱傳。按易音義云：『經者，常也，法也；傳以傳述爲義。』經之爲言，以其可爲萬世之常法，傳則述前人之作，如是而已，非必尊經而卑傳。十翼之文，述而不作，其體傳也，其言經也，豈害其爲聖人之書乎？況史稱孔子讀易而爲之傳，則傳也者，孔子之所自名，非後人名之也。」由孔子而來，至于千萬世，卦、爻、十翼通稱之曰易經也。

# 周易本義啓蒙翼傳中篇

新安前鄉貢進士　胡一桂　學

## ○三代易

### 三易

周禮春官：「太卜掌三易之法，一曰連山，二曰歸藏，三曰周易。其經卦皆八，其别皆六十有四。」

按：杜子春謂：「連山，伏羲；歸藏，黄帝。」鄭玄謂：「夏曰連山，商曰歸藏，周曰周易。」説者謂夏、商、周易首卦不同，蓋寓三統之義。夏正建寅，爲人統，故首艮，艮寅位也，人生於寅；艮寅雖後天之卦，夏時已符此象矣。商正建丑，爲地統，故首坤，坤地也，地闢於丑；周正建子，爲天統，故首乾，乾天也，天開於子。所建之正不同，故於易之首卦各見其義。孔穎達曰：「按世譜等群書，神農一曰連山氏，亦曰列山氏；黄帝一曰歸藏氏。既並是代號，則周易稱『周』，取岐陽地名。易緯云『因代以題周』是也。諸家説不同如此。」東萊先生深善連山、歸藏同是代號之説，且曰：「下繫十三卦制器尚象，神農、黄帝嘗有取於易，而夏、商則无攷，以爲孔氏之説无足疑者。」而程可久曰：「孔子曰『我欲觀夏道，是故之杞，吾得夏時焉』，此連山所以首艮也；又曰『我欲觀商道，是故之宋，吾得坤乾焉』，此歸藏所以首坤也。」見周易古占法下。豈自伏羲畫易之後，代代有易，「連山」、「歸藏」在神農、黄帝則爲代號，在夏、商則爲艮爲坤也耶？是亦未可知也。若周易與周禮稱「周」義同，自别於前代爾。

## 連山易

連山十卷，見唐藝文志司馬膺注。自唐以前，並无其書。隋儒林傳云：「牛洪〔一〕奏求天

〔一〕據史籍，當爲牛弘。

下遺逸之書，何用〔一〕劉光伯遂造僞書百餘卷，題爲連山易、魯史記等，録上送官，取賞而去。後有人訟之，坐除名。」則唐之連山似隋世僞書。

## 歸藏易

歸藏易十三卷，見隋經籍志晉太尉薛貞注。長孫無忌等論次其書，以爲：「歸藏漢初已亡。按晉中經有之，唯載卜筮，不似聖人之旨。以本卦尚存，故具於周易之首，以備殷〔二〕易之缺。」宋崇文總目載歸藏三卷，云「隋世十三篇，今但存初經、齊母、本蓍三篇，文多缺亂莫詳」。

### 歸藏初經見李西溪易解序說。

初乾：其争言云云。初坤：榮犖之華云云。

〔一〕「何用」二字頗不協，且劉炫本傳亦無此二字。元本、正德本、通志堂本並同，蓋自初刻已如是。反覆思之，當即「河間」二字形譌。劉炫河間人。慶餘堂本删去此二字。四庫薈要本作「河間」。

〔二〕「殷」原作「周」，諸本同，隋書經籍志原作「殷」。按周易不缺，歸藏爲殷易，故當爲「殷」字。

初艮：徼徼鳴狐云云。　初兑：其言語敦云云。

初犖：爲慶身不動云云。　初離：離監監云云。

初釐：燂若雷之聲云云。　初巽：有鳥將至，而垂翼云云。

按漢上朱氏叢説謂：「考之歸藏之書，其初經者，包羲氏之本旨也。卦有初乾、初奥、坤也。初艮、初兑、初犖、坎也。初離、初釐、震也。初巽八卦，其卦皆六畫，周禮所謂經卦皆八，則初經之卦也。

歸藏齊母經同上。

田，舊言之擇，新言之念云云。

歸藏六十四卦名同上。

乾　屯　蒙　溽　訟　師　比　少毒畜　履　泰

否　同人　大有　狠　釐　大過　頤　困　井　革

鼎　旅　豐　小過　林禍　觀　萃　稱　僕　復

母亡　大毒畜　瞿　　散家人　節　　奂　　蹇　　茘　　員　　誠

欽　恒　　規　　夜　　巽　　兑　　離　　犖　　兼　　分

歸妹　漸　　晉　　明夷　岑霽　未濟　遂　　大壯　蜀　　馬徒

闕四卦〔一〕

## ○古易

周易古初本。

漢藝文志：「易經十二篇，施、孟、梁丘三家。」顔師古曰：「上下經，十翼，故十二篇。」按：經則伏羲卦、文王卦下辭、周公爻下辭；翼則孔子傳，上下彖、上下象、上下繫辭、文言、説卦、序卦、雜卦，共爲十翼之辭。經分上下，則二篇矣，翼而有十，則十篇矣，故總曰「易經十二篇」。施讎、孟喜、梁丘賀，三家皆然也。但自費氏至鄭、王亂經之

〔一〕以上六十卦，元刻本、正德本、通志堂本每列十卦，六列共六十。慶餘堂本每列十一卦，非復舊貌。

後，古經失其傳，而十翼之次説者亦多不同，今唯當以朱文公本義爲據。

## ○古易之變

費氏易

周易上經

☰元亨利貞

⚊潛龍勿用。⚊見龍在田，利見大人。⚊君子終日乾乾，夕惕若厲，无咎。⚊或躍在淵，无咎。⚊飛龍在天，利見大人。⚊亢龍有悔。

䷀見群龍无首，吉。

按：此吴斗南本所載費直易也。豈古易上下二篇只如此歟？朱子答吴氏書云：「古易既畫全卦，繫以彖辭，又再畫本卦，分六爻而繫以爻辭，似涉重複。且覆卦之法不知何所考據。」如此，則朱子已嘗見其書，不能不疑之矣。今恐其或有所據，姑録于此。斗南名仁傑。

傳：大哉乾元。止。萬國咸寧。

乾下乾上天行健，君子以自彊不息。

乾，初九：潛龍勿用，陽在下也。止。用九：天德不可爲首也。

按：吴氏曰：「此省去彖傳、象傳、繫辭傳等篇目，但總以一『傳』字加於彖傳之首。王弼、王肅易皆存『傳』字，蓋本於此。」吴氏於經只載乾卦，以著六十四卦之例於傳。自傳「大哉乾元」以下，亦只載乾傳，以著十翼之例。十翼之篇皆蒙此一「傳」字矣。西漢儒林傳雖但謂「費直以彖、象、繫辭、文言解説上下經」，初不言其分傳以附經。然而將彖傳、大小象傳逐卦自聚成一類，統置於上下經二篇之後，僅存一「傳」字於彖傳之首以别經，悉去彖、象、繫辭、文言等篇目，則是古經已變亂於此矣。卒至有鄭、王之紛更。聖經何其不幸歟！

## 鄭康成易

☰乾下乾上乾：元亨利貞。初九：潛龍勿用。止。用九：見群龍无首吉。彖曰：大哉乾元。止。萬國咸寧。象曰：天行健，君子以自彊不息。潛龍勿用，陽在下也。止。用九：天德不可爲首也。

按：吴氏曰：「康成省去六爻之畫，又省用九用六覆卦之畫，移上下體於卦畫之下；又移初九至用九爻位之文，加之爻辭之上；又合彖傳、象傳於經，於彖傳加『彖曰』字，於象傳加『象曰』字。」魏博士淳于俊曰：「康成合彖、象於經者，欲學者尋省易了爾。」詳見「孔子十翼辭」下〔一〕。吴氏只載乾卦，著六十四卦例。今王弼本乾卦存康成本之例也。

## 王弼易

周易上經乾傳第一

〔一〕即本書「孔子作十翼之辭」節。

按：王弼乾卦一同鄭氏，但移文言附其後，加「文言曰」字。吴氏故不重載，但從坤卦起。

☷坤下坤上坤：元亨。止。安貞吉。象曰：至哉坤元。止。應地无疆。象曰：地勢坤，君子以厚德載物。初六：履霜堅冰至。象曰：履霜堅冰。止。至堅冰也。止。用六：利永貞。象曰：用六永貞，以大終也。文言曰：坤至柔而動也剛。止。天玄而地黄。

按：吴氏曰：「王弼注易用康成本，謂孔子贊爻之辭，本以釋經，宜相附近。乃各附當爻，每爻加『象曰』以别之，謂之小象。又取文言附於乾坤二卦，加『文言曰』三字於首。若繫辭、説卦、序卦、雜卦等篇，則仍其舊，别自爲卷。自是世儒知有弼易，不知有所謂古經矣。」又曰：「原三家之學，初欲學者尋省易了，日趨於簡便，而末流之弊，學者遂廢古經，使後世不見此書之純全與聖人述作之本意，可勝歎哉。」愚嘗謂羲、文、周、孔，聖人也；卦、爻、十翼，皆易書也。費氏以傳解經，未爲非是；鄭、王以傳附經，亦何不可。況各從其類，最便觀覽，而好古君子每不能无恨，豈聖人之書不可混而一之乎。蓋夫子雖曰述而不作，然自爲一書，非世儒傍文生義，分行注脚之比。故周爻已不盡同於文王，而孔翼亦豈盡同於文王、周公。比而同之，非特使學者猝莫區别，而吾夫子制作初意亦不復可見矣。晁氏曰：「劉牧云：『小象獨乾不繫於爻辭，尊君也。』石守道曰：『孔子作彖、象於六爻之前，小象繫逐爻之下，唯乾悉屬之於後者，讓也。』嗚呼，他人尚何責哉。」若是者，可不懼乎。愚故録吴氏所載三家變易論之，繼以先儒所復古易，還先聖之舊云。朱子答吴氏書曰：「吕伯恭頃嘗因晁氏本更定古易十二篇，考訂頗詳，然據淳于俊之説，便以今王弼易爲鄭康成易。嘗疑其未安，今得所示，分别鄭、王二本，乃有歸着，甚善。然不知别有何證據也。」

## ○古易之復

周易古經吕氏微仲本。

上經第一　下經第二　上彖第三　下彖第四

上象第五　下象第六　繫辭上第七　繫辭下第八

文言第九　説卦第十　序卦第十一　雜卦第十二

右周易古經者，彖、象所以解經，始各爲一書，王弼專治彖、象，以爲注，乃分綴卦爻之下，學者於是不見完經，而文辭次第貫穿之意亦缺然不屬。予因按古文而正之，凡經二篇，彖、象繫辭各二篇，文言、説卦、序卦、雜卦各一篇，總十有二篇。元豐壬戌十月既望，汲郡吕大防序。按：尤侍郎袤，字延之，與吴氏仁傑書云：「頃得吕東萊所定古易一編，朱元晦爲之跋，嘗已板行。乃與左右所刊吕汲公古經无毫髮異，而東萊乃不及微仲嘗編，豈偶然同耶？」愚謂：此朱、吕二先生皆偶未及見，東萊決非掩襲。觀文公與吴氏書，則後來必就吴氏本見之矣。但跋東萊本在前，其時必未之見也。今觀所次序經傳本末，並與東萊定本同，但東萊只分上經、下經，而无「第一」、「第二」字，又東萊稱「彖上傳第一」至「雜卦傳第十」，小有不同爾。

## 古周易晁氏以道本。

卦爻第一不分上下經，混同爲第一。

彖傳二不分上下彖，混同爲第二。

象第三不分大小上下象，混同爲第三。

文言第四合乾、坤文言爲第四。

繫辭第五不分上下繫，混同爲第五。

説卦第六

序卦第七

雜卦第八

周易卦爻一，彖二，象三，文言四，繫辭五，説卦六，序卦七，雜卦八，謹第如上。按：

晉太康初，發汲縣舊冢，得古簡編科斗文字，散亂不可訓知，獨周易最爲明了，上下篇與今正同。別有陰陽説，而无彖、象、文言、繫辭。杜預疑於時仲尼造之於魯，尚未播之遠國，而漢藝文志「易經十二篇，施、孟、梁丘三家」，顔師古曰：「上下經及十翼，故十二篇。」是則彖、象、文言、繫辭始附卦爻而傳於漢歟。先儒謂費直專以彖、象、文言參解易爻，以彖、象、文言雜入卦中者，自費氏始。其初費氏不列學官，唯行民間。至漢末陳元方〔一〕、鄭康成之徒皆學費氏，古十二篇之易遂亡。孔穎達又謂輔嗣之意，象本釋經，宜相附近，分爻之象辭各附當爻。則費氏初變亂古制時，猶若今乾卦彖、象，繫卦之末歟。古經始變於費氏，而卒大亂於王弼，惜哉。奈何後之儒生尤而效之。杜預分左氏傳於經，宋衷、范望輩散太玄贊與測於八十一首之下，是其明比也。揆觀其初，乃如古文尚書，司馬遷、班固序傳，楊雄法言叙篇云爾。今民間法言列叙篇於其篇首，與學官書不同，概可見也。唐李鼎祚又取序卦冠之卦首，則又效小王之

〔一〕據後漢書儒林傳，建武中陳元、鄭衆傳費氏易。陳元方乃東漢末陳紀，非傳易者。蓋晁氏以鄭康成爲東漢末人，陳元爲東漢初人，遂易陳元爲陳元方也。

過也。今悉還其初，庶幾學者不執象以徇卦，不執象以徇爻云。昔韓宣子適魯，見易象，是古人以彖爻統名之曰象也。故曰「易者象也」，其意深矣。豈若後之人，卦必以象明，象必以辭顯，紛紛多岐哉。嗚呼，學者曾未之知也。劉牧云：「小象獨乾不繫於爻辭，尊君也。」石守道亦曰：「夫子作彖、象於六爻之前，小象繫逐爻之下，唯乾悉屬之於後者，讓也。」嗚呼，他人尚何責哉。若夫文字之傳，始有齊、楚之異音，卒有科斗、籀、篆、隸書之四變，因而訛謬者多矣。劉向嘗以中古文易經較施、孟、梁丘經，至蜀李譔又嘗著古文易，則今之傳者皆非古文也。安得覩夫劉、李之書乎。如古者竹簡重大，以經爲二篇，今又何必以二篇成帙哉。謹録而藏諸，以俟博古君子。建中靖國元年辛巳五月二十四日，嵩山晁説之題。

古易考程沙隨本。

經傳一十二篇。宋藝文志序云：「孝宗時，程迥所作易考十二篇，别爲章句，不與經相亂。」沙隨云：「迥作古易考，曰上篇，曰下篇，曰彖上，曰彖下，曰象上，曰象下，曰文言，曰繫辭上、繫辭下，曰説卦，曰序卦，曰雜卦，凡十有二篇，與康節、百源易次序同。」見古易章句外篇。○按邵博聞見後録云：「古易：卦爻一，彖二，象三，文言四，繫辭五，説卦六，序卦七，雜卦八，其次第不相雜也。予家藏大父康節手寫百源易，實古易也。百源在蘇門山下，康節讀易之地，舊秘閣亦有本。」沙隨蓋本諸此，而篇第與二呂氏合，只以文言在繫辭之前爲不同爾。若夫邵氏八篇，與晁以道本无以異也。

古易呂〔一〕東萊本，與微仲篇次一同，而微仲自一至十二之序小異爾。

周易上經第一〔二〕　周易下經第二〔三〕　周易彖上傳第一

周易彖下傳第二　周易象上傳第三　周易象下傳第四

周易繫辭上傳第五　周易繫辭下傳第六　周易文言傳第七

周易説卦傳第八　周易序卦傳第九　周易雜卦傳第十

漢興，言易者六家，獨費氏傳古文易，而不立於學官。劉向以中古文易經校施、孟、梁

〔一〕萬曆本、慶餘堂本「呂」後有「氏」字。

〔二〕「第一」：慶餘堂本無此二字。

〔三〕「第二」：慶餘堂本無此二字。

丘經，或脱去「无咎」、「悔亡」，唯費氏經與古文同，然則真孔氏遺書也。東京馬融、鄭玄皆爲費氏學，其書始盛行，今學官所立王弼易，雖宗莊、老，其書固鄭氏書也。費氏易在漢諸家中最近古，最見排擯，千載之後巋然獨存，豈非天哉。自康成、輔嗣合象、文言於經，學者遂不見古本，近世嵩山晁氏編古周易，將以復其舊，而其刊補離合之際，覽者或以爲未安。祖謙謹因晁氏書，參考傳記，復定爲十二篇，篇目卷帙〔一〕，一以古爲斷，其説具於音訓云。淳熙八年五月望日，東萊吕祖謙謹書。按：如前吴氏所載，費氏古易已自不能不小有變動，而東萊謂費氏經真孔氏遺書，豈吴氏考之猶未的歟？又曰「王弼雖宗老、莊，其書固鄭氏書也」，此蓋指其未變亂古本以前之書。然「鄭」字恐是「費」字之誤。蓋康成正分傳以附經，其書豈足引爲據乎？

右古文周易經傳十二篇，亡友東萊吕祖謙伯恭父之所定也。某〔二〕嘗以謂易經本爲卜筮而作，皆因吉凶以示訓戒，故其言雖約而所包甚廣。夫子作傳，亦略舉其一端以見凡例而已。然自諸儒分經合傳之後，學者便文取義，往往未及翫心全經，而遽執傳

---

〔一〕「帙」原作「集」，吕氏古周易原作「帙」，據改。

〔二〕「某」：萬曆本、慶餘堂本作「熹」，小字。下三處「某」字皆放此。正德本惟第一、三處「某」作「熹」。

之一端以爲定説，於是一卦一爻僅爲一事，而易之爲用反有所局，而无以通乎天下之故。若是者，某蓋病之。是以三復伯恭父之書，而有發焉，非特爲其章句之近古而已也云云。淳熙九年夏六月庚子朔旦，新安朱某謹書。

又辯晁氏、吕氏得失云：「某按正義曰：『夫子所作彖辭，元在六爻經辭之後，以自卑退，不敢干亂先聖正經之辭。及王輔嗣之意，以爲象本釋經，宜相附近，其義易了。故分爻之象辭各附其當爻下言之。』此晁氏引以證王弼分合經傳者。然其言『夫子作彖辭，元在六爻經辭之後』，則孔氏亦初不見十二篇之易矣，又不於彖及大象發之，似亦有所未盡。」又曰：「某按詩疏云：『漢初爲傳訓者，皆與經別行，三傳之文，不與經連，故石經書公羊傳皆无經文。而藝文志所載毛詩故訓傳亦與經別。及馬融爲周禮注，乃云欲省學者兩讀，故具載本文而就經爲注。』據此，則古之經傳本皆自爲一書，故高貴鄉公所謂彖、象不連經文者，十二篇之古經傳也；所謂注連之者，鄭氏之注具載本經而附以彖、象，如馬融之周禮也。晁氏於此固不如吕氏之有據，按吕氏音訓謂鄭康成始合彖、象於經，則魏志之言甚明，此義爲得。然吕氏於乾卦經傳之次第，所以與他卦不同者，則无説焉。愚恐晁氏所謂『初亂古制時，猶若今之乾卦，而卒大亂於王弼』者，似亦未可盡廢也。因記於此。」

## 周易本義朱文公本。

古易經傳一十二篇。即因東萊所定本作爲本義，明象占之教，行於世者也。

愚嘗論所謂古易者，孔子翼易，不遽自附於先聖之後，伏羲畫卦，文王卦辭，周公爻辭，自合爲上下經二篇。孔子所作十翼，則自分爲十篇。是爲古易十二篇也。至前漢費直，以彖、象、繫辭、文言解説上下經。東漢鄭康成傳費直易，又以彖、象、文言本解易卦爻，宜相附近，始以附入。其初猶若今乾卦，彖、象、文言統附卦之末。至三國魏王弼又傳鄭學，以彖與大象之辭附卦辭下，分爻小象之辭各附當爻辭下，加「彖曰」、「象曰」以別之。朱子曰：「王弼注本之乾卦，蓋存鄭氏所分之例也。坤以下六十三卦，又弼之所自分也。」古經始變亂於鄭氏，卒大亂於王弼，惜哉。原其初，二家但欲學者尋省易了，日趨於簡便，自是以來，古易十二篇遂亡，不復可見於後世。而後之讀易者但知有王弼本，猝莫別其何者爲文王、周公之易，何者爲孔子之易。殽亂千有餘年，而聖人制作謙退之盛心，與夫示學者以盈科而後進之意，皆影響无傳。至吕氏微仲，始爲復古易之倡；晁氏繼之，東萊吕氏復因晁氏書定爲十二篇；文公本義則因東萊所定本，揭十二篇以教天下，且發明象占大旨，真洗光咸池之日，爲學者之一大快矣。今世儒解易，又復仍王弼本，而莫覺其非是。何古易難諧於俗，而康成、輔嗣欲速好逕之心，使人骨醉魂迷而不返。推是心以往，捨範我馳驅而爲之詭遇，不由其道而鑽穴隙相窺，踰牆相從，亦何所憚而不爲也哉。嗚呼，數聖人之經，何其變之易而復之難，復之難而再變之愈易也。由是觀之，亂經本末，康成、輔嗣之罪爲尚小，以其未見正於文公也；世儒之罪爲尤大，以其既見正於文公，故爲而叛之也。康成、輔嗣，三聖之罪人；世儒其又康成、輔嗣之罪人歟。或曰：斯無庸論矣，今編次古易數家，孰優？曰：微仲既爲之倡，東萊已暗與之合，晁氏雖無失，但省去二篇，亦未爲當；今惟當以文公本義所從者爲定，尚何容喙。

## ○傳授

### 周末西漢〔一〕

商瞿（受易先聖）—橋庇—馯臂—周醜—孫虞（授之西漢田何）

田何（高帝時）
- 王同
- 周王孫
- 齊伏生
- 梁項生
- 丁寬（景帝時）

王同
- 主父偃（武帝時）
- 孟但
- 周霸
- 楊何
- 即墨成
- 衡胡

丁寬—田王孫

楊何—京房（非課吏法者　授梁丘賀）

田王孫
- 施讎（宣帝時）
- 孟喜（宣帝時）
- 梁丘賀（宣帝時　初師京房　更事田王孫）

施讎
- 魯伯
- 張禹（宣元成間）

孟喜
- 白光
- 翟牧

魯伯
- 邴丹
- 毛莫如

張禹
- 彭宣（成哀間）
- 戴崇

梁丘賀—子臨
- 五鹿充宗（元成間）
- 王駿（成帝時　父吉遺受賀易）

五鹿充宗
- 衡咸
- 鄧彭祖
- 士孫張

〔一〕萬曆本、慶餘堂本多「諸儒」二字。

焦贛托從孟喜學易——京房課吏法者——乘弘
　　　　　　　　　　　　　　　　——殷嘉藝文志京氏殷嘉十二篇
　　　　　　　　　　　　　　　　——姚平

費直——王璜

高相自言出丁將軍與費公同時——子康
　　　　　　　　　　　　　——母將永

韓嬰景帝時太傅　孫商——韓生——蓋寬饒宣帝時

韓嬰，燕人，以詩經授之燕、趙間，亦以易授人。推易意爲之傳。燕、趙好詩，以故其易微。

按：西漢儒林傳云：「自魯商瞿子木受易孔子，以授魯橋庇子庸，子庸授江東馯音韓。臂子弓，子弓授燕周醜子家，子家授東武孫虞子乘，子乘授齊田何子裝。何以齊田徙杜陵，號杜田何。及秦禁學，易爲卜筮書，獨得不禁，故傳授者不絶。漢興，言易者本之【田何】〔一〕。何授東武王同子中、雒陽周王孫、梁丁寬子襄、齊服生，皆著易傳數篇。【王同】授淄川楊何叔元，何至太中大夫。齊即墨成，至城陽相。廣川孟但，太子門大夫。魯周霸、莒衡胡、臨淄主父偃，皆以易至大官。初，梁項生從田何受易時，【丁寬】爲項生從

---

〔一〕此墨圍爲標明人物譜系而設，萬曆本、慶餘堂本無。以下墨圍皆同此。

者，讀易精敏，材過項生，遂事田何。學成，何謝寬。寬東歸，何謂門人曰：『易以東矣。』寬至雒陽，復從周王孫受古義，號周氏傳。景帝時，寬爲梁孝王將軍，距吴、楚，號丁將軍，作易説三萬言，訓故舉大義而已，今小章句是也。寬授同郡碭音唐，梁郡縣名。田王孫，【田王孫】授沛沛與碭近。施讎長卿、蘭陵孟喜長卿、喜父號孟卿，善禮、春秋，使喜從王孫受易。琅邪諸人梁丘賀長翁，由是易有施、孟、梁丘之學。【施讎】授張禹、丞相。琅邪魯伯。會稽太守。張禹授淮陽彭宣、大司空。沛戴崇子平。九卿。禹、宣皆有傳。由是施家有張、彭之學。魯伯授太山毛莫如少路、常山太守。琅邪邴丹曼容，著清名。【孟喜】好自稱譽，得易家候陰陽災變書，詐言師田生且死時枕喜膝，獨傳喜，諸儒以此耀之。梁丘賀疏通證明之，曰田生絶於施讎手中，時喜歸東海，安得此事。又蜀人趙賓好小數書，爲易飾易文，以爲『箕子明夷，陰陽氣亡箕子；箕子者，萬物方荄兹也』。注：「荄兹，言根荄方兹茂也。」賓持論巧慧，易家不能難，皆曰非古法也。云授孟喜，喜爲名之。注：「名之者，承取其名，云實授也。」後賓死，莫能持其説，喜因不肯仞，古字仞、認通。以此不見信。喜舉孝廉爲郎，博士缺，衆人薦喜，宣帝聞喜改師法，遂不用喜。喜授同郡白光少子、沛翟牧子兄，讀曰況。皆爲博士。由是有孟、翟、白之學。【梁丘賀】初從太中大夫京房受易。别一京房，非延壽弟子。房，楊何弟子也。房出爲齊郡太守，賀更事田王孫。宣帝時，聞京房爲易明，求其門人，得賀。賀時入説，善之，以筮有應得近幸，官至少府。少府事多，乃遣子臨分將門人張禹從施讎學，薦讎爲博士。上信重賀，賀年老終，子臨亦入説，爲黄門郎。甘露中，奉使問諸儒於石渠上，選高才郎十人，從臨講。臨學精熟，專行京房法。琅邪王吉通五經，聞臨説善之，使其子郎中駿上疏從臨受易。駿至御史大夫。臨代五鹿充宗爲少府，充宗授平陵士孫張仲方、至給事中。沛鄧彭祖子夏、真定太傅。齊衡咸長賓，王莽時講學大夫。由是梁丘有士孫、鄧、衡之學。洪容齋云：「晉永嘉之亂，梁丘之易亡。」【京房】君明，東郡頓丘人，受易梁人焦贛延壽。贛嘗曰：『得我道以亡身者，京生也。』其説長於災變，分六十四卦更直日用事，以風雨寒温爲候，各有占驗。房用之尤精。贛爲外黄令，以占捕盜致治。考滿〔一〕，父老請留，卒以令終。京房最後出爲魏郡太守，得以考功課吏法治郡。月餘，爲石顯、五鹿所毁，徵下獄棄市。贛云嘗從孟喜問易，會喜没，房以爲延壽易即孟氏學。翟、白不肯，曰非也。成帝時劉向校書，考易説，以諸家皆祖田何、楊叔、丁將軍，大義略

〔一〕「滿」原作「蒲」，萬曆本、慶餘堂本作「滿」，據改。

同，唯京氏爲異黨。焦延壽獨得隱士之説，託之孟氏，不相與同。房授東郡殷嘉、河東姚平、河南乘弘，皆爲郎，由是易有京氏學。【費直】長翁，東萊人，治易，爲郎，至單父令。長於卦筮，亡章句，徒以彖、象、繫辭十篇文言解説上下經，授琅邪王璜，其本皆古字，號古文易。按石介守道云：「治易至漢，遂爲田、焦、費三家。田、焦廢已久。費授王璜，故有費氏易行於民間。」【高相】，沛人，治易與費公同時，其學亦无章句，專説陰陽災異，自言出於丁將軍，傳至子康康以易爲郎。及蘭陵母將永，爲高氏學。永至豫章都尉。王莽居攝時，康候知東郡有兵，私語門人，門人上書言之。後數月，東郡太守翟誼舉兵誅莽，莽召問，門人對以受師高康，莽惡之，以爲惑衆，斬康。由是易有高氏學。施、孟、梁丘、京氏四家皆立博士，費、高二家未得立。」此西京授受大略也。按儒林傳贊云：「自武帝立五經博士〔一〕，初易唯有楊，孝宣復立施、孟、梁丘易，元帝復立京氏易，所以罔羅遺失兼而存之，是在其中矣。」

愚嘗謂：自商瞿受易孔子，六傳興於田何，何之學又盛於丁寬。寬師何而復師其同

〔一〕「士」原作「氏」，今據通志堂本及漢書原文改正。

門之友，以受古義，可謂見善如不及者矣。然所謂「易説三萬言」，不過「訓故大義」，又曰「小章句」，切意其學只是文義章句，象數之學，恐非所及也。寬再傳而盛於施、孟、梁丘。施授張禹，禹雖爲帝者師，然依阿淟涊，持禄保位，真鄙夫之事君。禹授彭宣，位爲上公，見險而止，避莽。異於苟患失之者，差彊人意耳。孟既師田，又不擇所從，復受之於趙，趙死而遂倍之，以至不見信於友，不獲用於上，亦其宜矣。梁丘初師京，太中大夫。後雖更事田，卒以京顯，至其子臨專行京法可見也。再傳得王駿，經明行修，无忝所學，而五鹿結黨小人，石顯。傾排君子，京房，延壽弟子。纍纍若若之歌，兼官據勢，受譏无恥。三傳而衡咸爲莽講學大夫，梁丘氏易至此掃地矣。焦氏卦變，卓然自爲一家，而又托於孟者，惡其无傳也。是雖見擯於當時，卒顯於京房。以其學事元帝，力排閹宦，石顯。忠君憂國之懷，悃悃爲帝言之，雖陷譖毁以殁，顯、五鹿譖。亦可暴白其心於千載之下矣。費、高當時惟行民間，猶未顯也。西京易學概聞如此。往往自二京以前文辭勝，自二京以後占數勝，如斯而已。愚獨於趙、孟之事見古人崇重師法，朋友扶持於下，天子綱維於上，其嚴至可畏也。獨惜趙不足以爲人師，喜枉負倍師之名於後世，而古人之意則厚矣。慨木水本源之義，後之學者宜知所戒。

東漢〔一〕

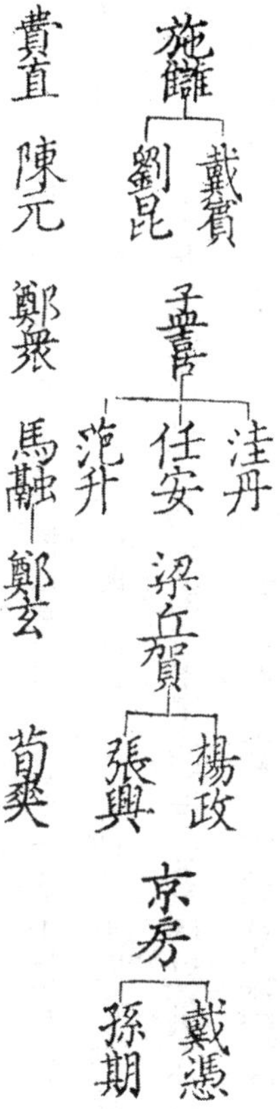

施讎

戴賓　劉昆

孟喜

洼丹　任安　范升

梁丘賀

楊政　張興

京房

戴憑　孫期

費直　陳元　鄭衆　馬融　鄭玄　荀爽

陳以下五家皆傳費氏易者。自馬融授鄭玄外，餘皆未知所傳授之次第。

按東漢儒林傳曰：「光武中興，愛好經術，未及下車，先訪儒雅，雲會京師，於是立五經博士，各以家法教授。易有施、孟、梁丘、京氏學。傳施氏者陳留劉昆桓公，梁孝王之胤，建武元年，光武除爲江陵令，遷弘農太守，至騎都尉。王莽時教授弟子五百人，昆受易於沛人戴賓。每春秋饗射，備列典儀，以素木匏葉爲俎豆，桑弧蒿矢以射『菟首』。注：「昆懼禮之廢，故引

〔一〕萬曆本、慶餘堂本多「諸儒」二字。

以匏葉爲俎實〔一〕，射則歌菟首之詩爲節也。」傳孟氏者，南陽洼丹洼音圭。子玉。建武初爲大鴻臚，作易通論七篇，世號洼君通，易家宗之，稱爲大儒。及廣漢任安定祖，綿竹人。兼通數經，辟除不就。洼丹時，觟陽姓。鴻名。孟孫字。亦以孟氏易教授，有名，永平中爲少府。傳梁丘氏者，京兆楊政子行，從代郡范升受易，善説經，京師語曰『説經鏗鏗楊子行』。嗜酒，不拘小節，然篤於義。時帝婿梁松，皇后弟陰就，皆慕其聲名，請與交友。政每共言論，常切磋懇至，不爲屈撓。嘗詣陽虚侯馬武，武難見政，稱疾不起。政入，徑升床排武，把臂責之曰：「卿蒙國恩，備位藩輔，不思求賢以報殊寵，而驕天下英材，此非養身之道。今日動者刀入脅。」武諸子及左右皆大驚，以爲見劫，操兵滿側。政顔色自若，會陰就至，責武，令爲交友。其剛果任情皆如此。○范升嘗爲出婦所告，坐繫獄，政乃肉袒，以箭貫耳，抱升子潛伏道傍，候車駕，持章扣頭大言曰：「范升三取，唯有一子，三歲，孤之可哀。」武騎虎賁懼驚乘輿，舉弓射之，猶不肯去；旄頭又以戟叉政，傷胸，猶不退。哀泣辭請，有感帝心。詔曰：「乞楊政師。」即尺一出升。政由此顯名，官至左中郎將。及潁川張興君上，官太子少傅，顯宗數訪問經術，弟子遠至，著録且萬人，爲梁丘家宗。傳京氏者，汝南戴憑次仲，年十六，舉明經，光武召上殿，令與諸儒難説，憑多所解釋，帝善之，拜侍

〔一〕「實」：萬曆本、慶餘堂本作「豆」。

中。正旦朝賀，帝命群臣能説經者更相難詰，義有不通，輒奪其席，以益通者。憑遂重坐五十餘席。及濟陰孫期仲彧，又習古文尚書。家貧，事母至孝，牧豕大澤中，以奉養焉。遠人從學者皆執經壟畔以追之，里落化其仁讓。黄巾賊起，過期里陌，相約不犯孫先生舍。郡舉方正，遣吏賫羊酒請期，期驅豕入草不顧。戴憑時，南陽魏滿叔牙亦以京易教授，永平中，官至弘農太守。」又曰：「建武中，范升傳孟氏易，以授楊政，而陳元長卿、蒼梧人。鄭衆仲師開封人，父興。皆傳費氏易，其後馬融季長扶風人。亦爲其傳。融授鄭玄康成，北海高密人。玄作易注，朱漢上曰：「康成傳馬融學，多論互體。」荀爽慈明又作易傳，潁川人。自是費氏興而京氏遂衰。」

愚謂聖經雖五，聖道則一。五經博士固所當置也，一經之中，乃令各以家法教授，是雖取其專門之學，而心心有主，喙喙争鳴，未免啓自開户牖之弊矣，聖真何由而統壹也哉。四家之學，得失已不可復知，而桓公懼禮之廢，定祖辟除不就，子行之篤於義，仲彧之寧貧寧賤不願乎其外，孝以養母，讓以化俗，至使巨盜歛手，戒勿犯舍，此固易學之餘事，亦足以見秉彝好德之良心，雖盜賊不容泯滅，灑然可喜者也。漢末四家卒以湮微，而費氏獨存，其學又无章句，惟以彖、象、繫辭、文言參解上下經，先儒至謂凡以彖、象、文言參入卦中者皆祖費氏古經，變亂實已權輿於此，卒大壞於康成、輔嗣之徒，又可爲之一慨矣。

魏吴晉元魏唐〔一〕

費直　鄭玄　王弼　韓康伯　孔穎達

王弼受授可考，餘王肅、管輅、虞翻、郭璞皆莫可知。

魏東海郯人王肅子雍將軍。撰定其父成侯朗所作易傳，列於學官。本義所引有曰「王肅本」者是也。魏山陽王弼輔嗣尚書郎。注易上下經，孫盛論曰：「易之爲書，窮神知化，非天下之至精，其孰能與於此。況弼欲籠統玄旨者乎。故其叙浮義則麗辭溢目，造陰陽則妙賾无間，至於六爻變化，群象所效，日時歲月，五氣相推，弼皆擯落，多所不關，雖有可觀者焉，恐將泥夫大道。」魏書注曰：「弼注易，往往有高麗言。」朱漢上曰：「弼盡去舊

〔一〕萬曆本、慶餘堂本多「諸儒」二字。

說，雜以老、莊之言，於是儒者專尚文辭，不復推原大傳，天人之道自是分裂不合。」進易解表。鼂氏曰：名公武，號昭德〔一〕，有郡齋讀書志自序。「東京荀、劉、馬、鄭皆傳費氏學，王弼最後出，或用鄭説，則弼亦本費也。」石守道曰：「王弼多取康成舊説，爲之訓解。今之易蓋出於費學也。」金君卿亦曰：「弼出於馬、鄭，馬、鄭出於費氏。太原王濟曰：「弼爲人淺，不識物情，初與王黎、荀融善，黎奪其黄門郎，於是恨黎，與融〔二〕亦不終。正始十年，曹爽廢，以公事免。秋遇厲疾亡，時年二十四。」晉穆帝時，范甯常〔三〕謂：「王弼、何晏之罪深於桀、紂。」或以爲貶之太過，甯曰：「王、何滅棄典文，幽沉仁義，游辭浮説，波蕩後生，使搢紳之徒翻然改轍，以至禮壞樂崩，中原傾覆，遺風餘俗，至今爲患。桀、紂縱暴一時，適足以喪身覆國，爲後世戒，豈能迴百姓之視聽哉。故吾以爲一世之禍輕，歷代之禍重。自喪之罪小，迷衆之罪大也。」魏平原管輅公明精於卦筮，窮極幽微，占言吉凶禍福无毫髮爽，雜以覆射、説相，一皆神妙，難以枚舉。姑即一事言之。吏部尚書何晏請之，鄧颺在晏許〔四〕，晏曰：「君著爻神妙，爲作一卦，知至三公否？」又

〔一〕「昭德」原作「德昭」，今按鼂公武當號昭德，故改正。後文同誤，徑改不出校。
〔二〕「融」原作「王」，儒藏本校記據四庫薈要本及百衲本三國志改作「融」，據改。
〔三〕「常」：萬曆本、慶餘堂本作「嘗」。
〔四〕「許」：萬曆本、慶餘堂本作「所」。

曰："連夢青蠅數十來鼻上，驅之不去，有何意故？"輅曰："昔元、凱弼重華，宣慈惠和；周公翼成王，坐而待旦。故能流光六合，萬國咸寧。此乃履道休應，非卜筮所能明也。今君侯位重山岳，勢若雷電，而懷德者少，畏威者衆，殆非小心翼翼、多福之仁。又鼻，天中之山，高而不危，所以長守貴。今青蠅臭惡而集之，位峻者顛，輕豪者亡，不可不思害盈之數、盛衰之期。是故山在地中曰謙，雷在天上曰壯，謙則裒多益寡，壯則非禮勿履，未有損己而不光大，行非而不傷敗。願君侯上追文王六爻之旨，下思尼父彖象之義，然後三公可決，青蠅可驅也。"颺曰："此老生之常談，過歲更當相見。"未幾，晏、颺等果遇禍。正始元年十二月二十八日，明年正月，曹爽敗，晏等亦誅。愚謂此正所謂不假卜筮而知吉凶者也。初，輅還，具以語其舅，舅大怒，以爲狂。及敗，謂輅曰："爾何以知何、鄧之敗？前見已有凶氣未也？"輅言："與禍人共會，然後知神明交錯。鄧之行步，筋不束骨，脉不制肉，起立傾倚，若无手足，謂之鬼躁；何之視候，魂不守宅，血不華色，精爽煙浮，容若槁木，謂之鬼幽。鬼躁者爲風所收，鬼幽者爲火所燒，自然之符，不可蔽也。"此又其相法之妙處。吴會稽虞翻仲翔自稱五世習孟氏易，卜筮亦應。晉河東郭璞景純本傳云："好經術，博學高才，受業郭公，得青囊書九卷，遂洞五行天文卜筮之術。禳災轉禍，通致无方，京房、管輅不能過也。嘗撰前後筮驗六十餘事，名爲洞林。愚按洞林上中下三卷，斷法用青龍、朱雀、勾陳、騰蛇、白虎、玄武六神，及太歲諸煞神、時日旺相等推，靈驗无比。又抄京、費諸家要撮〔一〕，更撰新林十篇，卜韻一篇。大抵只用卦爻，不假文字。然雜以説相、葬法、行符、猒勝之術，往往流於技藝，而易道日以支離卑下矣。璞嘗爲王敦記室，明帝太寧二年，敦疾篤將反，使璞筮之，璞曰：『无成。』敦素疑璞助温嶠、庾亮，及聞卦凶，乃問璞曰：『卿更筮吾壽幾何。』璞曰：『思向卦明公起事，必禍不久。若住武昌，壽不可測。』敦大怒曰：『卿壽幾何？』曰：『命盡今日日中。』敦乃收璞斬之。而反，果大敗。敦尋死，黨與悉平。」或曰：景純一死可以暴白其心矣乎？曰：何爲不可。想當是時，景純之爲敦記室，欲爲温太真而不可得者也。事勢至此，惟有一死爾。夫豈不知徒諫不足以回敦之聽，徒死不足以爲國家之益，然與其偷生苟免，宛辭以對，曷若明目張膽，速亡之爲幸乎？此其所以得乎義理之正，本心之安，深有可取焉也。或又曰：景純初焉何以不擇所從也？曰：當元帝永昌改元，敦以璞爲記室參軍，璞善筮，亦知敦必爲亂，已預其禍，甚憂之矣。敦既與朝廷乖離，録朝

〔一〕「撮」：慶餘堂本作「最」。

士有時望者，置幕府。景純雖欲不從之，奈何不可得也。元魏徐遵明傳康成學，自徐氏再傳至郭茂，其後北朝言易者多出郭茂之門。此條見東萊呂氏家塾論，稱徐爲元魏大儒。唐儒學傳云：「世稱左氏有文遠，徐曠字文遠。禮有褚徽，詩有魯達，易有陸德明，皆時冠云。」今按國子博士陸德明，蘇州吴人，名元朗，以字行，僅有周易音義一十篇而已。國子祭酒孔穎達字仲達，冀州人，奉敕與顔師古籀、字也。司馬才章、王恭、馬嘉運、趙乾協、王惔〔一〕、于志寧等，同撰五經正義，四門博士蘇德融、趙弘志覆審，大概因王弼、韓康伯注爲之解釋敷演，於義理象數之學未能卓然自有所見者也。然則唐家一代之易學，從可知矣。

按東萊呂氏云：「漢以後，惟王、鄭易行世，江左及青、齊多講王易，河、汾諸儒則習鄭易。弼出康成，康成出費氏者也。」又曰：「自孔氏正義取王弼，故先代諸儒專門之學並廢，可勝歎哉。」愚謂管、郭授受雖不可考，要亦京學末泯。孔疏而後，惟弼單行，餘皆掃滅。究而論之，王雜玄，管、郭雜技，技易流於戲。郭符豆事。然管忠告鄧颺、丁謐

〔一〕「惔」：諸本同。史志或作「談」，或作「琰」。

之徒，郭諫王敦以死，猶卓卓名世。玄溺空談，卒敗壞風俗，禍人國家，流弊不可勝言矣。至如顥達，王、韓驅使庸奴耳，劣哉，无以議爲也。

宋〔一〕

陳摶—穆脩—李挺之—邵雍—邵伯温

陳摶—种放—許堅—范諤昌（伯温云：由是一枝遂傳於南方。姑記其說。）

周敦頤—程顥、程頤—楊時—羅仲素—李侗—朱熹—蔡元定、蔡淵、董銖

張載（學於二程）—朱熹

按邵氏伯温。經世書辨惑云：「陳摶字圖南，亳州真源人，唐末進士，負經綸之才，歷五季亂離，遊行四方，志不遂，入武當山。後隱居華山。周世宗召拜諫議大夫，賜號白雲先

〔一〕萬曆本、慶餘堂本多「諸儒」二字。

生。宋太宗亦召拜諫議大夫，賜號希夷先生。其易學主於意言象數，四者不可闕一，其理具見於聖人之經，不煩文字解説，止有一圖，先天方圓圖。以寓陰陽消長之數與卦之生變。圖亦非創意以作，孔子繫辭述之明矣。嗚呼，真窮理盡性之學也。世但以爲學神僊、善述人倫風鑒而已，非知圖南者也。獨先君康節先生。知之爲詳，數數有詩及之。圖南以上傳授雖不可考，蓋自伏羲、文王、周公、孔子以來，世世相傳，或隱或顯，未嘗絶也。圖南授汶陽穆脩伯長。後居蔡州，爲潁州文學參軍，少豪放，性褊少合，尹師魯兄弟從之學古文，又傳其春秋之學。伯長授青社李之才挺之，挺之爲殿中丞，授之先君。初先君築室衛州蘇門山百源之上，丁母夫人李氏憂，布衣蔬食三年。時挺之爲衛州共城令，聞先君好學苦心志，自造其廬，問曰：『子何所學？』曰：『爲科舉進取之學耳。』挺之曰：『科舉外有義理之學，子知之乎？』曰：『未也，願受教。』挺之曰：『義理外有物理之學，子知之乎？』曰：『未也，願受教。』挺之曰：『物理外有性命之學，子知之乎？』曰：『未也，願受教。』於是先君傳其學。先君嘗曰：『吾學於挺之也，忘寒暑，忘晝夜，忘寢食，忘進取，挺之有所言，吾必曰：願略開端，无竟其説，請退而思之。幸得之以爲然，方敢自言。或未也，歸而再思之，得之而後已。』」又曰：「先君之學雖有傳授，而微妙變通，蓋其所自得也。兼明意言象數之藴，而知易之體用，成卦立爻之所自。然其學卒无所傳，平時未嘗妄以語人，故當時人亦鮮克知之者，惟以自樂而已。」按童蒙訓：「邵康節以十二萬四千五百年爲一會，自開闢至堯時正當十二萬年之中數，故先生名雍，字堯夫。名雍，取『黎民於變時雍』也；其居洛陽，亦取天地之中；字堯夫，取堯時中數也。」先生著述有皇極經世書，有漁樵問對，有擊壤詩，多明易學者也。辨惑又曰：「种放明逸亦傳圖南象學，授盧江許堅，許堅授范諤昌，由此一枝傳於南方也。」濂溪先生周子名敦頤，先生初諱敦實，後避英宗舊名，改敦頤。字茂叔，舂陵人，老於九江，著太極圖及圖説及通書，闡明道學之秘。而朱漢上震又謂：「陳搏以先天圖傳种放，放傳穆脩，脩以太極圖傳敦頤。」而朱文公辨之曰：「嘗讀朱内翰進易説表，謂此圖之傳自陳摶、种放、穆脩而來。夫以先生之學之妙不出此圖，以爲得之於人，則決非种、穆所及。」又有曰：「先生不由師傳，默契道體，建圖屬書，根極領要。」先生爲南安軍司理時，年少不爲守所知。洛人程公珦攝通守事，視先生氣貌非常人，與語，知先生學知道也。因與爲友，且使二子顥、頤往受學焉，即明道先生伯淳、伊川先生正叔也，卒皆唱明道學，以繼孔、孟不傳之緒。伊川先生易傳一書，大抵多發明理義之奥，以覺來學。朱子所謂「邵傳羲畫，程演周經」，是也。

横渠先生張載子厚，大梁人，著正蒙十餘萬言，多發明易道之要，游定夫書程氏行實曰「先生聞道甚早，夫子張子厚友而師之」，則横渠之學有得於二程夫子，信矣。尹和靖語録云：「横渠昔在京師，坐虎皮説周易，聽徒甚衆。一夕，二程先生至，論易。次日，横渠撤去虎皮，曰：『吾平日爲諸公説者，皆亂道。有二程近至，深明易道，此吾所不及，汝輩可師之。』横渠乃歸陝西。」又吕與叔撰横渠行實云：「嘉祐初，見程伯淳正叔於京師。」又明道先生行狀云：「神宗嘗使推擇人才，所薦父表弟張載及弟頤爲首。」按此横渠，程夫子表叔也。伊川授之龜山先生楊時中立，龜山授之豫章先生羅仲素，豫章授之延平先生李侗愿中，延平授之晦庵先生朱子。先生於易有周易本義，復古易十二篇之舊，發明象占之學；有易學啓蒙四篇，發明圖書卦畫蓍策變占之要；又有蓍卦考誤，有論濂、洛諸儒易學，有辨蘇氏易，有論魏伯陽參同契先生嘗爲之注解。及辨麻衣、子華子、關子明諸家易學之僞。先生嘗謂：「程先生易傳義理精，字數足，无一毫欠闕，只是於易本義不相合。易本是卜筮之書，程先生只説得一理。」故先生解易，只以卜筮爲主，就象數上理義自見，而立卦生爻之因、先天後天之别，一本之康節邵子，使人得窺四聖人心傳之秘者，其功甚大也。先生之友東萊先生吕祖謙伯恭父定古易經傳十二篇一卷，音訓二卷，繫辭。精義二卷。古易，本義依之。南軒先生張栻敬夫著繫辭、説卦、序卦、雜卦解，其於麗澤講習之益深矣。

愚觀前宋一代之易學，自分爲三節。希夷先天一圖，開象數之門，至邵子經世書而碩大光明。周子太極一圖，洪理義之源，至程子易傳而浩博弘肆。然邵乃推步之法，或問易與經世同異。朱子曰：「易是卜筮，經世是推步。一分爲二，二分爲四，節節推去。」程子不言象數，至朱子斷然以易爲卜筮作，且就象占上發明義理以示教，而後一代之易，理數大明，體用兼該，使天下後世識易之所由作，不迷於吉凶悔吝之塗，而能適乎仁義中正之歸，不其幸歟。噫，朱夫子於易學傳授，其亦可謂金聲玉振，集大成者矣。

## 傳注 略舉所知。

愚合唐、宋藝文志，唐五行志，晁氏公武。昭德郡齋讀書志，鄭氏樵。漁仲通志所載易經注解，及愚收拾所得在諸志外者，互相參訂，件列於左，通計三百餘家。有見之者曰：其間往往固多有其義而亡其辭。愚應之曰：豈惟是哉。辭義俱亡者，且不止過半矣。然而儒先苦心勞思，神交羲、文、周、孔於數千百載之上而爲之辭者，固不幸影響无存，至於今日，乃復得彙登簡册，將昭示海内，使觀者景慕慨想，欲一伏誦而不可得者，甚於其書之存者焉，豈不猶愈於名與辭義俱堙没而无傳者哉！謹類次如左。

## 周漢

卜子夏易解十卷。晁氏公武。曰：「漢藝文志已无子夏書，此書約王弼注爲之者，止雜卦。景迂云：『張弧僞作。』」又按：孫氏曰：坦。「世有子夏傳，以爲親得孔子之藴，觀其辭，略而不甚粹，間或取左氏春秋傳語證之。晚又得十八占，稱天子則曰縣官。嘗疑漢杜子夏之學。及讀杜傳，見引明夷對策，疑始釋然。不然，班固叙儒林，何以止言始於商瞿子木，而遽遺卜商也哉。」見李衡易雜論。沙隨程氏曰：「子夏易傳，京房爲之箋，先儒疑非卜商也。近世有陋儒用王弼本爲之注，鄙淺之甚，亦托云子夏。凡先儒所引子夏傳，此本皆无之。熙寧中，房審權萃訓詁百家，凡稱子夏，乃取後贋本。」見外編。東萊吕氏曰：「崇文總目刓去子夏名，以祛誤惑，最爲有理。」愚又嘗讀杜鄴傳，鄴字子夏，事武〔一〕、成、元、哀間。觀其説王商，引「東鄰殺牛，不如西鄰禴祭」之義，亦

---

〔一〕「武」：諸本同。今按杜鄴卒於元壽元年（公元前二年），其生年或在漢武帝時，然若以「武」爲武帝，則又不宜省去昭、宣二帝。疑「武」爲「在」字之訛。

足爲證。今晁、孫之論，姑兩存之。沙隨説亦不可不知也。

孟喜章句十卷。漢曲臺長。唐志。

費直，漢單父長，周易注四卷，章句〔一〕。出於民間，不列學官。鄭氏通志云：「至唐，其書始出。」見隋志，唐同。馮厚齋云：「直傳『徒以彖、象、繫辭十篇之言解説上下經』。崇文總目云：『以彖、象、文言雜入卦中，自費始。』蓋誤以『之言』爲『文言』。且鄭康成易猶以文言、説卦、序卦、雜卦合爲一篇，則不始於直明矣。彖、象、繫辭之名一没，而汨亂古經，則始於此。」又周易逆刺占災異十二卷，周易林二卷。唐五行志〔二〕。

馬融周易章句十卷。漢南郡太守。唐志。

鄭康成注周易九卷。隋志。唐十卷。馮氏云：並厚齋，下同。「不知何緣增一卷。崇文總目止有一卷，唯文言、説、序、雜合四篇，餘皆逸。指趣淵確，本去聖人之未遠也。中興亡。」

許慎叔重周易異義，又作説文。汝南召陵人。按容齋洪氏續筆云：「許叔重在東漢，與馬

〔一〕「章句」：諸本同。按：據漢書，當云「亡章句」。
〔二〕按：此非新唐書之五行志，乃新唐書藝文志之五行類。

融、鄭康成輩不甚相先後，而所著説文，引用經傳多與今文不同。如所引周易，『百穀草木麗乎土』爲『草木麗乎地』，『服牛乘馬』爲『犕音備。牛乘馬』，『夕惕若厲』爲『若夤』，『其文蔚也』爲『斐也』，『乘馬班如』爲『驙如』，『天地絪縕』爲『天地氤氳』，『繻有衣袽』爲『衣絮』，書晉卦爲『𣈆』，巽爲『顨』，艮爲皀，他經皆然。」

荀爽周易章句十卷，又集九家易解十卷。漢司空。鄭志。

劉表周易注五卷。漢荆州牧。唐志。

宋衷周易注十卷。

## 魏吴

王肅注周易十卷。隋志、唐志同。崇文總目乃十一卷，題「王肅傳」，云「後人纂陸德明釋文所取者附益之，非肅本書」。

王弼注上下經六卷。分上經乾傳第一、泰傳第二、噬嗑傳第三、下經咸傳第四、夬傳第五、豐傳第六，而无「卷」字。弼門人韓康伯晉太常。注繫辭、説卦、序卦、雜卦，共三卷。東萊吕氏曰：「韓康伯、謝萬、荀柔之、蕭子政等爲繫辭注解，義疏甚多，今行于世，韓一家耳。」又載弼略例一卷，通爲周易略例卷第十。稅與權古易下論曰：「易經羲、文、周、孔之手，可謂最古，而篇第最不明。蓋漢、魏以來諸儒之罪，而王弼、韓康伯尤其罪之魁也。魏志謂鄭康成始合彖象於經，厥初猶如今乾卦附之於後，至王弼則自坤以下各爻聯綴之，標題乃以上經乾傳至下經豐傳爲六卷，已不知於義何居。及韓康伯，又以上下繫爲七八卷，說序雜爲第九卷，略例爲第十卷，使羲、文、周公上下二篇之經不成二篇，而孔子十翼不成十翼。漢、魏迄今幾千〔一〕餘年，列於學官，專置博士，无一人能辨其非者。惑世誣民，抑何甚哉。或曰：噫，其甚矣。易非王、韓，何以傳至今。子獨不見先正嘗黜與注疏異說者乎。予曰：不然。易更三聖，雖暴秦焚書，易以卜筮獲免，此殆天未喪斯文也。弼尚老、莊，仕正始而以曹爽兄弟爲主，卒坐曹爽黨而擯。康伯雖孔穎達言其親受學於王弼，然詆序卦非易之緼，已无忌憚。本朝接五代道喪文弊之後，一時名卿姑以注疏不可倍，而矯士習之輕浮，遂使世之父詔其子，師詔其弟子，錮成風俗，牢不可破，不知易經數聖人之手，豈弼仕操、懿者可污篇端，而擅古注之筆哉。矧弼踰

〔一〕「千」原作「十」，萬曆本、慶餘堂本作「千」，據改。

弱冠而廢死，康伯踰四十惑於日者而病死，乃敢干亂文王、周公之經，而輕眥孔子十翼。證以春秋，斧鉞誅絶不貸。三聖遺經，豈待若人而傳。千百年間，僅有范甯聲其罪而討之，子以予言爲過，豈是非好惡果異乎我心之所同然者哉。」與權，蜀人，魏鶴山門人。

董遇周易注十卷。魏大司農。唐志。

鍾〔一〕會周易盡神論一卷。鄭志。

荀輝周易注十卷。魏常侍。唐志。

姚信周易注十卷。吴太常。鄭志。

陸績周易注十三卷。唐志。

虞翻周易注九卷。吴侍中。唐志。

## 晉

晉易髓八卷，卦及繫辭，題「晉人撰」。馮氏曰：「前志无之，中興得於民間。」

〔一〕「鍾」原作「鐘」，通志堂本同。按正字當作「鍾」，四庫本同，今據改。

阮嗣宗易通論一卷，凡五篇。宋志。

干寶周易傳十卷。寶字令升，新蔡人，晉常侍。復別出爻義一卷。宣和四年，蔡攸上其書，曰：「其學以卦爻配月，如坎卦爲十一月，乾爻九三爲正月之類。或以配日時，如蒙爻初六爲戊寅平明時之類。傳諸人事，而以前世已然之迹證之，訓義頗有所據。若大有九三本左傳訓宴享，乃與古合。房審權亦采録。」

黄穎周易注十卷。儒林從事。唐志。

欒肇周易象論三卷。尚書郎。

宋岱周易通論一卷。荆州刺史。

楊乂卦序論一卷。司徒右長史。

鄒湛周易統略論三卷。少府卿。

顧夷等難王弼一卷。

李顒周易卦象數旨一卷。

李軌周易音一卷。尚書郎。

謝萬周易繫辭注二卷。中郎將。

袁宏略譜一卷。

宋齊梁陳元魏

宋明帝集周易義疏二十卷。集群臣講義。

張該等講疏二十卷。宋臣。

周顒周易論十卷。齊中書郎。

梁武帝周易講疏三十卷，大義二十一卷，繫辭義疏一卷。

褚仲都周易講疏十六卷。梁五經博士。

蕭偉周易發義一卷，幾義一卷。梁南平王。

蕭子政周易義疏十四卷，繫辭義疏二卷。梁都官尚書。

何胤周易注十卷。梁處士。

宋褰繫辭注二卷。梁太中大夫。

周弘正周易義疏十六卷。陳左僕射。

張譏周易講疏三十卷。陳參軍。並唐志。

崔浩周易注十卷。魏司徒。

盧景裕周易注。魏人，字仲孺。

## 唐五代附

孔穎達仲達，冀州衡水人。周易正義十四卷，又譔玄談六卷。初，奉敕譔五經義訓，號義贊，太宗詔改名正義，亦稱疏。

陸德明釋文一卷，論見傳授。周易文句義疏二十卷，文外大義二卷。見鄭氏通志。

張弘道周易傳疏十卷。

薛仁貴周易新注本義十四卷。

王勃周易發揮五卷。

魏證周易義六卷，口訣六卷。鄭志。

玄宗大衍論三卷。

李鼎祚集解十卷。唐藝文志作十七卷。皆避唐諱，又取序卦各冠逐卦之首。所集有子夏、孟喜、京房、馬融、荀爽〔一〕、鄭康成、劉表、何晏、宋〔二〕衷、虞翻、陸績、干寶、王肅、王弼、姚信、王廙、張璠、向秀、王凱沖、侯果、蜀才、翟玄、韓康伯、劉瓛、何妥、崔憬、沈驎士、盧士、崔覲、孔穎達三十餘家，又引九家易、乾鑿度義。蜀才者，顔之推云范長生也。其序云：「自卜商之後，傳注百家唯王鄭相沿，頗行於代。鄭則多參天象，王乃全釋人事。易豈偏滯天人哉。」

東鄉助周易物象釋疑一卷。自序略云：「易以乾象龍，以馬明坤，隨事義而取象。是故春秋傳辭多因物象，而六十四卦、三百八十四爻之文，觸類而長。洎甲子以六十爲運，而卦則六十四爲周。六十四而參六十，合九百六十年爲一元紀。助今採於注疏未釋、後學滯懵者，摽出目爲周易釋疑，屬象比事，約辭伸理云爾。朝散大夫、守江陵少尹、柱國、賜紫金魚袋東鄉助上。」按宋徽廟時，蔡攸上其書，論之曰：「昔者聖人之作易也，始畫八卦，而象在中。象與卦並生，以寓天下之賾。故曰『易者，象也』。蓋

〔一〕「荀爽」原作「孫爽」，萬曆本、慶餘堂本作「荀爽」，據改。此顯當爲「荀爽」，然不知何以作「孫爽」，不知避何諱，且此書他處皆作「荀爽」。此段基本録自厚齋易學，彼亦作「荀爽」。

〔二〕「宋」原作「宊」，上圖藏元本、正德本、萬曆本同，慶餘堂本、通志堂本作「宋」，據改。

俯仰以觀，遠近以取，神明之德可通，鬼神之情狀可得，而況於人乎，況於萬物乎。及因而重之，發揮於剛柔而生爻，則擬諸形容者，其變不一，而象亦爲之滋矣。故邑屋宮庭，舟車器械，服帶簪屨，下至鳥獸蟲魚、金石草木之類，皆在所擬，至纖至悉，无所不有。所謂『其道甚大，百物不廢』者，此也。其在上古，尚此以制器；其在中古，觀此以繫辭。而後世之言易者，乃曰得意在忘象，得象在忘言。一切指爲魚兔之筌蹄，殆非聖人作易前民用以教天下之意也。助之作書，盡推互體變卦之法，以明爻象，可謂有意於此矣。而學之不明，言之不擇，往往傅致牽合，先後牴牾，學者蓋疑焉。雖然，後之學易而觀象者，必自助發之，故著其書，以示來者。」愚按助說象好處，亦多已采入本義纂注云。

沙門一行周易傳十二卷。朱漢上云：「一行所集京房易，論卦氣、納甲、五行之類。」又曰：「孟喜、京房之學，其書概見於一行所集，大概皆自子夏傳出。」唐藝文志云：「一行周易論卷亡，又大衍玄圖一卷，義決一卷，大衍論二十卷。」

崔良佐易忘象。

元載周易集注一百卷。

李吉甫注一行易。

高定周易外傳二十二卷。郢子，參軍。

裴通易書一百五十卷，字又玄，士淹子。文宗訪以易義，命進所撰書。

盧行超易義五卷。字孟起，六合丞。

陸希聲易傳十卷，自序云：「予乾符初，任右拾遺，歲莫端居，夢在大河陽，曠野數百里，有三人偃臥東首，長各數十丈。有告者曰：『上伏羲，中文王，下孔子也。』三聖皆无言，意中甚愕。寤而震悸，伏而思之，河與天通，圖之自出，三聖衡列，乾之象也。天道无言，示人以象，天將以易道畀予乎？由是考覈少小以來所集諸家注説，貫以自得之理，著易傳十篇。傳上經爲第一，下經爲第二，所以列彖象之微辭，測卦爻之奥義；第三篇演文言之純精，以顯聖人之賾；第四篇伸繫辭之微意，以彰易道之神；第五篇原作易之始，述列卦之序；第六篇釋説卦之義，辨反對之相資；第七篇窮畫卦象之由，生蓍奇偶之極；第八篇明權輿律吕之本，制作禮樂之原；第九通天下之理；第十成天下之務。別撰作易圖一卷，指説一卷，釋變一卷，微旨一卷。又以易經文字古今謬誤，又撰證一卷。」云云。晁氏曰：「陸大順中棄官居陽羡，自號君陽遁叟。」馮氏曰：「本蘇州吳縣人，近世之名家云。」

郭京，唐蘇州司户，作周易舉正略三卷，今依洪氏所載二十處具于左。坤初六「履霜堅冰至」，象曰「履霜，陰始凝也」；今本「霜」字下增「堅冰」二字。屯六三象曰「即鹿无虞，何以從禽也」；今本脱「何」字。師六五「田有禽，利執之，无咎」；元本「之」字行書向下引脚，類「言」字，今誤作「言」，注義亦不作「言」字解。比九五象曰「失前禽，舍逆取順也」；今本誤倒其句。賁「亨，不利有攸往」，今本「不利」誤作「小利」。「剛柔交錯，天文也」；注云「剛柔交錯而成文焉，天之文也」，今文脱「剛柔交錯」四字。坎「習坎」；上脱「坎」字。姤九四「包失魚」；今本誤作「无魚」，注「二有其魚，故失之也」。蹇九三「往蹇來正」；今本作「來反」。困初六象曰「入于幽谷，不明也」；今本「谷」字下多「幽」字。鼎象「聖人亨以亨上帝，以養聖賢」；今本多「而大亨」三字。震象曰「不喪匕鬯，出可以守宗廟社稷，以爲祭主也」；今本脱「不喪匕鬯」一句。漸象〔一〕曰：「君子以居賢德善風俗」；今本脱「風」字。豐九四象曰：「遇其夷主吉，志行也」；今本脱「志」字。中孚象「豚魚吉，信及也」；今本「及」字下多「豚魚」二

〔一〕「象」原作「彖」，萬曆本、慶餘堂本作「象」，據改。

字。小過象「柔得中，是以可小事也」，今本脱「可」字，「事」字下誤增一「吉」字。六五象曰「密雲不雨，已止也」；今本「止」字誤作「上」字。既濟象曰「既濟亨小，小者亨也」；今本脱一「小」字。繫辭「二多譽，四多懼」；注云「懼，近也」，今本誤以「近也」字爲正文。雜卦「蒙稚而著」。今本誤作「雜」字。右見洪容齋隨筆録：「郭京有舉正三卷，云得之王輔嗣、韓康伯手寫注，定傳授真本，凡一百三節，與今流行本不同。予頃於福州道藏中見此書而傳之。又見晁公武所進易解多引用之。世罕有其書，今略取其明白者二十處載於此。」右蜀士楊鼎卿作六經圖，載此於易圖上，故具載於此。愚後得其全本閲之，其他多釐正王弼注，不若此二十處之爲明白也。

史文徽周易口訣義六卷。河南人。馮氏云：「直抄孔氏疏，以便直講，故題曰『口訣』。」

成玄英周易流演窮寂圖五卷。

蔡廣成周易啓源十卷。唐太子左諭德。皆問對語，以德常、德言、德膚、德翰分爲四目。

王隱周易要削三卷，題「丘園子王隱」，自序云：「總康成、輔嗣輩所説。曰『要削』者，言撮其要也。」稱天寶庚寅，知爲唐人。

〔一〕李翺易詮七卷，習之。先說八卦，次列六十四卦并雜卦。

邢璹撰補闕周易正義略例疏二卷。

張弧周易上經王道小疏五卷。馮氏曰：「弧，唐大理評事，其説周易有王道，爲治國、治家、治身之鑒誡，所注並依王弼。意廣義玄者，則略而取之；注簡義明者，則全而取之；先賢不言者，則添而疏之。號『小疏』。舊十卷，今存上經。」

張韓易啓玄一卷。韓，壽州司法。凡有七門，五十餘條。案揲蓍古法云「唐中書舍人張轅撰」，未知孰是。

陰弘道周易新論疏十卷。弘道，唐人，仕爲臨涣令，世其父顥之學，雜采子夏、孟喜等一十八家之説，參訂其長，合七十二篇，於易家有助云。中興、井氏皆无之，豈軼於兵間邪？

任正一周易甘棠正義三十卷。據正義而申演其説，朱梁時爲陝州大都督〔二〕。

〔一〕自此下至「竇氏周易注十三卷」，於元刻本凡一頁，上圖所藏元本脱去，而北大藏明刻本、通志堂本亦闕略。萬曆本、慶餘堂本不闕。

〔二〕萬曆本、慶餘堂本無末九字。

蒲乾貫易軌一卷，僞孟蜀人，其書專言流演，序云可以知否泰之源，察延促之數，蓋數學也。晁以道云：「劉道原十國紀年『乾貫』作『虔觀』，今兩字皆誤。」〔一〕

青城山人撰周易揲蓍法一卷。

## 唐藝文志不載何代者

蜀才周易注十卷。　崔覲周易注十三卷。

王廙周易注十卷。　竇氏周易注十三卷。

傅氏周易注十四卷。　王覬沖周易注十卷。

〔一〕萬曆本、慶餘堂本此後尚多一條：「胡明經公昌翼周易傳注三卷，周易解微三卷，見後。易傳摘疑一卷。公字弘遠，唐昭宗太子因避朱温之難，託姓於胡，登同光乙酉明經都魁進士。義不仕。倡明經學，爲世儒宗。尤邃於易，嘗謂學者曰：『知象中有理，則顯微無間；知理中有象，則體用一源。』後周廣順癸丑，徵辟不就，賜號明經公，是爲吾家鼻祖云。」慶餘堂本删改作：「胡明經公昌翼周易傳注三卷，周易解微三卷，見後。易傳摘疑一卷。公字宏遠，登後唐同光乙丑明經都魁進士。義不仕。倡明經學，爲世儒宗。尤邃於易，嘗謂學者曰：『知象中有理，則顯微無間；知理中有象，則體用一源。』後周廣順癸丑，徵辟不就，賜號明經公，是爲吾家鼻祖云。」此條不見於元刻本，頗爲可疑。且其載「體用一源，顯微無間」，乃程子所獨發明者，焉能其胡氏祖先早於程子發之？蓋胡氏子孫欲推美其祖先，竊程子之言而詐託於胡昌翼也。且胡氏自泝其鼻祖本李唐王室，慶餘堂刊本删去。

張璠周易集解十卷，略論一卷。

謝平周易繫辭注二卷。　何妥周易講疏十三卷。國子祭酒。

梁蕃周易文句義疏二十卷，易開題義十卷，開題論序疏十卷，釋序義三卷。

劉巘乾坤義疏一卷，繫辭義疏二卷。字子珪。

范氏周易論四卷。　應吉甫明易論一卷。

阮長成、阮仲容難答論二卷。

宋處宗通易論一卷。　宣聘通易象論一卷。

沈熊易譜一卷，雜音三卷。　任希古周易十卷。以上藝文志。

崔篆周易林十六卷。　張滿周易林七卷。

許峻周易雜占七卷。　尚廣周易雜占八卷。

武氏周易雜占八卷。　徐苗周易筮占二十四卷。

伏曼容周易集林十二卷。　伏氏周易集林一卷。

杜氏新易林占三卷。　梁運周易雜占筮訣文二卷。

宋

陳摶易龍圖一卷，自序云：「且夫龍馬始負圖，出於羲皇之代，在太古之先，今存已合之位，或疑之，況更陳其未合之數耶。然則何以知之？答曰：於仲尼三陳九卦之義探其旨，所以知之也。況夫天之垂象，的如貫珠，少有差則不成次序矣。故自一至於盈萬，皆累累然如絲之縷也。且夫龍圖本合，則聖人不得見其象，所以天意先未合而形其象，聖人觀象而明其用。是龍圖者，天散而示之，伏羲合而用之，仲尼默而形之。始龍圖之未合也，惟五十五數，上二十五，天數也，中貫三、五、九，外包十五。盡天三、天五、天九，并五十之用。後形一、六无位，上位去一，下位去六。又顯二十四之爲用也。兹所謂天垂象矣。下三十，地數也，亦分五位，言四方中央也。皆明五之用也。上位形五，下位形六。十分而爲六，五位，六五三十數也。形地之象焉；坤用六也。六分而幾〔一〕四

〔一〕「幾」：張理象數圖説所引作「成」。按此段文字多處「幾」字似皆爲「成」之譌，下文「五行幾數四十」尤可證（六七八九十，五行之成數，相加爲四十）。

象，成七九八六之象也。地六不配。謂中央六也。一分在南邊六幾少陽七，二分在東邊六幾少陰八，三分在西邊六幾老陽九，惟在北邊六便成老陰數。更无外數添也，所謂不配也。在上則一不用，形二十四；在下則六不用，亦形二十四。上位中心去其一見二十四，下位中心去其六亦見二十四。以一歲三百六旬，周於二十四氣也，故陰陽進退皆用二十四。後既合也，天一居上爲道之宗，地六居下爲氣之本；一六上下覆載之中，進四十九數爲造化之用也。天三幹地二地四爲之用，此更明九六之用，謂天三統地二地四，幾九，爲乾元之用也。凡幹五行幾數四十，是謂「大衍之數五十，其用四十有九」也。三若在陽則避孤陰，在陰則避寡陽。成八卦者，三位也，謂一三五之三位。二與四只兩位，兩位則不成卦體，是无中正，不爲用也。○二與四在陽則爲孤陰，四二是也；在陰則爲寡陽，七九是也。三皆不處之，若避之也。大矣哉，龍圖之變，岐分萬途，今略述其梗概焉。」

愚案龍圖序，希夷正以五十五數爲河圖，則劉牧乃以四十五數爲圖，托言出於希夷者，蓋亦妄矣。

王昭素撰易論三十三卷。其書以注疏同異互相難詰，蔽以己意。愚謂此書專辨注疏同異，往往只是文義之學，而朱文公語録云：「太祖一日問王昭素：『乾九五飛龍在天，利見大人，常人何可占得此爻？』昭素曰：『何害。若臣等占得，則陛下是飛龍在天，臣等利見大人，是利見陛下。』此説得最好。」以此觀之，解中説象占必有可觀者。開封酸棗人。

麻衣道正易心法宋志。四十二章，章四句，句四言，題「希夷先生受并消息」，李壽翁刊於當塗。乾道間，南康戴師愈孔文始爲之跋以行，未可據也。按朱子云：「麻衣心易，如所謂雷自天下而發，山自天上而墜之類，皆无理之妄談。所謂一陽生於子月而應在卯月之類，乃術家之小數。所謂由破體煉之乃成全體，則爐火之末技。所謂人間萬事悉是假合，又佛者之幻語爾。其他比〔一〕比非一，不容悉舉。要必近年術數末流道聽塗説，掇拾老佛醫卜諸説之陋者以成其書。夫麻衣爲方外之士，然其爲希夷所敬如此，則其爲説必有奇絶過人者，豈若是之庸瑣哉。」跋麻衣易節文。又曰：「予爲此説後二年，假守南康，有前湘陰主簿戴師愈者來謁，即及麻衣易説，其言暗澀，殊无倫次。問其師傳所自，則曰得之隱者。彼不欲世人知其姓名，不敢言。復問之邦人，皆

〔一〕「比」原作「此」，通志堂本、慶餘堂本作「比」，據改。

曰書獨出戴氏，莫知所自來。後至其家，見几間有所著雜書一編，讀之則辭語氣象宛然麻衣易也。予以是始疑僞作者即此老。既歸取觀，則最後跋語固其所爲，而一書四人之文，體製規模乃出一手，然後始益信所疑之不妄矣。」再跋節文。○又云：「戴既死，某在他家借得渠所作易圖看，皆與麻衣相應，將逐卦牽合取象，畫成圖子。需卦畫作共食之象，以坎卦一畫作卓子，兩陰爻作飲食，乾三爻作三人向之食。訟卦則三人背飲食坐。蒙卦以筆牽合六爻，作小兒狀。大率可笑如此〔一〕。」

范諤昌大易源流圖一卷，其說先定納甲之法，以見納音之數。又譔證墜簡一卷，謂諸卦彖、象、爻辭、小象、乾坤文言，並周公作，自文言以下孔子述也。朱漢上周易叢說極辨其非。諤昌，建溪人。晁公武云：「如震卦象辭内，云脱『不喪匕鬯』四字，程正叔取之。漸上六疑『陸』字誤，胡翼之取之。自謂其學出溢浦李處約，李得於許堅，其書類郭京舉正。」天禧中，毗陵從事。

胡旦周易演聖通論十六卷，其說多引注疏及王昭素論，爲之商確。旦字周父，濱州人，知

〔一〕「牽合六爻，作小兒狀。大率可笑如此」：北大藏正德本作「牽合六如此小兒」，通志堂本、四庫本因之。蓋明刻所據底本已殘闕。萬曆本、慶餘堂本不誤。

制誥。

胡瑗周易口義十卷，繫辭、説卦二卷，授其弟子，記之爲口義。大抵祖王弼。字翼之，號安定先生，國子監直講。泰州人。愚按語録：「或問天行健。朱子曰：惟胡安定説得好。因舉其説曰：天者乾之形，乾者天之用。天形蒼然，南極入地下三十六度，北極出地上三十六度，狀如倚杵。其用則一晝一夜行九十餘萬里，人一呼一吸謂之一息，一息之用〔一〕，天行八十餘里。人一晝一夜有三萬三千六百餘息，故天行九十餘萬里。天之行健可知。」觀此，則先生解中好處甚多也。又按晁公武云：「此解甚詳。或云門人倪天隱所纂，非其自著也。无繫辭等解。」

石介周易口義十卷。馮氏曰：「建本作解義説，本王弼旨。」字守道，號徂徠先生。傳孫明復學。直集賢院。

阮逸作易筌六卷，凡三百八十四筌。太常丞。

歐陽脩易童子問三卷。愚按：歐公不信圖、書，以爲怪妄，又因圖、書之疑，并與繫辭不

〔一〕「用」：慶餘堂本作「間」。

信，以爲非夫子作，見於童子問中。朱子嘗謂此是歐公无見處。

王安石易解十四卷。宋志。按晁氏曰：「王安石三經義皆頒學官，獨易解二十卷，自謂少作，未嘗以取士。故紹聖後復有龔原、耿南仲注易各二十卷，并介甫易三書行場屋。」又按程氏遺書：「介甫以武王觀兵爲九四，大无義理。兼觀兵之説，亦无此事。」又曰：「介甫以『知至至之』爲九三知九五之位可至而至之，太煞害事，使人臣常懷此心，大亂之道，亦自不識湯、武『知至至之』，只知至其道也。」

司馬温公光易説一卷，繫辭説二卷。按朱子云：「嘗得温公易説於洛人范仲彪炳文，盡隨卦六二之半，其後缺焉。炳文言使人就謄公手藁，適至『而興亡之』，故所存止此。後數年乃得全書，云好事者於北方互市得版本，始亦喜其復全。今不无疑，然亦无以考真僞也。」

伊川先生程頤易傳六卷。晁氏曰：「朱震言頤之學出於周敦頤，敦頤得之穆脩，亦本陳摶，與邵雍本同。然考其辭不及象數，頗類胡瑗耳。景迂云胡武平、周茂叔同師潤州鶴林寺僧壽涯，其後武平傳其學于家，茂叔則授二程，與震言不同。」馮氏曰：「先生示門人曰：止説得七分，後人更須自體究也。」

康節先生邵雍皇極經世書十二卷。朱文公語録曰：「經世以元經會，以會經運，以運經世。」又曰：「邵子之學，只把『元會運世』四字貫盡天地萬物。」又作叙篇系述二卷、觀物外篇六卷、門人張嵎記雍言。觀物内篇解二卷、雍之子伯温作。辨惑一卷。伯温作。晁公武云：「經世起於堯即位之二十二年甲辰，終於周顯德六年己未。編年紀興亡治亂事，以符其學。又有觀物篇系于後。其子伯温解。」

横渠先生張載易説三卷。馮氏曰：「坐虎皮講易，不知此書子厚晚年以所得删正耶，或好學者以門人所記偶與正蒙類爲此書也？多所發明，二程有所未到處。」

蘇軾易傳九卷，晁氏謂：「東坡毗陵易傳十一卷，其學出於父洵，且謂卦不可爻别而觀之，其論卦必先求其所齊之端，則六爻之義未有不貫者，未嘗鑿而論也。」馮氏曰：「洵作此傳未竟，疾革，命軾卒其業。」愚按：文公有辨蘇氏易，即此書也。嘗觀聞見録：「晁以道問東坡曰：『先生易傳當傳萬世。』曰：『尚恨其不知數學耳。』」東坡亦可謂不自欺者矣。

劉牧周易解十二卷，晁氏志作十五卷。又譔卦德通論一卷，宋志有。又譔鉤隱圖一卷。晁志作三卷。按晁氏曰：「仁宗時言數者皆宗之。慶曆初，吴秘獻其書於朝，田況爲序。

此易解也。」又曰：「鉤隱圖五十四圖，并遺事九。歐公序，其文不類。」愚嘗見其鉤隱一書，自易置河圖、洛書二圖外，餘皆破碎穿鑿。江西李覯泰伯只存其圖書及八卦三圖，餘盡删去，且云：「牧又注易，所謂新意者，合牽象數而已。其餘則援輔嗣之意而改其辭往往。」此即所謂易解十五卷是也。易置圖書之非，愚已辨之，見後辨惑。〔一〕

宋咸易補注十卷，易訓三卷，王劉易辨二卷。至和中，咸以既補注易，以其餘百餘篇大可疑者三十有六，題曰易訓，謂訓其子而已。康定元年，自序易辨曰：「近世劉牧既爲鉤隱圖，以畫象數，盡刋文王，直用己意代之，業劉者實繁，謂劉可專門，王可焚竄，咸聞駭之，摘乾坤二卦中王、劉義及鉤隱圖以辨之也。凡二十篇，爲二卷，題曰王劉易辨云。」按宣和四年，蔡攸上其書曰：「咸引正義以辨，然穎達專以弼爲宗，非所以辨二家之得失。至謂孔子不繫小象於乾卦，以尊文王、周公，不知易本各自爲篇，豈孔子旨哉。咸嘗注楊子法言，糾李軌之誤五百餘義，蓋亦工於訶人者。」咸屯田郎中。〔二〕

〔一〕此小注，北大藏明刻本、通志堂本皆闕。萬曆本、慶餘堂本不闕。

〔二〕此小注，北大藏明刻本、通志堂本皆闕。萬曆本、慶餘堂本不闕。

白雲子述周易元統十卷，不著名氏。其書成於慶曆乙酉歲，大略謂：乾坤陰陽之根本，坎離陰陽之性命；坎爲乾之遊魂，離爲坤之遊魂。仲尼云「遊魂爲變」，神機泄矣，易道明矣。乃作元統。其一明混元，其二明五太，其三明天地，其四述乾坤，其五示龍圖，其六畫八卦，其七衍揲蓍，其八明律候，其九敷禮樂之元，其十説序卦之由。凡二十八宿、五行、十日十二辰、四時八節、六律六吕、三統五運，以至一人之身五藏六氣，皆總而歸之於易。故備存之，以廣異聞云。臣蔡攸謹上。

徐庸周易意藴凡例總論一卷，周易卦變解二卷。庸，東海人，皇祐初撰，以注疏漶〔一〕漫，故著論九篇，始於易藴，終於大衍。又卦變序云：「皇祐初，述周易凡例，粗驗彖辭，然未罄萬事之變。閲唐李氏所集諸儒易注，遂成周易卦變解二卷，益明卦有意象，爻有通變，以矯漢、魏諸儒旁通互體推致之失。」

鮮于侁周易聖斷七卷，字子駿。晁氏云：「本王弼、劉牧，時辨其非。云『衆言殽亂折諸聖，故曰聖斷』。」

〔一〕「漶」：萬曆本、慶餘堂本作「汗」。

呂大臨易解一卷，有統論數篇，无詮次，未成書也。藍田人，學出程氏。字與叔，號芸閣先生，微仲親弟。

游廣平易説，學出程氏。酢字定夫，建安人。

楊龜山易説，學出程氏。時字〔一〕中立，謚文靖公。延平人。

朱震集傳十一卷，易卦圖三卷，叢説一卷。字子發，號漢上，居蒙泉。宋藝文志序易云：「漢以來言易者局於象數，王弼始據理義爲言。李鼎祚宗鄭玄排王弼，國朝邵雍亦言象數，及程頤傳出，理義彰明，而弼學淺矣。張載、游酢、楊時、郭忠孝雍皆祖頤。高宗時，朱震爲集傳，其學以頤爲宗，和會雍、載之論，合鄭、王之説爲一，兼取動爻、卦變、互體、五行、納甲，至鄭剛中爲窺餘，兼象義。」〔二〕馮氏曰：「毛伯玉力詆其卦變、互體、伏卦、反卦之失，謂如乾五爲坎，坎變離，離爲飛，故曰飛龍之類，切中其膏肓云。」愚謂：變互、伏反、納甲之屬，皆不可廢，豈可盡以爲失而詆之。今觀其取象亦甚有好處，但牽合走作處過多，且是文辭煩雜，使讀者茫然不能曉會。朱文公嘗謂：「漢上

---

〔一〕「字」前原有「中」字，慶餘堂本無，底本蓋衍，據删。

〔二〕此序文不見於今宋史藝文志，蓋即宋人所修國史藝文志。宋修國史多次，而其藝文志每類皆有小序。

解如百衲襖相似。以此進讀教人主，如何曉。」看來漢上自是一老儒，无書不讀，无事不曉，只是不善作文，窒塞不通爾。漢上進表謂「起政和丙申，成於紹興甲寅」，首尾十九年。噫，亦難矣。讀者未可甚忽諸。

郭忠孝易解二卷，四學淵源論三卷，凡四十篇，曰總論、曰諸卦論、曰諸卦雜説。字立之，號兼山先生，河南人。

郭雍易説。字子和，號白雲先生〔一〕，兼山子也。馮氏曰：「雍放浪長楊山谷間，嘗詔不起，亦著易説。自序云：『其先人受業伊川二十餘年，念其學殆將泯絶，於是潛稽易象，以述舊聞。紹興辛亥歲序。』不以象爲卦辭，而直循王弼之名，以爲孔子自言其象，泥於卦變，毛伯玉不以爲然。切謂郭氏雖嘗學於程門，而其學不著。至其子自相祖述，爲一家之學，未爲无得於易，而非伊、洛之舊。聞和靜云：忠孝自黨事起，不與程先生往來，卒亦不致奠。」

鄭汝諧周易翼傳二卷，蓋謂孔子翼文王之經，此則翼伊川之傳。字舜舉，自號東谷。

〔一〕「先生」：通志堂本作「山人」。

陳希亮制器尚象論一卷。長於易，謂韓康伯著十三象，徒釋名義，莫得尚象之制，故作論以明之。蜀人，天聖中第進士，仕至太常少卿。又辨劉牧易一卷。鄭志。

陳良獻周易發隱二十卷。嘉祐中自序云：「第一卷首序乾坤，至十二卷有疑義者，輒著於篇，所以尊卦德也。自第十三卷至末，明天地之數、陰陽五行之變，所以終其要也。」

石汝礪乾生歸一圖十卷，嘉祐中撰，取乾爲生生之本，萬物歸於一也，畫圖著論。晁氏志作二卷，云：「先辨卦象爻象之别，後列數圖，頗雜釋老之説。」英州人。

鮑極周易重注十卷，治平中撰，右司諫鄭獬表進，秘閣校理錢藻序，宣和秘書少監孫近重行改定，取贊附經之末，以全一家之書。極，建昌軍司户。

王逢易傳十卷，學宗王弼，爲介甫客。號廣陵，爲國子直講。

龔原易續解義十七卷，晁志云二十卷。一十五卷後乃雜義，有釋卦、釋彖、釋象、辨重卦、辨上下位、辨上下繫等，學者多師之。字深之，工部侍郎。括蒼人。

耿南仲周易講義十卷。馮氏曰：「建本題『進周易解義』。」南仲字晞道，爲國子祭酒，開封人。

鄒浩易繫辭義二卷。字志完，兵部侍郎，常州人。

陳瓘易説一卷。馮氏曰：「切嘗從其孫大應見了翁有易全解，不止一卷也，多本卦變，與朱子發之説相類。」字瑩中，號了翁，諫議大夫，南劍人。愚按刊本只題云「了翁易説」，亦不分卷。其子正同，紹興十二年知常州，刊於官舍。

李覯易論十三篇，自序云：「援輔嗣注以解義，急乎天下國家之用而已。」又删定劉牧易圖，復詳説成六論。愚謂：不過文義之學，象數概乎其未有聞也。覯字泰伯，盱江人。

此解與鉤隱圖同刊，宋志不載。

黄黎獻略例義一卷，又室中記師隱訣一卷。獻學於劉牧，採摘其綱宗，以爲略例；又以易學於牧，筆其隱訣，目〔一〕爲室中記。又鄭氏通志云有續鉤隱圖一卷。

常豫易源一卷，范陽盧涇序云：「易之藴數，世莫得傳，劉既窺其端，常乃善紀其緒，總斯大旨，著乎六篇，命曰易源。」劉，謂牧也。字伯起，太常博士。

葉昌齡周易圖義二卷。治平中譔，以劉牧鉤隱圖之失，遂著此。凡四十五門。職方員外郎，錢塘人。

〔一〕「目」：萬曆本、慶餘堂本作「自」。

鄭夬時用書二十卷，明用書九卷，易傳辭三卷，易傳辭後語一卷。晁氏曰：「夬字揚庭，姚嗣宗謂劉牧之學授之吴秘，秘授之夬，夬又作明數、明象、明傳道、明次例、明範五篇。康節子言夬竊其父學於王豫，沈括亦言夬之學似雍云。」愚按邵伯温辨惑云：「夬，江東人，客遊懷衛，欲受教先君。先君以其志在口耳，又多慕外，不許。秦玠在河内，玠字伯鎮，知懷州，長於先君一歲，亦自稱門人，先亦從先君學，以其好任數，未許。嘗語夬以王天悦名豫。傳先君學，有所記録。夬力求之，天悦惡夬浮薄，不與。不幸天悦感疾且卒，夬賂其僕，就卧内竊得之，遂以爲己學。初著易傳、易測、明〔一〕範五經，明用數書，皆破碎穿鑿。後以卦變圖示秦玠〔二〕。沈存中筆談云：『夬書皆荒唐，獨此卦變説未知是非。其説曰：乾坤大父母，復姤小父母。乾一變生復得一陽，坤一變生姤得一陰；乾再變生臨得二陽，坤再變生遯得二陰；乾三變生泰得四陽，坤三變生否得四陰；乾四變生大壯得八陽，坤四變生觀得八陰；乾五變生夬得十六陽，坤五變生剥得十六陰；乾六變生歸妹本得三十二陽，坤六變生漸本得三十二陰。乾坤錯綜，陰陽各三十二，生六十四卦。後因見兵部員外郎秦玠論之，

〔一〕「明」原作「宋」，據上文及易學辨惑，當爲「明」之誤，故改。

〔二〕「玠」原作「价」，四庫本作「玠」，按作「玠」是，今據改，後同此。

玠駭然曰：「夬何處得此法？」又謂自得之異人。玠曾遇一異人，授此數，歷推往古興衰運歷皆驗。西都邵某聞其大略，已洞吉凶之變。此人乃形之於書，必有天譴。此非世人得聞也。』夬竊書，秦實知之，乃爲此言，亦近乎自欺矣。夬入京師，補國子監得解，省試策問八卦次序，夬以所得説對，擢優等登第，調太原府司録。以贓敗，遇赦，復事遊謁，卒以窮死。」

房審權集易義海一百卷，集鄭玄至王安石凡百家，摘取其專明人事者爲一編。或諸家説有異同，輒加評論，附之篇末。宋志不載。馮氏謂熙寧間蜀人。

李衡易義海撮要十二卷。愚按婺州教授周汝能、樓鍔識其書曰：「乾道間，江都李公衡屬意於易，得蜀房生義海，删之以爲撮要。經、繫辭、説、序、雜集解，凡五始，以家名者百，公略其半，以卷計亦百。今十有一，第十二卷雜論一。是又創於公手，以補房生之闕者。公自御史來守婺，鋟諸版。教授周某、劉某識之。乾道六年十一月望日也。」今宋志載撮要而不登房生百卷，使堙没无傳，亦可惜哉。然曰義海專明人事，則象數之學必非所備矣。

張汝明易索十三卷，每卦以「索曰」釋經，外有觀象、觀變、玩辭、玩占、叢説，通十三卷。

字舜文，登元祐壬申第，知岳州卒。游定夫志其墓。其説支離，蓋以意逆之也。吉州左利人。

張汝弼易解十卷，紹聖中撰。字舜元，泉州教授，莆陽人。馮氏曰：「按紹聖二年，章惇劄進其周易解義九卷，今建本二十五卷，賜葆光處士。三年，授福州司户参軍，充泉州州學教授。黄裳、龔原皆序之，稱其明於象數。古今之説，閲之殆盡，未能當意。默誦繫辭二十年，一日釋然而悟，得大例幾百條。毛伯玉云：『其易專主輔嗣，今觀其義，亦主卦變，如朱子發。』」

王晳周易衍注四卷，周易綱旨二十篇。名卦在第二，謂伏羲作八卦，則八卦之名伏羲所制也，因而重之，則六十四卦蓋亦然也。或假其象，或舉其義，或以一言而定，或以二字而成，隨義象名之也。蔡攸上其書曰：「晳著易衍注，又撮綱要成此書，其論名易之義，信能不惑於多岐者。末有脱誤一篇，大率稽述郭京、范諤昌之説，間出己意，斷以去取。」晳，兵部郎中、集賢校理。

太學十先生易解。林疑獨慎微、吴子進、袁志行、李元量、劉仲平、路純中、洪成季、陳子明、鄭正夫、閻彦升，共成一書，凡十二卷，又有説卦以後論三卷，亦有發明處。

四李先生周易全解十卷，説卦以後三卷。李彦章元達、李端行聖與、李舜由彦安、李士表元卓，合成一書。宣和四年序者，不著其名，謂四人者俱有職於庠序，則太學講義也。

太學周易新講義三十七篇，統例一卷，不著其人。紹聖丁丑中都本。

太學直解繫辭十二卷，不著其名。

右四書皆三舍時學舍講義也。

劉鄭注周易六卷，集劉牧、鄭夬二家所著，集者不知名。

李平西河圖一卷。政和中。

牛師德撰先天易鈐太極寶局兩卷。自云傳康節，學於温公，而説近術數。宋志不載。

晁説之撰古周易八卷，已見前。太極傳五卷，晁志作六卷。因説一卷，太極外傳一卷。其學本康節，自云初學京房，後遇楊賢寶〔一〕，得其傳，初著商瞿傳，亡之，建炎中再作此。又有玄星紀譜一卷。撰温公玄曆及康節太玄準易圖。合而譜之，以見雄以首準卦，非出於私意。蓋有星候爲之機栝，且辨古今諸儒之失。並晁氏讀書志。晁氏名説之，字以道，號景迂，濟北人，得康節學。東坡以著述科薦之，官至徽猷閣待制兼侍讀，乃公武之從父也。

---

〔一〕「楊賢寶」原作「楊賓寶」，形近致誤，據郡齋讀書志，當爲「楊賢寶」。按：楊賢寶，邵雍門人，宋元學案有傳。

晁公武易故訓傳十八卷。宋志。名公武，字子政，彭城人。高、孝朝官至尚書，直敷文閣。

張根解義九卷，序論五卷，雜説泰論。字知常，號吴園先生，鄱德興人。

夏休周易講義九卷。馮氏曰：「其説以言、動、制器、卜筮四尚之説綜而通之，以乘、承、比、應爲例。會稽人，中興時紹興府進士。

李授之周易經解通義三十卷，每卦之首各著論一篇，以言一卦之大要，又著論十篇，明易之旨趣。紹興初，知簡州。

李莊簡易詳説十卷。名光，字泰發，謚莊簡。紹興初謫嶺南，著書，自號讀易老人。淮澧錢沖之序其後云：「其學自劉元城，名安世，字器之。元城學於司馬君實。」

沈該易小傳六卷。每卦别爲一論。按宋藝文志序云：「該本春秋左氏傳占法，論爻變。檜黨之鷹犬者，以主和議，紹興中檜死，高宗首召相，該爲左僕射。」字元約，湖州人。

都潔周易變體十六卷。宋志。馮氏作「周易説義十四卷」。馮氏曰：「潔父爲一邦師法，尤粹於易，以所聞於父者爲之傳，先於理而次以象義，每卦終又爲統論。程可久云：『都聖與少卿作周易變體，推廣沈丞相小傳，如觀之九五，不言「觀我生，君子无咎」，獨論剥六五「貫魚以宫人寵」，推廣過當。亦不皆然也。』」潔字聖與，知德慶府，其父郁，字子文，終惠州教官，丹陽人。

胡銓周易拾遺十卷。宋志。馮氏作「周易傳十卷」。字邦衡，號澹庵，敷文閣直學士，吉州人。

鄭東卿大易約解九卷，又易説二卷。宋志。馮氏作「周易疑難圖解三十卷」。馮氏曰：「一本稱『合沙漁父』。紹興丁巳自序云：『爲朋友講習而作，始得富沙丘先生告東卿曰：易理皆在畫。於是日畫一卦，置坐右，周而復始。歷五期而得有所入，醫算卜筮之書、神仙丹竈之説、經傳子史凡與易相涉者皆博覽之，不泥其文字，而一采其旨意，以求吾之卦畫。』丘先生嘗有詩云：『易理分明在象中，誰知易道畫難窮。不知畫意空箋注，何異丹青欲畫風。』東卿字少梅。丘先生名程，字憲古，建陽人。憲古之學傳鄭東卿，東卿之學傳潘冠英，潘説十三卦處内象極當，而少梅所譔无之。蓋聞之鄉人于公梁國輔，于親受之潘也。」

劉翔易解六卷。宋志。馮氏作「易卦解義二卷」。馮氏曰：「紹興十五年表進，監學官看詳云『通達經旨，附近人情，間出新意，議論不詭，旁涉史傳，援證明白，特差福州教授，書藏禁中』。洪邁景盧序。」翔，福州水口人。

間丘昕易二五君臣論，馮氏曰：「昕字逢辰，與胡寅明仲在三舍爲友，同出胡文定公之門。此書明仲多潤色之。其説謂：卦以六爻而成，二，臣也，五，君也，二、五君臣正體也。若以陽居陰爲九二，則臣有時而失之彊；以陰居陽爲六五，則君有時而失之弱。蓋作於紹興間，意有所屬也。乾道辛卯歲，張栻序其書。」

胡五峰先生易外傳。自屯至剥，多引史事，苦无經旨。名宏，字仁仲，文定公安國之子。

張浚紫巖居士易傳十卷，内第十卷係讀易雜記，主劉牧説。紹興三年四月六日定本成。

嘉定庚辰，曾孫獻之，刊於春陵郡齋。

張南軒先生栻易説十一卷。學出五峰，以周、程爲宗。

廣平李椿觀畫所見上下，魏鶴山序。按朱文公跋李壽翁遺墨云：「侍郎李公玩心於易，以没其身。平居未嘗深斥異教，而間獨深爲上言：『天地變化、萬物終始、君臣父子夫婦之道、性命之理、幽明之故、死生之説，盡備於易，不當求之无父无君之言，以傷俗化。』易所謂『默而成之，不言而信』，其公之謂歟。」沙隨云：「張魏公罷督府，使屬官李侍郎椿筮之，遇頤之賁。李曰：雖不再用，却无他慮，以之卦有終莫之陵也。」椿字壽翁，吏部侍郎，洛州人。劉清之題云：「李公尉衡山時，遊胡文定公之門。」鶴山序云：「公名椿，字壽翁。師友淵源之自，則文定胡公父子云。紹定戊午序。」愚按：書名「觀畫」，多逐卦摘解。

蘭廷瑞漁樵易解十二卷。自序稱：「白云溪箋。釋上下經六卷，繫辭二卷，說、序、雜一卷，圖說二卷，外編一卷。自謂於先儒未嘗蹈襲，未嘗求異，唯其是而已。始於紹興己卯，成於淳熙己酉，三十餘年。又譔日月運行二圖說一編，无階自進於九重，欲傳諸方册，則漏洩神機，必致天禍，未免與糞土俱腐云。」廷瑞字惠卿。

程大昌易原十卷。宋志。

鄭剛中周易窺餘十五卷。宋志。紹興壬申自序云：「集今昔易學，編次尊乾坤不論，起自屯蒙。大要以象求爻，因爻識卦。易自商瞿至漢、魏不可勝計，大概象、義二者。李鼎祚專明象變，集三十餘家而不及義；王弼盡掃象變，不用古注，專以意訓。二者最不合。然有象則有義，訓義者不可遺象。義不由象出，是猶終日論影而不知形之所在。近世程正叔易傳、朱子發集解，二者頗相彌縫，但易道廣大，有可窺之餘。吾兼而取之。」此其大旨也。剛中字亨仲。

孫份周易先天流衍圖十二卷。紹興中。

張行成元包數總義二卷，述衍十八卷，通變四十卷。愚按：宋藝文志所載如此。嘗觀張氏進易書狀云：「臣自成都府路鈐轄司幹辦公事，丐祠而歸，杜門十年，著成述衍十八卷，以明伏羲、文王、孔子之易；翼元十二卷，以明揚雄之易；元包數義二卷，以明衛元嵩之易；潛虚衍義十六卷，以明司馬光之易；皇極經世索隱二卷，觀物外篇衍義九卷，以明邵雍之易；通變四十卷，取自陳摶至邵雍所傳先天卦數等四十圖，敷演解釋，以通諸易之變。始若殊塗，終歸一致。上件書七種，總二十六册，分九十九卷，謹隨狀上進以聞。」觀此，則七易之目及其所以作之之意可得而識矣。

李椿年易解八卷，疑問一卷。宋志稱「直院李公」。馮氏曰：「門人吴説之編集易解八卷。又有吴説之問疑二卷，其説專主王輔嗣。」字仲永，嘗直學士院，饒州浮梁人。淳熙乙未，龍圖閣學士。胡銓序。

王大寶周易證義十卷。多是文義，間亦及象。雖明白而甚淺近。孝宗時，嘗以諫議大夫兼侍講。上語公曰：「高宗謂卿邃於易，故有是除。」潮州人，官至禮部尚書。字元龜。

曾穜大易粹言十卷。裒二程、横渠、廣平、龜山、兼山、白雲七先生集爲一書。淳熙二年自序略云：「伏羲以前理具而畫未形，伏羲以後畫形而理遂晦，至文王、周、孔始有辭，後人當使言與心通，理因辭見，明道行事，然後爲得。甚者以象爲本，以數爲宗，以卜筮爲尚，吁，可怪也。」大要主理義，不及象數。穜字獻之。宋志。

劉彝易注一部。字執中，福州人。沙隨外篇云：「解解九二『田獲三狐』云：『狐者性伏而情姦，晝伏夜動，小人道也。』」

程迥沙隨古周易章句十卷，周易古占法并圖一卷，外編一卷，古易考一卷。宋志。沙隨外編云：「隆興甲申，迥易傳成，占之，遇巽之恒。」宋州人，號沙隨。

晦庵先生朱子周易本義十二篇，淳熙四年丁酉歲成。易學啓蒙二卷，淳熙十三年丙午成。先是，先生乙巳歲復丐祠差，主管華州雲臺觀，故啓蒙序稱「雲臺真逸手記〔一〕」。

吴仁傑周易圖説三卷，集古易一卷。宋志。號斗南，平江崑山人。

吕東萊先生祖謙定古易十二篇一卷，音訓二卷，周易繫辭精義二卷。

楊萬里誠齋易傳二十卷。淳熙戊申自序。其子長孺云：「自戊申至嘉定〔二〕甲子脱藁，閲七年而後成。」嘉定元年，臣寮申請，得旨給劄其家抄録，宣付秘閣。其説本之程

〔一〕「記」：日本藏本此字漫漶，正德本、通志堂本皆作「記」，萬曆本、慶餘堂本作「書」。按：據朱熹原本，作「記」是。

〔二〕「嘉定」：慶餘堂本作「紹熙」。按嘉定無甲子，據今南宋刻張先生校正楊寶學易傳卷首奏劄及厚齋易學所引，當爲「嘉泰」。又按下句「七年」亦非，計其年數當爲十七，奏劄及厚齋易學引皆作「十七年」。

氏，而多引史傳事證。

李過西溪易說十二卷。慶元戊午自序謂：「幾〔一〕二十年前。」有序說。馮氏云：「其說多所發明，然以毛漸三墳謂信，誤矣。晚喪明，棄科舉授徒。」過字季辨，興化人〔二〕。愚觀西溪易說，已多采入纂注。但其於乾卦彖辭下便掇入彖傳，彖傳下便掇入文言，釋彖處繼以大象，又分爻辭附入小象，又附入文言。今姑載初九一爻於此：「初九，潛龍勿用。象曰：『潛龍勿用，陽在下也。』文言曰：『潛龍勿用，下也』，『潛龍勿用，陽氣潛藏』，『初九曰潛龍勿用，何謂也？子曰：龍德而隱者也。止。是以君子勿用也』。」坤文言亦然。王弼本乾卦存鄭氏，初亂古易之例，至此又汩亂无餘矣。吁，欲速好逕之弊一至於此乎。

王童溪易傳三十卷。名宗傳，字景孟譔〔三〕。童溪，其自號。淳熙丙午，林焞序。由太學上舍免省，臨安人。

〔一〕「幾」：疑「成」字之誤。今西溪易説自序已闕，四庫本厚齋易學亦引作「幾」，無由驗證。

〔二〕底本「人」字後有「子」字，正德本、萬曆本、通志堂本、四庫本、慶餘堂本皆無，據删。

〔三〕慶餘堂本無「譔」字。

林栗周易經傳集解三十二卷。文言、説卦、序卦、雜卦本文共爲一卷，河圖洛書八卦九疇大衍總會圖、六十四卦立成圖、大衍揲蓍解共爲一卷。淳熙十二年乙巳表進，付秘書。其説每卦必兼互體、約象、覆卦，爲太泥爾。字黄中，直寶文閣，權發遣潭州。愚謂：林於説象及文義處多有可采，只是於象數之源、畫卦之大綱領自不能曉云。

趙善譽易説二卷。馮氏曰：「趙自謂：『一意孔子之易，本畫卦命名之意，參稽卦爻彖象之辭，以貫通六爻之義，而爲之説。』趙嘗爲寺丞，將漕湖陰。宋朝宗室前此未有推明易學者，蓋自善譽始〔一〕。」

李舜臣周易本傳十三卷。宋志。愚按淳熙己亥，其自序大概謂：易元起於畫，有畫故有卦與辭，隨辭釋義，泛論事理，不復推之於畫，以驗古聖人設卦命辭之本意，失之遠矣。故今所著，皆因畫論心，主文王、孔子之學〔二〕，以推衍大易之用。此其大旨也。其間發明好處甚多，説象有功，但絶不及占。舜臣字子思，號隆山先生，蜀人。

〔一〕按此句實皇帝賜趙善譽之褒語，見厚齋易學。翼傳割裁厚齋易學之提要，致語意斷裂。
〔二〕「學」：正德本、慶餘堂本作「心」，通志堂本、四庫本誤作「必」。

馮時行易論三卷。馮氏曰：「著於篇首，止六十四卦，常言易之象在畫，易之道在用，其學傳仙井李舜臣。孫男興祖編。」時行字當可，號縉雲先生，蜀人。朱文公曰：「馮當可，字時行，名字未知孰是。蜀人，博學能文。其集中有封事云：『願陛下遠便佞，疎近習，清心寡欲以臨事變。此興事造業之根本，洪範所謂「皇建其有極」者也。』其論皇極，深合鄙意。然則余前所謂千有餘年无一人覺其謬而正之者，亦近誣矣。按此句乃先生皇極辨中語。但專經之士无及之者，而文士反能識之，豈汩没傳注者不免於因陋踵訛，而平心誦味者有時而得之文字之外耶。慶元丙辰臘月甲寅，東齋南窻記。」愚謂：縉雲有易解，多好，豈先生未及見耶？然則專經之士固不爲傳注所汩没矣。

馮椅厚齋易輯五十卷。愚按：宋藝文志序云：「寧宗時，嘉定十年。馮椅爲輯注、輯傳、外傳，猶以迥、熹未及盡正孔傳名義，乃改『彖曰』、『象曰』爲『贊曰』，以繫卦之辭即爲彖，繫爻之辭即爲象。王弼『彖曰』、『象曰』乃孔子釋彖象，與商飛卿説同。又改繫辭上下爲説卦上中，以隋經籍志有説卦三篇云。」

馮去非周易二篇通故圖説，又有易象通義，其文專解上下經、大象。去非，厚齋子。

吕氏大圭學易管見，上下經五卷，及繫辭上下二卷。專取陰陽對卦並論，如乾坤作一論，夬剥作一論之類。發明多好。

蔡節齋周易經傳訓解，經二篇，以孔子大象置逐卦辭之下，彖傳又置大象之後，小象置各爻辭之後，皆低一字，以别卦爻辭，繫辭、文言、説、序、雜卦皆低一字書。又有卦爻辭指論六十四卦大義，易象意言雜論卦爻十翼，象數餘論雜論易大義。開禧乙丑陽月自序。

劉彌邵易藁一部，其猶子後村諱克莊爲之序，略曰：「初余爲建陽令，季父訪余縣齋，因質易疑於蔡隱君伯静。後二十年而書成，大旨由朱、程以求周、孔，由周、孔以求羲、文，其篤守師説，雖譙天授、袁道潔无以加也。季父名彌邵，字壽翁，中歲棄科舉，閉門著書，行義爲鄉先生。家貧，食於學，卒年八十二。」

項安世周易玩辭十六卷。宋志。

王炎讀易筆記十卷，宋志。總説、象例在前，經傳皆有解。紹熙、慶元間。

吴博士周易詳解四十卷，只是敷演文義，爲時文之學，全不及象數。紹興丁丑書成。名巘，字元綬。

毛璞易傳十一卷。馮氏曰：「瀘川毛璞，字伯玉，嘗持潼川憲節。嘉泰元年自序：『始涉其流，稍出己見，參以諸家之長，讀之三十年，知先儒之説與前日所見皆未也。觀象畫卦以定其名，因卦分爻以盡其變，此名與此卦相當，此辭與此爻相得，而因以得義、文、孔子之心。』又有外傳易辨，歷詆先儒之失，似亦有理。然所略取者，王弼、二蘇，蓋所學異也。」

袁樞易學索隱一卷。宋志。

劉列〔一〕虚谷子解卦周易傳三卷。隆興初。宋志。

葉適周易述釋一卷。

柴中行説卦以後解。字與之，齋名强恕，由太學上舍登第，終秘書監，饒州餘干人。

易祓易學舉隅四卷。嘉定四年三月朔，自題其書。長沙人。

戴端明周易總義上下二卷，不具卦及卦爻辭，只每卦説一大段。嘉定癸未，其子料院椾刊於秣陵郡學。

陳隆山大易集傳精義六十四卷，无繫辭以後。讀易綱領上中下三卷，通十門。按隆山所

〔一〕「列」：今宋史藝文志作「烈」。

集：王輔嗣、孔穎達、周濂溪、司馬涑水、邵康節、程明道、程伊川、張横渠、蘇東坡、游廣平、楊龜山、郭兼山、郭白雲、朱漢上、朱文公、張南軒、楊誠齋、馮縉雲，又兩家失姓名，但稱先正、先儒别之。〔一〕自序於寶祐甲寅年。綱領三卷，甚正大可觀。所集解詳贍，時及象數。學齋史繩祖序云：「學者不可曰『易論理不論數，數非易所先』，善易者必當因羲圖之象數而明周經之彖、象，方能得其門而入也。」誠哉是言。

楊簡慈湖己易一卷。宋志。愚嘗見其書，只作一大篇，自包羲氏一畫陽一畫陰論起，至八卦六十四卦爻辭。大要謂：「易者，己也。以易爲書，不以易爲己，不可也。」桐江詹阜民子南刻之新安郡齋。或曰：「林黄中文字可毁。」朱文公曰：「却是楊敬仲文字可毁。」往往謂己易也。

錢時周易釋傳二十卷。其説謂：「伏羲、文王、周公之經既孔子爲之傳，後學何可容喙。

〔一〕慶餘堂本有雙行小注：「内一家與吾家家藏鼻祖明經先生傳注相同。緣其未書姓名，故得之者遂遺忘爾。」按前處唐五代傳注一節，慶餘堂本增入「胡昌翼周易傳注」一條，胡昌翼爲五代人，反有程子「體用一源」之説，是爲妄誕不足信，辨已見前注。此處又謂大易集傳不載姓名者爲胡昌翼，果如是，胡一桂何不言及？益知胡氏子孫家藏周易傳注爲僞書。

敬於傳下略釋本旨，而曰周易釋傳焉。」按其書，文辭雖明而意義亦淺略，不及象數。釋物理間有可采者。嘉熙二年喬丞相薦進其書，稱其「山居讀書，理學淹貫，嘗從故寶謨閣學楊簡游，蓋其所深許與」。以秘閣校勘，嚴州人，姓錢名時，融堂扁〔一〕也。

湯建周易筮傳。名建，字達可，號藝堂先生，温州樂清人。交楊慈湖門人，知惠州。趙汝馭作序，淳祐四年刊於郡齋。

魏文靖公周易集義六十四卷。按集義自周子、邵子、二程子、横渠、張子，程門諸大儒吕藍田、謝上蔡、楊龜山、尹和靖、胡五峰、游廣平、朱漢上、劉屏山，至朱子、張宣公、吕成公，凡十七家，内一家少李隆山子秀嵒心傳，他易不預。如郭氏父子以背程門，出之。鶴山嘗曰：「辭變象占，易之綱領。而繇象爻〔二〕之辭、畫爻位虚之列〔三〕、互反飛伏之説、乘承比應之例，有不知，則義理闕焉。」方虚谷回跋紫陽書院重刊本曰：「僉書樞密院事、魏文靖公鶴山先生了翁。華父，前乙酉歲，以權工部侍郎，坐言事忤時相，

〔一〕「扁」：疑當作「號」。

〔二〕慶餘堂本「爻」後有「象」字。

〔三〕「列」：慶餘堂本作「別」。

謫靖州，取諸經注疏摘爲要義，又取濂、洛以來諸大儒易説，爲周易集義六十四卷。仲子太府卿静齋先生克愚。明己，壬子歲以軍器監丞出知徽州，刊要、集義，置於紫陽書院。至丙子歲，書院以兵興廢，書版盡毁。尋草創新書院於城南門内，獨集義僅有存者。今戊子歲，山長吴君夢炎。首先補刊，會江東詳刑使者大原郝公良弼。深嗜易學，謂聖人之經得濂、洛而後明，五經、論、孟之原，非此諸大儒明之，則終於不明，又非有如文靖公囚縶閑僻，類聚成編，則世之學者亦无從盡知之也。欣然割資相工，得回所藏墨本，率總府郡類協助。兩山長及書院職事生員醵泉訖役，半年而畢。甚矣，易道之難明也。漢至今，説易何啻千家。王弼、孔穎達注疏單行，朱文公嘗深闢之，讀者亦鮮。李鼎祚易百家解義，間見子夏、京房、虞翻、陸績、蜀才之説，及鄭玄互體，殆无復續之者。天棐斯文，濂、洛有作。周元公曰『无極而太極』，謂太極无形而有理，以明易有太極之有，不可以迹求，而翼之以通書。爲臨川陸學者，肆爲强辯，則不可與讀易。邵康節始因大傳分言伏羲先天、文王後天，如兩儀四象乃伏羲畫卦次第，陽一陰二爲兩儀，太陽一、少陰二、少陽三、太陰四爲四象，惟文公獨得其傳。爲永嘉葉學、三山林學者，别爲臆説，葉適正則，著習學記言，於易謂：「其爲三陽也，天也，此易之始畫也。」已不識伏羲畫卦次第云云。葉說淺而陋，全不識儀象之義。林，則林栗也。則不可與讀易。程純公、正公師元公，其説易，張横渠撤皋比以遜之。正公嘗教人讀王弼、胡瑗、王安石易，伊川易傳出，則已削三家之疵而極其粹，苟猶泥於三家而不求之程傳者，則不可與讀易。純公、正公皆嘗聞康節加一倍法，而正公易傳不屑於象數，惟專於義理，故文公謂『邵明羲易，程演周經』，蓋欲學者合邵、程而爲一也。豈惟邵、程當合爲一。藍田吕與叔初師横渠，後與上蔡謝顯道、廣平游定夫、龜山楊中立在程門爲四先生。乾用九、坤用六凡例，惟與叔、歐陽文忠公及文公三人知之。漢上朱子發本程傳而加象數，和靖尹德充登正公門，最後將易簀，授以易傳，其論生卦惟許康節。五峰胡仁仲得之上蔡，傳之南軒張宣公，而東萊吕成公與文公、宣公相友。文公於是集諸儒之大成，易本筮占，乃述本義；啓蒙圖説多得之邵學者。不於此混融貫通焉，則亦不可與讀易。文靖公之在渠陽，欲以東萊讀詩記爲讀易記，謂辭變象占乃易綱領，而繇彖爻象之辭、畫爻位虚之别、互反飛伏之説、乘承比應之例，一有不知，則義理闕焉。是書濂流洛派，凡十六家，合爲一觀之，而易道備矣。先是，温陵曾穜刊易粹言，七家中有郭兼山易。文靖公謂忠孝易書去程門遠甚，自黨論起，絶迹程門，殁不設奠，故并其子雍曰白雲易者黜之。臨卭張行成，文靖公鄉人，爲邵易注解通變、經世、觀物等書，世稱『七易』，疑文公未之見，别爲一支以備旁考。今文靖公集百卷，明易之義者二百三十章有奇，易學最精。嘗與參知政事西山先生真德秀。希元，文公門人輔廣漢卿，相講磨渠陽山中，苦於書不備，友難得，是書猶欲有所裨益而未爲序引者，此也。雖然，聖如仲尼，天不使之居周公之位，大儒如濂、洛諸老，天亦不使之得路於一時，而使之立言於萬世，其有以夫。權遠柄國二十七年，窮貪極謬，屏文靖公卧五溪窮處踰七稔，不如是，後世焉得是書而讀之。至元二十五年十月既望，後學方回謹跋。」

潘夢旂周易解。姑蘇人，嘉定辛未自序。楊文焕易解集之。

楊文焕五十家易解四十二卷。字彬夫，釋褐狀元，秦州人。

徐古爲易解六卷。初特補迪功郎。咸淳三年，進易解後，除正言江東憲。名直方，字立大，號古爲先生。■〔一〕諱元杰，紹定壬辰狀元，嘗從董槃㵎學。只上下經，前有進表及圖象。

〔一〕「■」：元本作此墨丁，正德本作「左」字，萬曆本、通志堂本、四庫本、慶餘堂本空一格。據宋史卷四二四徐元杰傳，徐元杰「有二子直諒、直方」，則此墨丁當爲「父」字。四庫薈要本作「父」字。

趙虚舟易通六卷，或問類例圖象四卷。名以夫，字用父，理宗朝尚書侍讀。其易大概論九六七八變與不變，或静吉動凶則勿用，動吉静凶則不處，動静皆吉隨寓皆可，動静皆凶无所逃於天地間，此聖人所以樂天知命不憂也。

易山齋周易總義。名芾，字彦章，號山齋。門人陳章序云：「以總義名者，總卦爻之義而爲之説也。紹定間侍經筵，日常以是編陪講。」

孫嶸叟讀易管見一部。首列圖、書、先後天等圖及説，仍逐卦爻解説，不著經文，末有繫辭舉易。會稽人，咸淳丙寅倅新安，刊於郡齋。

## 宋不記何朝者

皇甫泌周易述聞一卷，隱訣一卷，補解一卷，精微三卷，又有紀師説、辨〔一〕，通爲八卷。

「泌」一作「佖」。

湯渙周易講義三卷。宋志。

〔一〕「辨」：郡齋讀書志作「辨道」。

顧思叔周易義類三卷。以先儒論易不同，因取其辭説同者，分目而聚之，凡九十五條。

「思叔」一作「叔思」。

凌唐佐周易集解六卷。朝奉大夫。

劉概周易繫辭解十卷。有論，以括其大意。字仲平。

陳禾周易傳十二卷。中興書目：「宋朝〔一〕正言陳禾撰。」

陳君周易六十四卦賦一卷。黄宗旦云：「潁川陳君，不知其名。」

林德祖易説九卷。

任奉古周易發題一卷。成都鄉貢。

林儵易説十二卷，右迪功郎。變易八卷，變卦纂集一卷。馮氏曰：「其説考甲子通數，以八卦定八方，並以乾坎艮震巽離坤兑爲序。」

吴沆易璇璣三卷，每卷九篇，雜論易義。又有易禮圖説，前有或問六條，圖説十二軸。

字德遠，號環溪先生，臨川人。環溪，其所居也。

---

〔一〕「宋」：厚齋易學引中興書目作「本」。蓋胡氏由宋入元，抄録厚齋易學時遂改「本」爲「宋」。

朱氏三宮易一卷，其説分圓宮、方宮、交宮，以初、二、中、四、終爲序。

李遇〔一〕删定易圖序論六卷。

陳高八卦數圖二卷。宋志。

鄭克揲蓍古法一卷。宋志。

李中光易説十卷。宋志。

洪興祖易古經考異釋疑一卷。宋志。

李宏三家易解三十卷，有進表，合小舟、芸閣三家解刊之。宏於雜卦後又有餘意一卷。

潼川府路轉運判官，蜀人。

李開易解三十卷，合李宏、芸閣三家，題小舟先生李開去非譔。

尹天民易論要纂一卷，又易説拾遺二卷。

陸秉周易意學十卷，云：「欲撰易決緼難就，今祇成此書，亦如前代傳易之説。」自題曰

〔一〕按：此非朝代不詳者。李覯即李遇。胡氏蓋抄自厚齋易學。其前已著録「李覯易論十三篇。又删定劉牧易圖，復詳説成六論」。按厚齋易學引中興書目：「删定易圖序論六卷，本朝李覯撰，凡十九篇。」其實李覯有删定易圖序論六篇，又有易論十三篇，合爲十九篇（見直講李先生文集）。中興書目篇次分合失考。

「齊魯後人」。按「秉」字，馮氏〔一〕作「東」字。

吴秘周易通神一卷。

劉文郁易宏綱八卷。宋志。

王日休龍舒易解一卷。宋志。

鄒巽易解六卷。宋志。

胡有開周易解義四十卷。宋志。

林至易裨傳一卷。宋志。

商飛卿易講義一卷。宋志。

王洙周易言象外傳十卷。馮氏曰：「集諸儒易説，折衷其理，依卦變爲類。自序云：『論次舊義，傳以新説，以弼傳爲内，摘其異者，表而正之，故云外傳。』」字原叔，應天人，以通經侍講天章閣。睢陽人。〔二〕

〔一〕「氏」原作「氐」，元刻本、正德本同，通志堂本改作「氏」，據改。

〔二〕一言應天，一言睢陽者，小注前半段抄録厚齋易學，後蓋本直齋書録解題曰「翰林學士睢陽王洙原叔撰」。睢陽屬應天府。又，慶餘堂本闕自「應天人」以下小注。

## 藝文志不載姓氏者有書名无姓氏。

羲文易論微六卷。〔一〕

周易解微三卷，言八卦象辭。〔二〕

周易外義三卷，多按諸經傳釋注疏之言。

周易卦類三卷，本王弼注，分八卦畫，以類相從。

周易傳四卷，自乾至益。

周義口義六卷，書多殘闕。

周易樞十卷，釋六十四卦。

〔一〕今宋志作「樂只道人羲文易論微六卷，姓名亡」。

〔二〕厚齋易學引中興書目：「周易解微三卷，不知作者，言八卦繫辭。」按宋元學案卷三七有朱震門人徐畸小傳，徐有周易解微三卷。又慶餘堂本多「按此書係家藏鼻祖所遺，子姓相傳，不書祖名，故得之者遂失其名」一句，意謂此乃胡昌翼所作，然胡一桂何以不知之？辨詳前。

繫辭要旨三卷。〔一〕

周易正經明疑録一卷，設問對二十九。

## 鄭氏通志不載何代者

姚規易注七卷。　勾微易廣疏三十六卷。

縱康會同正義三十二卷。　陳皐易論十卷。

劉不疑易卦正名論一卷，廣論一卷，大義疑問二十卷，大義一卷，發義一卷。

劉遵易異議論十卷，外義三卷。

黄晞聱隅先生易義十卷。　黄通易義一部。

李賁易義二卷。　周孟陽易義一卷。

張簡易義略九卷，又易問難二十卷。

李覺大衍義一卷。　沈季長易義上下二卷。

〔一〕今宋志作「一卷」。

葉子長易義二卷。

張元易發題一卷，明疑録一卷，啓玄一卷。

沈濟河圖洛書解一卷，伏羲俯仰畫卦圖一卷。

丘鑄周易卦斷一卷。　王錡周易口訣六卷。

史之證周易口訣六卷。

楚泰周易析微通説三十卷，又周易質疑卜傳三十卷。

郭思永周易明文十卷。

孫坦周易析緼一卷，易箝精義二卷，周易通神二卷。

周鎮周易精微三卷，窮理盡性經一卷，周易義證總要二卷。

莊道名略例疏一卷。

桂詢略例一卷，周易編例十卷。

顧棠周易義類三卷，經類、卦類雜纂各一卷。

**雜見旁證**此三十一家，不載代與書名。馮厚齋易解載在「雜見旁證」下。今附此。

房玄齡　龍昌期　盧穆　代淵　薛温其

陳文佐　楊繪元素。　汪沿　于弇見房審權義海。

白氏　集氏　范氏　虞喜　王符

王嗣宗　徐邈　荀悦　崔憬　劉子政

劉歆　劉昞　向秀子期　劉賓　張晏

張軌　侯果　孟康　崔〔一〕子玄　服虔見晁以道古易。

虔薛音注見陸德明引。　皇甫謐見正義。

愚嘗觀東漢儒林傳曰：「光武遷洛陽，其經牒秘書，載之二千餘兩，自此以後，參倍於前。靈帝世，又詔諸儒正定五經，刻於石碑，爲古文、篆、隸三體書法，注：古文，孔子壁中書；篆，始皇時程邈所作；隸，亦邈所獻者。以相參檢，樹之學門。後董卓移都，吏民擾亂，自

〔一〕「崔」：馮椅厚齋易學即作「崔」，胡氏襲之。據釋文當作「翟」。慶餘堂本改作「翟」。

辟雍、東觀、蘭臺、石室、宣明、鴻都諸藏典册文章，競共剖散。及王允所收而西者，載七十餘乘，道路艱遠，復棄其半矣。後長安之亂，一時焚蕩，莫不泯盡。」嗟夫，使有天下國家者誠垂意斯文，嘉惠承學，取五經善本及諸家傳注有足採者，又推及子史傳記有所關繫者，或鐫金石，或刻梨棗模印，頒降州縣學校，又詔許經生學士得關假謄録，以相教授，則家有其書，人講其學，尚何至有一時泯盡〔一〕之憂哉。計不出此，徒知爲秘府之藏，而不知藏於普天之下，使老師宿儒容有聞名，未見之書盡付諸烈焰，可勝惜哉。然聖經大道如元氣周流宇宙間，初未嘗間斷。或托之於其人，或寄之於其書，或藏之廣谷大川，或淪之遐陬僻壤，或散之燈火弦誦，紬繹著述於頹簷敗屋之下，若有神物護持，終不使泯没无傳者。誠以斯文有關於天典民彝之重，世道升降、生民休戚、山川草木鳥獸魚鼈慘舒皆繫焉，有非偶然之故者矣。愚家藏周易傳注，自程、朱〔二〕外僅十餘家，聞吾州桂巖戴君夢薦。晉翁伯仲城居，滕君羽。山臞家多書，踵門而請，獲觀數十餘家；繼又訪諸前集賢學士鄱陽初庵傅公，左塾邂逅王君希旦。葵初，初庵同里人。最嗜談易，多見

〔一〕「泯盡」：萬曆本、慶餘堂本作「盡泯」。
〔二〕萬曆本、慶餘堂本衍「暨鼻祖明經」五字，胡氏子孫所增入也。

所未嘗。因得件列於此，其間有宋志、晁記所不載者，通計若干家，往往古今撰述未止是也，姑以所見例之。大抵義理文辭勝，發揮卦爻象數變占者寥寥。間見魏、晉以下談玄，无庸論矣。猶幸先代周、程、張、邵諸大賢勃興，其於象數理義之學直接千載不傳之秘，而集厥大成於我朱夫子，作爲本義、啓蒙二書〔一〕，以繼往聖，開來學。先君子又幸師傳〔二〕之的，研精覃思，遂成啓蒙通釋一編，窮極奥妙，發揮无隱。而一桂愚不肖，又嘗附録纂注本義，書梓行有年，尚恨孤陋寡聞，象釋疎略。歲在戊申，復謀之先同志鄱陽汪君標。國表，得其手編諸家易解一鉅集，其書名經傳通解，以馮厚齋易解爲柢本，又博求今古解增入。如〔三〕愚説間亦蒙采取，合理義象占爲一。若干卷，今藏於家。鄱陽銀峰人，入太學登第，歸附後曾宰鄉邑，後隱居著述，舊與先世爲懿戚云。又自搜訪二十餘家，重加纂輯，毗於附録，用潰於成。然由今觀之，安得盡閲前書，取其有補於卦爻象占者以翼聖經，以存講習之爲得哉。螢爝增輝於太陽，亦區區之志焉爾。小子狂簡，先覺之士幸進而誨諸。

〔一〕「書」：萬曆本、慶餘堂本誤作「者」。

〔二〕萬曆本、慶餘堂本「師傳」前衍「家學」二字，亦其家刻本增入，自我張大之意顯然。

〔三〕慶餘堂本「如」後衍「鼻祖明經傳注、先君子暨」。

# 周易本義啓蒙翼傳下篇

新安前鄉貢進士　胡一桂　學

## 舉要

理太極，理之原。

朱子曰：「伏羲、文王於易只就陰陽以下説，夫子却就陰陽上發出太極來。」易固是如此，先儒未嘗道破者，蓋以釋「極、儀、象、卦」章從前未有分曉，至康節邵子傳先天易，而後此章大明。朱子從而別白言之，其義益著。易本是卜筮書，有卦爻便可占，然伏羲畫卦，豈但從陰陽起，必有不雜乎陰陽而實不離乎陰陽者以爲之本，太極是也。此易之有太極，如木之有根，水之有源，必知乎此，則六十四卦三百八十四爻莫不有極至之理在乎其間，所謂六爻之動三極之道者是也。文王、周公雖嚴「利貞」、「貞吉」之教，貞固便是理，但未嘗明説出太極來。夫子恐人惟以卜筮視易，則卦爻涉於粗淺，故推本太極爲言。太極者是理至極之稱，而爲兩儀、四象、八卦、六十四卦、三百八十四爻之祖。太極之名一立，而仁義禮知、性命性情、道德道義、忠信誠敬中正之教發揮无餘藴矣。文言乾九二言「仁〔一〕誠」，坤六二言「敬義」，九三言「忠信」，乾彖言「性命」，説卦言「盡性至命」，文言言「性情」，上繫言「知崇禮卑」，言「道義之門」，説卦言「和順道德」，彖傳、小象傳説「中正」尤多。程沙隨謂：「易以道義配禍福，故爲聖人之書。陰陽家獨言禍福而不配以道義，詭遇獲禽則曰吉，得正而斃則曰凶，故爲技術。」斯言最有補於世教，且使小人、盜賊不得竊取而用，深得夫子之遺意。吁，以夫子之教如是，而後世猶有流爲技術之歸者，微夫子之教，如之何其可也。

氣陰陽，氣之始。

有理而後有氣，氣之始莫先於陰陽。天地、山澤、雷風、水火，與夫人物之萬殊，何莫非

---

〔一〕「仁」：萬曆本、慶餘堂本作「信」。蓋萬曆本刻者以爲文言「庸言之信，庸行之謹」一節未見仁字，故改作「信」。其實下一節有「仁以行之」，且改作「信」，則正文「仁義禮知」之「仁」無着落。

陰陽之爲者。易卦爻辭无「陰陽」二字，惟中孚「鳴鶴在陰」，特以地言。夫子於乾初九爻小象曰「陽在下也」，於坤初六爻小象曰「陰始凝也」。陰陽之稱始於此。蓋以六十四卦陰陽之初爻，即太極所生三十二卦陽儀之一、三十二卦陰儀之一，以爲諸卦初九、初六，陰陽爻之通例也。陰陽之名一立，而動靜健順、剛柔奇偶、小大尊卑、變化進退往來之稱亦由是而著矣。

數圖書，數之原；蓍策，數之衍。掛扐定卦爻，過揲定乾坤策，及期、萬物之數。

河圖、洛書爲作易而出也。河圖自一至十，爲數五十五；洛書自一至九，爲數四十五。合之爲數者百。蓍策大衍，爲用易而生也。王道得則其叢生滿之數亦百，可當大衍之數者二。則作易與用易之不外乎數者，非出於聖人之私意也，天也。故圖、書位數隱然與羲、文之卦合。而揲蓍掛扐之數所以定卦爻。過揲之數所以定乾坤之策，而當期之日，合二篇之策，而當萬物之數也。或曰：數固不能相通歟？曰：圖、書不過列數之文，以發聖人之獨知而已，蓍則真可執持分合進退以求卦，故不同也。然圖、書虛中之外，其餘九六七八可以畫卦，蓍策用全用半之後亦視九六七八以別陰陽之老少，二者初未嘗不同也。若夫卦爻中言數，例只就六爻取，别見于後。

易

易有以理言者，有以書言者。以理言，即太極是也；以書言，即兩儀、四象、八卦、六十四卦、三百八十四爻，與夫文王之卦辭、周公之爻辭，皆書名者也。曰「易有太極」，此「易」字以書言，謂易書之中原其始具此太極之理，所以能生儀、象、卦也。曰「易與天地準」，此「易」字不專以書言矣，謂易之道與天地準，所以能彌綸天地之道也。要之十翼中稱「易」字，以書言者爲多。文王、周公之辭无「易」字，夫子於文言及上繫第二章方稱易之名。周公爻辭不言「易」字，而於周禮却有三易之名。馮厚齋謂：「夏曰連山，商曰歸藏，周曰周易，則易乃周家之書名，文王之所命也。曰『三易』者，夏、商蒙周易之稱爾。」意恐未然。説卦謂「昔者聖人之作易」，非指伏羲乎？繫辭謂「易之興也，當殷之末世、周之盛德」，詳其名義，易之稱，其來舊矣，必非自文王而始也。况以後蒙前可也，以前蒙後可乎？

## 先天後天

乾文言傳曰：「先天而天弗違，後天而奉天時。」夫子本只因乾卦有下乾上乾，發先天後天之象，至邵子引以明伏羲、文王之易。然朱漢上謂陳摶以先天圖傳种、穆，則其稱所從來又遠矣。但邵子之意，謂「先天」者，如六十四卦，天本未嘗爲，而伏羲畫之，謂之先乎天可也；曰「後天」者，天地間已有六十四卦，文王就六十四卦内又從而序之、繫之，謂之後乎天可也。故其詩云：「若問先天一事无，後天還始著工夫。」「一事无」，只是順其自然，且如畫卦不過由太極而兩儀，兩儀而四象，四象而八卦，其重也，由八而十六，十六而三十二，三十二而六十四，只是加一倍法。至如先天八卦與六十四卦圓圖，亦不過揭横圖中前一截居南北之東，後一截居南北之西，皆未嘗致力於其間也。謂之曰「著工夫」，則文王序卦與夫八卦方位，皆若出於有意爲之，非復包羲自然之妙。然序卦與八卦方位既成之後，或反對以相因，或流行以致用，亦莫不有自然之位置，此所謂「先聖後聖，其揆一也」，何庸致區别於其間哉。

## 易尊陽卑陰

天尊地卑，陰陽固有自然尊卑之象。然於易上欲見其尊卑處，何者最爲親切？曰：自太極生儀、象、卦最可見。太極動而生一陽，然後静而生一陰，則陽已居先矣。至於陽儀之上生一陽一陰，先陽固宜也；陰儀之上當以陰爲主矣，其生一陽一陰，亦以陽居先焉。又至於四而八，八而十六，十六而三十二，三十二而六十四，其生一陽一陰，莫不先陽而後陰。於是首乾終坤，乾不期尊而自尊，坤不期卑而自卑，於此見尊陽卑陰非聖人之私意，卦畫自然之象，而亦造化自然之位也。

## 卦分爻位之陰陽

卦有初二三四五上，爲位之陰陽；初、三、五，位之陽；二、四、上，位之陰。九六爲爻之陰陽。九陽爻，六陰爻。位之陰陽一定而不易，爻之陰陽變易而無常。或以陽爻居陽位，或以陽爻居陰位，或以陰爻居陰位，又或以陰爻居陽位，皆無常也。易曰「剛柔雜居而吉凶可見矣」，又曰「上下無常，剛柔相易」，正謂是也。占法有九六七八，九爲老陽，七爲少陽，六爲老陰，八爲少陰。老變而少不變，易以變者名爻，故稱九六，不稱七八。其實每卦七八九六皆具。然初上兩爻，陽爻不言九一而言初九，不言九六而言上九；陰爻不曰六一而言初六，不曰六六而言上六。蓋初者有始之謂，上者有終之謂。言初、言上，卦之首尾可見也。又易言「陰陽」不言「陽陰」，言「終始」不言「始終」，猶言「晦朔」不言「朔晦」，言「死生」不言「生死」，取其有生生循環不窮之意也。

## 卦爻分君臣

六十四卦，乾卦純君象，坤卦純臣象。明夷卦指上六爲暗君象，紂。六五爲箕子象。外餘皆五君二臣。看來自五君外，諸爻皆臣位，特有遠近之分。説者謂四爲大臣，以其近君也，又多稱二爲臣，以其正應也。六三「或從王事」，三非臣歟？初則臣之最微者，所謂「在野曰草莽之臣」是也，亦取民象。蠱之上九「高尚其事」，又臣之隱居者焉。代淵曰：「六十四卦皆以五爲君位者，此易之大略也。其間或有居此位而非君義者，有居他位而有君義者，斯易之變。蓋聖人意有所存則主義在彼，不可滯於常例。」王晦叔曰：「不爲君位者，其卦有四：坤也，遯也，明夷也，旅也。坤對乾以明臣之分；明夷亡國，紂是也；旅失國，春秋書『公遜』、『天王出居』是也；遯去而不居，太伯、伯夷之事也。此四卦所以不爲君位也。」

爻有應不應

六爻取應與不應，夫子彖傳例也。如恒彖曰「剛柔皆應，恒」，此六爻以應言也；如艮彖曰「上下敵應，不相與也」，此六爻雖居相應之位，剛柔皆相敵而不相與，則是雖應亦不應矣；又如未濟六爻皆應，故曰「雖不當位，剛柔應也」。以此例之，則六爻皆應者八卦，泰、否、咸、恒、損、益、既濟、未濟是也；皆不應者亦八卦，乾、坤、坎、離、震、巽、艮、兑是也。二體所以相應者，下卦之初即上卦之四，下卦之二即上卦之五，下卦之三即上卦之上，上卦之四即下卦之初，上卦之五即下卦之二，上卦之上即下卦之三，此所以初應四，四亦應初，二應五，五亦應二，三應上，上亦應三。然上下體雖相應，其實陽爻與陰爻應，陰爻與陽爻應；若皆陽皆陰，雖居相應之位，則亦不應矣。江都李衡曰：「相應者，同志之象。志同則合，是以相應。然事固多變，動在因時。故有以有應而得者，有以有應而失者，亦有以无應而吉者，以无應而凶者。夬九三以援小人而凶，剥六三以應君子而无咎。咸貴虚心而受人，故六爻以有應而失所；蒙六四以无應而困吝。斯皆時事之使然，故不可執一而定論也。」又觀彖辭重在二、五，剛中而應者凡五：師、臨、升，二以剛中應五；无妄、萃，五以剛中應二。至若比五以剛中，上下五陰應之，大有五以柔中，上下五剛應之，小畜四以柔得位，上下五剛亦應之，又不以六爻之應例論也。

爻分三才

三畫卦，下爻爲地，中爻爲人，上爻爲天。六畫卦，初、二爲地，三、四爲人，五、上爲天。説卦曰：「立天之道曰陰與陽，立地之道曰柔與剛，立人之道曰仁與義。兼三才而兩之，故易六畫而成卦。」是也。

爻分中正

陽爻居陽位、陰爻居陰位爲正。初九、九三、九五爲陽爻之正，六二、六四、上六爲陰爻之正。陽爻居陰位、陰爻居陽位爲不正。九二、九四、上九爲陽爻之不正，初六、六三、六五爲陰爻之不正。

二、五爲上下兩體之中，三、四爲一卦全體之中。繫辭謂「非其中爻不備」，又指初上中間四爻言中也。剛中、柔中當位爲正，失位爲不正，皆彖傳所取。

畫爻位虛四者之别

六爻則九與六矣，六位則初二三四五上矣。而又有六畫、六虛者，何也？蓋方畫之初則爲畫，畫既成於位之上則爲爻，爻可見而位不可見，位虛而爻實也。位之虛者所以受爻，爻者已成之畫。爻與畫先後不争多，所謂「啐啄同時」是也。必以畫言之者，見得易非死物，據六爻觀之，如聖人方用手畫下，猶有活動之勢也。位未畫則爲虛位，既畫則爲爻。此四者不可彊分，亦不容无辨，要在人活絡觀之爾。

卦爻變動有三

易卦爻變動，大率有三：有變易之易，有交易之易，又有一卦中六爻上下无常剛柔相易之易。筮而得老陽重□，則變而爲少陰拆⚋；得老陰交×，則變而爲少陽單⚊。此變易之易也。先天圖左一邊本都是陽，右一邊本都是陰，左一邊一畫陰，自右一邊一畫陰來交易陽爻而成，右一邊一畫陽，自左一邊一畫陽往交易陰爻而成。其交也，乾坤各八卦，自相對而相交；兑艮各八卦，自相對而相交。離與坎對，震與巽對，相交亦然。其實非此往彼來，只是其象如此。先天八卦對交亦然。先儒從來有是説。此交易之易也。又文王卦辭中如泰卦䷊「小往大來」，否卦䷋「大往小來」之類。泰本自否卦變成，否三陰上往換得三陽下來便成泰卦；否本自泰卦變來，泰三陽上往換得三陰下來便成否卦。孔子彖傳中如隨卦䷐「剛來下柔」，隨本自否卦變成，否上九之剛下來變初六之柔成剛，換得初六之柔上去變上九之剛成柔，便成隨卦矣。又如蠱卦䷑「剛上而柔下」之類。蠱本自泰卦變成，泰初九之剛上去變上六之柔成剛，換得上六之柔下來變初九之剛成柔，便成蠱卦矣。蓋言一卦中陰陽自相上下往來，又變成一卦。此所謂「上下无常，剛柔相易」也。伏羲當初畫卦，六十四卦一時俱定，此卦固非自彼卦變來，彼卦亦非自此卦變去。聖人觀卦繫辭，偶然見有此象，又從而取之。于以見易道之變，无有終窮，而道理亦只在聖人口頭説出便是也。卦爻之變動无出此三者矣。

## 三聖取象例

易有理而後有數，有數而後有卦，有卦而後有象。理者何？太極是也。數者何？河圖、洛書、蓍大衍之數是也。卦者何？由八卦重爲六十四卦是也。象者何？乾天、坤地、乾馬、坤牛之類是也。包羲未畫之先，仰觀天文，俯察地理，近取諸身，遠取諸物，博求其象以畫卦。既畫之後，象悉在卦中，此所謂「有畫而後有象」者，指作易之後而言，易中之象也。然伏羲之象在卦中，卦即象也；文王取象，猶略乾无所取象，坤象牝馬，離象牝牛，中孚豚魚，小過飛鳥之類，寥寥可數；周公於六爻取象甚多，其要者如乾六爻象龍，屯震坎象馬之類，不可勝數，又自有所見而取，不必盡同於文王。至夫子於説卦，八卦取象如乾天、坤地、乾馬、坤牛之類，於六十四卦取大象如乾天、坤地、屯雲雷、蒙山泉之類，尤備。其間亦有括文王、周公所取例者，然而同於文王、周公者少，而所自取者多。蓋夫子夢周公心文王，參包羲於未畫，其於明〔一〕象又自有所見，不必盡同於先聖也。朱子詩云：「須知三絶韋編者，不是尋行數墨人。」得之矣。緣自先儒分經合傳之後，學者隨文苟且，混殽莫別，徑以孔子之象即文王、周公之象，遂以説卦爲祖，而六十四卦之象、三百八十四爻之象盡求合於説卦，皆有所不通矣。必知乎此，而後取象之同異如揭日月而行天，流河

〔一〕「明」：通志堂本、慶餘堂本作「名」。

漢而注地也。愚於本義後卦象圖説詳矣，姑陳其概于此。或曰：象至夫子而大備，誠如子言矣。夫子以前占者取象，如左傳所載固已多矣，奈何？愚曰：左氏傳乃傳夫子春秋之經，安知非取夫子之易象以文之乎？借曰夫子以前，如乾天坤地等象容或有之，然自左傳外他无證據。又不應以夫子之聖贊易，區區收拾先聖所取之象爲之套括，略不能自出一毫所見於其間也。況夏、商以前易无復考究，今只據易中之辭求易中之象，文王所未取者周公取之，周公所未取者孔子取之。以文王、周公所未有之象至夫子而方盡，謂之曰「象至夫子而大備」，詎不信然。左傳占辭一節，愚於本義後圖文言辨論之詳矣。

## 象爻取象例

易中卦爻及彖傳中取象，有取變體、似體、互體、伏體、反體，不一而足。變體，如小畜上九稱「既雨」，无坎而取雨象者，以上九變則爲坎也。似體，如頤似離而稱龜，大壯似兑而稱羊之類也。互體，如震九四稱「遂泥」，以自三至四互坎也。伏體，如同人彖辭稱「大川」，以下體離伏坎也。反體，如鼎卦初六爻稱「妾」，以下體巽正兑之反，初陰爻，妾也。此説愚得之婺源州判澹齋吴先生。此類皆不可省，象意方通。

## 卦有逐爻取象

如隨二、三指初爲「小子」，漸初亦稱「小子」。大過指初爲「女妻」，噬嗑、賁、壯、夬、鼎、艮指初爲「趾」，遯、既、未濟指初爲「尾」，晉、姤上象「角」，大過上象「頂」，既濟上象「首」，皆是也。他爻可類推。

## 爻有以六位取象者

易六十四卦，惟既濟一卦坎上離下，六爻之陰陽與六位之陰陽協，故曰「既濟定也」，言爻位陰陽皆定之義。餘六十三卦中，皆具坎離陰陽之位焉，又足以見日月爲易之妙。故卦中取象亦有以位之陰陽取者，初不以爻拘。如乾九三，以位言居離位之上，有「終日」、「夕」象；九四，以位言居坎位之下，有「躍在淵」象。義則昭然矣。朱漢上解乾象傳曰：「六爻，天地相函，坎離錯居。坎離者，天地之用也。『雲行雨施』，坎之升降也，『大明終始』，離之往來也。」愚因是推之，得六位取象之説焉。

## 卦德象體材義〔一〕

卦德：乾健，坤順，震動，巽入，坎陷，離麗，艮止，兑説是也。卦象：乾天，坤地，震雷，巽風，坎水，離火，艮山，兑澤是也。卦體：剛中，柔中，剛上柔下，内陽外陰，内健外順是也。卦材：剛柔、健順有彊弱之分是也。卦義：如泰便有亨通之義，蠱便有幹濟之義是也。

## 卦爻言數例

凡卦爻數目，初數之至上爲六。或以一爻爲一歲、一年：同人「三歲不興」，坎「三歲不得凶」，豐「三歲不覿」，既濟「三年克之」，未濟「三年有賞于大國」。或以一爻爲一月：臨「至于八月有凶」。或以一爻爲一日：復「七日來復」。或以一爻爲一人：需「不速之客三人來」，損「三人行則損一人」。或以一爻爲一物：訟「鞶帶三褫」，晉「晝三接」，師

〔一〕萬曆本、慶餘堂本後有「之分」二字。

「王三錫命」，比「王用三驅」，睽「載鬼一車」，解「田獲三狐」，損「二簋可用享」，萃「一握爲笑」，革「言三就」，旅「一矢亡」，巽「田獲三品」之類。見先人雜著。

易爲卜筮書

易所以知爲卜筮書者，以周禮三易皆掌於太卜之官而知之。伏羲易無文字，只是教人隨所占得卦爻，就卦爻之陰陽上看吉凶。文王、周公始有辭，分明説吉凶，説利不利。又説神怪之象，如「載鬼一車」、「見豕負塗」之類，以示人。大概是教人以忠孝正順，如所謂貞則利，不貞則不利，貞則吉，不貞則不吉。无非此意。本義坤卦六五爻「黄裳元吉」之義，便可見當時占法大旨。横渠先生謂：「易爲君子謀，不爲小人謀。」正謂此也。後之學者不説易爲卜筮書者，以爲卜筮流於技藝，爲易恥談，故只就理上説。雖説得好，但非易之本旨，與易初不相干。朱子嘗謂：「卜筮之頃，上通鬼神，下通事物，精及於无形，粗及於有象，天下道理无不包罩在其中。」開物成務之學正有賴此，奈何以爲非卜筮之書乎。夫子文言、彖傳、象傳之類雖多發明道理，然而繫辭中教人大衍之數、河圖之數，教人卜筮，象傳、説卦中教人説象，極詳且備，人皆由之而未察爾。

## 本義啓蒙主卜筮

朱子本義、啓蒙二書，只教人以象、占二事。或者乃謂：易有聖人之道四焉，有辭、變、象、占四者之分；今只説卜筮，乃是朱子之學，易道不止是也。是則然矣。然文王卦辭中於蒙、比二卦只發「初筮」、「原筮」之義。周公爻辭中，於革九五只發「未占有孚」之義。夫子繫辭曰「極數知來之謂占」，曰「大衍之數五十」，曰「蓍之德圓而神」，曰「幽贊於神明而生蓍」，説尚占之事不一而足。誠以伏羲之卦本爲卜筮作，文王、周公象爻无非占決之辭，所以周公於周禮一書論易，惟與連山、歸藏並掌於太卜之官，則易之所由作，大抵爲卜筮也審矣。故論語引恒卦「不恒其德，或承之羞」之辭，而繼之以「子曰『不占而已矣』」者，又足以見夫子謂人不知尚占之學，故不識「不恒其德，或承之羞」之義。是則夫子專以易爲尚占之書，又可見矣。奈何以爲朱子獨解作卜筮乎。何不知言之甚也。夫子所謂「聖人之道四焉」，亦説易道廣大，其用不窮，又何止於四道；而原其所由作，則本爲教人卜筮，使之決嫌疑、定猶豫，而不迷於吉凶悔吝之塗爾。可不考其本，而惟朱子之議乎。

## 周禮九簭

周禮簭人：「掌三易以辨九簭之名：一曰巫更，二曰巫咸，三曰巫式，四曰巫目，五曰巫易，六曰巫比，七曰巫祠，八曰巫參，九曰巫環。以辨吉凶。凡國之大事，先簭而後卜。上春相簭，凡國事共簭。」鄭氏注云：「此九巫讀皆當爲筮，字之誤也。更，謂筮遷都邑也。咸，猶僉也，謂筮衆心歡不也。式，謂筮制作式法也。目，謂事衆，筮其要所當也。易，謂民衆不悦，筮所改易也。比，謂筮與民和比也。祠，謂筮牲與日也。參，謂筮御與不〔一〕也。環，謂筮可致師不。先筮後卜，筮凶則止不卜。相，謂更選擇其蓍也，蓍龜歲易者與。」愚按：一釋云：更，與「更化」之「更」同，國有當更，不可不改圖；咸，謂國家有所爲感人心之事；目，謂事目，筮所當用者；易，謂旱乾水溢，變置社稷，諸侯不朝，易置其人之類；參，謂車之參乘者，或爲御，或爲右也；環，謂致師將戰，必使勇者挑之是也。可以參看。愚按：先儒一講義云：三代之易，名不同，而所占者則同於九筮，往往國事當決，不出乎九筮之外也。知此亦可識所筮之概矣。講義亡其姓名。

〔一〕阮元刻本周禮注疏「不」作「右」。

## 辭說

易繫辭上傳曰：「易有聖人之道四焉：以言者尚其辭，以動者尚其變，以制器者尚其象，以卜筮者尚其占。」夫所謂辭者何也？文王六十四卦卦下之辭，周公三百八十四爻爻下之辭是已。然愚直謂文王、周公之辭不出象、占二者。且以乾坤二卦論之：文王曰「乾，元亨，利貞」、「坤，元亨，利牝馬之貞。君子有攸往，先迷後得，主利。西南得朋，東北喪朋，安貞吉」。「乾」是卦名，「元亨利貞」是卦占，此卦有占无象，而卦之六畫即象矣。謂筮得乾而六爻不變，或一卦三爻變，則以「元亨利貞」爲占，謂其事大亨通，而利在貞正，雖亨通而不貞正，則依然不利爾。「坤」是卦名，「元亨」以下是卦占。謂筮得坤而六爻不變，或一卦三爻變，則以「元亨，利牝馬之貞」以下爲占。以「牝馬」置「元亨利貞」間，是謂象雜占中。「牝馬」，坤之象；「元亨利貞」者，坤之占也。「君子」指筮者，謂筮者若有所往，居先則迷，以坤純陰之故，在後則得，以坤承乾之故。「主利」，乾主義，故坤主利。往西南則得朋類，往東北則喪朋類，以後天八卦巽離坤兑居西南而爲陰之朋，震坎乾艮居東北而爲陽之朋。「安貞吉」者，安於西南之貞則吉。此西南、東北是象，而「得朋」、「喪朋」、「安貞吉」是占也。又以乾初九、坤初六二爻論之，周公曰「初九潛龍勿用」，「初六履霜堅冰至」。「潛龍」非象乎，「勿用」非占乎。「履霜堅冰至」，固云有象無占，而占意寓於象。分而言之，「霜」、「冰」是象，「履」、「至」是占，亦未爲不可。玩二卦二爻，无非象、占二者而已，合象、占以成句而讀之，粲然成文，則謂之辭矣。六十四卦、三百八十四爻皆然。易捨象占不足以成辭，論辭而不及象占，惟以道理解説，而謂聖人自有此一種險怪之辭，則亦真不足與言易。若「以言者尚其辭」之義，林學蒙引論語舉「不恒其德，或承之羞」以明之，朱子以爲然矣〔一〕，但於他未見有所證爾。

## 變説

夫所謂變者何也？卦爻陰陽之變也。説卦曰「昔者聖人之作易也，幽贊於神明而生蓍」，則伏羲畫卦固已贊神明而生蓍以用之矣。有蓍筮，則有九六七八。九六爲陰陽之老，七八爲陰陽之少，老變而少不變，易以變爲占，非卜筮固无由而得變。然想古人用

〔一〕據語類卷七五，此條當爲林學履所録，非林學蒙。

易，亦不盡假卜筮，而遇事之來，動以應之，必先隨意所發，主在一卦，又就一卦上隨意變爻，看變得何卦何爻，一如筮法以斷之。此所謂「以動者尚其變」也。按春秋左氏傳宣公六年，王子伯廖引易論鄭公子曼滿曰：「其在周易豐之離，弗過之矣。」間一歲，鄭人果殺曼滿。又如宣公十二年，智莊子引易論先縠與楚戰于邲曰：「周易有之，在師之臨，曰『師出以律，否臧凶』，遇敵必敗，雖免而歸，必有大咎。」及戰，果敗。後晉人歸罪先縠，殺之。之類是也。然此特尚變以論他人之事爾，往往已事亦如是，尚其變，以爲斷決焉，但於傳未見其例也。二事詳見後筮法下。

## 象類説

愚於本義後既分八卦爲象圖，而繫之以説矣。大概欲見三聖人取象不同之意。以今觀之，尚有未備，故復爲此圖，分天文、地理、人物等爲類。首文王卦象，次周公爻象，次孔子十翼中彖傳、象傳、説卦傳所取象以該之，庶乎不致有遺。朱子嘗謂易爲卜筮書，而所謂象者皆是假此衆人共曉之物，以形容此事之理，使知所取舍而已。然則繫辭所謂以制器者尚其象，特大約言之，況十三卦制器纖悉畢備，後人无復有所加矣。惟於卜筮之用至于今未已也。吁，謂象專爲制器設者，愚斯之未能信也。

## 天文類

【卦】〔一〕日【豐】〜〔二〕中，【晉】晝〜，皆取離象。雲雨【小畜】密雲不雨，雲取互兑澤之氣上蒸象，不雨取互離日而坎伏之象。

【爻】天【乾】五，【大有】上，【大畜】上，【明夷】上，【姤】五，【中孚】上，皆五上爲天象。日【離】日昃，【豐】日中。月【小畜】上九，【歸妹】六五，【中孚】六四〔三〕，皆取「月幾望」象，解見本義。雲【小過】五密雲，互兑氣上蒸象。雨【小畜】上「既〜」，變坎象；【睽】上九「往遇雨」，下有互坎象；【夬】九三「獨行遇雨」，上取兑澤象；【鼎】九三「方雨」，變坎象；【小過】五「不雨」，兑上象。霜【坤】初六，初陰象。斗【豐】二、四，取五上二陰爻四點象。沬【豐】三「沬」，小星，亦上二陰象。光【未濟】五，離日之光。

---

〔一〕按：底本墨圍，今整理以【】符號標出。萬曆本無墨圍。

〔二〕此省文符號，萬曆本、慶餘堂本直接補出「日」，下放此。

〔三〕「上九、六五、六四」：萬曆本、慶餘堂本作「上、五、四」。按胡氏稱引卦爻，或加九、六，或不加，隨文詳略之，萬曆本、慶餘堂本蓋一律改作不加。後放此，不復出校記。

天衢【大畜】上九，象雲路也。

【翼】天【乾】象，彖、象、【説卦】下並同。雷震象。風巽象。月坎象。雨雲並同。日火電並離象。天文賁彖。

## 地理類四方附

【卦】西南【坤】【蹇】【解】指坤方。東北【坤】【蹇】指艮方。西郊【小畜】兑象。南征【升】離象。百里【震】象，解見本義震卦〔一〕。野【同人】取六二地上之象〔二〕。大川【需】【訟】【同人】【蠱】【大畜】【益】【渙】【中孚】，解各見本卦。濡【未濟】坎象。

【爻】地【夷】〔三〕上，坤象。南【夷】三，離南方象。方【坤】二「直方」，坤象。西山【隨】上，西，兑象，山，伏艮象。岐山【升】四，有互兑，取象同西山。林【屯】三，取上互艮山，又有震木象。陵【同】三「高陵」，互巽爲高，三爻變艮爲陵。【震】二「九陵」象，見纂注。【漸】五，本爻變艮象。丘【頤】二，指

〔一〕萬曆本作「震卦，解見本義」，慶餘堂本作「震象，解見本義」。

〔二〕萬曆本作「同人，取二地象」，慶餘堂本作「同人，取六二地象」。

〔三〕「夷」：慶餘堂本作「明夷」，下同。按此節卦名或有減省，慶餘堂本皆補全，後放此，不復出校。

上爻艮象。【賁】五，艮象。【渙】四，互艮象。谷【困】初「幽谷」，【井】二「溪谷」之義，皆取坎下之象。石【豫】二、【困】三。豫取艮石象，困三只取爻剛象。磐【屯】【漸】[一]，震、艮陽象。郊【需】初[二]，以去坎遠取象。【同】上，取國外曰郊象。西郊【小過】五，互兑象。陸【漸】三，艮路象。道【小畜】初、【履】二。道，路也，只取初二爲地之象。荒【泰】二，指上坤地荒遠處。遐【泰】二，取上坤遠象。陰【中孚】二，取下卦之中位柔象。野【坤】上，郊外曰野，正上象也。沙【需】二，近坎水象。泥【需】三、【井】初、【震】四，皆取迫坎水象。塗【睽】上，泥也，取互坎象。干【漸】初，水涯也，近互坎象。穴【需】四，坎下象。窞【坎】初，坎穴象。大川【謙】初，近互坎。【頤】五，當坎位之中，以艮止不利涉。【頤】上，亦以位取，止極而動，故利涉。【未濟】三，坎體象。河【泰】二，互兑澤象。淵【乾】四，亦取坎位象。泉【井】五，坎象。冰【坤】初，陰盛象，指上六。濡【夬】三，上承兑澤象。【既濟】初，上互坎象。【既濟】上，坎象。【未濟】上，下互坎象。浚【恒】初，兑反體象。

【翼】地坤象。剛鹵兑地爲剛鹵。山、徑、路、小石皆艮象。泉水溝瀆皆坎象。澤兑象。淵訟

[一]「屯、漸」：慶餘堂本有墨圍，據補。

[二]「初」原有墨圍，按「初」指初爻，非卦名，不當有墨圍。慶餘堂本改正，據改。

象、坎象。方【觀】【復】大象「省方」。四方【離】大象「照四方」，【姤】大象「誥四方」。

## 歲月日時類

【卦】八月【臨】以一爻爲一月，臨二陽長爲十二月卦，自三爻數起，正月泰，至上爲四月乾，而陽長已極，於是一陰又生於下爲五月姤，六月遯，七月否。至八月觀，則四陰長而爲八月之卦，亦臨之反對也。七日【復】以一爻爲一日，自姤一陰生，至坤上六六陰極爲六日，於是一陽來於下，爲復之初九，是爲七日來復矣。論陽之消以月言，幸[一]其消之遲；論陽之長以日言，喜其長之速。此聖人扶陽抑陰之意。甲日【蠱】先甲三日，後甲三日。解見本卦。已日【革】「已日乃孚」，朱漢上讀作「甲巳」之「巳」，姑備一説。

【爻】三歲【同人】九三，【坎】上六，【困】初六，【漸】九五，【豐】上六，皆以一爻爲一歲數之也。三年【既濟】九三，【未濟】九四，皆以一爻爲一年。十年【屯】六二，【復】上六，【頤】六三，皆以坤土成數取象。頤互體亦坤。月望【小畜】上，【歸妹】五，【中孚】四，義見天文下。三日【明夷】初，【巽】五，以

---

〔一〕「幸」原作「辛」，正德本、萬曆本、通志堂本、慶餘堂本作「幸」，是也。胡氏纂疏復卦下注亦可證。據改。

一爻爲一日。**七日**【震】二，【既濟】二，象見前。**已日**【革】二。**庚日**【巽】五，解見本卦。**終日**【乾】三，【豫】二，以下體離位取〔一〕。【既濟】四，則以互體離取。**終朝**【訟】上，取下互離象。**夕**【乾】三，取下體之終象。**暮夜**【夬】二，取下體離位之終象。**旬**【豐】初，解見本卦。

**【翼】時**【乾】「六位時成」、「時乘六龍」，【蒙】「時中」，【大有】「應天時行」，【賁】「察時變」，【損】【益】「與時行」，【升】「柔以時升」，【艮】「動静不失其時」，【豐】「與時消息」。【小過】〔二〕〇又自【豫】【隨】【遯】【姤】【旅】言「時義」，【坎】【睽】【蹇】言「時用」，【頤】【大過】【解】【革】言「時」，皆以「大矣哉」贊之者，凡十二卦，已上皆彖傳。【无妄】「對時」，【革】「明時」，皆大象。**四時**【豫】【觀】【恒】【革】【節】，皆彖傳。**至日**【復】大象，一陽來復，冬至節日也。**歷**【革】大象「治歷明時」，取離兑夏秋相繼之象而治歷也。**嚮晦**【隨】大象。

---

〔一〕萬曆本、慶餘堂本「取」後多「象」字。下句「取」字後放此。

〔二〕據文義，小過彖傳曰「與時行」，則「【小過】」當厠文中「【損】【益】」下。豈繕寫、刊刻者自知脱漏，遂補置次行歟？萬曆本、慶餘堂本無圈符，補作「與時行」。

## 人道類

**【卦】**王【夬】【萃】【豐】【渙】，皆五象也。**侯**【屯】【豫】，皆震象。【晉】康侯，坤象。**大人**【訟】【蹇】【萃】【升】【困】【巽】，自升卦取六五用見九二之大人外，餘皆取九五君象。**丈人**【師】九二象。**後夫**【比】上六象。**女**【家人】「女正〔一〕」，離二象。【漸】「女歸」，上巽象。**取女**【咸】「取女吉」，兑象上六女正。【姤】「勿用取女」，巽初六不正。**朋**【坤】西南得陰之朋，東北喪陰之朋象。【復】指衆陽之朋漸長而來。**童**【蒙】艮象。**君子**【坤】「君子有攸往」，指占者。【否】「不利君子貞」，指三陽。**匪人**【否】三陰象。**人**【艮】。

**【爻】**王【坤】三，【訟】三，【師】二，【比】五，【隨】上，【蠱】上，【觀】四，【離】上，【家】五，【益】二，【升】四，【井】三，【渙】五，皆指九五君象。**天子**【大有】三，指六五。**君**【小過】二，指五。**大君**【師】上，【履】上，【臨】五，皆指五象。**王母**【晉】二，取六五柔象。**國君**【復】上，亦取六五象。**公**【大有】三，本爻。【解】上，指五。【益】三、四，本爻。【鼎】四，公餗，指公家言。【小過】五，本爻。**侯**【屯】初，震象，【蠱】

〔一〕「正」：慶餘堂本作「貞」。據家人卦辭，當作「貞」。

上，以卦上泛言「不事王侯」也。**大人**【乾】二、五，大德之君臣。【否】五，本爻。【蹇】上，指九五君象。【革】五，本爻。**主**【睽】二，【益】三、四，皆指五。【豐】初、四，指本爻。**臣**【小過】二，指四。【遯】三「臣妾」，小臣也。**王臣**【蹇】〔一〕本爻，王之臣也。**君**【歸妹】五，女君也。**宮人**【剥】五，君位，又群陰之象，故稱宮人。**祖**【小過】二，解見本爻。**父**【蠱】初、三、四、五，解見本卦。**考**【蠱】初，同上。**母**【蠱】〔二〕。**妣**【小過】二，見本爻。**子**【蒙】二，【蠱】初，【鼎】初，【家】三，皆指本爻。**小子**【隨】三〔三〕，指初。【漸】初，本爻。**長子**【師】五，指二。**弟子**【師】五，指三。**女**【蒙】三，【觀】二，【歸】上，本爻。**女子**【屯】二，本爻。**夫**【蒙】三，指二。【小畜】三，指四。【漸】三，本爻。**丈夫**【隨】二、三，皆指四。**士夫**【大過】五，本爻。**元夫**【睽】四，指初。**老夫**【大過】二，本爻。**夫子**【恒】五，對婦人言，就本爻論。**士**【歸】上，對女言，未成夫婦之稱，指三。**婦**【蒙】二，指五。【小畜】上，本爻，位柔言。【家】三，指四。【漸】三，指四。【漸】五，指二。【既】二，本爻。**婦人**【恒】五，對夫子言。**老婦**【大過】五，指上六。**妻**【小畜】三，指四。【困】三，本爻。**女妻**【大過】二，指初。**妹**【泰】五，本卦互歸

〔一〕疑「蹇」後脱「二」字。
〔二〕慶餘堂本「蠱」後有「二」字。
〔三〕慶餘堂本「三」前多「二」字。

妹，指互體兑言。娣【歸】初，指兑體。須【歸】三，賤妾稱，亦〔一〕指兑。妾【遯】三，指下二陰。【鼎】初，指〔二〕本爻。童【蒙】五，指艮體。【觀】初，以爻下，亦因上有艮體。童僕【旅】二、三，童取艮體，僕爻在下也。人【需】上「三人」，指下體乾。【睽】三，本爻。【損】三，損下體本乾三爻。【豐】上「无人」，本爻，陰虚象。武人【履】三，爻陰象。【巽】初，義同。幽人【履】二、【歸】二，皆兑體居中象。旅人【旅】上，只取本爻稱人。君子【乾】三，本爻。【屯】三，泛指筮者。【小畜】上同。【謙】初、三，【觀】初、五、上，【剥】上，【遯】四，【壯】三，【夷】初，【解】五，【夬】三，【革】上，【未濟】五，皆指本爻。小人【師】上，【否】二，【大有】三，【觀】初，【剥】上，【遯】四，【壯】三，【解】五，【革】上，【既】三，各解見本爻。匪人【比】三，指上。惡人【睽】初，指四。朋【泰】二，指下三陽。【豫】四，指五陰爲「朋盍簪」。【咸】四，指陽類。【蹇】五，指九三。【解】四，指九二。友【損】三，指上。賓【觀】四，指本爻，爲五之賓，以君臣言。【姤】二，指九四，以内外言。客【需】上，指下三陽。虞【屯】三，有互艮山而无應，故象无虞。【中孚】初，前有山澤，又有應，故象虞吉。史巫【巽】二，取兑爲口舌象。群【涣】四，謂散其

---

〔一〕萬曆本、慶餘堂本無「亦」字。

〔二〕萬曆本、慶餘堂本無「指」字。

三陰之群。**衆**【晉】三，坤爲衆象。**宗**【同】二，【睽】五，皆取應爻。**仇**【鼎】二「我仇」，指初。**主人**【夷】初，指四。**寇**【屯】二，【蒙】上，【需】三，【賁】四，【睽】上，【解】三，【漸】三，卦皆有坎象。**婚媾**【屯】二、四，【賁】四，【睽】上，取爻皆有應象。【震】上，无應，故「婚媾有言」。

【**翼**】**王**【師】彖，指六五。【坎】彖，指九五。**天位**【需】彖「位乎天位」，指五。**帝位**【履】彖，指五。**尊位**【大有】彖「柔得尊位」。**先王**大象稱「先王」者凡七，【比】【豫】【觀】【噬】【復】【无妄】【渙】，泛指以易之先王也。**后**大象稱「后」者二，【泰】【姤】，泛指以易之后也。復卦又稱「后不省方」。**君**【否】初，志在君，指五。**上**大象稱「上」者一，【剥】，泛指君上也。**大人**大象稱「大人」者一，【離】，泛指以易之大人也。**君子**大象稱「君子」者，自【乾】【坤】【屯】【蒙】【需】【訟】【師】【小畜】【履】【否】【同人】【大有】【謙】【隨】【蠱】【臨】【賁】【大畜】【頤】【大過】【坎】【咸】【恒】【遯】【壯】【晉】【明夷】【家人】【睽】【蹇】【解】【損】【益】【夬】【萃】【升】【困】【井】【革】【鼎】【震】【艮】【漸】【歸妹】【豐】【旅】【巽】【兑】【節】【中孚】【小過】【既濟】【未濟】，凡五十三卦，泛指以易之君子言也。**聖人**【豫】【觀】【頤】【咸】【恒】【鼎】彖，亦指五君言。**公**【坎】彖，三象。**諸侯**【比】大象「建國親侯」，皆坤象。**嚴君、父母、父子、兄弟、夫婦、男女**並【家人】彖傳。**二女**【睽】【革】，指離兑象。**朋友**【兑】大象「君子以朋友講習」。**人文**【賁】彖，指君臣父子兄弟夫婦朋友。**聖賢**【鼎】彖「大享以養聖賢」。**賢**【大畜】彖「養賢」。**君子**

【泰】「内君子」，【否】「外君子」，【同人】「君子正」，【謙】「君子之終」，【剥】「尚〔一〕消息盈虛」，【困】「而不失其所亨，其唯君子乎」，並彖傳。**小人**【泰】「外小人」，【否】「内小人」〔二〕，【遯】象〔三〕「遠小人」。**民**【師】象〔四〕「民從」，【豫】「民服」，【頤】「及萬民」，【益】「民説」，【兑】「民勸」，【節】「不害民」。〔五〕【師】象「容民」，【履】「定民志」，【泰】「左右民」，【蠱】「振民」，【臨】「保民」，【觀】「觀民」，【井】「勞民」。〔六〕【屯】初「得民」，【謙】三「萬民服」，【剥】上「民載」，【姤】四「遠民」。多取初爻或陰爻象。**衆**【師】彖「衆正」，【蹇】「得衆」。【師】象「畜衆」，【明夷】「涖衆」。多取坤爲衆象。**人心**【咸】彖「聖人感人心而天下和平」。**人**【謙】彖「人道惡盈而好謙」，【革】【兑】「順乎天而應乎人」〔七〕，【歸妹】「人之終始」，【豐】「況於人乎」，【咸】〔八〕「虛受人」。多以卦體取象。**族**【同人】象「類族辨物」，人物各有族

---

〔一〕萬曆本、慶餘堂本多「尚」前多「君子」二字。

〔二〕慶餘堂本「内小人」後多「彖傳」二字。

〔三〕「象」：慶餘堂本作「大象」。後放此。

〔四〕慶餘堂本無「象」字。

〔五〕慶餘堂本此處有「並彖傳」三字。

〔六〕慶餘堂本此處有「並大象」三字。

〔七〕「順乎天而應乎人」：萬曆本、慶餘堂本作「順天應人」。

〔八〕慶餘堂本此處補「大象」二字。

類。俗【漸】〔一〕「居賢德善俗」，指人之風俗言。商旅【復】象。百姓下繫。

## 身體類

【卦】口【頤】「自求口實」，卦下動上止，取全體象。心【坎】「維心亨」，取一陽在中象。背【艮】「艮其背」，取一陽隆於卦體之上象。身【艮】「艮其身」，以全體取象。告【蒙】「初筮告」，自二至上有頤口象。【夬】「孚號告自邑」，上有兑口象。號【夬】「孚號」，兑口象。笑言【震】初至四互頤口，又取震有聲象。言【困】「有言」，兑口象；「不信」，坎在下象。盥【觀】互艮手，巽潔象。行【坎】互震，艮亦互震，震爲足象。

【爻】首【乾】用九，【比】上，【離】上，【明夷】三，【既濟】上，【未濟】上，皆取上象。頂【大過】上象。面【革】上象。頄【夬】三。頄，面頰間骨。頤【頤】初「朵頤」，蒙全體象。輔【咸】上，【艮】五。輔，頰車也。頰【咸】上。面頰。舌【咸】上，皆以兑口取象。「艮輔」，以居一身之上象。耳【噬】上，取下有坎象。【鼎】三、五，三變則三五皆坎體。目【小畜】三，前互離目象。鼻【噬】二，互艮象。須【賁】二，三

〔一〕慶餘堂本此處補「大象」二字。

至上頤體，須附頤象。**涕**【離】五、【萃】上，離出涕，目出也。**洟**【萃】上六「齎咨涕洟」，未安上也。涕洟，取兑澤下流之貌。**泣**【屯】上，坎水象。【孚】三，兑澤象。**右肱**【豐】三。**心**【夷】四、【益】五、上，【井】三、【艮】二、三、【旅】四。象各見本爻。**左腹**【夷】四，坤爲腹象。**限**【艮】三，身分限處，艮全體取身象。**夤**【艮】三，夾脊肉，亦全體取象。**臀**【夬】四、【姤】三、【困】初。象見本爻。**股**【咸】三，下體互巽。**左股**【夷】三，下體象。**腓**【咸】二、【艮】二，下體取象。**拇**【咸】初、【解】四，指初，取初下象。**趾**【噬】初、【賁】初、【大壯】初、【夬】初、【鼎】初、【艮】初，只取初下象。**足**【剥】初、【鼎】四，指初，亦取下象。雖是牀、鼎，足在下體，一也。**身**【艮】四，全體取身象。**躬**【蒙】三、【涣】三〔一〕、【震】上，躬亦身也。**膚**【噬】二、【剥】四、【睽】〔二〕五、【夬】四、【姤】三〔三〕。膚，身之皮膚。又，膚，肉也。**血**【坤】上、【需】四、【小畜】四、【歸妹】上，指三、【涣】上，指三、【屯】上。多以坎取，或只以陰爻取。**汗**【涣】五，身之所出。詳見本爻。**膏**【屯】五、【鼎】三，各見本爻。**思**【咸】四、【涣】四。**憂**【臨】三「既憂无咎」。**疑**【豫】四「勿疑」、【豐】二「往得疑疾」。**愁**【晉】二。**慍**【夬】三。**喜**【否】上、【无妄】五、【損】

---

〔一〕「涣三」原作「艮」，慶餘堂本改作「涣三」。艮爻辭無「躬」，涣六三曰「涣其躬」，所改是，據改。

〔二〕「睽」原作「涣」，慶餘堂本改作「睽」。涣爻辭無「膚」，睽六五曰「厥宗噬膚」，所改是，據改。

〔三〕「三」原作「四」，慶餘堂本改作「三」，據改。

四，【兑】四。惕【乾】三，【小畜】四，【夬】二。勿恤【泰】三，【晉】五，【家人】五。自「思」以下皆心之用。見【乾】二、五，【蒙】三，【睽】初、三、上，【蹇】上，【姤】初，【困】三，【豐】二、三、四，多離象。視【履】三〔一〕，【震】上，【歸】二。盱【豫】三。闚【觀】二，【豐】上。覿【困】初，【豐】上。自「見」以下皆目之用。眇【履】三，【歸】初。眚【无妄】上，【復】上。二者目之病。言【需】二，【訟】初，【震】初，【艮】五，【漸】初，【明夷】初，【夬】四，【革】三。告【益】三、四〔二〕。問【益】五。鳴【謙】二、上〔三〕，【豫】初。號【夬】二、上，【萃】初，【渙】五，【旅】上。笑【萃】初，【震】初，【同】五，【旅】上。嗟【離】三，【萃】三，【節】三。戚嗟【離】五。齎咨【萃】上。歌【離】三，【孚】三。號咷【同】五，【旅】上。啼呼也。自「言」以下皆口之用，多兑象。擊【蒙】上，【益】上。禦【蒙】上。繫【否】五，【无妄】三，【姤】初。係【隨】二、三、上，【坎】上，【遯】三。以「係用徽纆」觀之，則與「或繫之牛」義亦同，不知何以分兩字。執【師】五，【咸】三，【遯】二。握【萃】初。自「擊」以下，皆手之用，多艮象。行【无妄】上「行有眚」，【明

〔一〕「三」原作「二」，慶餘堂本改作「三」，據改。
〔二〕「三、四」原作「四、五」，慶餘堂本作「三、四」，據改。
〔三〕「上」原作「五」，慶餘堂本改作「上」，據改。

夷】初「君子于行」〔一〕，【損】三「三人行」〔二〕，【夬】三「獨行遇雨」，夬四，【姤】三「其行次且」，【鼎】三「其行塞」，【震】三「震行无眚」。徒【賁】初「舍車而徒」。征【小畜】上「征凶」，【泰】初「征吉」之類甚多，並見占類。往【屯】三「往吝」，四「往吉」之類，亦多並見占類。自「行」以下，皆足之用，象各見本爻。跛【履】三，【歸】初。足之病也，象見本爻。災【復】上「迷復〔三〕，有災眚」，【无妄】三「邑人之災」，【旅】初「瑣瑣取災」，【小過】上「是謂災眚」。災只患難之意。疾【豫】五「貞疾恒不死〔四〕」，【无妄】五〔五〕勿藥有喜」，【遯】三「有疾厲」，【損】四「損其疾，使遄有喜」，【豐】二「疑疾，有孚發若吉」〔六〕，【鼎】二「我仇有疾，不我能即吉」〔七〕，【兑】四「介疾有喜」。蓋有身則有疾，然卦中不專指疾病，亦取有爲爻之害者。象各見本爻。

〔一〕「君子于行」原作「主人有言」，萬曆本、慶餘堂本引作「君子于行」，據改。

〔二〕「三人行」原作「損一人」，慶餘堂本引作「三人行」，據改。

〔三〕萬曆本、慶餘堂本無「迷復」二字。

〔四〕萬曆本、慶餘堂本無「恒不死」三字。

〔五〕慶餘堂本此處多「无妄之疾」二字。

〔六〕底本無「二」字，慶餘堂本有「二」字，據補。又萬曆本、慶餘堂本無「有孚發若吉」五字。

〔七〕萬曆本、慶餘堂本無「不我能即吉」五字。

【翼】首【彖】乾〔一〕「首出庶物」，【説卦】乾爲首。髮【説卦】巽爲寡髮。顙【説卦】巽爲廣顙。耳【彖】鼎「巽而耳目聰明」。【説卦】坎爲耳，又爲耳痛。目【彖】見上。【説卦】離爲目。眼【説卦】巽爲白眼。口【彖】困「尚口乃窮」。【説卦】兑爲口。舌【説卦】兑爲舌。手【説卦】艮爲手。指【説卦】艮又〔二〕爲指。心【彖】復「見天地心」，咸「感人心」。【小象】泰四「中心願」，謙二「中心得」。【説卦】坎爲心病，又爲加憂。腹【説卦】坤爲腹。大腹離〔三〕爲大腹。股【説卦】巽爲股。足【説卦】震爲足。

自彊不息法【乾】象力行。厚德載物法【坤】象任重。果行育德法【蒙】象。以懿文德法【小畜】象。多識前言往行以畜德法【大畜】象。非禮勿履法【大壯】象。自昭明德法【晉】象。反身脩德法【蹇】象。順德積小以高大法【升】象。朋友講習法【兑】象。儉德辟難法【否】象。謹言語節飲食法【頤】象。獨立不懼，遯世无悶法【大過】象。言有物而行有恒法【家人】象。懲忿窒慾法【損】象。遷善改過法【益】象。致命遂志法【困】象。恐懼修省法【震】象。思不出其位法【艮】象。有身體則有德行道義。以上大象皆立身行己之大法也。

〔一〕「彖乾」：慶餘堂本作「乾彖」。按此斷下文「彖鼎」、「彖困」、「彖復」，慶餘堂本皆倒乙，説明於此，後不復出校。
〔二〕萬曆本、慶餘堂本無「又」字。
〔三〕慶餘堂本「離」前多「説卦」二字，標墨圍，蓋據文例補。

## 古人類

【爻】高宗【既濟】三，【未濟】四〔一〕。帝乙【泰】五，【歸】五。箕子【明夷】五。

【翼】伏羲、神農、黄帝、堯、舜【繫辭】〔二〕下。湯、武【革】彖傳。紂【繫辭】下。文王【明夷】彖、【繫辭】下。箕子【明夷】彖。

## 邑國類并附

【卦】邑【夬】「告自邑」，【井】「改邑」。井「改邑不改井」。

【爻】邑【泰】上，【謙】上，【晉】上，【升】三。邑人【訟】二，【比】五，【无妄】三。國【師】上，【謙】上，【觀】四，【益】四。大國【未濟】四。家【師】上「承家」，【損】上「得臣无家」。城隍【泰】上「邑國」，多坤土象。巷【睽】二。井【井】。

〔一〕慶餘堂本無「未濟四」。蓋未濟九四爲「震用伐鬼方」，胡氏誤以爲「高宗伐鬼方」，故慶餘堂本删去。

〔二〕此節中凡「繫辭」，萬曆本、慶餘堂本皆省作「繫」。後不一一出校。

【翼】萬國【乾】彖傳，【比】象〔一〕「建萬國」。四國【明夷】上〔二〕象。守國【坎】彖。邦【否】彖「无邦」。正邦【蹇】【漸】彖。關【復】大象「至日閉〔三〕關」。市【繫辭】下，神農日中爲市，【説卦】巽爲近利市三倍。

## 宫室類

【卦】〔四〕【家人】家，室家也。【大畜】「不家食吉」。庭【艮】「行其庭」，【夬】「揚于王庭」。

【爻】廬【剥】上，全體取象。屋【豐】上「豐其屋」。家【蒙】二「子克家」，【家人】四「富家」，五「王假有家」，【豐】〔五〕「蔀其家」。宫【困】三「入于其宫」。棟【大過】三「棟橈」，四「棟隆吉〔六〕」。桷【漸】四。

---

〔一〕「比象」：慶餘堂本作「比大象」。

〔二〕「上」：慶餘堂本作「小」。按：此爲明夷上九小象。

〔三〕「閉」原作「閑」，慶餘堂本作「閉」，據改。

〔四〕慶餘堂本於小注前有大字「家」，蓋據文例補。

〔五〕慶餘堂本此處補「上」字。

〔六〕萬曆本、慶餘堂本無「吉」字。

牖【坎】四。户【豐】上。户庭【節】初「不出户庭无咎〔一〕」。門【同人】初，【隨】初。門庭【明夷】四，【節】初。階【升】五「升階」。墉【同人】四「乘〔二〕其墉」，【解】上「高墉」，指四。藩【大壯】三、四、上，震爲藩象。鄰【小畜】五，【泰】四，【謙】五，皆稱「以其鄰」。【震】上「于其鄰」，【既濟】五「東鄰西鄰」，象各見本爻。

【翼】宫室棟宇【繫辭】下「蓋取諸大壯」。重門擊柝同上「取諸豫」。門【繫辭】上「乾坤易之門」。〔三〕户同上「闔户謂坤，闢户謂乾」。階同上，論節初「亂之所生，言語爲階」。〔四〕門闕閽寺【説卦】艮象。

宅【剥】大象「厚下安宅」。

## 宗廟類

【卦】廟【萃】「王假有廟」，以聚祖考之〔五〕精神，卦自初至四有艮象。【涣】「王假有廟」，亦以收精神

---

〔一〕萬曆本、慶餘堂本無「无咎」二字。

〔二〕「乘」原作「升」，萬曆本譌「承」，慶餘堂本作「乘」，據改。

〔三〕慶餘堂本此處多「【繫】下乾坤易之門」一句。

〔四〕此小注，萬曆本、慶餘堂本作「繫論節言語以爲階」。

〔五〕萬曆本、慶餘堂本無「之」字。

之散，卦自三至五有艮象。

【翼】立廟【渙】大象「先王以享于帝立廟」。宗廟【震】彖「出可以守宗廟社稷，以爲祭主」〔一〕。社稷同上。

## 神鬼類

【爻】帝【益】二「王用享于帝吉〔二〕」。帝，天神也。鬼【睽】上「載鬼一車」，坎象。

【翼】上帝【鼎】彖「聖人亨以〔三〕享上帝」。薦上帝【豫】大象「先王作樂崇德〔四〕，殷薦之上帝」。鬼神【乾】文言「大人者，與鬼神合其〔五〕吉凶」，【謙】彖「鬼神害盈而福謙」，【豐】彖「而〔六〕況於鬼神乎」，

〔一〕句中二「以」字，萬曆本、慶餘堂本無。
〔二〕萬曆本、慶餘堂本無「吉」字。
〔三〕萬曆本、慶餘堂本無「以」字。
〔四〕萬曆本、慶餘堂本無「先王作樂崇德」六字。
〔五〕萬曆本、慶餘堂本無「其」字。
〔六〕萬曆本、慶餘堂本無「而」字。

【繫辭】上「精氣爲物，遊魂爲變，是故〔一〕知鬼神之情狀」。**神道**【觀】〔二〕「天之神道」。**神**【繫辭】上「陰陽不測之〔三〕謂神」，「知變化之道者知神之所爲」，「酬酢祐神」。【說卦】「神也者，妙萬物而爲言」。**鬼**【繫辭】「人謀鬼謀」。**祖考**【豫】大象「先王作樂崇德，殷薦之上帝，以〔四〕配祖考」。

## 祭祀類

【卦】**盥而不薦，有孚顒若**【觀】象見本卦。大抵以誠爲主也。**用大牲吉**【萃】大牲，坤牛兑羊象。**二簋可用享**【損】象見本卦。二簋之用，損之時焉而已。

【爻】**享帝**【益】二「王用享于帝吉〔五〕」。**禴**〔六〕【萃】二、【升】二，皆云「孚乃利用禴」。**禴祭**【既】五

〔一〕萬曆本、慶餘堂本無「精氣爲物遊魂爲變是故」十字。
〔二〕萬曆本、慶餘堂本「觀」後增「象」字。
〔三〕萬曆本、慶餘堂本無「之」字。
〔四〕萬曆本、慶餘堂本無「先王作樂崇德殷薦之上帝以」十二字。
〔五〕萬曆本、慶餘堂本無「吉」字。
〔六〕「禴」原作「禴祭」，萬曆本、慶餘堂本作「禴」。按：下出「禴祭」，此不當標「禴祭」，據所引爻辭則爲「禴」，故改。

「東殺牛[一]，不如西鄰禴祭」。亨[二]【隨】「王用亨于西山」，【升】四「王用亨于岐山」，本義皆作享。

享祀【困】二「利用享祀」。祭祀【困】五「利用祭祀」。

【翼】薦上帝配祖考【豫】大象「先王以作樂崇德，殷薦之上帝，以配祖考」[三]。孝享【萃】彖「王假有廟，致孝享也」。祭主見上宗廟。

田園類

【爻】田【乾】二。菑畬【无妄】二。耕穫同上。園【賁】五。

穀果類【桑附】

【爻】碩果【剥】上。瓜【姤】五。包桑【否】五。

【翼】百穀【離】彖。百果【解】彖。

[一] 萬曆本、慶餘堂本無「東殺牛」三字。

[二] 「享」：萬曆本、慶餘堂本作「亨」。下句「亨祀」之「亨」放此。

[三] 萬曆本、慶餘堂本略去引文。

## 酒食類

【卦】匕鬯【震】。匕，舉鼎實。鬯，芬芳條暢酒也。食【大畜】「不家食」。

【爻】樽酒簋【坎】四。樽以盛酒，簋以盛食。飲酒【未濟】上「飲酒濡首」。酒食【需】五「需于酒食」，【困】五「困于酒食」。食【訟】三「食舊德」，【泰】三「于食有福」，【井】五「寒泉食」，訟、井坎象，泰互兑象。飲食【漸】二「飲食衎衎」。不食【剥】上「碩果不食」，【夷】初「三日不食」，【井】初「井泥不食」，【鼎】三「雉膏不食」。象各見本爻〔一〕。饋【家人】二「中饋」〔二〕。食也。腊肉【噬】三。乾胏四。乾肉五。已上【噬嗑】卦〔三〕。有坎豕、離雉、離火、乾之象。餗【鼎】四。餗，鼎食，雉膏之屬。離象。

【翼】飲食【需】大象「君子以〔四〕飲食宴樂」。飲食之道【序卦】「蒙，物穉，不可不養，故受之以需〔五〕。需也者，飲食之道也」。食【雜卦】「噬嗑食也」。

〔一〕「象各見本爻」：萬曆本、慶餘堂本作「見各爻」。

〔二〕「家人」原作「蒙」，萬曆本、慶餘堂本作「家人」，據改。萬曆本、慶餘堂本「中饋」前又補「在」字。

〔三〕萬曆本、慶餘堂本脱「已上噬嗑」四字，「卦」字遂屬下讀。

〔四〕萬曆本、慶餘堂本無「以」字。

〔五〕萬曆本、慶餘堂本無自「蒙物穉」至「受之以需」十二字。

## 卜筮類

【卦】初筮【蒙】。原筮【比】。象各見本卦。

【爻】占【革】「未占有孚」。象爻特發卜筮之例而已，六十四卦无非占筮也。不習【坤】二。徐氏曰：「卜不習吉之謂也。」

【翼】大衍之數五十，其用四十有九，分二掛一揲四，歸奇於扐，再扐而後掛。此揲蓍用掛扐之策，分陰陽老少，以定爻而成卦也。乾策二百一十六，坤策百四十四，凡三百有六十。二篇之策，萬有一千五百二十。此用過揲之策，總計上下經六十四卦所得之策數也。詳見本義【上繫】第九章〔一〕。觀變玩占，第一章。卜筮尚占，第十章。開物成務，通志、定業、斷疑，蓍德圓神，卦德方知，爻義易貢〔二〕，聖人〔三〕洗心退藏，吉凶與民同患，神〔四〕物

〔一〕萬曆本、慶餘堂本無「本義」、「第九章」。

〔二〕「貢」原作「首」，萬曆本、慶餘堂本作「貢」，據改。

〔三〕自此以下至「項氏説象詳見本爻」，元刻本爲第二十六頁，日本所藏本闕，今據上圖藏本補。

〔四〕慶餘堂本「神」前有「興」字。

以前民用，聖人以此齋戒，神明其德。定吉凶，成亹亹，莫大蓍龜。並上繫第十一章。

聖人作易，幽贊神明生蓍。【説卦】首章。夫子説蓍筮如此。謂易非尚占之書，吾不信也。

## 祐命類

【爻】有命【否】四「有命无咎」。祉【同】上「疇離祉」。天祐【大有】上。

【翼】天休命【大有】大象。天命【无妄】彖。凝命【鼎】大象，一作「凝命令」〔一〕。

## 告命類

【爻】命【師】二「王三錫命」，上「大君有命」。告命【泰】上「自邑告命」。改命【革】四「有孚改命」。

誡【比】五「邑人不誡吉」。大號【渙】五「渙汗其大號」。譽命【旅】五。

【翼】凝命【鼎】大象，「命」或作「天命」。申命【巽】大象。命誥【姤】「后以施命誥四方」。命亂

【泰】上小象。

〔一〕此云「一作凝命令」，下云「或作天命」，自相矛盾，且古易音訓及胡氏纂疏皆未載此異文。

## 爵禄類

【卦】建侯【屯】【豫】皆取侯震象。

【爻】官【隨】初，亦取震侯象。爵【中孚】二「我有好爵，吾與爾靡之」，卦亦有互震象。

【翼】禄【否】大象「不可榮以禄」。建萬國親諸侯【比】大象。

## 車輿

【爻】車【賁】初「舍車而徒」，【睽】上「載鬼一車」。金車【困】四「困于金車」。大車【大有】二「大車以載」，乾爲圜象。輿【師】三、五「或〔一〕輿尸」，【小畜】三「輿説輻」，【剥】上「君子得輿」，【大畜】二「輿説輹」，三「曰閑輿衛」，【大壯】四「壯于大輿之輹」，【睽】三「見輿曳」，皆是取一陰在一陽之上，又有乾坎體。獨剥指坤爲輿。輻【小畜】三「説輻」〔二〕。輹【大壯】四「大輿之輹」〔三〕，【大畜】二「説輹」。

---

〔一〕萬曆本、慶餘堂本無「或」字。

〔二〕萬曆本、慶餘堂本無「説輻」二字。下「【大畜】二」放此。

〔三〕萬曆本、慶餘堂本無「大輿之輹」四字。

輹，車下縛。項平庵謂：「輹可説，輻不可説，亦當作輹。」皆乾象。**輪**【既】初，【未】二，皆「曳其輪」，坎象。**衛**【大畜】三「輿衛」。武衛也。輻、輹、輿、衛，項氏説象詳見本爻。

【**翼**】**輿**【説卦】坤爲輿。【坎】於輿也爲多眚。**輪**【説卦】坎爲輪。

## 簪服類

【**爻**】**簪**【豫】四「朋盍簪」，一陽貫衆陰象。**朱紱**【困】二。**赤紱**【困】五，象見本爻。**衣袽**【既】四。三陽爲乾，衣象。陽皆散處，又有敝袽之象。**袂**【歸】五。三陽，乾衣也〔一〕。中二爻陰陽互，袂象。**黄裳**【坤】五。黄，中色；裳，下服。坤象。**圭**【益】三。圭，玉爲之。三陽乾爲玉，又全體似圭，互艮手，執圭象。**鞶帶**【訟】上，指三。三在卦中互離牛，有革帶象。**囊**【坤】四，中空象。**屨**【噬】初卦下象。

【**翼**】**衣裳**【繫辭】下「黄帝、堯、舜垂衣裳而治，取諸乾坤」。

〔一〕「也」：慶餘堂本作「象」。

## 旌旗類

【爻】沛【豐】三，鄭云「旌旗之垂者」，義亦爲旆。

## 訟獄類刑附〔一〕

【卦】訟伏義。獄【噬】利用獄，二陽在上，下坎居中間象；又一陽居中，囚象。

【爻】桎梏【蒙】初。坎象，坎亦木也。校【噬】初、上，蒙本卦，刑獄取象。徽纆【坎】上，獄中索名。律【師】初，坎爲法律象。天【睽】三，天當作而，剃須也，有坎兑象。劓【睽】三，【困】〔二〕五，皆取卦有坎象。劓，截鼻也。又兑毁折象。刖【困】五，下坎象。刖，足刑。刑人【蒙】初，坎象。刑剭〔三〕【鼎】四，周禮剭誅〔四〕。見本爻。

〔一〕萬曆本、慶餘堂本無「刑附」二字小注。
〔二〕「困」原作「坎」，萬曆本、慶餘堂本改作「困」，據改。
〔三〕「剭」：萬曆本、慶餘堂本作「渥」。
〔四〕「剭誅」：萬曆本、慶餘堂本作「作刑剭誅也」。

【巽】刑罰【豫】彖「刑罰清而民服」。明罰敕法【噬】大象。明政〔一〕无敢折獄【賁】大象。赦過宥罪【解】大象。折獄致刑【豐】大象。明慎用刑而不留獄【旅】大象。議獄緩死【中孚】大象。正法【蒙】初、小象。

## 兵師類

【卦】師伏羲。戎【夬】兵戎，兑金象。

【爻】師律【師】初坎象。左次【師】四，爻位皆陰象。大師【同】五，全體伏師卦。行師【謙】上，二至上〔二〕互師卦。【復】上，坤衆象，又全體似師，下不成坎體，故用師大敗。征【謙】上「征邑國」，坤衆象。伐【謙】五「侵伐」，亦坤衆象。【晉】上「伐邑」，離戈兵象。【既】三、【未】四「伐鬼方」，皆離爲戈兵象。狩【夷】三「南狩」，亦離象。戎【同】三「伏戎」，離象。【夬】二「有戎」，上爻兑金象。

【巽】容民畜衆【師】大象，古者寓兵於農之意。除戎器戒不虞【萃】大象。

〔一〕萬曆本、慶餘堂本無「明政」二字。

〔二〕「上」：慶餘堂本作「五」。

## 田獵類

【爻】田有禽【師】五。田无禽【恒】四。田獲三狐【解】二。田獲三品【巽】四。三驅失前禽【比】五，田象。凡五釋象，詳見師五爻下。

## 金寶類

【爻】金【蒙】三「金夫」。【噬】四「金矢」，五「黄金」。【姤】初「金柅」。【鼎】五「金鉉」。【困】四「金車」。其象各見本爻。玉【鼎】上「玉鉉」。貝【震】二，取初至四互離，龜貝之象。資【旅】二「懷資」，【巽】上「喪資」。象見本爻。

【翼】金【説卦】乾爲金。【繫辭】上「斷金」。〔一〕玉【説卦】乾爲玉。財【節】象「不傷財」。布【説卦】坤爲布。項氏曰：「古者泉貨爲布。」

〔一〕萬曆本、慶餘堂本小注「繫辭」與「説卦」内容倒乙。

## 幣帛類

【爻】帛【賁】五，「束帛」，荀九家有坤爲帛，如是則卦中四爻，三陰爲帛，一陽間之，束也。繻【既濟】四。繻，帛之美者，亦三陰象。

## 器用類

【卦】鼎伏羲。匕【震】舉鼎實。簋【損】二簋。繘【井】繩也。瓶【井】。

【爻】牀【剥】初、二、四，【巽】二、上。皆以全體取象，見本爻。枕【坎】三，互震木象。樽【坎】四，酒器，坎亦木象。簋【坎】四。簋盛黍稷，互震，竹爲之象。筐【歸】上。筐盛幣帛，亦取震竹象。柅【姤】初「金柅」，止車物，或謂絡絲之趺，以金爲之，亦取巽木之象。茀【既】二，婦人蔽車之飾。離爲雉，有翟茀之象。金鉉【鼎】五。玉鉉【鼎】上。皆取上九一陽在上象。缶【比】初。瓦器。坤〔一〕土坎水，伏離火象。【坎】四，【離】三，皆取水火土象。三陰爻，坤土也，詳〔二〕見本爻。甕【井】二，亦瓦

〔一〕「坤」原作「神」，萬曆本、慶餘堂本作「坤」，據改。

〔二〕萬曆本、慶餘堂本無「詳」字。

器，坎水離火，亦有三陰坤土象。幕【井】上。井口開，有勿幕象。斧【旅】四，離戈兵象。【巽】上，亦互離象。鼓【孚】三，互震聲象。弧【睽】上，下互坎象。矢【噬】四，【旅】五，【解】二，象〔一〕見本爻。【翼】罔罟【繫辭】下，佃漁之器，取離象。耜耒耕耨之器，取益象。舟楫濟川之器，取渙象。柝擊柝待暴客，取豫象。杵臼舂器，取小過象。弧矢威天下之器，取睽象。棺椁取大過象，並下繫〔二〕。樞機【繫辭】上，君子言行象。釜【說卦】坤爲釜，所以熟物。柄坤爲柄，執持之器。均坤爲均，陶均之器。繩【說卦】巽爲繩直。弓【說卦】坎爲弓。甲冑戈兵【說卦】離爲甲冑戈兵。

## 數目類

【卦】再三【蒙】。三接【晉】。七日【復】。八月【臨】。百里【震】。三日【蠱】。二簋【損】。

【爻】一人【損】三。一握【萃】初。三人【損】三。三褫【訟】上。三就【革】三。三年【既】三，【未】四。三歲【同】上，【坎】上，【困】初，【漸】五，【豐】上。〔三〕三驅【比】五。三錫【師】二。三品

〔一〕萬曆本、慶餘堂本無「象」字。

〔二〕萬曆本、慶餘堂本無「並下繫」三字。

〔三〕慶餘堂本此處增入「三日【明夷】初，【巽】五」一條。

【巽】四。三狐【解】二〔一〕。七日【震】二，【既】二〔二〕。九陵【震】二。十年【屯】二，【復】上，【頤】三。十朋【損】五，【益】〔三〕。三百户【訟】二。象各見本爻。

【翼】一天。二地。三天。四地。五天。六地。七天。八地。九天。十地。【繫辭】上〔四〕。四十五洛書之數。五十五河圖之數。五十大衍之數。四十九揲蓍之數。十三老陽掛扐之數。十七少陰掛扐之數。二十一少陽掛扐之數。二十五老陰掛扐〔五〕之數。三十六老陽過揲之數。三十二少陰過揲之數。二十八少陽過揲之數。二十四老陰過揲之數。二百一十六乾六爻老陽之策數。百四十有四坤六爻老陰策數。三百六十乾坤老少過揲之全策。萬有一千五百二十上下經陰陽老少過揲全策數也。並見繫辭上傳。

〔一〕「二」原作「三」，慶餘堂本作「二」，據改。

〔二〕「二」原作「三」，慶餘堂本作「二」，據改。

〔三〕萬曆本、慶餘堂本「益」後補「二」字，是也。

〔四〕慶餘堂本無「繫辭上」三字。

〔五〕「掛扐」原作「過揲」，慶餘堂本作「掛扐」，據改。

## 五色類

【爻】黄【坤】五「黄裳」，【噬】五「黄金」，【離】五「黄離」。〔一〕玄黄【坤】上。白【賁】四「白馬」，上「白賁」，【大過】初「白茅」。

【翼】大赤【説卦】乾爲大赤。玄黄震爲玄黄。白巽爲白，爲白眼。赤坎爲赤。黑〔二〕。

## 禽獸類

【卦】飛鳥【小過】。馬【坤】「牝馬」，【晉】錫馬。牛【離】「牝牛」。虎【履】「虎尾」。狐【未濟】「小狐」。

【爻】飛鳥【小過】初、上。鳥【旅】上。禽【師】五，【比】五，【井】初。鶴【中孚】二。翰音【中孚】上，記〔三〕鷄曰翰音，或謂羽翰之音。燕【中孚】初，安也，或作燕雀之燕。飛垂翼【明夷】初。雉【鼎】

〔一〕此條小注，慶餘堂本作「【坤】五，【噬】五，【離】五，【離】二，【解】二，【遯】二，【革】初」。

〔二〕萬曆本、慶餘堂本有小注「坤於地爲黑」。

〔三〕「記」：據文義，似當爲「巽」。

三，【旅】五。**鴻**【漸】。**羽**【漸】上，即〔一〕指鴻羽言。**隼**【解】上。**馬**【屯】二、四、上，【賁】四，【大畜】三，【夷】二，【睽】初〔二〕，【渙】初，【中孚】四。**牛**【无妄】三〔三〕，【睽】三，【旅】上。**童牛**【大畜】六四。**黄牛**【遯】二，【革】初。**羊**【大壯】三〔四〕、上「羝羊」，五「喪羊」，【夬】四「牽羊」，【歸妹】上「刲羊」。**莧**【夬】五，或作山羊。**豕**【睽】上，【姤】初。只取爻陰象。**豕牙**【大畜】五「豶豕之牙」〔五〕。**虎**【履】三、四，【頤】四，【革】五。**豹**【革】上。**鹿**【屯】三。虞翻、王肅作鹿〔六〕，但象無取，謾備。**角**【壯】三「羊角」，【晉】上，【姤】上。但取上象。**尾**【遯】初，只稱尾。【既】初、【未】初「狐尾」。

**【翼】良馬、老馬、瘠馬、駁馬**【説卦】乾象。**馬善鳴、馵足、作足、的顙**震馬象。**馬美脊亟心、下首、薄蹄**坎馬象。**牛、子母牛**坤牛象。**豕**坎豕象。**狗**艮象。**羊**兑象。**鷄**巽爲鷄。**雉**離爲雉。**黔喙**艮象。已上並説卦。

〔一〕萬曆本、慶餘堂本無「即」字。

〔二〕「初」原作「四」，慶餘堂本改作「初」，據改。

〔三〕底本「【无妄】三」後有「【中孚】四」，慶餘堂本删去，據改。中孚六四有「馬」無「牛」。

〔四〕底本「三」後有「四」字，慶餘堂本無「四」字，據删。大壯九四爻辭無「羊」。

〔五〕萬曆本、慶餘堂本無「豶豕之牙」。

〔六〕「鹿」：萬曆本、慶餘堂本作「鹿」，皆非。據釋文，當作「麓」（釋文載王肅作「麓」）。

## 鱗介類

【卦】豚魚【中孚】吴氏作江豚魚，巽象。

【爻】龍【乾】初潛、二見、四躍、五飛、上亢。【坤】上「龍戰」，雌龍象。黿【頤】初，【損】五，【益】二。魚【剥】五，【姤】二、四。鮒【井】二。鼫鼠【晉】四。

【翼】龍【説卦】震象。【繫辭】下「龍蛇之蟄」。蛇同上。鼈、蟹、蠃、蚌、龜離象。鼠艮象。並説卦。尺蠖【下繫】。

## 草木類

【爻】茅【泰】初，【否】初，【大過】初。莽【同人】三，互巽象。藥【无妄】五〔一〕，互有震巽，草木象。枯楊【大過】二、五。稊華同上。莧陸【夬】五，象見本爻。杞【姤】五。株木【困】初。木【漸】四。机【涣】二，木名，見本爻。叢棘【坎】上。蒺藜【困】三。葛藟【困】上。蔀【豐】二、四，草茂也。震

〔一〕底本無「五」字，慶餘堂本有「五」字，據補。

巽象。

【翼】木【益】彖。**草木**【離】彖，【解】彖，【坤】文言。**蘭**【繫辭】上。

## 雜類

【卦】小大【泰】【否】陽大陰小。【小過】「可小事不可大事」。**往來**【泰】【否】【復】【解】【井】卦中陰陽往來之象。**上下**【小過】卦體上下之象。**先後**【坤】先迷後得，【蠱】先甲後甲。**出入**【復】一陽昔出今來之象。**初終**【既濟】「初吉終亂」。

【爻】小大【屯】五「小貞吉，大貞凶」，【否】二「小人吉，大人否凶」。**往來**【咸】四「憧憧往來」，【蹇】初、三、四、上，【震】五「震往來厲」。**先後**【否】上「先否後喜」，【同人】「先號咷而後笑」，【旅】上「先笑後號咷」，【睽】上「先張之弧，後説之弧」，【巽】五「先庚三日，後庚三日」。**左右**【師】「左次」。【夷】二「左股」，四「左腹」。【豐】三「右〔一〕肱」。**内外**【比】二「比之自内」，四「外比之貞吉〔二〕」。**得失**【晉】五「失得勿恤」。**初終**【睽】三「无初有終」。**進退**【觀】三「觀我生進退」，【巽】初「進退」。**虛實**【升】

〔一〕「右」原作「左」，萬曆本、慶餘堂本改作「右」，據改。

〔二〕萬曆本、慶餘堂本無「貞吉」二字。

三〔一〕「虛邑」，【鼎】二「有實」。來之【坎】六三。爾我【頤】初「舍爾觀我」，【孚】二「我爵爾靡」。甘苦【臨】三〔二〕「甘臨」。【節】五「甘節」，上「苦節」。出入【需】四「出自穴」，上「入于穴」。嘉【隨】五，【遯】五，【離】上。休【復】二，「休」美。【否】五，「休」息。章【坤】三，【姤】五「含章」。【豐】五「來章」。譽【坤】四〔三〕，【過】五「无譽」。【蠱】五〔四〕「用譽」。【豐】五「慶譽」。【旅】「譽命」。渝【訟】四，【豫】上，【隨】初。包【蒙】二，【泰】二，【否】二、三、五，【姤】二、四、五。敦【臨】上，【復】上，【艮】上。牽【小畜】二，【夬】四。攣【小畜】五，【孚】五。冥【豫】上，【升】上。迷【復】上。頻【復】三，【巽】三。

## 占類説

易有象則有占。象者，像卦爻之形象以示人；占者，斷卦爻之吉凶以示人也。卦有兼該象占者，如坤，「元亨利貞」是占，「牝馬」、西南東北是象。亦多有有占而无象者，如乾

〔一〕「三」原作「四」，慶餘堂本改作「三」，據改。
〔二〕底本無「三」字，慶餘堂本有「三」字，據補。
〔三〕「四」原作「西」，慶餘堂本作「四」，據改。
〔四〕底本無「五」字，慶餘堂本有「五」字，據補。

「元亨利貞」，大有「元亨」，鼎「元吉亨」是也，卦即象矣。爻亦有兼該象占者，如乾初九，「潛龍」是象，「勿用」是占是也。又如坤初六「履霜堅冰至」是象，雖不言占，然謹微之意已可見於象中矣；本義元解。坤六二「直方大，不習无不利」是占，雖不言象，然六二一爻純陰，全地道之中正，則是象矣。他皆放此。卦爻之占，吉凶固是一定，然文王於乾首開利貞之教，便有「若不貞則不利」之意在其間。周公於需上六「不速之客來」，吉凶未可知，而曰「敬之終吉」；孔子於需九三「致寇至」矣，而曰「敬慎不敗」，此又是有變化轉移之道。三聖人之教蓋同一心也。大抵卦爻言吉者，占者有其德則吉，无其德則不吉；卦爻言凶者，占者德不足則凶，德足以勝之則反吉。朱子本義發明是説極爲明白。今作占類以見其凡例。卦例重在元、亨、利、貞、吉、凶、无咎，悔、厲、眚各一言之；无妄「有眚」，夬「有厲」，革「悔亡」。爻例重在元、亨、利、貞、吉、凶、悔、吝、无咎、厲、災、眚十二者，增多卦災、吝二占而已。今詳具于左。

## 卦占類

【元】亨利貞【乾】【坤】【屯】【隨】【无妄】【臨】【革】。元亨【大有】。元亨利涉大川【蠱】。元亨南征吉【升】。元吉亨【鼎】。元吉〔一〕可貞利有攸往【損】。

【亨】【小畜】【履】【謙】【坎】【豐】【震】。亨利【噬】「亨，利用獄」，【復】「亨，利有攸往」，【賁】〔二〕「亨，小利有攸往」。亨利貞【蒙】【同人】「亨，利涉大川，利君子貞」，【恒】「亨，利貞，利有攸往」，【兑】【涣】「亨，利涉大川，利貞」，【遯】「亨，小利貞」。亨利貞吉【咸】「亨，利貞，取女吉」，【萃】「亨，利貞，用大牲吉」，【小過】「亨，利貞，不宜上宜下，大吉」。亨小利貞吉【既濟】「亨小，利貞，初吉終亂」。亨无攸利【未濟】「亨；小狐汔濟，濡其尾，无攸利」。亨貞吉利【需】「光亨，貞吉，利涉大川」。亨貞吉无咎【困】「亨；貞，大人吉，无咎」。亨不可貞【節】「亨；苦節不可貞」。小亨利【巽】「小亨，利有攸往」。小亨貞吉【旅】「小亨，旅貞吉」。

【利】【豫】「利建侯行師」，【益】「利有攸往，利涉大川」。利用獄【噬】。利亨【大過】「利有攸往，亨」。利貞【大壯】「利貞」。利艱貞【明夷】。利女貞【家人】。利貞吉【大畜】「利貞，不家食吉，利涉大川」，【蹇】「利西南不利東北，利見大人，貞吉」。利貞亨吉【離】「利貞，亨；畜牝牛，吉」。利

〔一〕萬曆本、慶餘堂本「吉」後有「无咎」。
〔二〕「賁」原作「震」，慶餘堂本作「賁」，據改。

吉【解】「利西南，有攸往，夙吉」。不利【剥】「不利有攸往」。不利貞【否】「不利君子貞」。【貞】吉【師】「貞丈人吉，无咎」，【頤】「貞吉」。【吉】元永貞【比】「吉，原筮，元永貞」。吉亨【泰】「小往大來，吉，亨」。吉利貞【漸】「女歸吉，利貞」。【中孚】「吉，利涉大川，利貞」〔一〕。中吉終凶【訟】。小事吉【睽】。【凶】【比】「後夫凶」。【臨】「有凶」。【井】「羸〔二〕其瓶凶」，【歸妹】「征凶，无攸利」。【无咎】【師】【比】【隨】【恒】【困】【艮】。○【悔】亡【革】。○有【厲】【夬】。○有【眚】【无妄】。〔三〕

## 爻占類

【元】吉【坤】五「黄裳元吉」，【訟】五「訟元吉」，【履】上「其旋元吉」，【泰】五「以祉元吉」，【復】初「无祇悔元吉」，【大畜】四「童牛之梏元吉」，【離】二「黄離元吉」，【損】五「元吉自上祐也〔四〕」，【益】初「元吉

〔一〕「中孚吉」原作「涣亨」，慶餘堂本作「中孚吉」，據改。「利貞」：萬曆本作「貞吉」。
〔二〕「羸」原作「嬴」，形近致誤，故改。
〔三〕此段三處圈標，慶餘堂本皆無。
〔四〕「自上祐也」爲象傳，不當厠入。

无咎」，五「勿問元吉」，【井】上「有孚元吉」，【渙】四「渙其群元吉」。元永貞【萃】五「元永貞，悔亡」。

【亨】【否】二「大人否，亨」，【大畜】上「何天之衢，亨」，【節】四「安節，亨」。

【利】見大人【乾】二、五。利貞【夷】五，【損】二，【鼎】五。利永貞【坤】用六，【艮】初。利居貞【屯】初，【隨】三。利建侯【屯】初。利禦寇【蒙】上，【漸】三〔一〕。利執言【師】五。利女貞【觀】三。利艱貞【噬】四。利有攸往【无妄】二，【大畜】三，【損】上。利涉大川【頤】上九，【未濟】三。利于不息之貞【升】上。利出否【鼎】初。利幽人之貞【歸妹】二。利武人之貞【巽】初。利用刑人【蒙】初。利用恒【需】初。利用侵伐【謙】五。利用行師【謙】上。利用賓于王【觀】四。利用爲大作【益】初。利用爲依遷國【益】四。利用禴【萃】二，【升】二。利用祭祀【困】五。利用享祀【困】二。无不利【坤】二，【屯】四，【大有】上，【謙】四、五，【臨】二，【剥】五，【大過】二，【遯】上，【晉】五，【解】上六，【巽】九五。无攸利【蒙】三，【臨】三，【无妄】上，【頤】三，【恒】初，【壯】上，【萃】三，【歸妹】上。不利爲寇【蒙】上。不利賓【姤】二。不利涉大川〔二〕。

〔一〕「三」原作「二」，慶餘堂本作「三」，據改。
〔二〕「不利涉大川」：慶餘堂本無。

【貞】女子貞【屯】二。可貞【坤】〔一〕三，【无妄】四。不可貞【蠱】二。不可疾貞【夷】三。艱貞【泰】三。恒其德貞【恒】五。得童僕貞【旅】二。貞吉【屯】五「小貞吉」。【需】五，【比】二、四，【履】二，【否】初，【謙】二，【豫】二，【隨】初，【臨】初，【咸】四，【恒】五，【遯】五，【大壯】二、四，【晉】初、二，【家人】二，【解】二，【損】上，【姤】初，【升】五，【巽】五，【未濟】二、四、五。安貞吉【訟】四。居貞吉【頤】五，【革】上。永貞吉【賁】三，【益】二。貞吉亨【否】初。貞凶【屯】五「大貞凶」。【師】五，【隨】四，【頤】三，【恒】初，【巽】上，【節】上，【中孚】上。貞厲【訟】三，【小畜】上，【履】五，【噬】五，【大壯】三，【晉】四，【革】三，【旅】三。貞吝【泰】上，【恒】三，【晉】上，【解】三。

【吉】【蒙】〔二〕五，【比】五，【小畜】二，【否】二、五，【同人】四，【大有】五，【謙】初，【隨】五，【臨】五，【復】二，【大畜】五，【頤】四，【大過】四，【離】五，【恒】五，【遯】三、四，【夷】二，【家人】五，【睽】上，【益】二，【革】四，【鼎】二，【震】初，【艮】上，【漸】二、五，【歸妹】五，【豐】二、四、五，【巽】五，【兑】初、二，【涣】初，【節】五，【未濟】五。大吉【家人】四，【萃】〔三〕四，【升】初，【鼎】上。居吉【咸】二。往吉【屯】四，【无

〔一〕「坤」原作「屯」，慶餘堂本作「坤」，據改。
〔二〕慶餘堂本「蒙」後有「二」字。
〔三〕「萃」原作「革」，慶餘堂本作「萃」，據改。

妄】初，【晉】五。征吉【泰】初，【困】上，【革】二，【歸】初。厲吉【頤】上。中吉【師】二。終吉【需】二、上，【訟】初、三，【履】四，【謙】二〔一〕，【蠱】初，【賁】五，【家人】上，【鼎】三。艱則吉【大壯】上。有它吉【比】五。○貞吉、安貞吉、居貞吉、永貞吉、貞吉亨，並見上。

【凶】【師】初、三，【比】上，【履】三，【豫】初，【噬】上，【剝】四，【復】上，【頤】初，【大過】三，【坎】初、上，【離】三，【咸】二，【恒】五、上，【益】上，【姤】四，【困】二，【鼎】四，【漸】三，【豐】上，【旅】上，【兑】三，【節】二，【小過】初、三、上。有凶【夬】三。見凶【姤】初。起凶【姤】四。征凶【小畜】上，【頤】二，【大壯】初，【損】二，【困】二，【革】三、上，【震】上。滅貞凶【剝】初、二。終有凶【夬】上。

【悔】【豫】三，【困】上。有悔【乾】上，【豫】三，【困】上。小有悔【蠱】三。虧悔【鼎】三。无悔【同】上，【復】五，【咸】五，【壯】五，【渙】三，【未】五。无祇悔【復】初。悔亡【咸】四，【恒】二，【壯】四，【晉】三、五，【家】初〔二〕，【睽】初、五，【夬】四，【萃】五，【艮】五，【巽】四、五，【兑】二，【渙】九二。悔厲吉〔三〕。

【吝】【蒙】四，【同】二，【觀】初，【困】四，【巽】三，【未】初。小吝【噬】三，【萃】三。終吝【家人】三。

---

〔一〕「二」原作「三」，萬曆本、慶餘堂本作「二」，據改。

〔二〕底本「初」後有「二」字，慶餘堂本無「二」，據删。

〔三〕萬曆本、慶餘堂本「吉」後有小字「家人三」。

往吝【屯】三，【蒙】初，【咸】三。往見吝【蠱】四。有它吝【大過】四。吝終吉【賁】五。貞吝【泰】上〔一〕，【恒】三，【晉】上，【解】三。

【无咎】【乾】三「厲无咎」，四「或躍在淵无咎」。【坤】四「括囊无咎」。【需】初「利用恒无咎」。【師】二「吉无咎」，四「左次无咎」，五「執言无咎」。【比】初「比之无咎」。【小畜】「血去惕出无咎」。【履】初「素履往无咎」。【泰】三「艱貞无咎」。【否】四「有命无咎」。【同人】「同人于門无咎」。【大有】初「无交害匪咎，艱則无咎」，二「有攸往无咎」，四「匪其旁无咎」。【豫】上「有渝无咎」。【蠱】初「有子考无咎」，三「小有悔无大咎」〔二〕。【臨】三「既憂之无咎」，四、上「吉无咎」〔三〕。【觀】初「小人无咎」，五「君子无咎」，上同。【噬】初「滅趾无咎」，二「滅鼻无咎」，三「小吝无咎」，五「貞厲无咎」。【賁】上「白賁无咎」。【剥】三「剥之无咎」。【復】三「厲无咎」。【无妄】四「可貞无咎」。【頤】四「其欲逐逐无咎」。【大過】初「藉用白茅无咎」，五「老婦士夫无咎」，上「滅頂凶无咎」。【坎】四「終无咎」，五「既平无咎」。【離】初「敬之无咎」，上「獲匪其醜无咎」。【晉】初「裕无咎」，上「厲吉无咎」。【睽】初「見惡人无咎」，二「遇主无咎」，四「厲无咎」。【解】初六「无咎」。【損】初「遄往无咎」，四「有喜无咎」，上「益之无咎」。

〔一〕「上」原作「三」，慶餘堂本作「上」，據改。

〔二〕按：此段末出「无大咎」條，載此爻辭，則此處實爲衍文。

〔三〕「四上吉无咎」：萬曆本、慶餘堂本作「四至臨无咎」。

【益】初「元吉无咎」，三「益用凶事无咎」。【夬】三「有愠无咎」，五「中行无咎」。【姤】二「包有魚无咎」，〔一〕上「吝无咎」。【萃】二「引吉无咎」，三「往无咎」，四「大吉无咎」，五「有位无咎」，上「涕洟无咎」。【升】二「用禴无咎」，四「吉无咎」。【困】二「征凶无咎」。【井】四「井甃无咎」。【革】二「征吉无咎」。【鼎】初「以其子无咎」。【震】上「于其鄰无咎」。【艮】初「艮其趾无咎」。【漸】初「有言无咎」，四「得其桷无咎」。【豐】初「雖旬无咎」，三「折肱无咎」。【巽】二「吉无咎」。【涣】五「涣王居无咎」，上「逖出无咎」。【節】初「不出〔二〕无咎」，三「不節則嗟无咎」〔三〕。【中孚】〔四〕「馬匹亡无咎」，五「有孚攣如无咎」。【小過】二「遇〔五〕臣无咎」，四「无咎」。【既濟】初「曳輪濡尾无咎」。【未濟】上「飲酒无咎」。

**何咎**【隨】四「道明〔六〕何咎」。【睽】五「厥宗噬膚何咎」。**爲咎**【夬】初「往不勝爲咎」。**匪咎**【大有】初「无交害匪咎」。**无大咎**【蠱】三「小有悔无大咎」。

〔一〕萬曆本、慶餘堂本此處增入「三『厲无大咎』」。按：此條摘録「无咎」，不當厠「无大咎」於内。依體例，當補入段末「无不咎」條下。
〔二〕萬曆本、慶餘堂本「不出」後有「户庭」字。
〔三〕萬曆本、慶餘堂本引文作「則嗟若无咎」。
〔四〕慶餘堂本「中孚」後有「四」字。
〔五〕萬曆本、慶餘堂本「遇」後有「其」字。
〔六〕「道明」：萬曆本、慶餘堂本作「在道以明」。

【厲】【乾】三，【蠱】初，【復】三，【遯】初、三，【既濟】上。悔厲吉【家人】三。厲吉【頤】上，【晉】上。厲終吉【蠱】初。貞厲見貞類下。往厲【小過】四。有厲【大畜】初。○厲无咎、厲无大咎，並見上。

【災】【眚】【小過】上。災【无妄】三，【旅】初。无眚【訟】二，【震】三。有災眚【復】上。

## 卦爻道德例

【卦】利貞【乾】「元亨利貞」。安貞吉【坤】即此二者爲例。貞雖是占，其實訓正道。貞則利，不貞則不利。安貞則吉，不安貞則不吉。如无妄「元亨利貞，其匪正有眚」，義昭然矣。此文王因占寓正道之教。道【復】「反復其道」。有孚【需】【訟】【觀】【坎】【損】。孚【夬】「孚號」，【革】「乃孚」。

【爻】道【小畜】初「復自道」。【履】二「履道坦坦」。【隨】四「有孚在道」。德【訟】三「舊德」。【小畜】上「尚德」。【恒】三「不恒其德」，五「恒其德」。【益】五「惠我德」。敬【需】上「敬之終吉」。【離】初「敬之无咎」。知【臨】五「知臨」。允【晉】三「衆允悔亡」。【升】初「允升大吉」。有孚【比】初，【小畜】四、五，【隨】四，【大壯】初，【家人】上，【解】五，【益】三、五，【萃】初，【井】上，【革】三、四、五，【豐】二，【中孚】五，【未濟】五、上。孚【泰】三、四，【大有】五，【隨】五，【解】四，【姤】初，【萃】二、五，【升】二，

【兑】二、五。道德等類，非是取象陰陽爻，皆通稱也。即命【訟】四。命，正理也。【翼】道性命【彖】「乾道變化各正性命」。性情【文言】乾「利貞者性情也」。誠乾九二言〔一〕「閑邪存其誠」。敬坤六二言「敬以直内」。仁乾九二言「仁以行之」。義坤六二言「義以方外」。德「敬義立而德不孤」。【以上並文言】。太極【繫辭】上。太極乃極至之理，此又指道德性命之根源以示人也。十翼言道德類不一，難以悉書，本道德以爲占，非小人盜賊所能用也，審矣。

## 卜筮類合象、占爲一例

愚既分象、占二類，又觀朱子答東萊先生有曰：「易中如『利用祭祀』、『利用享祀』，只是卜祭則吉；『田獲三品』只是卜田則吉；『公用亨于天子』只是卜朝覲則吉；『利建侯』只是卜立君則吉；『利用爲依遷國』只是卜遷國則吉；『利用侵伐』只是卜侵伐則吉之類。推之於事，此類不一，亦欲私識其説，與朋友訂之，而未能也。」又襲蓋卿録：「易本爲卜筮設。如曰『利涉大川』，是利於行舟也；『利有攸往』，是利於啓行也。大率如此。」〔二〕又鄭可學録：「如

〔一〕萬曆本、慶餘堂本無「言」字，下「言」字同此。

〔二〕據今本語類卷六六，此條爲黄義剛録。

『利涉大川』，或是渡江。而推類旁通，則各隨其事。」〔一〕按此是又合象、占爲一類。蓋在易爲象，在人則爲事，且如「利涉大川」，「涉川」本只是象，人則真有涉川之事，利與不利則是占。今隨卦爻中所指定事處類之，合象、占爲一例，以便觀覽，且成朱子「欲識其說，與朋友共訂」之遺意也。

## 君道天子

【卦】比：吉，原筮，元永貞，无咎云云。筮比天下之道。

豐：亨，王假之，勿憂宜日中。筮處豐亨之道。

渙：亨，王假有廟。筮假廟。

萃：亨，王假有廟，用大牲吉。筮假廟致享。

屯：元亨，利貞，利建侯。筮立君。

豫：利建侯行師。筮立君用兵。

晉：康侯用錫馬蕃庶，晝日三接。筮受朝覲。

師：貞丈人吉，无咎。筮命將出師。

---

〔一〕此條不見於今語類，在宋刊浙本晦庵先生文集卷五六答鄭子上（「此心之靈」）。鄭可學，字子上。

夬：揚于王庭，孚號有厲，告自邑，不利即戎。筮去小人。

【爻】乾九五：飛龍在天，利見大人。筮即位。

家人九五：王假有家吉。王者納后吉占。

屯初九：磐桓，利居貞，利建侯。筮建侯。

益六二：王用享于帝吉。筮祭天。

升六四：王用亨于岐山。筮祭山。

離上九：王用出征，有嘉折首，獲其醜，无咎〔二〕。筮征伐。

井：改邑不改井。筮改邑。

比九五：顯比，王用三驅，失前禽。筮比道及田獵。

渙九五：渙汗其大號，渙王居无咎。筮發號施惠。

損〔一〕上九：得臣无家。筮用人。

隨上六：王用亨于西山。筮祭山。

晉六二：受茲介福于其王母。王者筮享先妣。

既濟〔三〕：高宗伐鬼方，三年克之。筮征伐。

---

〔一〕「損」原作「益」，「得臣无家」爲損卦上九爻辭，故改。

〔二〕「獲其醜无咎」：萬曆本、慶餘堂本作「獲匪其醜」。

〔三〕慶餘堂本「既濟」後有「九三」。

師上六：大君有命，開國承家，小人勿用。筮賞戰功。

泰六五：帝乙歸妹，以祉元吉。筮嫁妹。

歸妹六五：帝乙歸妹吉。同上。

剝六五：貫魚以宮人寵，无不利。筮宮人。

遯九三：畜臣妾吉。筮臣妾。

## 臣道

【爻】坤六三：或從王事，无成有終。筮從王事。

訟六三：或從王事，无成。同上。不吉。

大有九三：公用亨于天子，小人弗克。筮朝覲。

益六三：有孚中行，告公用圭。筮告公。

益六四：中行告公從，利用爲依遷國。筮告公遷國。

蹇六二：王臣蹇蹇，匪躬之故。大臣當國難之占。

鼎六四：鼎折足，覆公餗，其形渥，凶。大臣不吉之占。

## 訟獄

【卦】訟：有孚窒惕，中吉終凶。筮公訟。　噬嗑：亨，利用獄。筮用獄。

【爻】訟初六：不永所事，小有言，終吉[一]。筮訟吉。　訟九二：不克訟，歸逋，邑三百戶无眚。筮訟逋無眚。

訟九四：復即命，渝安貞吉。筮訟貞吉。　訟上九：或錫鞶帶，終朝三褫。筮訟受帶爲人所奪。

蒙初六：利用刑人，用說桎梏，以往吝。　噬嗑初九：屨校滅趾无咎。

噬嗑上九：何校滅耳凶。　坎上六：係用徽纆，寘于叢棘，三歲不得，凶。

睽六三：其人天且劓，无初有終。

---

〔一〕底本無「吉」字，今據通志堂本補。

## **兵師**田附

【卦】師：貞，丈人吉。已見君道類。

【爻】師初六：師出以律，否臧凶。筮師以律吉。

師六三：師或輿尸，凶。筮師敗凶。

泰上六：勿用師，自邑告命〔一〕。

同人九五：先號咷後笑，大師克相遇。筮師克。

謙上六：利用行師，征邑國。筮師利。

晉上九：維用伐邑，厲吉无咎。

夬九二：莫夜有戎，勿恤。吉。

夬：不利即戎。

師九二：在師中吉，无咎，王三錫命。筮師吉。

師六四：師左次，无咎。筮行師。

同人九三：伏戎于莽，升其高陵，三歲不興。

謙六五：利用侵伐，无不利。

復上六：行師大敗，國君凶，十年不克征。筮行師凶。

明夷九三：明夷于南狩，得其大首，不可疾貞。

未濟九四：震用伐鬼方，三年有賞于大國。

---

〔一〕萬曆本、慶餘堂本「告命」後補「貞吝」二字。

履六三：武人爲于大君。筮將帥。

屯六三：即鹿无虞，入于林中，往吝。筮田不吉。

恒九四：田无禽。

巽六四：田獲三品。

巽初六：利武人之貞。

師六五：田有禽，利執言，无咎。筮田吉。

解九二：田獲三狐，得黄矢，貞吉。

**家宅**妾附

【卦】家人：利女貞。

大過：棟橈。

【爻】蠱初六：幹父〔一〕蠱，考无咎，厲終吉。

蠱九三：幹父之蠱，无大咎。

蠱六五：幹父之蠱，用譽。

家人六二：无攸遂，在中饋，貞吉。

蠱九二：幹母蠱，不可貞。

蠱六四：裕父蠱，往吝。

家人初九：閑有家，悔亡。

家人九三：嗃嗃，悔厲吉，婦子嘻嘻，終吝。

---

〔一〕萬曆本、慶餘堂本「父」後有「之」字。以下「幹母」及「裕父」後亦皆有「之」字。

家人六四：富家大吉。

小畜九三：夫妻反目。

困六三：入于其宮，不見其妻，凶。

漸九五：婦三歲不孕，終莫之勝，吉。

大過九三：棟橈凶。

豐上六：豐屋蔀家，闚户无人，凶。

遯九三：係遯有疾厲，畜臣妾吉。亦納妾吉占。

泰六四：翩翩，不富以其鄰。

震上六：震不于躬，于鄰，无咎。

家人上九：有孚威如，終吉。

恒六五：恒其德貞，婦人吉，夫子凶。

漸九三：夫征不復，婦孕不育，凶。

既濟六二：婦喪其茀，勿逐，七日得。

大過九四：棟隆吉。筮宅吉。

鼎初六：得妾〔一〕子，无咎。筮納妾有子。

小畜九五〔二〕：有孚攣如，富以其鄰。

謙六五：不富以其鄰。

---

〔一〕萬曆本、慶餘堂本「妾」後補入「以其」。

〔二〕「五」原作「四」，慶餘堂本作「五」，據改。

## 婚姻

【卦】咸：亨，利貞，取女吉。　姤：女壯，勿用取女。

漸：女歸吉，利貞。　歸妹：征凶，无攸利。

【爻】屯六二：女子貞不字，十年乃字。　屯六四：求婚媾，往吉[一]利。

賁六四：匪寇婚媾。　睽上九：匪寇婚媾，遇雨吉。

蒙九二：納婦吉。　蒙六[二]三：勿用取女，不有躬，无攸利。

大過九二：老夫得其女妻，无不利。　大過九五：老婦得其士夫，无咎无譽。

震上六：婚媾有言。　歸妹上六：女承筐无實，士刲羊无血，无攸利。

〔一〕萬曆本、慶餘堂本「吉」後有「无不」字。

〔二〕「六」原作「九」，慶餘堂本作「六」，據改。

## 師友交朋客附

【卦】蒙：亨，童蒙求我，初筮告，利貞。

【爻】損六三：三人損一〔一〕，一人行得友。　隨初九：出門交有功。

隨六二：係小子，失丈夫。　隨六三：係丈夫，失小子。

豫九四：勿疑，朋盍簪。　咸九四：憧憧往來，朋從爾思。

蹇九五：大蹇朋來。　解九四：解而拇，朋至斯孚。

需上六：不速客三人來，敬之吉。〔二〕

## 見貴

【卦】訟：利見大人。　蹇：利見大人。

〔一〕「三人損一」：萬曆本、慶餘堂本作「三人行損一人」。

〔二〕萬曆本、慶餘堂本據易爻辭補爲「不速之客三人來，敬之終吉」。

升：用見大人。

巽：利見大人。

【爻】乾九二：見龍在田，利見大人。

乾九五：利見大人。見君道類。

蹇上六：往蹇來碩，吉，利見大人。

## 仕進 隱附

【卦】大畜：不家食吉。

【爻】泰初九：拔茅茹，以其彙，征吉。

觀六三：觀我生，進退。

觀六四：觀國之光，利用賓于王。

中孚九二：我有好爵，吾與爾靡之。

坤六四：括囊，无咎无譽。筮此宜隱。

蠱上九：不事王侯，高尚其事。筮此宜隱。

## 君子 筮與小人勝負

【卦】泰：小往大來，吉，亨。

否：不利君子貞，大往小來。

同人：利君子貞。

謙：亨，君子有終。

剥：不利君子之占。

夬：君子去小人之占。

【爻】否九四：有命无咎，疇離祉。衆君子吉占。

觀九五：觀我生，君子无咎。

剥上九：君子得輿，小人剥廬。

明夷初九：君子于行，三日不食。

睽初九：見惡人，无咎。

夬九三：君子獨行遇雨，若濡有愠，无咎。

未濟六五：君子之光，有孚吉。

遯：君子以遯而亨之占。

觀初六：小人无咎，君子吝。

觀上九：觀其生，君子无咎。

遯九四：好遯，君子吉，小人否。

明夷六五：箕子之明夷，利貞。

解六五：君子維有解，吉，有孚于小人。

革上六：君子豹變，小人革面。

## 出行

【卦】坤：君子有攸往，先迷後得，主利，西南得朋，東北喪朋，安貞吉。

屯：勿用有攸往。

賁：亨，小利有攸往。

剥：不利有攸往。

復：亨，出入无疾，反復其道，七日來復，利有攸往。

无妄：不利有攸往。

大過：利有攸往。

坎：有孚，維心亨，行有尚。

恒：亨，无咎利貞，利有攸往。

蹇：利西南，不利東北。

解：利西南，有攸往，夙吉。

損：有孚，元吉，无咎，利貞，利有攸往。

益：利有攸往。

夬：利有攸往。

萃：亨，利有攸往。

升：南征吉。

巽：小亨，利有攸往。

【爻】屯六四：往吉，无不利。

小畜上九：君子征凶。

泰初九：以其彙，征吉。

賁初九：舍車而徒。

復六四：中行獨復。

无妄六二：則利有攸往。

无妄上九：无妄行有眚，无攸利。

大畜九三：利有攸往。

頤六二：征凶。

咸九三：咸其股，執其隨，往吝。

大壯初九：壯于趾，征凶。

明夷初九：有攸往，主人有言。

明夷六四：于出門庭。

蒙初六：以往吝。

履初九：素履往，无咎。

隨六三：利居貞。

復初九：不遠復。

无妄初九：无妄往吉。

无妄六三：行人之得。

大畜初九：有厲，利已。

大畜上九：何天之衢，亨。

咸六二：咸其腓，凶；居吉。

遯初六：勿用有攸往。

晉六五：往吉无不利。

明夷六二：用拯馬壯吉。筮避患吉。

睽六四：往何咎。

睽上九：往遇雨則吉。

蹇初六：往蹇。三、四、上同。

損初九：遄往无咎。

損六三：三人行則損一人。

損上九：利有攸往。

夬初九：往不勝爲咎。

夬九四：臀无膚，其行次且。

夬九五：中行无咎。

姤初六：有攸往，見凶。

姤九三：其行次且，厲，无大咎。

萃初六：往无咎。

萃六三：往无咎，小吝。

困九二：征凶。

困上六：征吉。

革六二：征吉无咎。

革九三：征凶，貞厲。

革上六：征凶，居貞吉。

鼎九三：其行塞。

震六三：震行无眚。

震九四：震遂泥。

震六五〔一〕：震往來厲。

震上六：征凶。

---

〔一〕「五」原作「四」，慶餘堂本作「五」，據改。

艮初六：艮其趾。

艮六二：艮其腓。

艮六四：艮其身。

漸九三：夫征不復。

歸妹初九：征吉。

豐初九：往有尚。

豐六二：往得疑疾。

巽初六：進退。

渙初六：用拯馬壯吉。筮濟渙。

節初九：不出户庭，无咎。

節九二：不出門庭凶。

節九五：往有尚。

小過九四：往厲必戒，勿用永貞。

未濟六三：征凶。

## 舟車

【卦】需：有孚，利涉大川。

訟：窒惕，不利涉大川。

同人：于野，亨，利涉大川。

蠱：元亨，利涉大川。

大畜：利涉大川。

益：利涉大川。

渙：利涉大川，利貞。

中孚：利涉大川，利貞。

【爻】謙初六：用涉大川吉。　頤六五：不可涉大川。

頤上九：利涉大川。　未濟：征凶，利涉大川。

大有九二：大車以載。　小〔一〕畜九三：輿説輹。

大畜九二：輿説輹。　大壯九四：壯于大輿之輹。

困九四：困于金車，吝。　既濟初九：曳其輪，无咎。

未濟九二：曳其輪，貞吉。

## 旅

【卦】旅：小亨，小貞吉。

【爻】旅初六：旅瑣瑣，斯其所取災。　旅六二：旅即次，懷其資，得童僕貞。

旅九三：旅焚其次，喪其童僕，貞厲。　旅九四：旅于處，得其資斧，我心不快。

---

〔一〕「小」原作「大」，慶餘堂本作「小」，據改。

旅上九：旅人先笑後號咷，喪牛于易〔一〕，凶。

## 酒食

【卦】頤：貞吉，自求口實。　大畜：不家食吉。

【爻】需九五：需于酒食，貞吉。　噬嗑六三：噬腊肉，遇毒，小吝无咎。

噬嗑九四：噬乾胏，得金矢，利艱貞，吉。　噬嗑六五：噬乾肉，得黄金，貞厲，无咎〔二〕。

困九二：困于酒食。　鼎九三：雉膏不食。

## 疾

【爻】豫六五：貞疾，恒不死。　无妄九五：无妄之疾，勿藥有喜。

〔一〕萬曆本、慶餘堂本無「喪牛于易」四字。

〔二〕「咎」原作「往」，萬曆本、慶餘堂本作「咎」，據改。

遯九三：有疾厲。

鼎九二：我仇有疾，不我能即，吉。

兑九四：商兑未寧〔一〕，介疾有喜。

損六四：損其疾，使遄有喜，无咎。

豐六二：往得疑疾，有孚發若，吉。

## 祭祀

【卦】觀：盥而不薦，有孚顒若。

損：有孚，曷之用？二簋可用享。

【爻】萃六二：孚乃利用禴。

升九二：孚乃利用禴，无咎。

困九二：利用享祀。

困九五：利用祭祀。

既濟九五：東鄰殺牛，不如西鄰之禴祭，實受其福。

---

〔一〕「寧」原作「能」，萬曆本、慶餘堂本作「寧」，據改。

## 禱雨

【卦】小畜：亨，密雲不雨，自我西郊。

【爻】小畜上九：既雨既處。
睽上九：往遇雨則吉。

鼎九三：方雨虧悔，終吉。
小過六〔一〕五：密雲不雨，自我西郊。

## 寇

【爻】蒙上九：不利爲寇，利禦寇。
需九三：需于泥，致寇至。

解六三：負且乘，致寇至。
漸九三：利禦寇。

## 畜

【卦】坤：元亨，利牝馬之貞。
晉：錫馬蕃庶。

〔一〕「六」原作「九」，萬曆本、慶餘堂本作「六」，據改。

離：畜牝牛吉。

【爻】屯六二：乘馬班如。四、上同。

大畜九三：良馬逐。

睽初九：喪馬勿逐，自復。

无妄六三：或繫牛，行人得，邑人災。

遯六二：執之用黄牛之革。

革初九：鞏用黄牛之革。

大壯九三：羝羊觸藩，羸其角。

大壯上六：羝羊觸藩，不能退，不能遂。

歸妹上六：士刲羊无血。

睽上九：見豕負塗。

賁六四：白馬翰如。

明夷六二：用拯馬壯吉。渙初六同。

中孚六四：馬匹亡，无咎

大畜六四：童牛之牿，元吉。

睽六三：其牛掣。

旅上九：旅人先笑後號咷[一]，喪牛于易。

大壯六五：喪羊于易。

夬九四：牽羊悔亡。

大畜六五：豶豕之牙，吉。

姤初六：羸豕孚，蹢躅。

---

[一] 萬曆本、慶餘堂本無「旅人先笑後號咷」七字。

# 卜筮合象占爲一説

按朱子語録吴必大問：「何以得爻辭與所占之事相應？」曰：「自有此道理。如今抽籤者亦多與占意相契。若爻辭與占意相契，即用爻辭斷，如屯『利建侯』，屯只是卦，如何去利建侯？乃是占得此卦者之利。晉文公曾占得此卦，屯、豫皆有此辭，果能得國。萬一占病，却得『利建侯』，又須卦爻上別討義。」愚謂晉文公之占可謂辭與占意相應，然左傳占法亦多有只用卦爻而不用其辭者，故朱子有別討義之説也。而鄱陽汪深。所性，先人私淑之友也，嘗作占例，自爲之序曰：「昔者聖人用易以明民，托之卜筮，然所得之辭或有懸隔者，如問婚而得田獵，問祭祀而得涉川，問此答彼，闊然不相對。豈有遷就迂誕而用之者哉？若是則卦爻之辭皆贅言矣。傳曰：『其言曲而中，其事肆而隱，因貳以濟民行，以明失得之報。』又曰：『明於天之道，而察於民之故，是興神物以前民用。』又曰：『探賾索隱，鉤深致遠，以定天下之吉凶，成天下之亹亹者，莫大乎蓍龜。故繫辭焉所以告也，定之以吉凶所以斷也。』今占筮所得之辭乃不應合，而在於遷就用之，則奈何哉？蓋嘗思之，易以卜筮設教，古人之卜筮蓋少也，非有大事，不疑不卜也。

其見於書者，虞有傳禪之筮，周有征伐之卜而已。故洪範曰：『汝則有大疑，謀及乃心，謀及卿士，謀及庶人，謀及卜筮。』而從逆之間，人謀先之，卜筮次焉。蓋誠以事有兩可之疑，而後托之卜筮也，而其占又必誠敬專一，積其求決之真情至誠，以達于神明。故神明感應之誠，亦正告之以利害趨向，而不浪漫也。且易之初，其以六十四卦示人以占之例，亦已廣矣。求君父之道於乾，求臣子之道於坤，婚姻於咸、恒、漸、歸妹，待於需，進於晉，行師於師，爭訟於訟，聚於萃，散於涣，以至退於遯，守於困，安於泰、鼎，厄於夷、蹇，盈於豐、大有，壞於損、蠱，家人之在室，旅之在塗，既未濟、損、益、大小過、大小畜，得失進退之義，雖卦名之爲七十九字，文義明白，條例具足，亦可決矣。此未有文王卦辭之前，已可占而斷者，況又三百八十四爻而示之以變乎。夫人誠有大疑，謀及卜筮，必積其誠意，備其禮物，齊戒專一以占之。大傳曰：『是以將有爲也，將有行也，問焉而以言，其受命也如響，无有遠近幽深，遂知來物。』此占筮必得應合之辭。受命者，神明受禱占者之命辭也；如響者，應之端的而不漫浪以告也。儻有一毫不敬不誠不一之心，則問此而告彼，闊焉不與事相酬答，實神明之所不主而不告者也，又何受命如響之云。曷不即卦辭考之。文王於蒙嘗起其占筮之教矣，其言曰『匪我求童蒙，童蒙求我，初筮告，再三瀆，瀆則不告，利貞』。周子曰：『筮者，扣神也。再三瀆，瀆則不告矣。』此文王之所以起其例也。夫占而揲蓍，積十有八變必成一卦，卦必有卦辭，爻必有爻辭，何以言其告不告也？蓋誠意專一而筮，則神之告之卦辭、爻辭，應合所問。如占婚姻，與之咸、恒，曰『納婦吉』，曰『勿用取女』，曰『歸妹，征凶，无攸利』；占征伐，曰『利用侵伐』，曰『在師中吉』，曰『不利行師』，曰『勿用師』；占田獵，曰『田獲三狐』，曰『田獲三品』，曰『即鹿无虞』，曰『田无禽』。若此者，皆所謂告也。若夫卦辭、爻辭不應所占之事，此則誠意不至，二、三之瀆，而所謂不告者也。此即文王之所謂不告也。不然，則得卦爻必有辭以告之，又何以有不告之云。夫誠敬不至，則吾心之神明不存，而神明之神亦爽，得不合之辭，而猶曰『神明之告我也，必有他意』，揣摩臆度，遷就曲推，彊取以定吉凶，以至狂妄僥倖悖亂之念皆自此生者，古有之矣。是惑之甚也。況世之占者，忽略滅裂，褻瀆瑣細，不敬尤甚，乃欲以此求神明之指其所之，至於不驗，又妄以爲卜筮之理不可信。彼豈知夫告不告之道哉。余之有見乎此也，乃取卦爻辭，以人事分門別例，編爲一書，俾世之占者以類求之，必本乎誠敬專一之道，而知占[一]之不妄以告人也。豈不有以解千古之惑，而發聖人之藴乎。羲、文、周、孔在天之靈，不易吾言矣。」愚謂此論真足以發朱子之所未發，而且有以得文王告不告之旨，故詳識之。若夫超於言辭之表，而參以卦爻之象，斯亦占法之所不可省云。

## 筮法

集左氏傳注皆杜預本注。

陳厲公[二]筮公子完之生

䷓觀䷋否　一爻變

〔一〕「占」：萬曆本、慶餘堂本作「神」。

〔二〕「厲」原作「宣」，慶餘堂本改作「厲」，據改。

莊公二十二年，陳人殺其太子禦寇，宣公殺其太子。陳公子完奔齊，完，禦寇黨。齊侯桓公。使敬仲完字。爲卿，辭，使爲工正。掌百工官。初，懿氏卜妻敬仲，懿氏，陳大夫。其妻占之曰：「吉。是謂『鳳凰于飛，和鳴鏘鏘，猶夫婦相隨適齊。有嬀之後，嬀，陳姓。將育于姜，齊姓。五世其昌，並于正卿。八世之後，莫之與京。』」陳厲公，蔡出也，姊妹之子曰出。故蔡人殺五父而立之，五父，陳佗。生敬仲。其少也，周史周太史。有以周易見陳侯者，陳侯使筮之，遇觀之否，曰：「是謂『觀國之光，利用賓于王』，此其代陳有國乎。不在此，其在異國；非此其身，在其子孫。光，遠而自他有耀者也。坤，土也；巽，風也；乾，天也。風爲天於土上，山也。有山之材而照之以天光，於是乎居土上，故曰『觀國之光』。庭實旅百，奉之以玉帛，天地之美具焉，故曰『利用賓于王』。四爲諸侯，變乾，有國朝王之象。艮爲門庭，乾爲金玉，坤爲布帛。諸侯朝王，陳贄帛之象。旅，陳也。百，言物備〔一〕。猶有觀焉，故曰其在後乎。因觀文以博占，故曰『猶有觀』。非在己之言，故知在子孫。風行而著於土，故曰其在異國乎。若在異國，必姜姓也。姜，太嶽之後也。姜姓之先爲堯四嶽。山嶽則配天。物莫

〔一〕「百言物備」原作「百物言備」，慶餘堂本作「百言物備」，是也，蓋據左傳注疏改。據改。

能兩大，陳衰，此其昌乎。變而象艮，固知當興於太嶽之後。及陳之初亡也，昭八年，楚滅陳。陳桓子始大於齊。桓子，敬仲五世孫陳无宇。其後亡也，哀十七年，楚復滅陳。成子得政。成子，陳常也，敬仲八世孫。卜筮者，聖人所以定猶豫，決疑似，因生義教者也。書洪範通龜筮以同卿士之教〔一〕。南蒯卜亂而遇元吉，惠伯答以「忠信則可」；臧會卜僭，遂獲其應。丘明故舉諸縣應〔二〕於行事者，以示來世，而君子志其善者遠者。他皆放此。注中「愚謂」則一桂增解，下同。」

愚謂：貞觀全體夾畫艮，三至五互體亦艮。今必曰「風爲天於土上爲山，以天光照山之材，故曰觀國之光」，又曰「庭實玉帛具天地之美，故曰利用賓于王」，如此則是觀因變否有乾天之光，有艮山之材，有坤地之土，又具乾天坤地之美爲贄，而後成觀六四一爻之辭，何其繆也。扭合傅會，本不足法，特以其去經最近，取互體甚明，說象無滯礙爲有補焉耳。看來左氏所載占辭，決非盡當時史氏之筆，要皆左氏引而自文之，以

〔一〕「教」：慶餘堂本作「數」，蓋據左傳注疏。
〔二〕「應」：慶餘堂本作「驗」，蓋據左傳注疏。

故扭合傳會處尤多。〔一〕

## 畢萬筮仕於晉

☳☵屯☵☷比 一爻變

閔公元年。晉侯獻公。作二軍，公將上軍，太子申生將下軍，趙夙御戎，畢萬爲右。爲公御右也。夙，趙衰兄。畢萬，魏犨祖父。以滅耿、滅霍、滅魏。三國皆姬姓。還，賜畢萬魏，以爲大夫。卜偃晉掌卜大夫。曰：「畢萬之後必大。萬，盈數也；魏，大名也。以是始賞，天啓之矣。天子曰兆民，諸侯曰萬民。今名之大，以從盈數，其必有衆。」初，畢萬筮仕於晉，遇屯之比，辛廖晉大夫。占之曰：「吉。屯固，比入，吉孰大焉。其必蕃昌。屯險難，所以爲堅固；比親密，所以得入。震爲土，變坤。車從馬，震車坤馬。足居之，震。兄長之，震長

〔一〕萬曆本、慶餘堂本以下又增入：「○【附】六四之爻，位在坤上，坤爲土地，山是地之高者，居於土上，爲土上山也。又巽變爲乾，六四變爲九四，從二至四，互體有艮之象。艮爲山，故言山也。山則財之所生，言其必大富也。上天以明臨下，照之以天光，言天子照臨之也。於是乎又居於上。」此乃家刻本節引左傳注疏文，妄爲增添者也。後凡有「○【附】」者放此。

男。母覆之，坤。衆歸之，坤爲衆。六體不易，一爻變六義。合而能固，安而能殺，公侯之卦也。比合，屯固，坤安，震殺，故曰公侯之卦。公侯之子孫必復其始。」萬，畢公高之後。傳爲魏之子孫衆多張本。

愚按朱子啓蒙謂：「一爻變，則以本卦變爻辭占。」其下亦引畢萬所筮。以今觀之，未嘗不取之卦。且不特論一爻，兼取貞悔卦體，似可爲占者法也。他倣此。

## 魯桓公筮成季之將生

☲大有☰乾二爻變

閔公二年秋八月，共仲使卜齮賊公于武闈。宮中小門。愚按：共仲，公子慶父，通夫人哀姜，故弒閔公。成季以僖公適邾，共仲奔莒，乃入立之。愚謂：成季以僖公入，立之。成季之將生也，桓公使卜楚丘魯掌卜大夫。之父卜之，曰：「男也，其名曰友，在公之右，在右，言用事。間于兩社，周社、亳社，兩社之間，朝廷執政所在。爲公室輔。季氏亡，則魯不昌。」又筮之，遇大有之乾，曰：「同復于父，敬如公所。」乾爲君父，離變乾見，敬與君同。及生，有文在手曰「友」，遂以命之。

# 秦伯伐晉卜徒父筮之吉

☶☴蠱六爻不變

僖公九年，齊師會秦師納晉惠公。愚按：晉獻公因驪姬之難，太子申生死，公子重耳、夷吾出奔。九年，獻公卒，秦穆公納夷吾，是爲惠公。十五年，初，晉侯之入也，許賂秦伯以河外列城五，既而不與。晉饑，秦輸之粟，十三年。秦饑，晉閉之糴。十四年。故秦伯伐晉。卜徒父筮之，吉。徒父，秦掌龜〔一〕卜者。卜人用筮，據所見雜言之。「涉河，侯車敗。」詰之，秦軍涉河，晉侯車敗，秦伯不解，謂敗在己，故詰。對曰：「乃大吉也。三敗必獲晉君。其卦遇蠱，曰『千乘三去，三去之餘，獲其雄狐』。夫狐蠱，必其君也。於易『利涉大川』，亦秦勝晉之卦。今所言，蓋卜筮書雜辭，以狐爲君，其義欲以諭晉君。其象則未聞。蠱之貞，風也；其悔，山也。歲云秋矣，我落其實，而取其材，所以克也。秋風落木實，則材爲人取。實落材亡，不敗何待。」三敗及韓，晉車三敗。壬戌，戰于韓原，九月十三。秦伯獲晉侯以歸。穆姬晉獻公女，爲秦穆公夫

〔一〕「龜」：萬曆本、慶餘堂本脱，左傳注疏有。

人。曰：「晉君朝以入，則婢子夕以死。夕以入，則朝以死。惟君裁之。」乃舍諸靈臺，許晉侯平。

愚按朱子啓蒙：「六爻不變，則占本卦彖辭，而以內卦爲貞，外卦爲悔。」今雖不及彖辭，而以貞悔分彼我，亦可以見占法矣。

## 晉獻公筮嫁伯姬於秦

䷵歸妹䷥睽 一爻變

僖公十五年。初，晉獻公筮嫁伯姬於秦，遇歸妹之睽。史蘇晉卜筮史。占之曰：「不吉。其繇曰：『士刲羊，亦无衁也；女承筐，亦无貺也。上六爻辭。衁，血。貺，賜。上六无應，所求不獲，故下刲无血，上承无實。西鄰責言，不可償也。嫁女遇不吉之卦，故知有責讓之言，不可報償。愚謂：西鄰責言，兑象秦，在西，爲晉之鄰，震變，故不償其言。歸妹之睽，猶无相也。』无相助。愚謂：睽，故无相助。震之離，亦離之震，爲雷爲火，爲嬴敗姬。車説其輹，火焚其旗，不利行師，敗于宗丘。丘，猶邑。上六爻在震，則无應，故車説輹；在離，則失位，故火焚旗。言失車火之用也。故不利行師。敗不出國，近在宗邑。愚謂：震變離，爲兑澤所勝，兑西方，故有嬴敗姬之象。歸妹睽孤，寇張之弧。睽上爻之辭。姪其從姑，震木離火，火從木生，離爲震妹，於火爲姑。謂我姪者，我謂之姑，謂子圉質秦。六年其逋，逃歸其國，而棄其家，家，謂子圉婦懷嬴。明年其死於高梁之虛。」惠公死之明年，文公入，殺懷公于高梁。高梁，晉地。凡筮者用周易，則其象可推，非此而往，則臨時占者，或取於象，或取於氣，或取於時日王相，以成其占。傅會以爻象，則構虛而不經。故略言其歸趣。及惠公在秦，曰：「先君若從史蘇之占，吾不及此夫。」韓簡侍，曰：「龜，象也；筮，數也。物生而後有象，象而後有滋，滋而後有數。先君之敗德，及可數乎。史蘇是占，勿從何益。」

愚按：僖公九年九月，晉獻公卒。公子夷吾許秦穆公重賂，穆公納之，十一月。是爲惠公。十年，不與秦賂。十一年，晉荐饑，乞糴于秦，秦輸之粟。十四年，秦饑，乞糴于晉，晉閉之糴。十五年九月，秦伯伐晉，獲晉侯。十一月，歸晉侯。十六年，晉太子圉質秦，秦妻之。質秦應占言「姪其從姑」。妻之，即懷嬴。二十二年，子圉逃歸晉。應占言「逃歸其國，而棄其家」。二十三年九月，惠公卒，子圉立，是爲懷公。二十四年九月，秦穆公納公子重耳，是爲晉文公。二月壬寅，入晉師，懷公奔高梁。戊申，文公使殺懷公于高梁。應占言「死高梁之虛」。史蘇之占，一何神也。使晉侯踐言報施，秦師不興，占其能應乎。然史蘇謂嫁伯姬不吉，今乃以伯姬説身逃難，惠公猶曰「先君若從史蘇之占，吾不及此」，不自反而咎先君，誤矣夫。

## 晉文公筮勤王

䷍大有䷥睽　一爻變

僖公二十四年冬，甘昭公通於隗氏，王替隗氏。秋，頹叔、桃子奉太叔以狄師伐周，王出適鄭，處于氾。愚按：初，襄王以狄師伐鄭，王德狄，以狄女隗氏爲后。甘昭公，王弟子帶也，食邑於甘，河南縣西南有甘水。通於隗氏。王廢后。初，王使大夫頹叔、桃子以狄伐鄭。至是二大夫曰：狄其怨我。遂奉太叔即子帶以狄伐周，王適鄭。氾在鄭南襄城縣。太叔以隗氏居于溫。二十五年春〔一〕，秦伯師于河上，將納王。狐偃言於晉侯曰：文公。「求諸侯莫如勤王。」使卜偃卜之，曰：「吉。遇黄帝戰于阪泉之兆。」公曰：「吾不堪也。筮之。」筮之，遇大有之睽，

〔一〕「二十五年春」後原有「正月丙午」四字，慶餘堂本無「正月丙午」，是也。蓋蒙左傳上條「正月丙午」而衍。據删。

曰：「吉。遇『公用亨于天子』之卦。戰克而王饗，〔二〕吉孰大焉。且是卦也，天爲澤以當日，天子降心以逆公，不亦可乎。三爻〔一〕。乾變兑以當離〔三〕，日之在天，垂照在澤，天子在上，説心在下，是降心逆公之象。大有去睽而復，亦其所也。」言去睽卦還論大有，亦有天子降尊之象。乾尊離卑，降尊下卑，亦其義也。晉侯辭秦師而下，三月甲辰，次于陽樊。右師圍温，左師逆王。四月丁巳，王入于王城，取太叔于温，殺之于隰城。戊午，晉侯朝王，王享醴，命之宥。既行享禮，而設醴酒，又加之幣帛以助歡也。宥，助也。

## 王子伯廖引易論鄭公子

䷶豐䷝離 一爻變

宣公六年，鄭公子曼滿與王子伯廖語，欲爲卿。二子，鄭大夫。伯廖告人曰：「無德而貪，其在周易豐之離，豐上六變純離，易尚變，故雖不筮，必以變言其義。上六曰「豐其屋，蔀其家，闚其

〔一〕「三爻」：慶餘堂本據左傳注疏訂作「九三爻辭」。

〔二〕萬曆本、慶餘堂本此處增入左傳杜注：「三爲三公而得位，變而爲兑，兑爲説，得位而説，故能爲王所宴饗。」

〔三〕「乾變兑以當離」，慶餘堂本據左傳注疏訂作「乾變兑而上當離，離爲日」。

户，闃其无人，三歲不覿，凶」，義取无德而大其屋，不過三歲必滅亡。弗過之矣。不過三年。」間一年，鄭人殺之。

愚謂：言不可不慎也。心一動於欲，而形於言，見吉凶焉。豈伯廖舉豐上六之辭奇中哉。易之變，固已前知之矣。觀此類，其殆所謂「易有聖人之道四焉」，其一曰「以動者尚其變」之謂乎。夫所謂動，不特謂我欲動而見諸行事也。見人之善惡是非，忽動其心，而必尚易之變以論之，亦是也。吁，易其神矣乎。人心之靈，其神矣乎。

## 晉知莊子引易論先縠之敗

䷆師䷒臨　一爻變

宣公十二年春，楚子莊王。圍鄭，前年盟辰陵，而又徼事晉故。克之，入自皇門，至于逵路。塗方九軌曰逵。鄭伯肉袒牽羊以逆。王曰：「其君能下人，必能信用其民矣。」退三十里，許之平。夏六月乙卯，晉荀林父救鄭，先縠彘季。佐之。及河，聞鄭既及楚平，桓子林父。欲還，彘子不可。以中軍佐濟佐彘子師渡河。知莊子曰：荀首，林父弟，時爲下軍大夫。「此師殆哉。周易有之，在師之臨，曰：『師出以律，否臧凶。』執事順成爲臧，逆爲否。彘子逆命，不順成，故應不臧之凶。衆散爲弱，坎爲衆，變兑，兑柔弱。川壅爲澤，坎變兑。有律以如己也。如，從也。法行則人從法，法敗則法從人。坎爲法象。今爲衆則散，爲川則壅，是失法之用，從人之象。故曰『律否臧』，則[一]律竭也。竭，敗。變坎爲兑，是法敗。盈而以竭，夭且不整，所以凶也。水遇夭塞，不得整流，則竭涸也。不行之謂臨，澤不行之物。有師[二]而不從，臨孰甚焉，此之謂矣。譬彘子違命不可行。果遇，必敗。遇敵。彘子尸之，主此禍。雖免而歸，必有大咎。」愚按：以上左傳文。林父帥師及楚子戰于邲，鄭地。晉師敗績。愚引經文一句，足其義。傳云：「丙辰，楚重至于邲。」重，輜重。則戰在乙卯日。明年秋，赤狄伐晉及清，先縠召之也。邲戰不得志，故召狄欲爲變。冬，晉人討邲之敗與清之師，歸罪先縠而殺之，遂滅其族。

愚謂：行不可不慎也。心一動而差，其所行凶悔吝已隨之，況兵凶器、戰危事乎。救鄭之師，晉人所不得已也。鄭既及楚平，桓子欲還，當矣。彘子乃不可，已昧「師左

〔一〕「則」：慶餘堂本作「且」，蓋據左傳注疏。

〔二〕「師」：慶餘堂本作「帥」，蓋據左傳注疏。

次」之訓，乖「長子帥師」之義，犯「弟子輿尸」之戒。又況師之臨失律否臧凶，又有如知莊子之所云者乎。其喪師亡身滅宗，固其宜矣。嗚呼，以動者尚其變，知莊子引易，其殆所謂不假卜筮而知吉凶者歟。讀易者試思之。

## 晉厲公筮擊楚子

䷗復六爻不變

成公十六年春，楚子共王。以汝陰之田求成于鄭。鄭成公。汝水之南，近鄭地。鄭叛晉，從楚子盟于武城。夏四月，晉侯厲公。將伐鄭，師起，楚子救鄭。六〔一〕月，晉、楚遇於鄢陵，鄭地。苗賁皇賁皇，楚鬬〔二〕椒子，宣四年奔晉。言於晉侯曰：「楚之良，在其中軍王族而已，請分良以擊其左右，而三軍萃於王卒，必大敗之。」公筮之，史曰：「吉。其卦遇復，曰：『南國蹶，射其元王，中厥目。』此卜者辭也。復，陽長之卦。陽氣起子，南行推陰，故曰「南國

〔一〕「六」原作「五」，慶餘堂本作「六」，是也，蓋據左傳注疏。據改。

〔二〕「鬬」原作「國」，慶餘堂本作「鬬」，是也，蓋據左傳注疏。據改。

蹶」也。南國勢蹶，則離受其咎，離爲諸侯，又爲目，陽氣激而飛矢之象，故曰「射其元王，中厥目」。國蹶王傷，不敗何待。」公從之。呂錡夢射月，中之，呂錡，魏錡。退入於泥。占之，曰：「姬姓，日也；異姓，月也。必楚王也。退入於泥，亦必死矣。」及戰，射共王中目，王召養由基，與之兩矢，使射呂錡，中項，伏弢。弓衣。以一矢復命。楚子宵遁。晉入楚軍，三日穀。食楚粟三日。

愚謂：此卦占辭與卦象絶不類，注終未的確。意者，震坤拱巽離在中間，楚正南國，今有東方震、西南角坤，而无巽離。西南共坤，各得坤一半。坤爲國，豈非南國蹶乎。巽爲白眼，離爲目，无離无巽，豈非喪目乎。震爲蒼筤竹，豈非矢乎。若只就兩體占，貞我悔彼，初九「元吉」，上六「迷復，凶，有災眚。用行師，終有大敗。以其國，君凶」。坤西南，即南國也；震木克坤土，射之義也。國君即元王也。有災眚，眚爲目疾，即中厥目之象也。亦可以旁通矣。

## 魯穆姜筮往東宫

䷳艮䷐隨五爻變

襄公九年，穆姜薨於東宮。太子宮。穆姜淫僑如，欲廢成公，故徙東宮。愚按：姜，成公母。始往，筮之，遇艮之八。周禮太卜掌三易。雜用連山、歸藏二易，皆以七八占，故言遇艮之八。愚按：成公十六年，穆姜往東宮，筮之。史曰：「是謂艮之隨。史疑古易遇八爲不利，故更以周易占變爻，得隨卦而論之。隨，其出也，史謂隨非閉固之卦。君必速出。」姜曰：「亡。是於周易曰『隨，元亨利貞，无咎』。易筮皆以變者占，遇一爻變，義異則論象，故姜亦以象占也。史據周易，故指言周易析之。元，體之長也；亨，嘉之會也；利，義之和也；貞，事之幹也。體仁足以長人，嘉德足以合禮，利物足以和義，貞固足以幹事。然故不可誣也，是以雖隨无咎。言不誣四德，乃遇隨无咎。今我婦人而與於亂。固在下位卑於丈夫。而有不仁不可謂元，不靖國家不可謂亨，作而害身不可謂利，棄位而姣淫之别名。不可謂貞。有四德者，隨而无咎；我皆无之，豈隨也哉。我則取惡，能无咎乎？必死於此，弗得出矣。」

愚嘗謂：「棄位而姣」等語，正姜氏所諱，豈肯自播其惡。況其言曰「是於周易曰『隨，元亨利貞，无咎』」，而繼之以「元，體之長」云云，則夏、商所未嘗道可見。此愚所以爲左氏本文言語作爲穆姜之言，明矣。一時不暇詳審，徑以夫子之言爲穆姜之言，後之人反以爲夫子引穆姜之言也。詳見本義後疑文言辨。姑陳其概于此。按漢上叢説云：

「左成公十六年，穆姜往東宮，筮之。襄公二十六年，孔子生，上距穆姜二十四年。穆姜時雖已誦乾卦文言，然其言與今稍〔一〕異。以今易考之，删改者二，增益者六。則古有是言，孔子文之，爲信然矣。此即本義説，備參詣。」

## 鄭太叔引易論楚子

䷗復䷚頤 一爻變

襄公二十八〔二〕年，鄭伯使游吉如楚。及漢，楚人還之，曰：「宋之盟，君實親辱。今吾子來，寡君謂吾子姑還，吾將使馹奔問諸晉問鄭君應來否。而以告。」子太叔吉。歸復命，告子展曰：「楚子將死矣。不修其德政，而貪昧於諸侯，以逞其願，欲久，得乎？周易有之，在復之頤，曰：『迷復，凶。』其楚子之謂乎。欲復其願，欲鄭朝〔三〕。而棄其本，不修德。復歸无所，是謂迷復，能无凶乎？君其往也，送葬而歸，以快楚心。楚不幾十年，未能

〔一〕「稍」原作「誚」，萬曆本、通志堂本、慶餘堂本作「稍」，據改。
〔二〕「八」原作「二」，慶餘堂本作「八」，據改。
〔三〕「朝」原作「伯」，慶餘堂本作「朝」，據改。

恤諸侯也。吾乃休吾民矣。十二月楚子昭卒。

## 崔武子筮娶齊棠公妻

䷮困䷛大過 一爻變

襄公二十五年春。齊棠公齊棠邑大夫。之妻，東郭偃之妹也。東郭偃臣崔武子。棠公死，偃御武子以弔，見棠姜而美之，使偃取之。偃曰：「男女辨姓，今君出自丁，齊丁公，崔杼祖。臣出自桓，不可。」齊桓公，偃之祖，同姜姓，不可昏。武子筮之，遇困之大過，史皆曰：「吉。」示陳文子，文子曰：「夫從風，坎中男曰夫，變巽曰從風。風隕妻，不可娶也。風，隕物者。變而隕，故妻不可娶。且其繇曰：『困于石，據于蒺藜，入于其宮，不見其妻，凶。』困六三爻辭。困于石，往不濟也；坎水險，石不可動。據于蒺藜，所恃傷也；坎險兑■■之生物而險者。蒺藜，■之則傷[一]。入于其宮，不見其妻，凶，无所歸也。」卜昏遇困六三，失位无應，則喪其

〔一〕小注雙行，有三墨丁。正德本、萬曆本前兩處墨丁補以八經卦坎卦與巽卦卦畫，後一墨丁補作「卦」字，通志堂本因之，毫無道理。其實此處墨丁，蓋以刊刻有漏，欲修補而未及所致，當據左傳杜注正之：第一行二墨丁欲改「爲澤澤」三字，第二行一墨丁即「將恃」二字。慶餘堂本即分別作「澤澤」、「恃」。

妻，失其所歸也。崔子曰：「嫠也，何害，先夫當之矣。」遂取之。莊公通焉。夏五月，弒莊公，立景公，相之。慶封相左。景公，杵臼，靈公嬖人子，莊公異母弟。慶封，崔黨。二十七年初，崔杼生成及彊，而寡。偏喪曰寡，特〔一〕也。娶東郭姜，生明。姜以孤入，曰棠无咎，棠公子。與東郭偃相崔氏。成疾廢，立明。崔成、崔彊殺東郭偃、棠无咎。崔杼怒，見慶封，慶封使盧蒲嫳嫳，慶封屬大夫。滅崔氏，殺成與彊，而盡俘其家。其妻縊。東郭姜。嫳復命崔子，且御而歸之，爲崔子御。至則无歸矣，乃縊。終「入于其宮，不見其妻，凶」。崔明夜辟諸大墓。開先人冢藏也〔二〕。

愚謂：崔杼以一婦人之故，弒其君，滅其家，殺其妻而喪其身。貪色違筮之禍，酷烈如此。悲夫。

---

〔一〕「特」原作「侍」，慶餘堂本作「特」，據改。

〔二〕「藏也」：慶餘堂本作「以藏之」。

## 秦醫和引易對晉趙孟

䷑蠱六爻不變

晉侯〔一〕平公。求醫於秦，秦伯使醫和視之，曰：「疾不可爲也。是謂近女室，疾如蠱。非鬼非食，惑以喪志。」趙孟曰：「何謂蠱？」對曰：「淫溺惑亂之所生也。於文，皿蟲爲蠱。在周易，女惑男，風落山，謂之蠱。少男悦長女，非匹，故惑。山木得風則落。皆同物也。」趙孟曰：「良醫也。」厚其禮而歸之。

## 魯莊公筮叔孫穆子之生

䷣明夷䷎謙一爻變

昭公四年。初，穆子去叔孫氏，及庚宗，遇婦人，私使爲食而宿焉。成十六年，避僑如之難，奔齊。庚宗，魯地。適齊，娶於國氏，齊正卿，姜姓。生孟丙、仲壬。夢天壓己，弗勝，顧而見

〔一〕慶餘堂本「晉侯」前有「昭公元年」四字。

人，深目豭喙，號之曰：「牛，助予。」乃勝之。旦而召其徒，无之。且曰：「志之。」及魯人召之歸，既立，魯立爲卿。庚宗婦人獻雉，問其姓，問有子否。對曰：「余子長矣，能奉雉矣。」襄二年，豎牛五六歲。召見，則所夢也，號曰「牛」，使爲豎。小臣。傳言。〔一〕有寵，長使爲政。公孫明知叔孫於齊，公孫明，齊大夫子明，與叔孫相親知。歸，未逆國姜，子明取之，故怒。其子長而後逆之。牛譖而殺孟，又譖而逐〔二〕仲。穆子疾病，牛實饋弗進。叔孫不食，卒。三日絶糧。牛立昭子，相之。昭子，豹庶子叔孫婼也。初，穆子之生也，莊叔穆子父得臣。筮之，遇明夷之謙，以示卜楚丘卜人姓名。曰：「是將行，出奔。而歸爲子祀。以讒人入，其名曰牛。卒以餒死。明夷，日也，離，日。夷，傷，日明傷。日之數十，甲至癸。故有十時，亦當十位。自王以下，其二爲公，其三爲卿。日中當王，食時當公，平旦爲卿，鷄鳴爲士，〔三〕人定爲輿，黄昏爲隸，日入爲僚，晡時爲僕，日昳爲臺，隅中日出，闕不在等，尊王公，曠其位。日上其中，王。食日爲二，公。旦日爲三，卿。明夷之謙，明而未融，其當旦乎，故曰『爲子

〔一〕據杜預注文，「傳言」二字連下文「從夢未必吉」。胡氏蓋誤讀杜注，故致裁取失當。今姑如此標點。

〔二〕「逐」原作「遂」，萬曆本、慶餘堂本作「逐」，據改。

〔三〕慶餘堂本此處補「夜半爲皂」。

祀』。莊叔，卿也。卜豹爲卿，故知爲子祀。日之謙當鳥，故曰『明夷于飛』；明而未融，故曰『垂其翼』〔一〕；象日之動，故曰『君子于行』；當三在旦，故曰『三日不食』。旦在三，又非食時，故三日不食。離，火也；艮，山也。離爲火，火焚山，山敗。於人爲言，艮爲言。愚謂：无所本。〔二〕敗言爲讒，爲離焚，故言敗。故曰『有攸往，主人有言』。言必讒也。純離爲牛，世亂讒勝，勝將適離，故曰『其名爲牛』。離焚山，則離勝。譬世亂則讒勝，山焚則離獨存，故知名牛。豎牛非牝〔三〕牛，故不吉。謙不足，謙退。飛不翔，不遠翔。垂不峻，翼不廣，故曰『其爲子後乎』。不遠翔，故知不遠去。吾子亞卿也，抑少不終。」旦日正卿，莊叔父子世爲亞卿，位不足以終盡卦體，蓋引而致之。昭子即位，朝其家衆，曰：「牛禍叔孫氏，殺適立庶，罪莫大焉，必速殺之。」牛懼奔齊，孟、仲之子殺之塞關之外，投其首於寧風齊地。之棘上。仲尼曰：「叔孫昭子之不勞，不可能也。不以立己爲功勞。周任有言曰：『爲政者不賞私勞，不伐私怨。』詩云：『有覺德行，四國順之。』」

〔一〕萬曆本此處補小注「【附】於日爲未融，於鳥爲垂翼」，慶餘堂本删去「【附】」。

〔二〕萬曆本此處補小注「【附】離艮合體，故成言乎艮」，慶餘堂本删去「【附】」。

〔三〕「牝」原作「牡」，萬曆本、慶餘堂本作「牝」，據改。

愚謂：此卦占辭亦多傅會，又必兼之卦以論本卦爻辭，亦如前失。〔一〕

## 衛孔成子筮立君

䷂屯䷂屯䷇比上不變，下一爻變。

昭公七年。衛襄公夫人姜氏无子，宣姜。嬖人婤姶生孟縶。孔成子夢康叔謂己：「立元。成子，衛卿烝鉏也。夢時元未生。余使羈之孫圉與史苟相之。」羈，烝鉏子；苟，史朝子。史朝亦夢康叔謂己：「余將命而子苟與孔烝鉏之曾孫圉相元。」史朝見成子，告之夢，夢協。婤姶生子，名之曰元。在二年。孟縶之足不良，能行。孔成子以周易筮之，曰：「元

〔一〕萬曆本、慶餘堂本此後增入：「○【附】卦爻辭無爲祀之意，但卦名明夷，故先推卦名，求爲祀之義也。先行後歸，始得爲祀，然後推衍爻辭，得其行去之象。又論不食、讒言之事，爻辭之内，又無名牛，故别於離卦，以求牛名。推演爻之三辭既訖，乃復更推卦體，以終爲祀言之。○説卦離爲日，爲雉，雉爲鳥也。日爲高明，鳥爲細微。今日之謙退，不得高明，下當微細，是日光不足，故當鳥也。○卦有六位，初、三、五，奇，爲陽位，二、四、上，偶，爲陰位。初九陽爻在奇，是得位也。所應在四，四爲陰爻，是有應也。居得位而物應之，君子象也。初九在明傷之世，有大難也，居謙下之位，宜卑退也。以此知避難而行也。○位當三而時在旦，三日象也。旦又未至食時，非食時則無可食，故云『三日不食』。○離變爲艮，故言『有所往』。往而見燒，故『主人有言』。言而見敗，故必讒言。○其爻辭唯曰『君子于行』，無還之義。故復推此爻於鳥，爲飛不翔，翼不大，知其不能遠去，行必當歸，故曰『其爲子後乎』。」

尚享衛國，主其社稷。」命著之辭。遇屯。又曰：「余尚立縶，尚克嘉之。」遇屯之比。以示史朝。朝曰：「元亨，又何疑焉。」屯「元亨」。成子曰：「非長之謂乎？」對曰：「康叔名之，可謂長矣。孟非人也，將不列於宗，不可謂長。且其繇曰『利建侯』。嗣吉，何建？建非嗣也。二卦皆云，謂再得屯。子其建之。康叔命之，二卦告之，筮襲於夢，武王所用也，太誓：「朕夢協朕卜，襲于休祥。」武王辭。弗從何爲？弱足者居。侯主社稷，臨祭祀，奉民人，事鬼神，從朝會，又焉得居？各以所利，不亦可乎。」故孔成子立靈公。

## 魯南蒯筮以費叛

䷁坤䷇比一爻變

昭公十二年，季平子立，不禮於南蒯。蒯，南遺之子，季氏費邑宰。南蒯欲出季氏，使子仲公子慭。更其位，不克。以費叛，如齊。南蒯之將叛也，枚筮之，遇坤之比，曰：「黃裳元吉。」以爲大吉也，示子服惠伯曰：「即欲有事，何如？」惠伯曰：「吾嘗學此矣。忠信之事則可，不然必敗。外彊内温，坎險故彊，坤順故温。忠也；和以率貞，水和，土安貞。信也。故曰『黃裳元吉』。黃，中之色也；裳，下之飾也；元，善之長也。中不忠，不得其色；言非黄。下不共，不得其飾；事不善，不得其極。失中德。外内倡和爲忠，率事以信爲共，供養三德爲善。非此三者弗當。且夫易不可以占險，將何事也，且可飾乎？中美能黄，上美爲元，下美則裳，參成可筮，猶有闕也。筮雖吉，未也。」十三年，費人叛南氏。十四年，司徒老祁、慮癸二人南蒯家臣。遂劫南蒯曰：「群臣不忘其君，季氏。，將不能畏子矣。子何所不逞欲，請送子。」南蒯遂奔齊。司徒老祁、慮癸來歸費。歸魯。

愚按：朱文公嘗謂：「易中都是正吉，不曾有不正吉；都是利正，不曾説利不正。」又曰：「大率易爲君子設，非小人盜賊所得竊取而用。」又曰：「易中言占者有其德，則其占如是吉；无其德而得是占者，却是反説。如南蒯得『黄裳元吉』之占是也。」且載其事於坤六五爻，而曰「此可以見占法矣」。學者宜有見於斯。〔一〕

〔一〕萬曆本、慶餘堂本此後增入：「○【附】坎有險難，故爲剛彊。坤道和順，故爲温柔。剛彊以禦難，柔順以事主，故外彊而能内温，所以爲忠。○坎爲水，水性和柔。坤爲土，土性安正。率，循也。貞，正也。用和柔之性，以率循正道。既和且正，信之本，故爲信也。○五方則爲五色，黄是中之色。○五方之中，猶人之心中，中不忠則不得其黄之色。身體之下，猶名位之下，爲下不共，則不得其裳之飾。舉事不善，則不得其善之中，言爲事不中，則不得其善之長也。」

## 晉蔡墨引易對魏獻子五卦一爻變，一卦六爻變。

䷀乾䷀乾䷀乾䷀乾䷁坤

䷫姤䷌同人䷍大有䷪夬䷖剥

昭公二十九年。秋，龍見于絳郊。晉國都。魏獻子問於蔡墨墨，晉大夫。曰：「吾聞之矣，蟲莫知於龍，以其不生得也。謂之知，信乎？」對曰：「人實不知，非龍〔一〕實知。古者畜龍，故國有豢龍氏，有御龍氏。昔有飂叔安，飂，國；叔安，君名。有裔子曰董父，擾，順也。畜龍以事舜，帝賜之姓曰董，氏曰豢龍。官名。其後又有劉累，學擾龍於豢龍氏，以事夏孔甲，賜氏曰御龍。龍一雌死，醢以食夏后。既而使求，求致龍。懼而遷于魯縣。龍，水物也，水官棄矣，故龍不生得。不然，周易有之，在乾之姤曰『潛龍勿用』，其同人曰『見龍在田』，其大有曰『飛龍在天』，其夬曰『亢龍有悔』，其坤曰『見群龍无首，吉』，坤之剥曰『龍戰于野』。若不朝夕見，誰能物之。」

〔一〕「龍」原作「人」，慶餘堂本作「龍」，據改。

愚按：杜氏注曰：「今説易者皆以龍喻陽氣，如史墨之言則爲皆是真龍。」愚謂乾六爻皆陽，且變動不居，故以爲六龍之象，最爲的當，豈得爲皆是真龍也哉！然而善易者胸次悠然，與易爲一，居觀象翫辭，動觀變翫占，真見其上下无常，剛柔相易，是亦一真龍而已矣。昧者未足與語此。〔一〕

## 史墨舉易對趙簡子

☳大壯六爻不變

昭公三十二年十二月，昭公薨于乾侯。乾侯在魏郡斥丘縣，晉境内邑。愚按：二十五年，公伐季氏。季平子請罪，弗許。三家遂共伐公。公敗奔齊，次陽州。二十六年、二十七年居鄆，魯地。二十八年次乾侯，二十九年居鄆。三十年、三十一年、三十二年在乾侯，薨。在外凡八年。趙簡子問於史墨曰：「季氏出其君而民服焉，諸侯與之，君死於外而莫之或罪也。」對曰：「物生有兩，有

---

〔一〕萬曆本、慶餘堂本此後增入：「○【附】天在上，火炎上，同於天，天不可同，故曰『同人』。○大有彖曰：『大有，柔得尊位大中，而上下應之，曰大有。』柔得尊位，謂六五也。五位尊而柔居之，處尊以柔，居中以大，體無二陰以分其應，上下應之，無所不納，大有之義。」

三，有五，有陪貳。故天有三辰，地有五行，體有左右，各有妃耦。謂陪貳。王有公，諸侯有卿，皆有貳也。天生季氏，以貳魯侯，爲日久矣。民之服焉，不亦宜乎。魯君世從其失，季氏世修其勤，民忘君矣。雖死於外，其誰矜之？社稷无常奉，吾臣无常位，自古以然。故詩曰『高岸爲谷，深谷爲陵』。小雅。三后虞夏商。之姓，於今爲庶，王所知也。在易卦，雷乘乾曰大壯，天之道也。」乾爲天子，震爲諸侯，而在乾上，君臣易位。猶臣太强壯，若天上有雷。

愚按：昭公乾侯之事，與夏王相弑商丘，周厲王崩于彘，皆天地間人道非常之大變也。史墨乃妄引陪貳之説，而謂「天生季氏，以貳魯侯」，又明言社稷君臣无常奉，无常位，且妄引詩易以對，左氏從而書之，其與春秋書「公薨乾侯」如青天白日不可掩蔽，以誅季氏不臣之罪者，異矣。嗚呼，春秋何等時耶！功利之習壞爛人心，君臣大義澌滅殆盡，不惟亂臣賊子如三家者放逐其君。民不知有君，而惟季氏之服；諸侯不知有君，而惟季氏之與；史墨不知有君，而放言无忌；趙簡子不知有君，而聽言不辨；左氏亦不知有君，而載言不擇。夫豈知陵谷遷改，乃地道之變，而非常；雷天大壯，乃天道之常，初非志變。況易乃崇陽抑陰之書，雷在天上，夫子大象但取其成四陽壯長之卦，而曰「君子以非禮弗履」耳，未必如杜氏注所謂「君臣易位」也。史墨不求其義，妄引以對，可謂誣天矣。天但使季氏貳君，何嘗使季氏逐君哉。如墨言一歸之天道，則公僭王，卿僭侯，亂臣賊子接迹於世矣，綱常安在。然則春秋夫子作也，易象夫子翼也，道一而已。請得爲易大壯一洗史墨之惡論。

## 魯陽虎筮救鄭

☷☰泰☵☰需一爻變

哀公九年。夏，宋公伐鄭。秋，晉趙鞅卜救鄭，不吉。陽虎以周易筮之，遇泰之需，曰：「宋方吉，不可與也。宋微子後，今卜得帝乙之卦，故謂宋吉，不可與戰。微子啓，帝乙之元子也。宋、鄭，甥舅也。祉，禄也。若帝乙之元子歸妹而有吉禄，我安得吉焉。」乃止。

集國語注皆韋昭本注。

## 晉筮立成公

䷀乾䷋否三爻變

周語。簡王十二年。晉孫談之子周適周，事單襄公。談，晉襄公之孫惠伯談也。周，談之子，晉悼公名。晉自獻公用驪姬讒詛，不畜群公子，故周適周，事單襄公。襄公有疾，召頃公襄公子。而告之曰：「必善晉周，將得晉國。成公之歸也，吾聞晉之筮也，成公，晉文公庶子黑臀也。歸者，自周歸晉也。趙穿弑靈公，趙盾逆黑臀于周，立之。著曰之〔一〕，筮立成公也。〔二〕遇乾之否，曰：『配而不終，君三出焉。』乾，君也，故曰配，配先君也。不終，子孫不終爲君也。下變坤有臣象。三爻，故三也〔三〕。上乾，天子也。〔四〕五體不變，周天子國也。三爻有三變，故君三出於周。一既往

〔一〕「之」：據士禮居影宋本及四部叢刊國語解，當作「筮」字。或雙湖所見異本，今但列出異文，不敢輕改。

〔二〕慶餘堂本無「著曰之筮立成公也」八字。

〔三〕「也」：萬曆本、慶餘堂本作「世而終」，蓋據國語解原注。按：「也」蓋「世」之譌；脱「而終」者，胡氏引用亦不必完全嚴格。

〔四〕萬曆本、慶餘堂本此處據國語解補入「五亦天子」。

矣，謂成公往爲君。後之不知，其次必此。次成公而往，必周子。晉仍无道而鮮胄，其將失之矣。仍，數。鮮，寡。胄，後。厲公數行无道，公族後又寡少，將失國也。必早〔一〕善晉子，其當之也。」頃公許諾。及厲公之亂，謂弑。召周子而立，是爲悼公。

## 晉公子重耳筮得國

䷂屯䷏豫三爻變

晉語。秦伯穆公。召公子晉重耳。於楚。楚子成王。厚幣以送公子于秦。公子親筮之，曰：「尚有晉國。」命筮之辭。得貞屯悔豫，皆八也。震在屯爲貞，在豫爲悔。八，謂震兩陰爻在貞悔皆不動，故曰皆八，謂爻无爲也。筮、史占之，皆八〔二〕。「不吉。筮人掌三易，以連山歸藏占此二卦，皆言不吉。愚按曰：皆八，便見用夏、商二易。閉而不通，爻无爲也。」震動遇坎險阻，則爻无所爲也。司空季子曰：「吉。是在周易，皆利建侯。不有晉國，以輔王室，安能建侯？我

〔一〕「早」原作「是」，萬曆本、慶餘堂本作「蚤」。按：「是」蓋「早」之譌，據改。

〔二〕「八」：慶餘堂本據國語解改作「曰」。

命筮曰『尚有晉國』，告我曰『利建侯』，得國之務也，吉孰大焉。震，車也；坎，水也；坤，土也；屯，厚也；豫，樂也。車班內外，順以訓之，班，徧也。屯內、豫外皆震。坤，順。屯、豫皆有坤。泉貨以資之，資，財。屯、豫皆有艮。坎水在山爲泉源，流而不竭。土厚而樂其實。屯、豫皆有坤，故厚豫爲樂。不有晉國，何以當之？震，雷也，車也。坎，勞也，水也，衆也。主雷與車，內爲主。而尚水與衆。車有震武，車聲隆有威武。衆順文也。文武具，厚之至也。故曰屯。其繇曰：『元亨利貞，勿用有攸往，利建侯。』主震雷，長也，故曰元。衆而順，嘉也。內有震雷，故曰利貞。車上水下，必伯。車動而上，威也。水動而下，順也。有威而衆從，必伯。小事不濟，壅也。故曰『勿用有攸往』。一夫之行也，一夫，一索男象。行，作足象。衆順而有武威，故曰『利建侯』。復述上事。坤，母也。震，長男也。母老子彊，故曰豫。其繇曰：『利建侯行師。』居樂、出威之謂也。居樂，母內；出威，震外。居樂故利建侯，出威故利行師。得國之卦也。」十月，惠公卒。十二月，秦伯納公子。

## 晉大夫筮公子重耳歸國

䷊泰六爻不變

**晉語。秦伯納公子，及河，董因迎公子於河。**因，晉大夫辛有之後。傳曰：「辛有之二子，董之晉。」故晉〔一〕有董史。**公問焉，曰：「吾其濟乎？」對曰：「歲在大梁，將集天行。元年始受，實沈之星也。**在大梁，謂魯僖公二十三年〔二〕。歲星在大梁之次也。集，成也。行，道也。言公將成天道也。公以辰出，晉祖唐叔所以封也。而參入，晉星也。〔三〕元年，謂文公即位之年。魯僖二十四年，歲在〔四〕大梁，在實沈之次，受〔五〕於大梁也。自胃七度至畢十一度爲大梁，自畢十二度至東井十五度爲〔六〕實沈。**實沈之墟，晉人所〔七〕居，所以興也。**墟，次也。所居，居其年〔八〕次所主祀也。傳曰：『高辛氏有季子曰實沈，遷于大夏，主祀參，唐人是因。成王滅唐，封叔虞。南有晉水，子變〔九〕改

〔一〕「故晉」：慶餘堂本作「於是」。按：國語解作「故晉」。

〔二〕此句，慶餘堂本「在」前有「歲」字，無「公」字。

〔三〕慶餘堂本脱自「公以辰出」至「晉星也」一句，與國語解同。

〔四〕「在」：慶餘堂本作「星去」，與國語解同。蓋「在」爲「去」之形譌。歲星去大梁，在實沈之次，受於大梁也。

〔五〕慶餘堂本「受」前多一「受」字，與國語解同。萬曆本作「歲在在實沈，是由大梁而受命實沈也」。

〔六〕「爲」：慶餘堂本作「曰」，同於國語解。

〔七〕「所」：慶餘堂本作「是」，同於國語解。

〔八〕「年」：萬曆本、慶餘堂本作「分」，同於國語解。

〔九〕「變」：慶餘堂本作「燮」，同於國語解。

爲晉侯，故參爲晉星。』今君當之，无不濟矣。當星在實沈墟。君之行也，歲在大火，閼伯之星也，是謂大辰。魯僖五年重耳奔，時歲在大火。大火，大辰也。傳曰：「高辛氏有子曰閼伯，遷于商丘，祀大火。」辰以成善，后稷是相，唐叔以封。成善，謂辰爲農祥，后稷所經緯以成善道。相，視也，謂視農祥以成〔一〕農事。封者，謂唐叔封時，歲在大火。瞽史記曰：『嗣續其祖，如穀之滋。』必有晉國。臣筮之，得泰之八，乾下坤上，泰。遇泰无動爻，无同〔二〕侯。三至五震爲侯〔三〕，陰爻不動，其數皆八，故云得泰之八。與「貞屯悔豫皆八」義同。愚謂：此用夏商易斷法也。曰：是謂天地配享，小往大來。陽下陰升，故曰配享。小謂子圉，大謂文公。今及之矣，何不濟之有？且以辰出，而參，愚謂「參」下當有「入」字〔四〕。皆晉祥也，而天之大紀也。所以大紀天時。濟且秉成，必霸諸侯，子孫賴之，君无懼矣。」公子濟河，懷公奔高梁。晉地。壬寅，公入于晉師。甲辰，秦伯還。送于河而還。丙午，入于曲沃。丁未，入于絳，即位于武宮。戊申，刺

〔一〕「成」：慶餘堂本作「戒」。按：士禮居影宋本及四部叢刊本國語解皆作「成」，慶餘堂本蓋據俗本國語改（國語集解作「戒」）。

〔二〕「同」：國語解本作「爲」，是也。

〔三〕「遇泰无動爻，无同侯。三至五震爲侯」：慶餘堂本作「泰无動爻，泰之三爻至五爻有震象，爲侯」，與國語解不同。

〔四〕「而參」，影宋本及四部叢刊國語解作「而以參入」，萬曆本「以」、「入」皆圈出，慶餘堂本徑同國語解，而删去胡氏小注。

懷公于高梁。

家語

## 孔子筮得賁

䷕賁六爻不變

孔子筮得賁，愀然有不平之色。子張進曰：「師聞卜者得賁卦者，吉也。而夫子有不平之色，何也？」孔子對曰：「以其離耶。在周易，山下有火賁，非正色之謂也。夫質也，黑白宜正焉。今得賁，非吾兆也。吾聞丹漆不文，白玉不雕，何謂也，質有餘，不受飾也。」程舜俞筮法注云：「揚子雲太玄經礥首次二曰：『黄不純，屈于根。』注：『易賁卦，山下有火，黄白色也，故曰黄不純也。』」

愚謂：六爻不變，法宜以彖辭占。而彖傳所謂「剛柔相文」，「觀天文以察時變，觀人文以化成天下」者，正切夫子事也。而夫子占辭乃如此，此其所謂法外意，衆人固不識者耶。

## 坤鑿度

### 孔子筮得旅卦

☶☲旅六爻不變

易坤鑿度：「仲尼，魯人，生不知易本，偶占其命，得旅。請益於商瞿氏，曰：『子有聖知而无位。』孔子泣而曰：『天也，命也。鳳鳥不來，河无圖至。嗚呼，天之命也。』歎訖而後息志停讀。五十究作十翼。」

愚按：商瞿受易夫子者也，夫子乃請益焉，何哉？至於泣无位，嘆息天命之不與，其然，豈其然乎？抑鑿度乃緯書，未可以爲信也。姑録而論之，以祛惑云。

### 附抄

筮法有以卦名占者，有以卦字占者，有以卦氣占者，有以卦體卦象占者，有以卦爻辭占者，有以世應納甲占者，不一而足。今附見以備觀覽。

䷶豐。丘濬步當改元。宋丁未録：楊繪過池陽，見丘濬，濬曰：「明年當改元。」以周易步之，豐卦用事，必以豐字紀年。果改年元豐。

愚謂：此以卦名占者。雖不筮，而尚其變以步之，亦聖道「以動者尚其變」之義也。

䷕賁。宋葉助占得子。洪氏夷堅志：宋南渡前，葉助年壯无子，問日者黄某，筮之，得賁。曰：「今日辰居土，土加賁爲墳。君當生子，但必有悼亡之戚。」果生男。數歲而晁夫人卒。

䷢晉。葉少藴筮生子。同前。葉助生少藴，少藴登第，爲淮東提刑，周崇實婿。嘗命一黄山人筮，遇晉。曰：「三年後孿生二女。晉卦，坤離二陰也。晉字兩口，卦辭『晝日三接』，三年之象也。俟驗，當以前程奉告。」少藴深惡其説。已而果然，遂問異時休咎，曰：「公貴人也，當徧儀清要，登政府，終節度使。宜善自愛。」少藴以白父，父曰：「三十年前有一黄氏，占得汝之期不誣，且謂當建節者，豈此人耶？」試更召之，真所筮者。父子待之如神。少藴後爲尚書左丞，紹興間，年七十告老，得觀文殿學士，除崇慶軍節度使。致仕二年薨。竟如黄生之言。

愚謂：前一則以卦字加日辰占，此一則以卦字及卦辭占。所謂建節者，其亦康侯之象與？

䷊泰。有人筮父疾[一]。北史趙輔和傳：「有人父爲刺史，得書云疾。是人詣館，托別相知者筮，遇

[一]「疾」：萬曆本、慶餘堂本作「病」。

泰。筮者曰：『此占甚吉。』是人出，輔和謂筮者云：『乾下坤，則父入土矣，豈得吉？』果凶。」

䷵歸妹之隨二〔一〕爻變䷐。晉顧士群筮母病。郭璞洞林：顧士群母病，命筮之，得歸妹之隨，云命盡秋節，至七月遂亡。歸妹，女之終，兑主秋，至立秋日亡。

愚按：前一則以卦體卦象占，此一則以卦氣及雜卦辭占。程舜俞集筮法云：「按六經圖下云泰天地氣交之卦也，而占父者憂之，父入土也；歸妹男女有家之卦也，而占母者患之，女之終也。觀此亦可見占法矣。」

䷦蹇。東漢沛獻王筮雨。東觀漢記：沛獻王輔，善京房易，永平五年少雨，上御雲臺闕，自以周易占之，得水山蹇卦。其繇曰：「蟻封穴，大雨將至。」以問輔，輔曰：「艮下坎上蹇，艮爲山，坎爲水，山出雲爲雨。蟻穴居，知雨將至。故以蟻爲雨兆。」果如其言。

䷝離之明夷二爻變䷣。宋太祖召陳摶筮。宋朝類要：太祖即位初年，十一〔二〕月甲子，召陳摶問享國長短，曰：「今年是庚申麽？」睡而不答。太祖又問，摶答曰：「睡到五更醒，方問此事。」回首舉杖畫地，作又木字訖，投杖而睡。太祖命筮之，得離之明夷。摶變色曰：「陛下得國中原，而得南方火盛之

〔一〕「二」原作「一」，慶餘堂本作「二」，據改。
〔二〕「一」：萬曆本、慶餘堂本作「二」。按：宋太祖建隆元年十二月無甲子，當在十一月。

卦，非吉兆也。」太祖曰：「卿可言之。」摶用杖畫灰，作兩卦象。太祖曰：「朕壽幾何？」竇儀在側，太祖命儀爲摶執帽。摶取帽蓋巾頂拜曰：「萬歲，但是子年子月子日，陛下終於火日之下。離爲火日，陛下之子孫盡矣。」太祖愕然曰：「孰敢爲之？」摶指離九三及明夷之九三曰：「此人爲之。」太祖曰：「其人安出？」摶曰：「必在西北。陛下之親也。」太祖又曰：「復若何？」摶曰：「後一百九歲，南方有妖氣入中國，中國用之，天下自此多事矣。」太祖曰：「宋之子孫若何？」曰：「甲午之歲，有金女者出，丁酉金爲妻才，子孫生之，其禍滋甚。又六年而通于中國，又六年丙午騰蛇，宋其危乎，明兩作乎。焚如，死如，棄如。有二君者，實受其禍。」太祖曰：「然則遂亡乎？」摶曰：「宋，火德也。火德猶盛，宋之子孫當有興於東北，終於東南。有近君者，實竊其位。」太祖曰：「興於東北，終於東南，其人安在？」曰：「明夷之六四曰『獲明夷之心，于出門庭』，東北之位也。『出涕沱若』，興復之志也。近君者雖竊其位，火德也。丁巳歲其危乎。」太祖曰：「中原可復得乎？」曰：「陛下得國之初而卜得東南旺卦，亦終而已矣。歲在癸巳，滅我者其衰乎。甲午宋德復興，有賢人扶之，則可以復古。如非其人，雖能復之，亦旋失之。歲在庚申，宋之祚其衰矣。自辛酉至庚申，已三百年。過此以往，未之或知也。」又指地爐中餘木曰：「可能復過此乎。」捨杖而睡。

**䷧解之既濟**五爻變**䷾。晉郭璞歲首爲朝廷筮。**晉書郭璞傳。璞爲著作郎，于時陰陽錯謬，而刑獄繁興。璞上疏曰：「臣聞春秋之義貴元慎始，故分至啓閉以觀雲物，所以顯天人之統，存休咎之證。

臣不揆淺見，輒依歲首粗有所占，得解之既濟。按爻論思，方涉春木王〔一〕龍德之時，而爲廢水之氣來見乘，加〔二〕升陽未布，隆陰仍積。坎爲法象，刑獄所麗，變坎加離，厥象不燭，以義推之，皆爲刑獄殷繁，理有擁濫。又去年十二月二十九日，太白蝕月。月者屬坎，群陰之府，所以照察幽情，以佐太陽者也。太白，金行之星，而來犯之，天意若曰刑理失中，自壞其所以爲法也。臣術學庸近，不練内事，卦理所及，敢不盡言。又去秋以來，沉雨跨年，雖爲金家涉火之祥，然亦是刑獄充溢，怨歎之氣所致。往建興四年十二月中，行丞相令史淳于伯刑于市，而血逆流長摽。伯者小人，雖罪在未允，何足感動靈變，致若斯之怪耶。明皇天所以保祐王家，子愛陛下，屢見災異，殷勤无已。陛下宜側身思懼，以應靈譴。皇極之謫〔三〕，事不虛降。不然，恐將來必有愆陽苦雨之災，崩震薄蝕之變，狂狡蠢戾之妖〔四〕，以益陛下旰食之勞也。臣謹尋按舊經，尚書有五事供御之術，京房易傳有消復之救，所以緣咎而致慶〔五〕，因異而邁政。故木不生庭，太戊无以隆；雉不鳴鼎，武丁不爲宗。夫寅畏者所以饗福，怠慠者所以招患，此自然

〔一〕「王」原作「土」，慶餘堂本作「王」，是也，據改。

〔二〕「加」原作「如」，慶餘堂本作「加」，是也，據改。

〔三〕底本無「謫」字，慶餘堂本有「謫」字，是也，據補。

〔四〕底本無「之妖」二字，慶餘堂本後有「之妖」二字，是也，據補。

〔五〕「慶」原作「愛」，慶餘堂本作「慶」，是也，據改。

之法〔一〕應，不可不察也。按解卦繇曰：『君子以赦過宥罪。』既濟卦繇曰：『君子以思患而豫防之。』臣愚以爲宜發哀矜之詔，引在予之責，蕩滌瑕釁，贊陽布惠，使幽斃之人應蒼天〔二〕以悅育，否滯之氣隨谷風而舒散。此亦寄時事以制用，藉開塞而曲成者也。」疏奏，優詔報之。

愚謂：此以卦象占。要之郭璞特假卜筮以攄其拳拳忠君愛國之懷抱，正嚴君平與人子言依於孝，與人臣言依於忠之微意也。論卜筮者又不可不察。

**䷀乾之同人**一爻變**䷌**。**回紇筮出師。**唐書。回紇將朝京師，筮遇乾之同人。卜者曰：「此行當見一大人。」後果見郭子儀而還。

愚謂：此以九二爻辭占。朱文公本義引此云：「回紇謂郭子儀曰：『卜者言：此行當見一大人而還。』其占蓋與此合。若子儀者，雖未及乎夫子之所論，然其至公无我，亦可謂當時之大人矣。」

**䷀乾之大有**一爻變**䷍**。**北齊神武筮室中无火而有光。**北史。北齊神武室中无火而有光，筮遇乾之大有，占者曰：「吉。易稱『飛龍在天，大人造也』。貴不可言。」

愚謂：此以九五爻辭及文言辭占。

---

〔一〕「法」：據今晉書當作「符」。

〔二〕「天」：據今晉書當作「生」。

☲☱睽。段晦筮馬逸。五代史。唐葉城鎮將段晦曾夜泊郵亭，有馬斷鞅而逸，數日不知所適，使使詣筮者董賀筮之，遇睽，據初九用事，應有失亡之事，毋乃馬乎。勿逐自復，必有縶而送之者回家。未曾入舍，果有邊鄙惡子牽而還之。

愚謂：此以睽初九爻辭占。

☱☰夬。路晏筮伏盜。五代史。唐明宗時，行肇〔一〕司馬路晏夜適厠，有盜伏焉。晏心動，取燭照之，盜即告晏：「請勿驚。某禀命有自，察公正直，不敢剸劍。」匣劍而去。由是晝夜警懼，以備不虞。召董賀筮，遇夬二爻用事，曰：「『惕號，莫夜有戎，勿恤。』察象徵辭，大有害公之心。然難已過，但守其中正，請釋憂心。」晏亦終无患。○又按朱文公語録載：「王子獻占遇夬九二，曰『惕號，莫夜有戎，勿恤』，吉，占者曰：『必夜有驚恐，後有兵權。』未幾果夜遇寇，旋得洪帥。」

愚謂：二筮皆用夬九二爻辭占，而後占又以戎象爲有兵權也。

☳☶小過。或人筮婚姻。程沙隨外編云：或人筮得此者，不知其占，再筮之，亦得小過，爲占之曰：「内卦互得漸，漸，女歸吉。外卦互歸妹，説以動，所歸妹也。」

愚謂：此以初至四互一卦，再以三至上又互一卦爲占。雖是一法，要亦占之變例。

〔一〕「肇」：四庫薈要本作「軍」。

䷛大過。漢武帝筮伐匈奴。西漢匈奴傳。武帝輪臺之詔曰：「古者出師，卿大夫預謀，參以蓍龜，不吉不行。乃筮之，得大過，又在九五，曰『匈奴困敗，不可失時』。及占星望氣，蓍龜皆吉，匈奴必破。今計謀卦兆皆反。」程舜俞集筮法載師春曰：「大過，木兆卦也，外克内，應克世之兆，所以敗也。」

愚謂：此卦乃占法變例。卦體本不好，何緣筮者吉而彼凶？卦既不言變，而云又在九五，必五爻變也。師春又自以京房易占，反指匈奴爲内爲世，言其受克而敗，亦成反説，此皆不可曉。豈筮者以九五君爻爲主，兑金克巽木而言匈奴困敗乎？是亦未可知也。姑記之。

愚弱冠時，集左氏筮法一編，後以兵毁。今再纂于此，以春秋内外傳爲主，并及家語、鑿度及附抄史傳數條，以備占法。若郭氏洞林，全用五行六神青龍、朱雀等。及年月日諸煞神占，靈驗无比，不可勝書。余因閲杜氏春秋解後序云：「晉太康元年三月，汲郡有發舊冢者，大得古書。又有一卷，純集左傳卜筮事，名曰師春。」「師春」似是抄集者人名也。然則已有著先鞭者矣。編集不可少如此夫。

## 辯疑

### 毛漸傳三墳易之疑

山墳，爲天皇伏羲氏連山易。爻卦大象曰：崇山君，伏山臣，列山民，兼山物，潛山陰，連山陽，藏山兵，疊山象八卦。其「崇山君」下，則有君臣相、君民官、君物龍之類七卦。

氣墳，爲人皇神農氏歸藏易。爻卦大象曰：天氣歸，地氣藏，木氣生，風氣動，火氣長，水氣育，山氣止，金氣殺八卦。其「天氣歸」下，有歸藏定位、歸生宼〔一〕、歸動乘舟之類七卦。

形墳，爲地皇黄帝氏乾坤易。爻卦大象曰：乾形天，坤形地，陽形日，陰形月，土形山，水形川，雨形雲，風形氣八卦。其「乾形天」下，有地天降氣、日天中道、月天夜明之類七卦。

〔一〕「宼」，據宋紹興本及明漢魏叢書本古三墳書，此當作「魂」，蓋形譌。

按其篇第，則天皇伏羲氏爻卦大象第一，即上山墳連山易。太古河圖代姓紀第二，首載太古之人，以女生爲姓，有合雄紀。叙命紀紀其壽命，通紀四姓。有連逋紀，紀男女群居連逋。通紀五姓。號居方氏，謂居各有方。有神人提挺而治，號提挺氏。提挺三十五世，通紀七十二姓，故號通姓氏。其後有有巢氏，有巢子燧人氏。燧人子伏羲氏因風而生，故姓風。河龍馬負圖，始畫八卦。天皇伏羲氏皇策辭第三，有「皇曰：惟我老極時，生人衆多，欲相吞害。龍馬負圖，神開我心。我畫八卦，咸安其居」等語。人皇神農氏歸藏易爻卦大象第四即上氣墳歸藏易，人皇神農氏政典第五，有「昔在天皇，肇修文教，始畫八卦，明君臣民物陰陽兵象，以代結繩之政。出言惟辭，制器惟象，動作惟變，卜筮惟占。天皇氏歸氣，我惟代政，惟若古道以立教」等語。地皇軒轅氏坤乾易爻卦大象第六，即上形墳坤乾易。地皇軒轅氏政典第七，有「皇曰：岐伯天師，爾司日月星辰、陰陽曆數，爾正爾考，無有差忒。先時者殺，不及時者殺。爾惟戒哉」云云等語。

又按毛漸正仲作三墳書序云：「春秋左傳云：『楚左史倚相能讀三墳、五典、八索、九丘。』孔安國序以爲伏羲、神農、黄帝之書。漢書藝文志録古書爲詳，而三墳之書已不載，豈當漢而亡歟？元豐七年，余奉使西京，至唐州北陽道無郵亭，得三墳書於民家。三墳皆有傳。墳乃古文，而傳乃隸書，復有姓紀、皇策、政典之篇，文辭質略，信乎上古之遺書也。好事者往往指爲僞書。胤征引政典曰：『先時者殺无赦，不及時者殺无赦。』今政典之文頗合，豈後人能僞耶。」愚獨以爲不然。按孔安國尚書序云：「孔子序書，討論墳典，斷自唐、虞以下，迄于周。」則縱有三墳，亦非不經，孔子所覽，覽而不録，後雖有存焉者，亦不過如删後之逸詩而已。逸詩不可復入三百篇，則雖有三墳，已不得與易並，況文義淺近，安知非後人好事者爲之。而政典之文合，正欲裝做以取信爾。故未敢以爲信然。又況夫子大傳謂伏羲始作八卦，因而重之，其卦次第，即今先天六十四卦首乾終坤者是也。使伏羲真自有文字，孔子方欣喜不暇，豈肯捨之而不録乎。必不然也。蓋當是時，卦爻雖立，法象雖著，而文字則未生。至黄帝時蒼頡、沮誦始作鳥跡篆字，而所謂墳典者，亦文字既生之後，後世追述當時之事而作。故安國以爲言大道、常道，豈伏羲果自有文字乎？且如生人之得姓，亦始於黄帝之代，而謂太古河圖代有姓紀，吾不信也。故録而論之，以祛觀者之惑云。

## 劉牧易置圖書之疑

易大傳曰：「河出圖，洛出書，聖人則之。」孔安國、劉向父子、班固、關子明、陳希夷、邵康節皆以十爲河圖，九爲洛書。至劉牧乃以己意易置，以九爲圖，十爲書，托言出於希夷，與諸儒舊説不合。而不知希夷龍圖序固自以十數爲河圖也。宋藝文志亦載。今觀劉牧云：「河圖洛書皆出於羲皇之世，龍圖其位有九，四象八卦皆所包緼，縱横合天地自然之數。洛書則唯列五行生成之數而已。伏羲但則圖畫卦以垂教，而洛書五行之數未顯，故禹更陳五行而顯九類也。」又曰：「洛書之出已久，累聖但相師其數，未著於典墳，至大禹方叙而演之。」劉牧易置圖書，大意不過如此。且牧以爲圖書皆出於伏羲之世，固自不妨。但既謂出伏羲之世，則當皆説歸伏羲取之以作易可也，今云伏羲獨則九數之圖以作易，而十數之書於易无預，却數千年後待大禹取之以作範。若使誠如牧説，則大禹叙疇，乃捨自然九宫之數而不則，却去則十數之書。不知將九疇與十數如何配合？牧亦可謂臆度无理之妄談矣。先儒辨之已詳，在所不足惑可也。牧字長民，三衢人。牧所注易，見前傳注下。今愚所引牧説，見牧鉤隱圖。

平庵項氏亦曰：「姚小彭氏云：『今所傳戴九履一之圖，乃易乾鑿度九宫之法。詳見外篇緯書。自有易以來，説易師未有以此爲河圖者。至劉牧方以此爲河圖，而又以十數之圖爲洛書。其言不足據也。』」

## 劉牧指參伍以變爲四十五數之疑

河圖之數，自一至十；洛書之數，自一至九。漢儒以來相傳如此，朱子本之。所以知十爲圖，九爲書者，蓋大傳「天一地二」章正論自一至十之數，極爲詳備。誠以易之作由於是，故詳言之。而言「河出圖，洛出書」，必先圖而後書者，亦可以知「天一地二」章當以爲河圖也。至於自一至九之數，則易未嘗明言。劉牧欲易置圖書，始指「參伍以變」爲論，自一至九之數，直指以爲河圖，而以十數者爲洛書，則恐其未然。何則？不應聖人言五十五數如此其詳，而論四十五數如此其略，又不言三五，以參伍兩字該四十五數，殆類世間隱語者，較之「天一地二」章，何若是之不侔也。所以知其不可以此當之。又況造化顯自然之數，當先其多而後其少，先其全而後其略。多而全者體數也，體數不可有一之或缺；少而略者用數也，縱缺而无害。譬則四肢百骸，一不具不成全體，至於用，則或用手而不用足，或用目而不用耳，亦可見矣。百數之内，以五十五爲天地體數，即自一至十數。以四十五爲天地用數，用數，自一至九陽數，圓而常動也。虚十不用，陰數方而常静也。必體立而後用行。十圖九書，義亦昭矣。今讀易者以爲聖人皆本圖書以作易，自不妨。蓋先後天卦與圖書合，而十爲圖、九爲書，正不必易置也。

## 歐公圖書怪妄之疑

歐公不信圖書，以爲怪妄。又因圖書之疑，并與繫辭不信，以爲非夫子作。愚嘗觀温公通鑑：「魏明帝〔一〕青龍間，張掖柳谷口水涌，寶石負圖，狀象靈龜，立于川西，有石馬、鳳凰、麒麟、白虎、犧牛、璜玦、八卦、列宿孛彗之象。」唐氏曰：「河圖、洛書之説，歐陽永叔攻之甚力。今觀此圖與河圖、洛書亦何以異。惜時无伏羲、神禹，故莫能通其義，可勝嘆哉。」愚亦恨不使歐公見之，以祛其惑也。若夫繫辭乃象數之總括，義理之淵藪，易无繫辭，猶天无日月，人无眼目矣，其可哉？是何歐公无見於此也。

## 文王重卦之疑

下繫傳首言「八卦成列，因而重之」，又曰「古者包羲氏之王天下也，於是始作八卦」，繼

〔一〕「帝」原作「年」，據文義，當爲「帝」字之譌，故改。

之以「作結繩而爲罔罟，以佃以漁，蓋取諸離」，與下文神農、黄帝、堯、舜取諸益至夬十三卦，已是六畫之卦，其爲包羲自作而自重之，自取之可見。周禮三易並掌於太卜之官，經卦皆八，别皆六十有四，亦昭昭矣。王輔嗣、虞仲翔〔一〕以爲伏羲重，信然。鄭康成之徒以爲神農重，孫盛以爲夏禹重，司馬遷、揚雄又以爲文王重，是何其无見於繫辭所云也。漢上謂先儒論重卦者六家，王、虞、鄭、孫、司馬、揚也。孔穎達曰：「説卦云『昔者聖人之作易也，幽贊於神明而生蓍』，謂伏羲矣。故乾鑿度云『垂皇策者羲』。上繫論『四營而成易，十八變而成卦』，明用蓍在六爻之後，非三畫之時。伏羲用蓍，則是時伏羲已重卦矣。」陸德明、陸希聲皆以弼論爲是。楊繪曰：「虞書『龜筮協從』，則筮云者非八卦之可爲也，必六十四之然後爲筮矣。舜、禹之際曰『筮從』，則何文王重卦之有。」房審權曰：「舜史、洪範已有龜筮從之文，若三代别書，方可言文王重卦。」今世儒不言神農、夏、禹，多從輔嗣之説，而言文王者尚或有之。觀此諸説，可以釋然矣。

〔一〕「虞仲翔」原作「虞翔仲」，今乙正。

## 文王作爻辭之疑

馮厚齋解明夷六五爻「箕子之明夷」云：「『箕』字，蜀本作『其』字。此繼統而當明傷之時之象。其指大君當明傷之時，而傳之子，則其子亦爲明夷矣。」又謂：「文王作爻辭，移置君象於上六，以『初登于天，後入于地』況明夷之主，六五在下而承之，明夷之主之子之象也。子繼明夷之治，利在於貞，明不可以復夷也。後世以『其』爲『箕』，遂傅會於文王與紂事，甚至以爻辭爲周公作，而非文王。蓋箕子之囚放在文王羑里之後，方演易時，箕子之明未夷也。」李子思名舜臣，號隆山。深然其説，謂：「班、馬固、遷。只言文王演卦，又曰『人更三聖，世歷三古』，止言包羲、文王、孔子，未嘗及周公也。馬季長以下馬融、陸績、王肅、姚信等。始有周公作爻辭之説，絶不經見。孔穎達始引『韓宣子見易象與魯春秋而知周公之德與周之所以王』爲周公爻辭之證。審爾，謂周公作爻〔一〕辭

〔一〕「爻」：四庫本厚齋易學作「象」。按：李氏意謂「若據韓宣子之語爲周公作爻辭之證，則亦可據此謂周公作象辭（卦辭）矣，其可乎？」故作「象」是。

可也，況春秋又將屬之周公乎。此論確矣。」愚謂：以爻辭爲文王作，固自有據。況夫子唯曰：「易之興也，當文王與紂之事，是故其辭危。」言辭只説文王，未嘗及周公，則所謂辭者，安知非卦爻之辭耶？愚固已疑之矣。然考箕子囚奴，誠在文王羑里之後，文王決無預言之理。而隨之「王用亨于西山」，升之「王用亨于岐山」，又誠類太王、文王之事，夏、商之王，未有亨于岐山者。朱子解作卜祭山川之義，諸侯祭境内山川，亦正二王爲侯時事也。以此觀之，則爻辭未必果文王所作，故謂之作於周公。韓宣子見易象之言，誠可證也。李子思辨魯春秋之説，蓋自不曉其義。宣子本意自説見易象則知周公之德，見魯春秋則知周之所以王也。周之王猶能爲春秋之時之主，義甚昭然。若厚齋因蜀本「其」字之誤，盡疑天下之本，反改而從之，尤有所未可。前漢趙賓正蜀人，解明夷六五「箕子」爲「荄茲」，則蜀本「箕」字初未嘗作「其」字。況厚齋謂父當暗世而傳子，故其子亦爲明夷。歷考前古，惟堯、舜老而舜、禹攝，此乃明德相繼，夏、商之王未見父在而子立者。惟桀、紂可當明夷之主，其肯遽傳之子乎？此馮氏見後世北齊末主、前宋徽、欽而有是説。既謂文王作爻辭，乃取此義乎。爻辭稱「帝乙」、「箕子」自是一例，況明夷「箕子」之稱又自有夫子象傳爲之證據。象傳「利艱貞，箕子以之」之辭，與爻辭

「箕子之明夷利貞」之辭正相應，烏可傅會蜀本一字之誤，以證爻辭爲非周公作哉。愚故不能忘辨，以祛讀者之惑云。

李子思曰：「隨上六『王用亨于西山』，其事頗類太王、文王。或者遂以爻辭爲非文王語。然而易中『王用』之辭非一。如『王用三驅』、『王用出征』、『王用亨于帝吉』，皆泛言，未嘗指名其人，況稱王而不稱號耶。」愚謂：易言「王用」凡五，如離之「王用出征」，益之「王用亨于帝吉」，无事可指，猶可謂之泛言，如比之「王用三驅」，安知其非指商、湯祝罔之事。然猶曰不言其地，未可必也。至于隨之「王用亨于西山」，升之「王用亨于岐山」，岐山即西山也。岐、西固皆因兑體取象，而「王用」之辭決非泛言。太王之前，未見有亨于岐山者。邑于岐山之下居焉，自太王始。就岐山稱王，非太王而誰？皆有證據，非臆度想象之言。只此便可見爻辭之非文王作明矣，又何必指爲泛言而遷就傅會之乎。

馮厚齋又曰：「今觀文王[一]遷岐之詩，披荆棘，通道路。切意太王未卜宅之先，必有負

[一]「文王」：厚齋易學作「太王」。

固不庭之國。王者乃用此巽順之道以通之，故著此象，所謂知以藏往也。若曰文王自稱太王之德，則羑里之時文王一諸侯耳，未稱王也，追王太王在武王有天下之後。其曰文王自稱與爻辭爲非文王作，則又失之甚矣。」愚謂：厚齋「切意」以下云云，可謂「中心疑者其辭枝」矣。岐山之王自有實事，不據，乃爲此枝辭，毋亦只欲傅會爻辭爲文王作，而不知其不可也。若從先儒，以爻辭歸之周公，自无羑里時未王以下之窒礙矣。以爻辭爲非文王作，初亦何失之有。

文王作文言之疑

梁武帝云：「文言是文王所作。」載於陸氏釋文。陳氏友文。曰：「其意謂文言者文王之言也。獨不見文言之辭一則稱『子曰』，二則稱『子曰』，則子非孔子而何。」

文王始稱易名之疑

馮厚齋曰：「皇甫氏曰：『文王在羑里，演六十四卦，著七八九六之爻，謂之周易。』鄭少梅曰：『自包羲以至夏、商，八卦雖重，而未知所謂七八九六之常變也。連山始艮，歸藏始坤，夏、商用之，皆以不變爲占，故其數止於六十四而已。文王因羑里之囚，用以卜筮，遂竄易繇辭，更改術數，立大衍之説，開萬有一千五百二十之策，使一卦可以衍六十四卦焉，故名曰易。易者，變也。』『周易』之義，惟二氏得之。其曰『衍六十四卦，著七八九六之爻』，『竄易繇辭，立大衍之説』，誠爲確論。」又曰：「意夏、商卦下亦各有辭，故周人並存以爲占。文王贊述包羲之卦，衍蓍之數，推九六之變以生爻，故卦爻各繫以辭，定名曰易。自孔子贊文王易，而夏、商之書廢矣。然則名書以易，自文王始。文王以前曰卦而已。孔子言包羲始作八卦，不言易也。周官三易，其亦因文王之易而併稱之乎。此猶夏、商稱帝，而因周文、武併稱三王也。」愚謂：易名始自文王之説，愚既略辯於前矣。今又得一證：下繫十三卦，自「黄帝、堯、舜氏作」之下，已有「易窮則變」之文，況説卦論伏羲因蓍求卦之法，繼又推原伏羲六畫成卦、六位成章之由，兩以作易，聖人言之。至論文王與紂之事，直不過曰「易之興」而已。曰作，曰興，皆定名曰易。謂伏羲以來不名之曰易，可乎？蓋有不待文王演六十四卦、著七八九六之變，而後謂之易也。鄭氏謂夏、商以不變爲占，容或有之，證以洪範「占用二，曰貞，曰悔」，或只用本卦内外卦爲占，亦未可知。然自舜官占，已曰「卜筮協從」，箕子又曰「立卜筮人」。才曰「筮」，則必有蓍而後可筮。不筮，亦何以得不變之卦而占之乎？是又不待文王在羑里始立大衍用之以卜筮也。二氏既皆有聲於易，馮氏又取之。恐易足以惑人，故不可無辯。若夫夏、商稱帝，因文、武併稱三王，蓋亦未之前聞也。

## 既濟東西鄰爲紂與文王事之疑

孔穎達曰：「又既濟九五『東鄰殺牛，不如西鄰之禴祭』，説者皆云西鄰謂文王，東鄰謂紂。文王之時，紂尚南面，豈容自言己德受福勝殷。又欲抗君之國，遂言東西相鄰而已。」愚按：孔氏引此以辨爻辭非文王作，若是文王作，必不自誇，以見其作於周公也。愚則謂此爻本不指紂與文王事。非惟文王作時無此意，周公亦無此意。周家既伐而取其國，又何必爲是矜誇之辭載於經乎。即卦言之，自有此象，因著其義爾。先天八卦離正東，坎正西，此東西鄰之義也。離爲牛，爲戈兵；坎性就下，又有幽陰之義，祭祀之象。此殺牛禴祭之象也。卦爻多發後天八卦方位，惟此一爻發先天八卦方位甚明。毋亦周公因離下坎上之卦有「自東徂西」之象，特著先天之例，豈得是紂與文王事乎？先儒求之之過，本義因仍未革，亦有俟於後之人也。請得而申之。

## 周公作彖象爻辭文言之疑

陳友文易傳精義曰：「十翼，先儒皆謂夫子作。獨范諤昌、王昭素乃謂彖、象、爻辭、小象、文言並周公作。不知何證。」愚謂：援引不明，而輒易其言者，同於誕妄。不足爲惑可也。故特著之以祛其惑。

## 淇水不信序卦之疑

淇水文：「十翼皆孔子之言乎？不得而知也。然有疑焉。序卦者，韓康伯雖已明『非易之藴』，而未明所以然也。易卦之序，二二相從，今序卦之文蓋不協矣。有義之苟合者，有義之不合而强通者，是豈聖人之言耶？」李清臣，字邦直，號淇水。愚謂聖人讀易，超然意與易會，而爲之辭，豈常人尋行數墨者可並論？以此疑之，非矣。韓康伯謂非易之藴，先儒極議其失。見中篇傳注下。談何容易，而犯不韙耶。

## 易非全書之疑

歐公易序云：「讀經解有『差若毫釐，繆以千里』之説。秦焚書時，易以卜筮全，然經解所引，於今易无之。是未得爲全書也。」按沙隨程氏古易章句外編云：「漢儒引易曰『君子正其始萬事理，差之毫釐，繆以千里』，此緯書通卦驗之文也。亦猶先儒引左氏傳爲春秋也。近世儒者舉此十六字附于坤文言之中。曹建大謂不然。而黄魯直引爲大傳，不知何所本也。」愚讀沙隨外編，始知易爲全書，而近世儒者可謂附贅縣疣者矣。

# 周易本義啓蒙翼傳外篇

新安前鄉貢進士　胡一桂　學

所謂外篇者，凡非周易傳注而自爲一書，皆入于此，以緯書爲首。如焦氏易林、京氏易傳、郭氏洞林猶皆是易卜筮事，然占法、序卦已非先聖之舊。衛氏元包用京卦序，而卦辭皆自爲。魏氏參同發明二用六虛，極爲的當，但借坎離爲修養之術。至於揚雄太玄、司馬公〔一〕潛虛、關氏洞極，則易之支流餘裔，可謂外之又外者矣。若夫邵子皇極經世書，直上接伏羲先天易，專用其卦，不用其蓍，立爲推步筭法，大而天地之運化，微而萬物之生殖，遠而上下古今之世變，皆妙探於卦爻中。前知无窮，却〔二〕知无極，巍〔三〕乎高哉。何揚玄、馬虛、關洞之所可仰望者乎。特其作用不同於文王、

〔一〕「司馬公」原作「馬公」，慶餘堂本作「司馬公」，據補。
〔二〕却：萬曆本作「後」。
〔三〕「巍」：萬曆本作「危」。

周、孔，列諸外篇。然而推明伏羲先天生卦之法與文王後天八卦，及卦正反發明三十六宫之義，使吾夫子繫辭極儀象卦章與説卦先後天數章各有歸著。三四聖人之易，至是如日月行天，星陳極拱，功在萬世，則自元聖以來一人而已。朱夫子已表章於本義、啓蒙之書，愚小子尚何容喙。他如蔡氏皇極内篇，演洛書之數，易、範並立天地間，置諸外篇也亦宜。述衆作，訂後先，作〔一〕外篇題辭。先後只依世次如後。

## 緯書

### 周易緯九卷

馮厚齋曰：「崇文總目：『周易緯九卷，漢鄭康成注。』隋志有宋衷注。唐四庫書目有宋均注。又中興館閣書，易緯又有李淳風續注。其一推天元甲子之術，其二推易天地人之元術也。」友人程舜俞謂唐章懷太子後漢注稱易緯有六篇：一稽覽圖，二乾鑿

〔一〕萬曆本無「作」字。

度，三坤靈圖，四通卦驗，五類是謀，六辨終備。崇文總目「易緯九卷」外，又别出乾鑿度二卷。

## 乾鑿度上下二卷

題「包羲氏先文，公孫軒轅氏演古籀文，蒼頡脩」，爲上下二篇，首稱「黄帝曰」。紹興續書目「倉頡注鑿度二卷」。

### 乾鑿度上文

古文八卦：☰古文天字，☷古文地字，☴古文風字，☶古文山字，☵古文水字，☲古文火字，☳古文雷字，☱古文澤字。○大象八：乾天、坤地、離日、坎月、巽風、震雷、艮山、兑澤。○四門：乾，天門；坤，人門；巽，風門；亦爲地户。艮，鬼門。○四正：月坎，水魄；日離，火宫；雷木〔一〕震，日月出入門；澤金水兑，日月往來門。○索象畫

〔一〕「木」：萬曆本作「水」。

卦：配身一，取象二，裁形三，取物四，法天地宜五，分上下屬六。○象成數生，天數，地數，卦數，爻數，衍天地和合數，乾策，坤策，八策，日力月力，八象大盡數，生天數，天地合策數，蓍。〔一〕

坤鑿度下文

坤元十性，坤有八色，坤屬，坤性體，坤有變化，坤有四象，坤有四道，象卦，法物。

程舜俞曰：「乾坤二鑿度序稱『包羲氏作』，注稱其書謂序乾坤之元體與易大行者也。考其間有所謂太一九宮卦，宮卦氣月卦爻位之法，與夫軌筭占筭之術、律曆相生之數，古今術家多用之。又似陰陽卜筮者流，托爲包羲氏書以自神其説也。」

乾鑿度曰：「太一取其數以行九宮。」

按後漢張衡疏云：「臣聞聖人明審律曆以定吉凶，重之以卜筮，雜之以九宮。」漢書注云：「易乾鑿度曰『太一取其數以行九宮』，鄭玄注：『太一，北辰名，下行八卦之宫，每

〔一〕此皆節取標題。

四乃還中央。中央者，北辰所居，故謂之九宫。天數大分，以陽出，以陰入。陽起子，陰起午。是以太一下九宫，從坎宫始。自此從坤宫，又自此從震宫，又自此從巽宫，所從半矣，還息中央之宫。既又自此從乾宫，又自此從兑宫，又自此從艮宫，又自此從離宫，行則周矣。上遊息於太一之星，反子〔一〕宫。行起始坎終離。』」故姚小彭云：「今所傳戴九履一之圖，乃易乾鑿度九宫法也。」

## 易通卦驗上下二卷

馮厚齋曰：「上卷題『七經第一，河洛第九』，首稱『孔子曰』；下卷論卦氣方位，雖略本説卦，至論氣候病證脉理，與素問黄帝、岐伯問對相類，此其爲假托，不必辨也。」通卦驗曰：「故〔二〕正其本而萬物理，失之毫釐，差以千里。」馮厚齋曰：「按館閣本通卦驗有曰云云。漢儒引『君子正其始萬事〔三〕理，差之毫釐，

〔一〕「子」：據後漢書注及今輯本易緯乾鑿度，當作「紫」。

〔二〕慶餘堂本、萬曆本無「故」字。

〔三〕「事」：萬曆本作「物」。

繆以千里』。程可久曰：『此緯書通卦驗之文也。與館閣本其文特小異爾。』」又曰：「緯出漢哀、平世，載占驗裁祥、陰陽符讖，光武以讖立，故篤信之。鄭康成、何休引以解經，桓譚、張衡之徒深疾之。」易正義引易緯乾鑿度等書。黄魯直云：「其中多有不可曉者，獨九宮之法頗明。崇文總目云：『皆述陰陽日辰數讖，今考三書凡十一卷，蓋無足深據云。』」程舜俞曰：「宋大明中，始禁圖讖，梁天監以後又重其制。隋煬帝發使收天下讖緯書，悉焚之。故遂散亂無復全書。今行于世，惟乾、坤二鑿度。」愚嘗於正義見所引緯，如乾鑿度云「垂皇策者羲，卦道演德者文，成命者孔」，如通卦驗云「昌〔一〕牙通靈，昌之成，孔演命，明道經」等語，皆一樣文法，造句太奇，非有古人渾厚體況。既自伏羲説至孔子，安得又是孔子以前作。今曰「出哀、平之世」，安知非出當時儒者之手乎。第漢去古未遠，雖秦燼之餘，猶或尚有祖述，如羲之用蓍，九宮之於洛書，皆有裨於易教，其尚存而未泯，如鑿度，乃未及見焉，可吁也矣。今姑拾遺，紀一書之概云爾。

〔一〕「昌」：尚書注疏引作「蒼」。

# 焦氏易林

按易林一十六卷，西漢建信天水外黄令焦延壽之所譔也。延壽卦變法，以一卦變爲六十四卦，六十四卦通變四千九十六卦，而卦變之次，本之文王序卦，首乾坤而終既未濟。且如以乾爲本卦，其變首坤，次屯、蒙，以至未濟；又如以坤爲本卦，其變首乾，次屯、蒙，以至未濟；又如以末一卦未濟爲本卦，其變亦首乾，次屯、蒙，以至既濟。每一卦變六十三卦，通本卦成六十四卦。且每一卦變成詩六十四首，六十四卦變共四千九十六首，以代占辭。而文王、周、孔辭並不復用。亡友王浩翁字浩古，得其書於遠方而手抄之，且爲之跋，略曰：「紫陽夫子以爻變多寡，順而列之，以定一卦所變之序，又以乾卦所變之次引而伸之爲六十四卦所變相承之序，然後次第秩然，各得其所，雖出於焦，而比焦尤密。」誠哉是言。今愚録其詩數篇于左，并述其變卦之例，以見一書之大概云。

**乾卦變例**姑載數詩于左。

乾：道陟多阪，胡言嗹謇。王浩古云：「酉陽雜俎〔一〕引此作『迷謇』。」譯瘖且聾，莫使道通。請謁不行，求事无功。愚謂此乾爲本卦，不變而爲變卦之首也。

坤：招禍來螫，害其邦國，病在手足，不得安息。愚謂乾六爻盡變坤。

屯：陽孤亢極，多所恨惑，車傾蓋亡，身常憂惶。乃得其願，雌雄相從。愚謂此乾二三四上變成屯，是爲乾四爻變也。

蒙：鵠鶵鳴鳩，專一无尤，君子是則，長受嘉福。愚謂此乾初三四五爻變成蒙，亦爲乾四爻變也。

需：目瞤足動，喜如其願，舉家蒙寵。缺第四句。愚謂此乾四上變成需，是爲一〔二〕卦二爻變也。

姑録此五詩，而四千九十六首大體可見矣。

## 論分卦直日法

費直作易林序，引孟康曰：「分卦直日之法，一爻主一日，六十卦爲三百六十日，餘四卦

〔一〕「俎」原作「組」，當作「俎」。慶餘堂本作「俎」，據改。

〔二〕「一」：慶餘堂本作「乾」，似是。

震離坎兑，爲方伯監司之官。所以用震離坎兑者，是二至二分用事之日，又是四時各專主之氣，各卦主時，其占法各以其日觀其善惡也。」又按項平庵曰：「焦氏卦法，自乾至未濟，並依易書本序，以一卦直一日。乾直甲子，坤直乙丑，至未濟直癸亥，乃盡六十日。而四正卦則直二分二至之日，坎直冬至，離夏至，震春分，兑秋分，不在六十卦輪直之數。此即京房六十卦氣之法。但京主六日七分，此但主一日；京用太玄之序，此用周易之序耳。」其論一卦直一日，與費氏一爻直一日之説不同，姑記以俟參考。

## 論易林

沙隨程氏易解外編曰：「紹興三十一年，沈丞相判明州，時顔元亮入寇，有窺海道者。沈以易林筮之，遇比之隨，曰：『過時不歸，若悲雄雌，裴徊外國，與叔分離。』亮前來洛中，留今金主守國，及亮馬飲江，爲下所殺，而今金主代之，所謂『與叔分離』者乎。又有以筮之者，遇解之大壯，云：『驕胡大形，造惡作凶，无所能成，還自滅身。』其占驗如此。然其書於乾之姤曰『仁政不暴，鳳凰來舍，四時順序，民安其處』，曾不與『潛龍』之辭合；乾之同人曰『子號索哺，母行求食，返見空巢，訾我長息』，亦不與『見龍』之辭合。

其泰之豫曰『東鄰好女，爲王妃后，莊公築館，以尊主母，歸于京師，季姜説喜』，用事誤，莊公築館，豈后妃事耶？其文不逮太玄遠甚。」

愚按朱子啓蒙六十四卦變例，只三十二圖，每一圖反覆成兩圖，共成六十四圖。如以乾爲主，一爻變六卦，二爻變十五卦，三爻變二十卦，四爻變十五卦，五爻變六卦，六爻變只一坤卦。自坤反觀，又成一圖。其法條理精密，且乾坤震巽坎離艮兑各各相對不亂，其占一以卦爻辭爲據。今焦氏詩既不本之卦爻辭，又不取之卦爻象，雖其變卦次第本文王序卦，而義則无取。如沈丞相占，略與詩應，亦其偶然，不過如籤辭之適中爾，非真卦象然也。特其以一卦變六十四卦，引而爲四千九十六卦，則自我作古，深有可取焉也。費直稱其「致易未見」，誠爲過論，而卦氣直日之法，先儒皆不能无議云。

## 京氏易傳

按京氏易傳，西漢東郡頓丘人、魏郡太守京房之所譔也。京氏易以八宫卦爲序，分上中下三卷，上卷首乾宫八卦，乾、姤、遯、否、觀、剥、晉、大有。次震宫八卦，震、豫、解、恒、升、井、大過、隨。次坎宫八卦，坎、節、屯、既濟、革、豐、明夷、師。次艮宫八卦，艮、賁、大畜、損、睽、履、中孚、漸。中卷首坤宮八卦，坤、復、臨、泰、大壯、夬、需〔一〕、比。次巽宮八卦，巽、小畜、家人、益、无妄、噬嗑、頤、蠱。次離宮八卦，離、旅、鼎、未濟、蒙、渙、訟、同人。次兑宮八卦，兑、困、萃、咸、蹇、謙、小過、歸妹。蓋專主八純卦變六十四卦也。下卷雜論卜筮一篇，首論聖人作易，揲蓍布卦，次及納甲法，次二十四氣候配卦，與夫天地人鬼四易，一、二世，地易；三、四世，人易；五世、八純，天易；遊魂、歸魂，鬼易。父母、兄弟、妻子、官鬼等爻。龍德、十一月子在坎卦，左行。虎刑、五月午在離卦，右行。天官，甲乙庚辛之類。地官，甲乙申酉之類。與五行生死所寓之類。寅中有生火，丑中有死金之類。此晁氏讀書記所謂「星行氣候之學，非章句也」。又一本題曰「京氏易傳」，其間論積筭法亦无起例可推。及卜筮新條例，占求官、家宅之類。及列六十四卦，定三百八十四爻斷法，與前下卷同，而尤詳備者。但如漢志所載京房易傳語，集中咸无此，豈其所謂章句者歟？惜乎未之見也。今姑載前書上中二卷首卦，以見一書之大略云。易傳三卷，陸績注。

☰純陽用事，象配天，屬金，與坤飛伏，宗廟居世。壬戌土，癸酉金。易云：「用九，見群龍

〔一〕「需」原作「師」，師爲坎宮歸魂卦，非坤宮。慶餘堂本作「需」，據改。

无首，吉。」九三三公爲應，有〔一〕乾乾夕惕之憂。甲壬配内外二象，積筭起己巳火至戌辰土，周而復始。吉凶之兆，積年起月，積日起時，積時起卦，入本宫。五星從位起太白〔二〕，太白，金星，入西方，麗西北，居壬申爲伏位。參宿從位入壬戌。壬戌在世居宗廟。建子起潛龍，十一月冬至一陽生。建巳至極主亢位。四月龍見于辰，陽極陰生，吉去凶來，用九吉。配於人事爲首，爲君父；於類爲馬，爲龍。降五行，頒六位。十二辰入六位。居西北之分野，陰陽相戰之地。易云：「戰乎乾。」乾陽，西北陰，陽入陰，二氣盛必戰。天六〔三〕，地六氣，六象六包，四象分萬物。陰陽无差，升降有等，陰陽二十四候，律吕調矣。人事吉凶見乎有象，造化分乎有无。六位純陽，陰象在中。陽爲君，陰爲臣，陽爲民，陰爲事，陽實陰虚，明暗之象。陰陽可知。水配位爲福德，甲子水，是乾之子孫。木入金鄉居寶貝，甲寅木，乾之財。土臨内象爲父母，甲辰土，乾父母。火來四上嫌相敵，壬午火，乾官鬼。金入金鄉木漸微。壬申金，同

〔一〕「有」：天一閣、程榮本京氏易傳（以下省稱「今京易」）皆作「肖」，似作「有」是。胡氏引書，亦不必完全嚴格，故校勘但取其有關文義者。後放此。

〔二〕「太白」：今京易作「鎮星」。又，此下小注「太白，金星」，今京易作「土星」。

〔三〕今京易「天六」後多一「位」字，然亦不可解，疑仍有脱誤。

位傷木。宗廟上乾本位，戌亥乾位。陽極陰生，降入〔一〕姤卦。八卦例諸。

☷純陰用事，象配地，屬土，柔道光也。陰氣凝盛〔二〕，與乾相納，臣奉君也。易云：「黄裳元吉。」六二内卦陰處中，臣道正也，與乾爲飛伏。癸酉金，壬戌土。宗廟居世，三公爲應。未免龍戰之災，无成有終。初六起履霜，至于堅冰，陰雖柔順，氣亦堅剛〔三〕。建始壬午至丁亥〔四〕。夏至，立冬。積筭起丁亥至丙戌〔五〕，周而復始。五星從位起鎮星〔六〕，西南方之卦，翼〔七〕宿從位降癸酉金。分氣候二十五〔八〕，陰中有陽，氣積萬象，故曰陰中

〔一〕「入」：正德本、通志堂本作「之」。

〔二〕「陰氣凝盛」：今京易作「陰凝感」，不若此善。

〔三〕今京易後有「爲无邪氣也」一句。

〔四〕「壬午至丁亥」：今京易作「甲午至己亥」。後小注今京易作「芒種，小滿」。今以京氏建候術例之，則甲午、己亥是。

〔五〕「丁亥至丙戌」：今京易作「己亥至戊戌」。

〔六〕「鎮星」：今京易作「太陰」。

〔七〕「翼」：今京易作「星」。

〔八〕「二十五」：今京易作「三十六」。

陽，陽中陰[一]，陰陽二氣，天地交接，人事吉凶，見乎有象。六位適變，八卦分焉。陰雖虛，納于陽位稱實。六五、六三之類。升降反覆，不能久處，千變萬化，故稱乎易。易者，變也，陰極則陽來，陰消[二]陽長，衰則退，盛則戰。易云：「上六，龍戰于野，其血玄黃。」陽盪陰，坤内卦初六適變，入陽曰震，陰盛陽微，漸來之義，故稱復。

## 集京氏易傳[三]姑集所知，以見傳之大概。

傳曰：「經稱『觀其生』，觀卦上九爻辭也[四]。言大臣之義，當觀賢人，知其性行，推而貢之，否則爲聞善不與，兹謂不知，厥異黄，厥咎聾，厥灾不嗣。」西漢天文志[五]。

傳曰：「小人剥廬。剥上九爻辭也。厥妖山崩，兹謂陰乘陽，弱勝彊。」同上。

---

[一]「陽中陰」：今京易無此三字。

[二]慶餘堂本「消」後有「則」字。

[三]正德本、通志堂本無「傳」字。

[四]此七字當作小注。下段「剥上九爻辭也」同。

[五]此處引文實在漢書五行志下之上，下條同此。

傳曰：「棄正作淫，厥妖木斷自屬。」漢五行志：「建昭五[一]，兗州刺史禁民私所自立社，山陽槖茅鄉社有大槐樹，吏伐斷之，其夜樹復立其故處。」故引。注：「山[二]陽郡槖縣。」

傳曰：「興兵妄誅，兹謂无法，厥灾霜，夏殺五穀。」同上。武帝元光四年四月，「隕霜，殺草木」。故引。

傳曰：「聖王在上，總命群賢，以亮天功，則日之光明，五色備具。」成帝河平元年三月，「日出黄，有黑氣大如錢，居日中央」云云。「觀日之變，足以監矣」。同上。

傳曰：「有消復之救，所以緣咎而致愛[三]，因異而邁政。」晉書郭璞因陰陽錯謬、刑獄繁興，上疏中引此以進諫。

傳曰：「河水清，天下平。」不記何書。

[一]慶餘堂本「五」後有「年」字。

[二]「山」原作「上」，據漢書，爲「山」之譌。慶餘堂本作「山」，據改。

[三]「愛」：慶餘堂本作「慶」。

## 納甲法

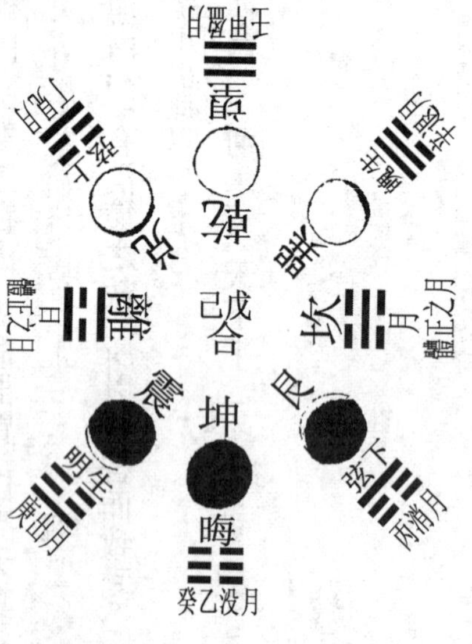


沈存中謂：「納甲不知起何時。」愚謂：納甲本自以月之晦朔弦望、昏旦生消而定。而京氏易傳以十甲配上八卦，與之脗合，雖不知所起先後，亦可附論于此云。

漢上朱氏曰：「繫辭傳：『懸象著明，莫大乎日月。』虞翻曰：『謂日月懸天成八卦象。三日暮，震象，月出庚。朱子曰：三日，第一節之中，月生明之時也。蓋始受一陽之光，昏見於西方庚地。八日，兑象，月見丁。朱子曰：八日，第二節之中，月上弦之時，受二陽之光，昏見於南方丁地〔一〕。十五日，乾象，月盈甲壬。朱子曰：十五日，第三節之中，月既望之時。全受日光，昏見於東方甲地。是爲乾體。十六日旦，巽象，月退辛。朱子曰：十六日，第四節之始，始受下一陰爲巽而成魄，以平旦而没於西方辛地。二十三日，艮象，月消丙。朱子曰：二十三日，第五節之中，復生中一陰爲艮而下弦，以平旦而没於南方丙地。三十日，坤象，月滅乙。朱子曰：三十日，第六節之終。全變三陽而光盡，體伏於西北。一月六節，既尽而禪於後月，復生震卦云。此朱子所注參同契也。真西山載之讀書記而釋之曰：「震一，兑二，乾三，巽四，艮五，坤六，每五日爲一節。」晦夕朔旦則坎，象水流戊，日中則離，象火就己，成戊己土位，象見於中。』」西山曰：「朔旦震始用事，爲日月陰陽交感之初，道家象此以爲修養之法。」

〔一〕慶餘堂本「時」後有「也」字，「受」前多「蓋始」二字。按朱子周易參同契考異（道藏本）無「也」字，有「蓋」字，無「始」字，「昏」前有「而」字。

## 渾天六位圖即前納甲法而加十二支。

| 乾 | 坎 | 坤 | 離 | 震 | 艮 | 巽 | 兑 |
|---|---|---|---|---|---|---|---|
| 壬戌水 | 戊子水 | 癸酉金 | 己巳火 | 庚戌土 | 丙寅木 | 辛卯木 | 丁未土 |
| 壬申金 | 戊戌土 | 癸亥水 | 己未土 | 庚申金 | 丙子水 | 辛巳火 | 丁酉金 |
| 壬午火 | 戊申金 | 癸丑土 | 己酉金 | 庚午火 | 丙戌土 | 辛未土 | 丁亥水 |
| 甲辰土 | 戊午火 | 乙卯木 | 己亥水 | 庚辰土 | 丙申金 | 辛酉金 | 丁丑土 |
| 甲寅木 | 戊辰土 | 乙巳火 | 己丑土 | 庚寅木 | 丙午火 | 辛亥水 | 丁卯木 |
| 甲子水 | 戊寅木 | 乙未土 | 己卯木 | 庚子水 | 丙辰土 | 辛丑土 | 丁巳火 |

京氏傳曰：「降五行，頒六位。」即納甲法也。沈存中曰：「納甲未知起何時。予考之，可以推見天地胎育之理。乾納甲壬，坤納乙癸者，上下包之也；震巽坎離艮兑，納庚辛戊己丙丁者，六子生乾坤包中，如物之處胎。甲者左三剛爻，乾之氣；右三柔爻，坤之氣也。乾初爻交坤生震，故震初爻納子午；乾初子午故也。漢上曰：「長子代父也。」中爻交坤

生坎，故坎初爻納寅申；震納子午，順傳寅申，陽道順。上爻交坤生艮，故艮初爻納辰戌。亦順傳。坤初爻交乾生巽，故巽初爻納丑未；坤初丑未故也。漢上曰：「長女配長男也。」中爻交乾生離，故離初爻納卯酉；巽納丑未，逆傳卯酉，陰道逆。漢上曰：「中女配中男也。」上爻交乾生兑，故兑初爻納巳亥。亦逆傳。漢上曰：「少女配少男也。女從人，故其位不起於未。」乾坤始于甲乙，則長男、長女乃其次，宜納丙丁；少男少女居其末，宜納庚辛。今乃反此者，卦必自下生。先初，次中，末乃至上。此易之叙，亦胎育之理也。物處胎甲，莫不倒生。自下而上者，卦之叙，而冥合造化胎育之理。至理合乎自然也。」〇[一]項平庵曰：「乾初起甲子，則父起黄鍾，天之統也；坤初起乙未，則母起林鍾，地之統也。震初起庚子，則長男從父；巽初起辛丑，則長女次長男也。坎初起戊寅，則中男次長女；離初起己卯，則中女次中男也。艮初起丙辰，則少男次中女；兑初起丁巳，則少女次少男也。大抵陽卦納陽干陽支，陰卦納陰干陰支。陽六干皆進，陰六干皆退。惟乾納二陽，坤納二陰，包括首尾，則天地父母之道也。」

[一] 元刻本爲一空白，似原有圈標而漫漶。正德本有圈標。萬曆本留白。

## 筮法變卦説

平庵項氏曰：「以京易考之，世所傳火珠林者，即其法也。以三錢擲之：兩背一面爲拆，即兩少一多，少陰爻也；兩面一背爲單，即兩多一少，少陽爻也；俱面爲交，交者拆之聚，即三多，老陰爻也；俱背爲重，重者單之積，即三少，老陽爻也。蓋以錢代蓍，一錢當一揲，此後人務徑截以趨卜肆之便，而本意尚可考。其所異者，不以交、重爲占，自以世爲占。故其占止於六十四爻，而不能盡三百八十四爻之變爾。」

愚按：京氏所定變法，八純卦只各變得五卦，至於遊魂卦已是所變第五卦第四爻所變，歸魂卦又是遊魂卦下體三爻連變所得者。則是六十四卦内八純卦所不能變者，遊、歸凡十六卦。而八遊卦必自各八卦内第六卦第四爻來，八歸卦亦必自八遊卦内卦來。而八宫卦亦不宜交互變矣。至於筮卦，則純卦上爻初未嘗不變他卦，但未能變本宫遊、歸上爻；而純卦自上爻外，他爻亦未嘗不能變本宫遊、歸，而遊、歸二卦亦不必從某卦來也。但得卦後，某卦屬某宫幾世，某卦屬某宫遊歸，則不可易爾。房雖不能制卦之不變，卦雖能盡變，亦不能不受制於房。房雖自是一法，終是吾聖人之法廣大周溥，如天之不可及也。

## 世應例

平庵項氏曰：「京氏易法，只用八卦爲本，得本卦者皆以上爲世爻，得歸魂卦者皆以三爲世爻，亦因下體復得本卦，而三在本卦爲上也，其餘六卦皆以所變之爻爲世。世之對爲應。凡其所謂變者，非以九六變也，皆自八純卦積而上之，知其爲某爻之所變耳。如乾本卦，上九爲世，九三爲應。乾初變姤，爲一世卦，初六爲世，九四爲應；再變遯，爲二世卦，六二爲世，九五爲應；三變否，爲三世卦，六三爲世，上九爲應；四變觀〔一〕，爲四世卦，六四爲世，初六爲應；五變剥，爲五世卦，六五爲世，六二爲應；剥之四復變爲晉，謂之遊魂卦，九四爲世，初六爲應；愚謂：九四乾之本爻，又在上卦，故曰遊魂。晉下卦皆變爲大有，坤復歸乾，謂之歸魂卦，九三爲世，上九爲應。愚謂：下體反乾本卦，又在内卦，故曰歸魂。餘放此。」

〔一〕「觀」原作「夬」，萬曆本、慶餘堂本作「觀」，據改。

## 起月例

一世卦：陰主五月，一陰在午也；陽主十一月，一陽在子也。
二世卦：陰主六月，二陰在未也；陽主十二月，二陽在丑也。
三世卦：陰主七月，三陰在申也；陽主正月，三陽在寅也。
四世卦：陰主八月，四陰在酉也；陽主二月，四陽在卯也。
五世卦：陰主九月，五陰在戌也；陽主三月，五陽在辰也。
八純上世：陰主十月，六陰在亥也；陽主四月，六陽在巳也。
遊魂四世，所主與四世卦同；歸魂三世，所主與三世同。
一世、二世爲地易；三世、四世爲人易；五世與八純爲天易；遊魂、歸魂爲鬼易。

## 飛伏例

平庵項氏曰：「京房於世爻用飛伏法，凡卦見者爲飛，不見者爲伏。其在八卦，止以相反者爲伏。乾見伏坤之類，皆以全體相反也。至八卦所變世卦，則不然。自一世至五世，同以本生純卦爲伏，蓋五卦皆一卦所變。至遊、歸二卦，則又近取所從變之卦爲伏。如乾一世姤，姤下體巽，飛爲巽初辛丑，伏仍用乾初甲子。二世遯，飛遯[一]二丙午，伏仍用乾二甲寅之類。至五世，皆以本卦乾爻爲伏者也。自五世，復下爲遊魂卦，剥四變晉，是艮變，其飛爲離四己酉，伏爲艮四丙戌矣。又下爲歸魂卦，晉下三爻變爲大有，自坤變乾，故飛爲乾三甲辰，伏爲坤三乙卯矣。二卦皆近即所從變之卦，不用本生純卦也。」餘卦放此。

## 卦氣直日圖

【内一運】列四正卦、二十四爻，以司一歲二十四氣也。

【中一運】除四正卦外，以六十卦分公、辟、侯、大夫、卿，凡三百六十爻，以司一歲三百六十五日四分日之一也。其卦次第與太玄卦氣次第同。

【外一運】又取中運内十二辟卦，凡七十二爻，以司一歲七十二候也。

[一]「遯」：慶餘堂本作「艮」。

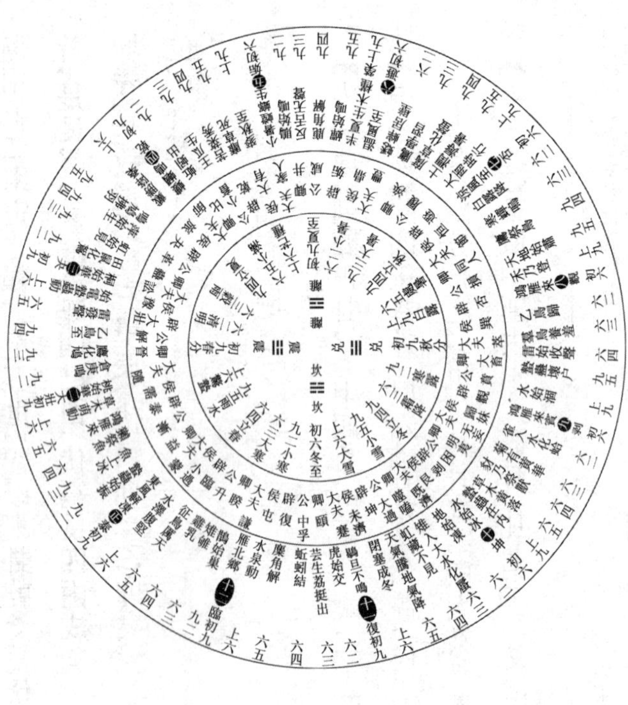

按漢上朱氏易圖曰：「右圖，李溉卦氣圖。其説源於易緯，在類是謀，緯書六篇，其四名類是謀。曰：『冬至日在坎，春分日在震，夏至日在離，秋分日在兑。四正之卦，卦有六爻，爻主一氣；餘六十卦，卦主六日七分，八十分日之七。歲十二月三百六十五日四分日之一，六十而一周。」孔穎達解『七日來復』云：『易稽覽圖卦氣起中孚，故離坎震兑各主一方，其餘六十卦，卦有六爻，别主一日，凡主三百六十日。餘有五日四分日之一，每日分爲八十分，五日分爲四百分，日之一〔一〕，又分爲二十分，是四百二十分。六十卦分之，六七四十二，卦别各得七分。每卦得六日七分也。』按稽覽圖係緯書内第一篇。又曰：「二十四氣、七十二候，見於周公時訓，呂不韋取以爲月令，其書則見於夏小正。夏小正者，夏后氏之書，孔子得之於杞者也。夏建寅，故其書始於正月。周建子，而授民時、巡狩、承享，皆用夏正，故其書始於立春。夏小正具十二月而无中氣，有候應而無日數。至于時訓，乃五日爲候，三候爲氣，六十日爲節。二書詳略雖異，其大要則同，豈時訓因小正而加詳歟？」又曰：「仲尼贊易時已有時訓，觀七月一篇，則有取於時訓可知。」愚謂：七月自是周公詩，今云此者，見得周公時尚且有取於時訓，則孔子贊易時有時訓明矣。「説卦言：『坎，北方之卦也。震，東方之卦也。離，南方之卦也。兑，正秋也。』於三卦言方，則知坎離震兑各主一方矣，於兑言『正秋』者，秋分也，

〔一〕四庫本漢上易傳同。然據周易注疏，「日之一」前有「四分」，是也。

兑言秋分，則震春分、坎冬至、離夏至爲四正矣。復大象曰：『先王以至日閉關。』所謂至日者，冬至也。於復言冬至日，則姤爲夏至，而十二月消息之卦可知矣。復彖曰『七日來復』，則六十卦分主一歲，卦有六爻，爻主一日可知矣。繫辭曰『三百八十四爻，當期之日』，愚謂：繫辭自言乾坤之策凡三百六十，當期之日，非言三百八十四爻也。所引誤矣。蓋六十卦當三百六十日，四卦主十二節十二中氣，所餘五日則積分成閏也。」〔一〕又曰：「此即京房卦氣直日之法也。胡旦云：『京房以卦氣言事，皆有效驗。東漢郎顗明六日七分之學，最爲精妙。』」

## 論卦氣圖之非

朱子曰：「易卦之位，震東、離南、兑西、坎北者，爲一說。十二辟卦分屬十二辰者，爲一說。及焦延壽爲卦氣直日之法，乃合二說而一之。既以八卦之震離兑坎二十四爻直四時，又以十二辟卦直十二月，且爲分四十八卦爲之公、侯、卿、大夫，而六日七分之說生

〔一〕按：自「說卦言」至此一段，雖見於漢上易傳，然非朱震之語，乃其引胡旦駁王昭素之文。

焉。若以八卦爲主，則十二卦之乾不當爲巳之辟，坤不當爲亥之辟，巽不當侯於申酉，艮不當侯於戌亥。若以十二卦爲主，則八卦之乾不當在西北，坤不當在西南，艮不當在東北，巽不當在東南。彼此二説互爲矛盾。且其分四十八卦爲公、侯、卿、大夫，以附於十二辟卦，初无法象，而直以意言，本已无所據矣，不待論其減去四卦二十四爻而後可以見其失也。答程大昌泰之。

隆山李氏曰：「乾坤乃諸卦之祖，亦例篕乎諸卦直日之間，反不得與坎離震兑比，有此理否耶？」圖象辨疑曰：「坎離震兑之於乾坤一也，坎離震兑主二十四氣，而乾坤諸卦主六日七分，何耶？」又曰：「朱氏依京房以六十卦主七十二候，而列辟卦十二分綴其下，其圖自多違戾。夫既以六十卦主七十二候，三百六十五度四分度之一，而辟卦乃主十二月三百五十四日，上下不相應，其失一也。六十卦每卦直六日七分，辟卦亦在其中，是亦六日七分矣，而又列之於下，使主一月，上下不相應，其失二也。」

## 論卦氣直日之非

圖象辨疑曰：「京房直日之説，以坎離震兑各主一方，以六十卦分主一歲。凡三百六十五日四分之一卦，得六日七分。其爲筭固周且悉矣。然以坎離震兑之與乾坤諸卦一也，坎離震兑主二十四氣，而乾坤諸卦主六日七分，何耶？合六十卦爲日三百六十五四分之一，附之一歲則有餘，而加之閏則不足，若之何其主一歲耶？一歲之中，赢縮餘閏初無常時，而卦之所直則有定日，又烏能候寒温耶。且使夫六十四卦所配之日皆惟我之所分，則何獨六日七分而後可。吾將合六十四卦而以一歲三百五十四日均之，則一卦直五日四十二分五釐亦可也；吾將損四正而用六十卦以當三百五十四日，則卦直五日七十二分亦可也；不然，惟用八卦以當三百五十四日，則卦直四十四日二十分，又誰曰不可。凡去取多寡，惟我之所制，則人皆可爲矣，何取乎經。此房之罪也。是以司馬温公又以爲一卦御六日二百四十分日之二十一；而後之學者又各以己見㪅而爲圖，配之以七十二候、六十律、六十甲子、二十八宿所行之度，環其下而分綴之，詳繹其義，與其所隸之卦初无毫釐相屬。此豈六十四卦之於七十二候、六十律、六十甲子、二十八宿曾不具是理哉？去取多寡，隨己分綴，必欲某繫之某，則不可也。此其弊蓋自房始。

或曰：房之術以候風雨寒温各有効驗，則何可貶。曰：非也。天下之小術，雖閱擇日時、筭布五行、尋察地脉，以至猥瑣邪僻之書，无不借易以爲説。蓋天下之物无有不麗於陰陽者，故淺陋之術皆得假聖人之糟粕以爲精深，所以眩惑斯人而取售於世。房之所以用之之驗者，迺其術也，而非易也，而不知房之所託也。烏乎，房之是非亦曉然可見。東都无易學，白虎諸儒取其説以著易緯，而唐孔穎達疏復之『七日來復』，以爲六日七分之數，謬誤相承，以至今也。」

## 專論卦氣起中孚之非

京房、揚雄皆以卦配氣候，謂之卦氣。同是卦也，同是氣候也，宜其所配有不可得而異者。然房以六十卦配之三百六十五日四分之一，而雄則以六十四卦配之。去取之異，何也？房以兑應大雪，而雄以坎；房以兑應秋分，而雄以震。節候之異，何也？房以坎離震兑各主日九十，而雄於〔一〕四卦，卦得四日有半；房以六十卦主六日七分，而雄亦以四日有半處之。多寡之異，何也？雄之太元以二贊配一晝一夜，凡一首九贊，爲四日有半，有以一首準一卦，則得四日半矣，而又以二首準一卦，則是卦又得九日也。雄

〔一〕「於」：慶餘堂本作「以」。

之以卦配日，又自爲異如此，何也？苟卦爲有用，則〔一〕陰陽之體有非人所能移者，而增損遷變，惟二子之所私，何耶？自達者觀之，其爲謬妄冰炭，不言冷熱可知也。蓋亦求二子之所同者，惟以卦氣起於中孚則一耳。然卦氣不自他卦始，而獨起於中孚，不知何義。復以一陽初生，謂之冬至之候，猶有説也；屯以一陽震動於坎離之中，謂之冬至之候，猶有説也。至於中孚，以兑巽爲卦，而謂之冬至，則无一説而可。太元以中準中孚，其辭曰「陽氣潛萌於黄宫，信無不在其中」，蓋謂中孚者信也。夫以中孚爲信，陽氣必應於此，則是取其義，而不取其氣也。不取其氣，而取其孚信之義，則謂之起於无妄可也，何必中孚。雄之太玄乃亦效之，以首擬卦，豈以首與卦皆主是氣而後擬之也？以中擬中孚，以養擬頤，以彊擬乾，以視擬觀，以止擬艮，以難擬蹇，不過以其字之同義而取之。是知其所謂起中孚者，亦取其信也。其於所隸之節氣，何所取哉。使雄獨以太初曆起於中，起於冬至，起於牛之一度，則猶可也，而反以爲起中孚。嘗見宋咸著論言：「卦氣起中孚，非聖人之旨。」而朱氏難咸曰：「中孚，十一月之卦也。以歲言之，陽

〔一〕慶餘堂本「則」後有「有」字。

起於冬至；以曆言之，日始於牽牛；以日言之，晝始於夜半；以人言之，慮始於心思。咸謂『何不起於他卦』，真不知者也。」切謂朱氏言人之慮始於心思，故起於中孚，使中孚取心思之義，則起於咸可也，何必起於中孚〔一〕而後可。朱氏又言歲始於冬至，曆始於牽牛，日始於夜半，故必始於十一月。夫律歷始於十一月，是矣，而以中孚爲十一月卦，爲何義？不此之解，而欲以折咸，殆不可也。使咸之説得行，房與雄之言皆可寢矣。

## 太玄經〔二〕

太玄經者，新莽大夫揚雄之所作，以擬易者也。其畫四，以方、州、部、家爲次，自上而下，最上一畫爲方，一長畫爲一方，二短畫爲二方，三短畫爲三方。州、部、家皆然。第二畫爲州，第三畫爲部，最下第四畫爲家。每四畫爲一首。一元生三方，三方生九州，九州生二十七部，二十七部生八十一家，而成八十一首。首各有名，以擬易六十四卦。每

〔一〕「孚」原作「字」，正德本、通志堂本、慶餘堂本作「孚」。據文義，作「孚」是，據改。

〔二〕底本「經」後有「云」字，慶餘堂本無，據删。

首雖四畫，而贊則有九。以初一、次二、次三、次四、次五、次六、次七、次八、上九爲次。而分水火木金土：一、六水，二、七火，三、八木，四、九金，五土。每首九贊，八十一首共七百二十九贊。末一首上九後獨增踦、嬴二贊，以擬易之三百八十四爻。策數直日詳具于後。首之下各有辭，宋政和七年，許良肱上太玄，每首之下又增首測一卷，以擬大象，今分附逐首之下。贊亦各有辭，贊下又各有測辭，以擬爻之小象。又有元文以擬文言，有元攡、力支反，分也，張也，與離字同韻。元瑩、元棿、魚稽切，與輗同，車木也。元圖、元告，以擬繫辭。有元數、元衝、元錯以擬説、序、雜。八十一首，分天地人三元。七百二十九贊，又加踦、嬴，分晝夜日星節候，以直一歲三百六十五日二百三十五分，以擬卦氣。又有揲法，筮首、贊以斷事之吉凶。其學不傳，世罕有其書。余得之友人查顏叔，抄首末數首贊，及日星候、揲法等于左，以見一書之大概。若其是非得失之論，又具載于後云。

## 太元方州部家八十一首圖

元圖曰：「一元都覆三方，方同九州，枝載庶部，分正群家。」元始三方，方有三州，州有三部，部有三家，皆一生三，故有三方、九州、二十七部、八十一家也。

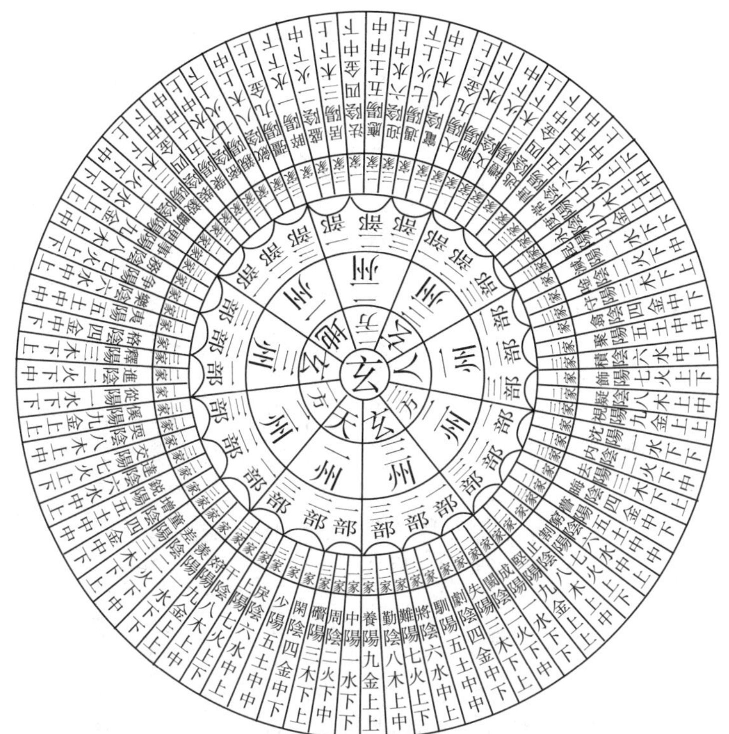
玄

## 太元經文〔一〕

天元中周礥　閑少戾　上干狩　羡差童〔二〕　增鋭達　交耎傒　從進釋　格夷樂　争務事

地元更斷毅　裝衆密　親歛彊　晬盛居　法應迎　遇竈大　廓文禮　逃唐常　度永昆

人元減唫守　翕聚積　飾疑視　沈内去　晦瞢窮　割止堅　成闕失〔三〕　劇馴將　難勤養

𝌆一方一州一部一家。中，陽氣潛萌於黄宫，信无不在其中。首測曰：中擬中乎，天元陽家，一水下下，日在牽牛初。許良肱注曰：「臣稽古本太元，并前漢志，參次撰成首測一卷，布於八十一首辭之末。」愚按：此注則首測本自成卷，在八十一首末；今注本後人分散於逐首之下，正如易經之紊亂也。首序曰：馴乎元，渾行无窮，正象天。陰陽坒參，以一陽乘一統，萬物資始，方州部家，三位疎成。曰陳其九九，以爲數生，贊上群綱，乃綜乎名，八十一首，歲事咸貞。注：方州部家之畫，與三才之位，離而疎成焉，豈无自而然耶？自其合而言之曰坒參，自其離而言之曰

〔一〕標題爲點校者所擬。

〔二〕「童」原作「重」，據今太玄改。

〔三〕「闕失」原作「闕矢」，據今太玄改。

踈成。自天元甲子朔旦冬至，推一晝一夜，每二贊一日，而周乎三百六十五日，節候日星无不備。此歲事所以咸正也。贊序曰：盛哉日乎，丙明離章，五色淳光。夜則測陰，晝則測陽，晝夜之道，或否或臧。陽推五福以類升，陰幽六極以類降。升降相關，大正乃通，經則有南有北，緯則有西有東。巡乘六甲，與斗相逢，曆以記歲，而百穀時雍。初一：昆侖旁薄，幽。測曰：昆侖旁薄，思諸貞也。注：旁薄天之象，昆侖地之形，思者人之心。一者，思心之地。舒王曰：幽昧而未判也。初爲晝，爲君子，思无邪故也。次二：神戰于元，其陳陰陽。測曰：神戰于元，善惡并也。注：地二與天七，合於南方生火，火爲神。舒王曰：首與時爲水，而二火也，故曰「神戰于元，其陳陰陽」。善惡并者，二爲夜，二爲小人，小人心雜故也。次三：龍出于中，首尾信，可以爲庸。測曰：龍出于中，見其造也。舒王曰：首與時爲水，三爲木，木生於水，龍亦生水，故曰龍。次四：庳虛无因，大受性命，否。測曰：庳虛无因，不能大受也。注：四於贊爲陰爲虛。語曰「小人不可大受」，言不量力而无辭辟，故以否言之。次五：日正于天，利以其辰作主。測曰：日正于天，貴當位也。舒王曰：五爲中位，爲晝。陽明盛而中，故曰日正于天。注：五六天地之中，故稱日與月。乘中之剛，逢星之陽，所以爲利。自子至亥皆謂之辰，以辰者日月之會而建所指也。愚謂五爲一首之主，故曰貴當位也。次六：月闕其慱，不如開明于西。測曰：月闕其慱，明始退也。舒王曰：首時爲水，六又水，而在五福上，水上行而著者。六又爲夜，故曰月。注：月闕其慱，始退之象；開明于西，方進之象。太元言五以上作消損盈之意可知。次七：酋酋大魁，頤水包貞。測曰：酋酋之包，任臣則也。注：衆所就，謂之酋。愚謂：次七有大魁象，卦時爲水，七爲火，水火不相射而相生息，有頤水包之象。不相滅息而相生息，亦正道也。水爲主則火爲臣，有任臣法則之象。次八：黄不黄，覆秋常。測曰：黄不黄，失中德也。注：黄者中色。諸二則中，故曰黄。八爲夜，夜爲小人，故曰不黄。八雖上之中，以木近金，故有中德之失，時反乎酋酋，而有秋常之敗，故曰黄不黄，覆秋常。上九：巔靈氣形反。測曰：巔靈之反，時不克也。注：極上則顛，氣形殄滅。然九爲晝，爲君子，能順性命之理，而與時偕極焉。○此下則係元文，以擬文言，文多不具載。

右中首，乃太元第一首也，故有首序、贊序、元文。自周以下，只首、贊、測三者而已。

𝌮二方二州二部二家。應，陽氣極于上，陰信萌乎下，上下相應。注：經曰「中則陽始，應則陰生」，當應之時，陽極于上，陰萌乎下，一陰方生，上下相感，氣至而鹿角解，候至而蜩始鳴。首測曰：應擬咸，地元陽家，五土中中，日在井二十九。注：月令夏至五月中，鹿角解。漢志曰：「井三十一，夏至鶉首中。」初一：六幹羅如，五枝離如。測曰：六幹羅如，附離君也。注：幹羅如，强也；枝離如，弱也。深根固本，不可拔也。周封建附離於君，亦若此。次二：上歷施之，下律和之，非則否。測曰：上施下和，匪其賓也。注：上歷施之，足以紀歲；下律和之，足以和聲。上下相應，是則然，非則否。次三：一從一横，天網罠罠。測曰：一從一横，經緯陳也。注：從横，所以瑩理也。一從一横，日緯其經，則天網罠罠，疎而不失焉。東西南北，經緯交錯，邪正以分，其陳可知。次四：援我罘罟，絓羅于野，至。測曰：援我罘罟，不能以仁也。注：罘罟，所以絓羅飛潛。空曠之地，靡所不至，飛潛無所容其軀矣。不能以仁，不能愛物。次五：龍翰于天，貞栗其鱗。測曰：龍翰之栗，極懼墜也。注：龍，健也。翰于天，可謂健矣。貞栗其鱗，高而危故也。與胥靡登高不懼，遺死生異矣。次六：熾承于天，冰萌于地。測曰：承天萌地，陽始退也。注：熾承于天，陽氣極于上之謂；冰萌于地，陰信萌于下之謂也。君子道消之意。次七：日彊其衰，應蕃貞。測曰：日彊其衰，惡敗類也。注：應之道衰乎七，日彊其衰，俾之不弱，是天地變化草木蕃之時也。君子齋戒，處必揜身之類。其惡敗類也如此。次八：陽極徵陰，不移日而應。測曰：極陽徵陰，應其發也。注：陽之召陰，速若影響，猶冬爨鼎、夏造冰，不移日而應，非吾所謂道也。上九：元離之極，君子應以大稷。測曰：元離之極，不可遏止也。注：日月麗天則大而高之極也，君子於此應以大疾，則明兩作離焉。舜升聞類矣。稷，訓疾。

右應，乃太元第四十一首也。中爲陽氣之始，應爲陰氣之始。其第五贊，日當一百八十三日，節爲夏至，星爲井三十一度，係之於二方二州二部二家之下也。

䷀三方三州三部三家。養，陰弸于野，陽蘁[一]萬物，赤之於下。注：陽主動，動則蘁於外；陰主靜，靜則弸諸内。一内一外交養，而萬物紐牙焉。漢志：「辰在丑，謂之赤奮。」首測曰：養擬頤，人元陽家，九金上上，日在斗二十二。初一：藏心于淵，美厥靈根。測曰：藏心于淵，神不外也。注：淵虚而靜，初一之水。藏心於淵，則神不外精，精之養神，美厥靈根，夫是之謂善養。次二：墨養邪，元幽否貞。測曰：墨養邪，中心敗也。注：二逢夜，況之墨，陰火也。次三：糞以肥丘，育厥根荄。測曰：糞以肥丘，中光大也。次四：燕食扁扁，其心儽儽，利用征賈。測曰：燕食扁扁，志在賴也。注：志之所賴，捨五而何。次五：黄心在腹，白骨生肉，孚德不復。測曰：黄心在腹，上得天也。注：黄心在腹，指五；白骨生肉，指四。黄，土色。心，土之體，而腹者心之宅。白，金色。骨，金之形，而肉者骨之外捍。君子爲可信而已，不求人之必信，宜其上得天助也。次六：次次，一日三饋，祗牛之兆，肥不利。測曰：次次之饋，肥無身也。

〔一〕蘁：今太玄作「蘁」。注文放此。

注：六爲宗廟，一日三饌，祭之數也，瀆矣。牛兆肥，不利卜牲也。肥无身者，物雖厚，不誠其身耳。次七：小子牽象，婦人徽猛，君子養病。測曰：牽象養病，不相因也。注：小子婦人，牽象徽猛，柔弱勝剛彊之意。中養不中，才養不才，病者君子養之。測貴革而不因。次八：鯁不脱，毒疾發，上壟〔一〕。測曰：鯁疾之發，歸于墳也。注：禍福无不自己求之者。上九：星如歲如，復繼之初。測曰：星如歲如，終始養也。注：月令「星回于天，歲將幾終」之謂。復繼之初，易言「窮則變，變則通」，「終則有始，天行也」。踦贊一。凍登赤天，晏入元泉。測曰：凍登赤天，陰作首也。注：踦屬水，嬴屬火。水以一贊以補其陽之不足耳。踦贊陽，以陰作首，則嬴贊陰，以陽作首可知也。嬴贊二。一虛一嬴，踦奇所生。測曰：虛嬴踦奇，禪无已也。注：養受群餘，故以二贊繼養之後。

右養首，太元第八十一首也。故繫踦、嬴二贊於七百二十九贊之末。今具此起中末三首，亦可以見首、贊、測之規模次第矣。

元衡七。愚按：元始於中，至第四十一首而爲應。中則陽始，應則陰生，中與應對，周與迎對，八十一

〔一〕今太玄「上壟」前有「鬼」字。

首皆然。對則相衡，故元衡之文專以兩兩相衡之首論之。

元錯八。愚按：錯，雜也。雜八十一首論之，不以其序也。注：「衡則一往一來以序其體，錯則一吉一凶以明其用。縱横交雜，與八卦相雜同。」經曰：「錯，絣也。」

元攡九。愚按：攡音離，分也，張也。極論元之爲義，陰陽之運，日星之行度。

元瑩十。愚按：經云：「瑩，明也。」泛論元義以明之也。

元數。愚按：首論天地生蓍及命筮揲法、五行生成、支干配數，以及律呂之類。此下不紀次序。

元棿。愚按：棿，魚稽反，擬也，泛論元之所擬，如一明一幽，跌剛跌柔，知陰者逆，知陽者流，棿擬之晝夜之類。

元圖。愚按：圖，象也。首論方州部家及天地人之三天，以分八十一首之類。

元告。愚按：告，示也。亦多論天地人之道及陰陽晝夜與元之辭。

愚按：司馬温公讀玄〔一〕云：「易有象，玄有首，論一首之義。易有爻，玄有贊。易有象，玄有測，以解贊。易有文言，玄有文，解五德并中首九贊。易有繫辭，玄有攡、瑩、

〔一〕按：司馬温公有讀玄，有説玄，據今太玄集注，此所引乃説玄文。

棿、圖、告五者，推贊太玄。易有説卦，玄有數，論九贊所象。易有序卦，玄有衝，序八十一首陰陽相對解之。易有雜卦，玄有錯，雜八十一首説之。」是也。又按宋政和間，許良肱進表云：政和七年，撫州草澤臣許良肱。「謹録太元經解十卷。八十一首分爲七卷，衝、錯、攡、瑩爲第八卷，數第九卷，棿、圖、告爲第十卷。并序一首，不見有太元序，恐即中首内首序、贊序是也。兼撰到首測一卷，猶易大象，載諸八十一首辭之末，隨表上進。」觀此，則太元首序、贊序本只自爲一序，許氏首測亦只自爲一卷，今皆附入首辭之下。又元棿下有曰「元之贊辭」云云。又曰：「故首者，天之性也。衝，對其正也。錯，絣也。測，所以知其情也。攡，張之。瑩，明之。數爲品式，文爲藻飾。棿，擬也。圖，象也。告，其所由往也。」所謂文，非中首内元文乎；所謂測，非贊下之測乎。測與文，本只列於衝、錯之下，今皆附入於首、贊之下矣。此後人欲便觀覽，隨類分附，非復許氏表進之舊明矣。嗚呼，鄭玄、王弼亂易經於前，兹非其所謂尤而效之者乎。可爲之三嘆。

## 太元擬卦日星節候圖此係王薦所作，見元圖發微內。

| 首擬卦名橫看／贊配日星 | 中（中孚） | 周（復） | 礥（屯） | 閑（屯） | 少（謙） | 戾（睽） | 上（升） |
|---|---|---|---|---|---|---|---|
| 一 | 晝一日 冬至十一月中 牛一蚯蚓結 | 夜 | 晝十日 女二 | 夜 | 晝十九日 女十一 | 夜 | 晝二十八日 虛八 |
| 二 | 夜 | 晝六日 牛六度 | 夜 | 晝十五日 女七 | 夜 | 晝二十四日 虛四 | 夜 |
| 三 | 晝二日 牛二度 | 夜 | 晝十一日 女三 | 夜 | 晝二十日 女十二 | 夜 | 晝二十九日 虛九 |
| 四 | 夜 | 晝七日 牛七 | 夜 | 晝十六日 小寒十二月 女八雁北鄉 | 夜 | 晝二十五日 虛五 | 夜 |
| 五 | 晝三日 牛三度 | 夜 | 晝十二日 女四 | 夜 | 晝二十一日 虛一 鵲始巢 | 夜 | 晝三十日 虛十 |
| 六 | 夜 | 晝八日 牛八 | 夜 | 晝十七日 女九 | 夜 | 晝二十六日 虛六 雉始雊 | 夜 |
| 七 | 晝四日 牛四度 | 夜 | 晝十三日 女五 | 夜 | 晝二十二日 虛二 | 夜 | 晝三十一日 大寒十二月中 危一雞始乳 |
| 八 | 夜 | 晝九日 女一度 | 夜 | 晝十八日 女十 | 夜 | 晝二十七日 虛七 | 夜 |
| 九 | 晝五日 牛五度 | 夜 | 晝十四日 女六 | 夜 | 晝二十三日 虛三 | 夜 | 晝三十二日 危二 |

| 干 升 | 狩 臨 | 羨 小過 | 差 小過 | 童 蒙 | 增 益 | 銳 漸 | 達 泰 | 交 泰 |
|---|---|---|---|---|---|---|---|---|
| 夜 | 晝三十七日 危七 | 夜 | 晝四十六日 立春正月危十六 東風解凍 | 夜 | 晝五十五日 室八 | 夜 | 晝六十四日 壁一 | 夜 |
| 晝三十三日 危三 | 夜 | 晝四十二日 危十二 | 夜 | 晝五十一日 室四 蟄蟲始振 | 夜 | 晝六十日 室十三 | 夜 | 晝六十九日 壁六 |
| 夜 | 晝三十八日 危八 | 夜 | 晝四十七日 危十七 | 夜 | 晝五十六日 室九 魚上冰 | 夜 | 晝六十五日 壁二 | 夜 |
| 晝三十四日 危四 | 夜 | 晝四十三日 危十三 | 夜 | 晝五十二日 室五 | 夜 | 晝六十一日 雨水正月中 室十四獺祭魚 | 夜 | 晝七十日 壁七 |
| 夜 | 晝三十九日 危九 | 夜 | 晝四十八日 室一 | 夜 | 晝五十七日 室十 | 夜 | 晝六十六日 壁三 鴻雁來 | 夜 |
| 晝三十五日 危五 | 夜 | 晝四十四日 危十四 | 夜 | 晝五十三日 室六 | 夜 | 晝六十二日 室十五 | 夜 | 晝七十一日 壁八 草木萌動 |
| 夜 | 晝四十日 危十 | 夜 | 晝四十九日 室二 | 夜 | 晝五十八日 室十一 | 夜 | 晝六十七日 壁四 | 夜 |
| 晝三十六日 危六 鷙戾疾 | 夜 | 晝四十五日 危十五 | 夜 | 晝五十四日 室七 | 夜 | 晝六十三日 室十六 | 夜 | 晝七十二日 壁九 |
| 夜 | 晝四十一日 危十一 水澤腹堅 | 夜 | 晝五十日 室三 | 夜 | 晝五十九日 室十二 | 夜 | 晝六十八日 壁五 | 夜 |

| 耎（需） | 傒（需） | 從（隨） | 進（晉） | 釋（解） | 格（大壯） | 夷（大壯） | 樂（豫） | 争（訟） |
|---|---|---|---|---|---|---|---|---|
| 晝七十三日 奎一 | 夜 | 晝八十二日 奎十 倉庚鳴 | 夜 | 晝九十一日 婁三 | 夜 | 晝一百日 婁十二 | 夜 | 晝一百九日 胃九 |
| 夜 | 晝七十八日 奎六 | 夜 | 晝八十七日 奎十五 鷹化鳩 | 夜 | 晝九十六日 婁八 | 夜 | 晝一百五日 胃五 | 夜 |
| 晝七十四日 奎二 | 夜 | 晝八十三日 奎十一 | 夜 | 晝九十二日 春分二月中 婁四乙鳥至 | 夜 | 晝一百一日 胃一 | 夜 | 晝一百十日 胃十 |
| 夜 | 晝七十九日 奎七 | 夜 | 晝八十八日 奎十六 | 夜 | 晝九十七日 婁九 雷乃發聲 | 夜 | 晝一百六日 胃六 | 夜 |
| 晝七十五日 奎三 | 夜 | 晝八十四日 奎十二 | 夜 | 晝九十三日 婁五 | 夜 | 晝一百二日 胃二始電 | 夜 | 晝一百十一日 胃十一 |
| 夜 | 晝八十日 奎八 | 夜 | 晝八十九日 婁一度 | 夜 | 晝九十八日 婁十 | 夜 | 晝一百七日 胃七 清明三月 | 夜 |
| 晝七十六日 奎四 | 夜 | 晝八十五日 奎十三 | 夜 | 晝九十四日 婁六 | 夜 | 晝一百三日 胃三 | 夜 | 晝一百十二日 胃十二 田鼠化鴽 |
| 夜 | 晝八十一日 奎九 | 夜 | 晝九十日 婁二 | 夜 | 晝九十九日 婁十一 | 夜 | 晝一百八日 胃八 | 夜 |
| 晝七十七日 驚蟄二月 奎五桃始華 | 夜 | 晝八十六日 奎十四 | 夜 | 晝九十五日 婁七 | 夜 | 晝一百四日 胃四 | 夜 | 晝一百十三日 胃十三 |

| 務 蠱 | 事 蠱 | 更 革 | 斷 夬 | 毅 夬 | 裝 旅 | 衆 師 | 密 比 | 親 比 |
|---|---|---|---|---|---|---|---|---|
| 夜 | 晝一百十八日昴四 | 夜 | 晝一百二十七日畢二鳴鳩拂羽 | 夜 | 晝一百三十六日畢十一 | 夜 | 晝一百四十五日參二 | 夜 |
| 晝一百十四日胃十四 | 夜 | 晝一百二十三日昴九 | 夜 | 晝一百三十二日畢七戴勝降桑 | 夜 | 晝一百四十一日畢十六 | 夜 | 晝一百五十日參七 |
| 夜 | 晝一百十九日昴五 | 夜 | 晝一百二十八日畢三 | 夜 | 晝一百三十七日立夏四月畢十二螻蟈鳴 | 夜 | 晝一百四十六日參三 | 夜 |
| 晝一百十五日昴一 | 夜 | 晝一百二十四日昴十 | 夜 | 晝一百三十三日畢八 | 夜 | 晝一百四十二日觜一蚯蚓出 | 夜 | 晝一百五十一日參八 |
| 夜 | 晝一百二十日昴六 | 夜 | 晝一百二十九日畢四 | 夜 | 晝一百三十八日畢十三 | 夜 | 晝一百四十七日參四王瓜生 | 夜 |
| 晝一百十六日昴二 | 夜 | 晝一百二十五日昴十一 | 夜 | 晝一百三十四日畢九 | 夜 | 晝一百四十三日觜二 | 夜 | 晝一百五十二日參九 |
| 夜 | 晝一百二十一日昴七 | 夜 | 晝一百三十日畢五 | 夜 | 晝一百三十九日畢十四 | 夜 | 晝一百四十八日參五 | 夜 |
| 晝一百十七日昴三虹始見 | 夜 | 晝一百二十六日畢一 | 夜 | 晝一百三十五日畢十 | 夜 | 晝一百四十四日參一 | 夜 | 晝一百五十三日小滿五月井一苦菜秀 |
| 夜 | 晝一百二十二日昴八萍始生 | 夜 | 晝一百三十一日畢六 | 夜 | 晝一百四十日畢十五 | 夜 | 晝一百四十九日參六 | 夜 |

| 斂 小畜 | 彊 乾 | 睟 乾 | 盛 大有 | 居 家人 | 法 井 | 應 咸 | 迎 咸 | 遇 姤 |
|---|---|---|---|---|---|---|---|---|
| 晝一百五十四日 井二 | 夜 | 晝一百六十三日 井十一 小暑至 | 夜 | 晝一百七十二日 井二十 | 夜 | 晝一百八十一日 井二十九 | 夜 | 晝一百九十日 柳一 |
| 夜 | 晝一百五十九日 井七 | 夜 | 晝一百六十八日 井十六 堂郎生 | 夜 | 晝一百七十七日 井二十五 | 夜 | 晝一百八十六日 鬼一 | 夜 |
| 晝一百五十五日 井三 | 夜 | 晝一百六十四日 井十二 | 夜 | 晝一百七十三日 井二十一 鶪始鳴 | 夜 | 晝一百八十二日 井三十 | 夜 | 晝一百九十一日 柳二 |
| 夜 | 晝一百六十日 井八 | 夜 | 晝一百六十九日 井十七 | 夜 | 晝一百七十八日 井二十六 反舌無聲 | 夜 | 晝一百八十七日 鬼二 | 夜 |
| 晝一百五十六日 井四 | 夜 | 晝一百六十五日 井十三 | 夜 | 晝一百七十四日 井二十二 | 夜 | 晝一百八十三日 夏至五月中 井三十一 鹿角解 | 夜 | 晝一百九十二日 柳三 |
| 夜 | 晝一百六十一日 井九 | 夜 | 晝一百七十日 井十八 | 夜 | 晝一百七十九日 井二十七 | 夜 | 晝一百八十八日 鬼三 蜩始鳴 | 夜 |
| 晝一百五十七日 井五 | 夜 | 晝一百六十六日 井十四 | 夜 | 晝一百七十五日 井二十三 | 夜 | 晝一百八十四日 井三十二 | 夜 | 晝一百九十三日 柳四 半夏生 |
| 夜 | 晝一百六十二日 井十 | 夜 | 晝一百七十一日 井十九 | 夜 | 晝一百八十日 井二十八 | 夜 | 晝一百八十九日 鬼四 | 夜 |
| 晝一百五十八日 井六 靡草死 | 夜 | 晝一百六十七日 井十五 | 夜 | 晝一百七十六日 井二十四 | 夜 | 晝一百八十五日 井三十三 | 夜 | 晝一百九十四日 柳五 |

| 竈 鼎 | 大 豐 | 廓 豐 | 文 渙 | 禮 履 | 逃 遯 | 唐 遯 | 常 恒 | 度 節 |
|---|---|---|---|---|---|---|---|---|
| 夜 | 晝一百九十九日柳十 | 夜 | 晝二百八日星四鷹學習 | 夜 | 晝二百十七日張六 | 夜 | 晝二百二十六日張十五 | 夜 |
| 晝一百九十五日柳六 | 夜 | 晝二百四日柳十五 | 夜 | 晝二百十三日張二 | 夜 | 晝二百二十二日張十一 | 夜 | 晝二百三十一日翼二 |
| 夜 | 晝二百日柳十一 | 夜 | 晝二百九日星五 | 夜 | 晝二百十八日張七 | 夜 | 晝二百二十七日張十六 | 夜 |
| 晝一百九十六日柳七 | 夜 | 晝二百五日星一 | 夜 | 晝二百十四日張三腐草化螢 | 夜 | 晝二百二十三日張十二 | 夜 | 晝二百三十二日翼三 |
| 夜 | 晝二百一日柳十二 | 夜 | 晝二百十日星六 | 夜 | 晝二百十九日張八土潤溽暑 | 夜 | 晝二百二十八日張十七 | 夜 |
| 晝一百九十七日柳八 | 夜 | 晝二百六日星二 | 夜 | 晝二百十五日張四 | 夜 | 晝二百二十四日張十三大雨時行 | 夜 | 晝二百三十三日翼四 |
| 夜 | 晝二百二日柳十三 | 夜 | 晝二百十一日星七 | 夜 | 晝二百二十日張九 | 夜 | 晝二百二十九日立秋七月張十八涼風至 | 夜 |
| 晝一百九十八日柳九温風至 | 夜 | 晝二百七日星三 | 夜 | 晝二百十六日張五 | 夜 | 晝二百二十五日張十四 | 夜 | 晝二百三十四日翼五白露降 |
| 夜 | 晝二百三日柳十四蟋蟀居壁 | 夜 | 晝二百十二日張一 | 夜 | 晝二百二十一日張十 | 夜 | 晝二百三十日翼一 | 夜 |

| 永（節） | 昆（同人） | 減（損） | 唫（否） | 守（否） | 翕（巽） | 聚（萃） | 積（大畜） | 飾（賁） |
|---|---|---|---|---|---|---|---|---|
| 晝二百三十 五日 翼六 | 夜 | 晝二百四十四日 處暑翼十五 鷹祭鳥 | 夜 | 晝二百五十 三日 軫六 | 夜 | 晝二百六十 二日 軫十五 | 夜 | 晝二百七十 一日 角七 |
| 夜 | 晝二百四 十日 翼十一 | 夜 | 晝二百四十九日 軫二 天地始肅 | 夜 | 晝二百五十 八日 軫十一 | 夜 | 晝二百六十 七日 角三 | 夜 |
| 晝二百三十 六日 翼七 | 夜 | 晝二百四十 五日 翼十六 | 夜 | 晝二百五十四日 軫七 禾乃登 | 夜 | 晝二百六十三日 軫十六 乙鳥歸 | 夜 | 晝二百七十 二日 角八 |
| 夜 | 晝二百四十 一日 翼十二 | 夜 | 晝二百五 十日 軫三 | 夜 | 晝二百五十九日 白露八月 軫十二鴻雁來 | 夜 | 晝二百六十八日 角四 群鳥養羞 | 夜 |
| 晝二百三十 七日 翼八 | 夜 | 晝二百四十 六日 翼十七 | 夜 | 晝二百五十 五日 軫八 | 夜 | 晝二百六十 四日 軫十七 | 夜 | 晝二百七十 三日 角九 |
| 夜 | 晝二百四十 二日 翼十三 | 夜 | 晝二百五十 一日 軫四 | 夜 | 晝二百六 十日 軫十三 | 夜 | 晝二百六十 九日 角五 | 夜 |
| 晝二百三十 八日 翼九 | 夜 | 晝二百四十 七日 翼十八 | 夜 | 晝二百五十 六日 軫九 | 夜 | 晝二百六十 五日 角一 | 夜 | 晝二百七十 四日 秋分角十雷收聲 |
| 夜 | 晝二百四十 三日 翼十四 | 夜 | 晝二百五十 二日 軫五 | 夜 | 晝二百六十 一日 軫十四 | 夜 | 晝二百七 十日 角六 | 夜 |
| 晝二百三十九日 翼十 寒蟬鳴 | 夜 | 晝二百四十 八日 軫一 | 夜 | 晝二百五十 七日 軫十 | 夜 | 晝二百六十 六日 角二 | 夜 | 晝二百七十 五日 角十一 |

| 疑（賁） | 視（觀） | 沈（歸妹） | 内（歸妹） | 去（无妄） | 晦（明夷） | 瞢（明夷） | 窮（困） | 割（剝） |
|---|---|---|---|---|---|---|---|---|
| 夜 | 晝二百八十日 亢四 | 夜 | 晝二百八十九日 氐四 | 夜 | 晝二百九十八日 氐十三 | 夜 | 晝三百七日 心二 | 夜 |
| 晝二百七十六日 角十二 | 夜 | 晝二百八十五日 亢九 | 夜 | 晝二百九十四日 氐九 | 夜 | 晝三百三日 房三 | 夜 | 晝三百十二日 尾二 |
| 夜 | 晝二百八十一日 亢五 | 夜 | 晝二百九十日 寒露九月 氐五鴻雁來賓 | 夜 | 晝二百九十九日 氐十四 | 夜 | 晝三百八日 心三 | 夜 |
| 晝二百七十七日 亢一 | 夜 | 晝二百八十六日 氐一 | 夜 | 晝二百九十五日 氐十雀入大水化蛤 | 夜 | 晝三百四日 房四 | 夜 | 晝三百十三日 尾三 |
| 夜 | 晝二百八十二日 亢六 | 夜 | 晝二百九十一日 氐六 | 夜 | 晝三百日 氐十五 菊有黃華 | 夜 | 晝三百九日 心四 | 夜 |
| 晝二百七十八日 亢二 | 夜 | 晝二百八十七日 氐二 | 夜 | 晝二百九十六日 氐十一 | 夜 | 晝三百五日 霜降房五 豺祭獸 | 夜 | 晝三百十四日 尾四 |
| 夜 | 晝二百八十三日 亢七 | 夜 | 晝二百九十二日 氐七 | 夜 | 晝三百一日 房一 | 夜 | 晝三百十日 心五 | 夜 |
| 晝二百七十九日 亢三 | 夜 | 晝二百八十八日 氐三 | 夜 | 晝二百九十七日 氐十二 | 夜 | 晝三百六日 心一 | 夜 | 晝三百十五日 尾五 蟄蟲咸俯 |
| 夜 | 晝二百八十四日 亢八 水始涸 | 夜 | 晝二百九十三日 氐八 | 夜 | 晝三百二日 房二 | 夜 | 晝三百十一日 尾一 | 夜 |

| 止（艮） | 堅（艮） | 成（既濟） | 閡（噬嗑） | 失（大過） | 劇（大過） | 馴（坤） | 將（未濟） | 難（蹇） |
|---|---|---|---|---|---|---|---|---|
| 晝三百十 六日 尾六 | 夜 | 晝三百二十五日 尾十五 地始凍 | 夜 | 晝三百三十 四日 箕六 | 夜 | 晝三百四十 三日 斗四 | 夜 | 晝三百五十 二日 斗十三 |
| 夜 | 晝三百二十 一日 尾十一 | 夜 | 晝三百三十日 箕二雉入大 水化蜃 | 夜 | 晝三百三十 九日 箕十一 | 夜 | 晝三百四十 八日 斗九 | 夜 |
| 晝三百十 七日 尾七 | 夜 | 晝三百二十 六日 尾十六 | 夜 | 晝三百三十五日 小雪箕七 虹藏不見 | 夜 | 晝三百四十 四日 斗五 | 夜 | 晝三百五十 三日 斗十四 |
| 夜 | 晝三百二十 二日 尾十二 | 夜 | 晝三百三十 一日 箕三 | 夜 | 晝三百四十日 斗一天氣 騰地氣降 | 夜 | 晝三百四十 九日 斗十 | 夜 |
| 晝三百十 八日 尾八 | 夜 | 晝三百二十 七日 尾十七 | 夜 | 晝三百三十 六日 箕八 | 夜 | 晝三百四十五日 斗六 閉塞成冬 | 夜 | 晝三百五十 四日 斗十五 |
| 夜 | 晝三百二十 三日 尾十三 | 夜 | 晝三百三十 二日 箕四 | 夜 | 晝三百四十 一日 斗二 | 夜 | 晝三百五 十日 斗十一 | 夜 |
| 晝三百十 九日 尾九 | 夜 | 晝三百二十 八日 尾十八 | 夜 | 晝三百三十 七日 箕九 | 夜 | 晝三百四十 六日 斗七 | 夜 | 晝三百五十 五日 斗十六 |
| 夜 | 晝三百二十 四日 尾十四 | 夜 | 晝三百三十 三日 箕五 | 夜 | 晝三百四十 二日 斗三 | 夜 | 晝三百五十一日 大雪十一月 斗十二 | 夜 |
| 晝三百二十日 尾十 水始冰 | 夜 | 晝三百二十 九日 箕一 | 夜 | 晝三百三十 八日 箕十 | 夜 | 晝三百四十 七日 斗八 | 夜 | 晝三百五十 六日 斗十七 |

| 勤 ☵ 蹇 | 養 ☵ 頤 |
| --- | --- |
| 夜 | 晝三百六十一日 斗二十二 荔挺出 |
| 晝三百五十 七日 斗十八 | 夜 |
| 夜 | 晝三百六十 二日 斗二十三 |
| 晝三百五十 八日 斗十九 | 夜 |
| 夜 | 晝三百六十 三日 斗二十四 |
| 晝三百五十 九日 斗二十 | 夜 |
| 夜 | 晝三百六十 四日 斗二十五 |
| 晝三百六 十日 斗二十一 | 夜 |
| 夜 | 晝三百六十五日 斗二十六 度半 |

| 踦一 半日之半四分度之一 |
| --- |
| 嬴二 半日半度 |

## 揲蓍法

命曰：假太元，假太元孚貞，爰質所疑于神于靈。休則逢陽，星時數辭從；咎則逢陰，星時數辭違。凡筮有道，不精不筮，不疑不筮，不軌不筮，不以其占不若不筮。神靈之，神靈之曜曾越卓。如日之曜，卓然示人遠矣。○愚謂：此命筮之辭。三十有六，而策視焉。虛三，別一以挂于左手之小指，中分其餘，以三搜之，并餘於艻。一艻之後，而數其餘，七爲一，八爲二，九爲三，六算而策道窮也。成首之數也。○愚按：三揲有餘一、餘二、餘三，而无餘七、餘八、餘九之理。解者甚多，皆不通。意者子雲之法，以餘一準七，餘二準八，餘三準九，只餘一、二、三，則七、八、九自定矣。故曰餘七爲一，八爲二，九爲三，只倒用一字，故難曉。若作餘一爲七，二爲八，三爲九，人无不曉矣。王薦曰：「凡四揲而成首，初揲定方，二揲定州，三揲定部，四揲定家。自掛至定畫，共成一揲，故四揲成首也。」愚謂此明揲蓍之法也。逢有下中上。下，思也；中，福也；上，禍也。思、禍、福各有下中上，以晝夜別其休咎焉。以九贊之，位復各有三，皆以下中上别之，以晝爲休，夜爲咎。一從二從三從，是謂大休。一從二從三違，始中休，終咎。一從二違三違，始休，中終咎。一違二違三違，是謂大咎。元以陽家旦筮，一五七大休；以日中、夜中筮，二六休，九咎；夕筮，三休，四八咎。陰家旦筮，一五七大咎；日中、夜中筮，二六咎，九休；夕筮，三咎，四八休。元之筮，用以三表，其知來若神乎。占有四：或星，或時，或數，或辭。旦則用經，夕則用緯，觀始中，決從終。星者，日所舍，日者，循星以進退者也。時者，命之運而歲所總也。數者，一二三四，而曆所紀也。辭者，各指其所之也。旦用經，一五七而從；夕用緯，三四八而横。一水七火，水火合爲從；三八木，四九金，木合金爲横。占者考所逢如何耳。觀始中，決從終，兹終吉則吉，終凶則凶之効也。○愚謂：此明占吉凶之法也。

## 數配五行見太元元數下。

三八爲木，四九爲金，二七爲火，一六爲水，五五爲土。五行用事者旺，旺所生相，故旺廢，勝旺囚，旺所勝死。子午之數九，丑未八，寅申七，卯酉六，辰戌五，巳亥四。注：自太極函三爲一，故參一爲三。子一陽生，故成於寅而備於申，故自子至申其數九，自丑至申其數八，自寅至申其數七，自卯至申其數六，自辰至申其數五，自巳至申其數四。故女起壬申。午一陰生，成於申而備於寅，故自午至寅其數九，自未至寅其數八，自申至寅其數七，自酉至寅其數六，自戌至寅其數五，自亥至寅其數四。故男起丙寅。甲己之數九，乙庚八，丙辛七，丁壬六，戊癸五。注：自甲至壬其數九，自乙至壬其數八，自丙至壬其數七，自丁至壬其數六，自戊至壬其數五。乾天道順行，以壬爲始。自己至丁其數九，自庚至丁其數八，自辛至丁其數七，自壬至丁其數六，自癸至丁其數五。坤地道逆行，以丁爲始。○愚按：世俗範數筭法蓋本於此，而不知其所以然，觀此可以見矣。

## 泰中積數見太元元圖下。

元有六九之數。注：易老陽九，老陰六，準而爲太元。策用三六，一一也，一二也，一三也；二一也，二二也，二三也；三一也，三二也，三三也。天地人合之，爲十有八策。儀用二九，二九亦十八。元其十有八用乎。泰積之要，始於十有八策，終於五十有四。蓋天地人各十有八，三箇十八合爲五十四。并終始策數，半之爲泰中。并終始二者之策數，總之爲七十二。蓋總上十八策與五十四策之數也。半之爲泰中者，以七十二中分之，以三十六策爲泰中也。泰中之數三十有六策，以律七百二十九贊，凡二萬六千二百四十四策，爲泰積。圖象辨疑曰：「一首九贊，一贊三十六策，一首計三百二十四策，八十一首共計二萬六千二百四十四策，是爲泰中積數。」愚謂：此所謂以三十六策律七百二十九贊也，每贊必三十六策者，即揲法以三十六策虛三用三十三策故爾。七十二策爲一日，凡三百六十四日有半。辨疑曰：「兩贊直一日一夜，一日一夜計七十二策，而周天三百六十五日，當二萬六千二百八十策，又加四分度之一，實於七十二策中得十八策，通計二萬六千二百九十八策。其八十一首，即得二萬六千二百四十四策，以七十二策爲一日，只得三百六十四日半。」踦滿焉，以合歲之日，而律曆行。辨疑曰：「更欠半日，當三十六策；及四分度之一，當十八策。計欠五十四策，遂加一踦贊，計三十六策，補其半日，通成三百六十五全日。又加嬴贊，準十八策，以爲四分度之一。則知元策與周天无不合矣。」故自子至辰，自辰至申，自申至子，冠之以甲，而章、會、統、元與月蝕俱没，元之道也。注：故自子至辰八十一，自辰至申八十一，自申至子八十一，冠之以甲，而甲子至甲辰，甲辰至甲申，甲申至甲子，千五百三十九載爲一統，一統周而餘分盡焉。由是十九歲爲一章，一章而閏分盡，則一朔旦冬至之首名焉。若僖五年辛亥朔日南至是也。共二百四十三朔旦冬至，計四千六百一十七歲爲一元，二十七章五百一十三歲爲一會，一會月食盡。八十一章千五百三十九歲爲一統，一統朔分盡。自子至辰，自辰至申，自申至子，凡四千六百一十七歲，爲一元。一元六甲分盡，則章會統元四者之法，與月食俱没而餘分盡焉。兹元之爲道也。

## 星數

牛八　女十二　虚十　危十七　室十六　壁九　奎十六

婁十二　胃十四　昴十　畢十六　觜二　參九　井三十三

鬼四　柳十五　星七　張十八　翼十八　軫十七　角十二

亢九　氐十五　房五　心五　尾十八　箕十一　斗二十六〔一〕

右班固律曆志，凡三百六十五度，不盡四分度之一，一元七百二十九贊，周於三百六十四度半。

## 先儒論太玄

朱文公語録曰：「太玄經就三數起，便不是。易中只有陰陽奇偶，便有四象。楊子雲見

〔一〕慶餘堂本末有「度半」二字。

一二三四都被聖人説了，却杜撰就三上起數。憂淵問：『温公最喜太玄。』曰：『温公全无見處。若作太玄，何似作曆？』」又曰：「子雲爲人深沉，會去思索。如陰陽消長之妙，他且是去推求。然而太玄亦是拙底工夫。蓋天地間只有箇奇偶，自二而四，自四而八，只恁地推去，都走不得。而子雲却添兩作三，謂之天地人，事事要分作三截，又且有氣而无朔，有日星而无月，恐不是道理。」潘時舉録。又曰：「看了易後，去看那玄，不成箇物事。」黄義剛録。

三山林駉德頌曰：「淵哉，太元之爲書乎。易以八，元以九；易之蓍也以七，元之蓍也以六。易之八也，八而八之，凡六十四卦，然不易者八，反易者五十六，實以三十六卦而六十四也；元之九也，九而九之，凡八十一家，然不易者九，反易者七十二，實以四十五而八十一也。蓍之七也，七而七之，凡四十九策，其虚一也，存一而虚之也；蓍之六也，六而六之，凡三十六策，其虚三者，取其三而虚之也。易以當日，元亦以當日；易以當曆，元亦以當曆。其闔闢變通，无一而非易也。至若易有彖，元則有首；易有爻，元則有贊；易之爻有象，元之贊有測。以元文而準文言，以攡、瑩、棿、圖、告而準繫辭，此又其文之粗爾。然亦誠有可疑者：易之天五配以地十，元也有五而无十，非易也；易之六畫加以六位，元也有畫而无位，非易也；易之畫即易之爻，元之重爲重，元首四重，方、州、部、家。贊自贊，元首九贊，非以四重爲贊。非易也；元以元文擬文言，似矣，然元文不加之晬元以晬準乾。而加之中，如其有心於卦氣也，則去元文可也，而何必規規於聖人也；元以首名準卦，似矣，然或以一首當一卦，而或以二首焉，如其有心於曆法也，則自爲之名可也，而何必規規於聖人也。」節文。

愚謂：太玄以八十一首繫之於方州部家四畫之下，於象與義初无所取，特不過以四畫分之有八十一樣，借以識八十一首之名，又有七百二十九贊散之於八十一首之下，每首九贊，皆是初一、次二、次三、次四、次五、次六、次七、次八、上九，首首一樣，更无分別。而七百二十九贊，亦與八十一首象與義皆无相關。以八十一首名彊附於四畫之下，以七百二十九贊又彊附於八十一首之下。然以中之初一作冬至第一日，積起至養之上九，而一歲節氣三百六十四日半一周；又加踦、嬴二贊以足日之餘分而起閏，又自冬至一日係之以牽牛星之第一度，日一日躔星一度，至三百六十四日半，而斗星二十五度半亦周；又以踦、嬴二贊係斗星餘度，而一歲周天之日與星湊合恰好。太玄之要法全在於此。而老泉又甚議其增二贊之非，且曰：「始於中之一，訖於養之九，闕焉而未見者，四分日之三爾。以一百八十分而爲日，以一分而加之一首之外，盡八十一首，而四分日之三可以見矣。」又曰：「玄四日半以爲首，而以四百八十七分求合乎二十八宿之度，加分而數定，去踦、嬴而道勝，吾无憾焉爾。」

## 參同契

參同契者，後漢魏伯陽之所作也。蓋亦本之於易，撰成參同契三篇，復作補塞遺脱一篇。大概借易以明火候、煉丹、脩養之法。五代末，孟蜀彭曉爲之分章分三篇爲九十章。解義，朱文公又隱名爲之注，讎定考辨正文，復爲上中下三篇。今録序文及上中下數節，以見一書之體，而朱子論説并略具于左。〔一〕

〔一〕按：胡氏雖列有彭曉、朱子二家，而觀其所節參同契，則録自彭曉本，而非朱子考異也。詳見以下校注異文。

## 參同契序〔一〕

按神仙傳：「真人魏伯陽者〔二〕，會稽上虞人也，世襲簪裾，唯公不仕，修真潛默，養志虛无，博贍文詞，通諸緯候，恬淡守素，唯道是從。每視軒裳，如糠粃焉。不知師授誰氏，得古文龍虎經，盡獲妙旨，乃約周易撰參同契三篇。」又云：「未盡纖微，復作補塞遺脱一篇，繼演丹經之玄奧，所述多以寓言借事，隱顯異文，密示青州徐從事。徐乃隱名而注之。至後漢孝桓帝時，公復傳授與同郡淳于叔通，遂行于世。」公撰參同契者，謂修丹與天地造化同途，故託易象而論之。莫不假借君臣，以彰内外；叙其離坎，直指汞鉛；列以乾坤，奠量鼎器；明之父母，係以始終；合以夫妻，拘其交媾；譬諸男女，顯以滋生；析以陰陽，導之反復；示之晦朔，通以降騰；配以卦爻，形於變化；隨之斗柄，取以周星；分以晨昏，昭諸刻漏。故以乾坤爲鼎器，以陰陽爲隄防，以水火爲化機，以五行

〔一〕此彭曉周易參同契真義原序。慶餘堂本僅作「序」。

〔二〕「按神仙傳真人魏伯陽者」：慶餘堂本作「按魏伯陽者」。

爲輔助，以真〔一〕鉛爲藥祖，以玄精爲丹基，以坎離爲夫妻，以天地爲父母。互施八卦，驅役四時，分三百八十四爻循行火候，運五星二十八宿環列鼎中。乃得水虎潛形，寄庚辛而西轉；火龍伏體，逐甲乙以東旋。易曰：「聖人有以見天下之賾，而擬諸其形容，象其物宜。」公因取象焉，非天下之至通，其孰能與於此哉。乃見鑿開混沌，擘裂鴻濛。徑指天地之靈根，將爲藥祖；明視陰陽之聖母，用作丹基。泄一氣變化之元，漏大冶生成之本。非天下之至達，其孰能與於此哉。其或定刻漏，分晷時，簇陰陽，走神鬼，蹙三千六百之正氣，回七十二候之要津。運六十四卦之陰符，天關在掌；鼓二十四氣之陽火，地軸由心。天地不能匿造化之機，陰陽不能藏亭育之本。致使神變无方，化生純粹，非天下之至明，其孰能與於此哉。契云：混沌金鼎，白黑相符，龍馬降精，牝牡襲氣。如霜馬齒，似玉犬牙，水銀與姹女同名，朱汞共嬰兒合體。明分藥質，細露丹形，盡周已化之潛功，大顯未萌之朕兆。非天下之至神，其孰能與於此哉。其有假借爻象，寓此事端，不敢漏泄天機，未忍秘藏玄理，是以鋪舒不已，羅縷再三，欲罷不能，遂成篇軸。蓋

〔一〕「真」：慶餘堂本作「汞」。

欲指陳要道，汲引將來。痛彼有生之身，竟作全陰之鬼。非天下之至仁，其孰能與於此哉。復有通德三光，遊精八極，服金砂而化形質，餌火汞以鍊精魂。故得體變純陽，神生真宅，落三尸而超三界，朝上清而登上仙。非天下之至真，其孰能與於此哉。曉所分真契爲章義者，蓋以假借爲宗，上下无準，文泛而道正，事顯而理微。後世議之，各取所見，或則分字而義，或則合句而箋，不无畎澮殊流，因有妍媸互起。末學尋究，難便洞明。既首尾之議論不同，在取捨而是非无的。今乃分章定句，所貴道理相黏；合義正文，及冀藥門附就。故以四篇，統分三卷，爲九十章，以應陽九之數。名曰分章通真義。復以朱書正文，墨書旁義，而顯然可覽也。上卷分四十章，中卷分三十八章，下卷分十二章。内有歌鼎器一篇，謂其辭理鈎連，字句零碎，分章不得，故獨存焉，以應水一之數。喻丹道陰陽之數，備矣。復自依約真契，撰明鏡圖訣一篇，附于下卷之末，將以重啓真契之户牖也。曉因師傳授，歲久留心，不敢隱蔽玄文，是用課成真義，庶希萬一貽及後人也。昌利化飛鶴山真一子朝散郎、守尚書祠部員外郎、賜紫金魚袋彭曉序。

## 上篇

乾坤者，易之門户，衆卦之父母。坎離匡郭，運轂正輻〔一〕，牝牡四卦，以爲槖籥。覆冒陰陽之道，猶工御者準繩墨、執銜轡，正規矩，隨軌轍，處中以制外。數在律曆紀，月節有五六，經緯奉日使，兼并爲六十，剛柔有表裏。朔旦屯直事，至暮蒙當受，晝夜各一卦，用之依次序。又曰：「天地設位，而易行乎其中矣。天地者，乾坤之象也；設位者，列陰〔二〕陽配合之位也。易謂坎離，坎離者，乾坤二用。乾〔三〕用无爻位，周流行六虚，往來既不定，上下亦无常。幽潛淪匿，變化〔四〕於中，包囊萬物，爲道紀綱。」

---

〔一〕「輻」：彭曉及朱子本皆作「軸」。

〔二〕自此以下至下篇之「同類易施功兮」，元刻本頁碼標爲第四十六頁，然實當在第四十二頁之後，其第四十三頁則當置於第四十六頁。蓋當時刊刻已誤。日本藏本與上圖本皆同。今移正。正德本、萬曆本、通志堂本、慶餘堂本皆不誤。

〔三〕「乾」：彭曉及朱子本皆作「二」。

〔四〕「變化」：彭曉本同，朱子本作「升降」。

## 中篇

朔旦爲復䷗,陽氣始通,出入无疾,立表微剛。黄鍾建子,兆乃滋彰,播施柔暖,黎烝得嘗。臨䷒爐施條,開路正光,光耀漸進,日以益長,丑之大吕,結正低昂。仰以成泰䷊,剛柔並隆,陰陽交接,小往大來,輻湊於寅,運而趨時。漸歷大壯䷡,俠列卯門,榆莢墮落,還歸本根,刑德相負,晝夜始分。夬䷪陰以退,陽升而前,洗濯羽翮,振索宿塵。乾䷀健盛明,廣被四鄰,陽終於巳,中而相干。姤䷫始紀序,履霜最先,井底寒泉,午爲蕤賓,賓服於陰,陰爲主人。遯䷠去世位,收斂其精,懷德俟時,棲遲昧冥。否䷋塞不通,萌者不生,陰伸陽屈,没陽姓名。觀䷓其權量,察仲秋情,任畜微稚,老枯復榮,薺麥牙蘖,因冒以生。剥䷖爛肢體,消滅其形,化氣既竭,亡失至神。道窮則反,歸乎坤䷁元,恒順地理,承天布宣。

## 下篇

先白而後黄兮，赤黑達表裏[一]。名曰第一鼎兮，食如大黍米。自然之所爲兮，非有邪僞道。若[二]山澤氣相烝兮，興雲而爲雨。泥竭遂成塵兮，火滅化[三]爲土。若蘗染爲黄兮，似藍成緑組。皮革煮成[四]膠兮，麴蘖化爲酒。同類易施功兮，非種難爲巧。惟斯之妙術兮，審諦不誑語。傳於億世[五]後兮，昭然自[六]可考。焕若星經漢兮，昺如水宗海。思之務令熟兮，反覆視上下。千周燦彬彬兮，萬遍將可覩。神明或告人兮，心靈乍自悟[七]。探端索其緒兮，必得其門户。天道无適莫兮，常傳與賢者。注：先白，金吐液；

〔一〕「赤黑達表裏」：彭曉本同，朱子本作「赤色通表裏」。
〔二〕「若」：彭曉本同，朱子本無。
〔三〕「化」：彭曉本同，朱子本作「自」。
〔四〕「成」：彭曉本同，朱子本作「爲」。
〔五〕「世」：彭曉本同，朱子本作「代」。
〔六〕「自」：彭曉本同，朱子本作「而」。
〔七〕「心靈乍自悟」：彭曉本同，朱子本作「魂靈忽自悟」。

後黄，液變黄牙。赤黑，水火。號金砂黄牙第一鼎。日食一黍米，三年白日沖天。鼎中水火運用，各歸於土。藥在胎内，變易无定貌。〔一〕

## 龍虎上經

神室者，丹之樞紐，衆石之父母。砂汞别居，出陽入陰，流耀二方，列數有三。棲像水火，制由王者，武以討叛，文以懷柔。土德以王，提劍偃戈，以鎮四方。坎離數一二，南北獨爲經，故冠七十二石之長。剛柔有表裏，陰陽稟自然，金火當直事，金水相含受。雄雌併一體，用之有條理，變化既未神，終則復更始。初九爲期度，陽和準旦暮，周曆合天心，陽爻畢於巳。正陰發離午，自丁終於亥。水火列一方，守界成寒暑。東西表仁義，五行變四時。如是則陰陽互用，順三一而得其理，神室設位，變化在乎其中矣。神室者，上下釜也。設位者，列雌雄配合之密也。變化，謂砂汞。砂汞者，金土之二用。二用无定位，張翼飛虚危，往來既不定，上下亦无常。獨居不改，化歸中宫，包囊衆石，

〔一〕此約彭曉注。

爲丹祖宗。有无相制，朱雀炎空，紫華曜日，砂汞没亡。訣不輒造，理不虚設，約文申奥，叩索神明。演爻徵卦，五行爲諷。坎雄金精，離雌火光，金火相伐，水土相剋，土王金鄉，三物俱喪。四海輻湊，以置太平，並由中宫土德，黄帝之功。金火者，真鉛也。丹術著明，莫大乎金火。窮微以任化，陽動則陰消。混沌終一九，實精更相持。合有三百八十四銖，銖據一斤，斤謂十六兩也。金精一化，青龍受符，當斯之時，神室鍊其精，火金相運推。雄陽翠玄水，雌陰赭黄金。陰陽混交接，精液包元炁。萬象憑虚生，感化各有類。衆丹之靈跡，長生莫不由。於是元君始鍊汞，神室含洞虚。玄白生金公，巍巍建始初。冠三五以相守，飛精乃濡滋。玄女演其序，戊己貴天符。天符道漸剥，難以應玄圖，故演作丹意，乾坤不復言。丹砂流汞父，戊己黄金母。鍾律還二六，斗樞建三九。赤童戲朱雀，變化爲青龍。坤初變成震，三日月出庚。東西分卯酉，龍虎自相尋。坤再變成兑，八日月出丁，上弦金半斤。坤三變成乾，十五三陽備。圓照東方甲，金水温太陽。赤髓流爲汞，姹女弄明璫。月盈自合虧，十六運將減。乾初缺成巽，平明月見辛。乾再損成艮，二十三下弦。下弦水半斤，月出於丙南。乾三變成坤，坤乙三十日。東北喪其朋，月没於乙地。坤乙月既晦，土木金將化。繼坤生震龍，乾坤括始終。如上三十日，坤生震兑乾，乾生巽艮坤，八卦列布曜，推移不失中。調火六十日，變化自爲證。神室有所象，雞子爲形容。五岳峙潛洞，際會爲樞轄。發火初温微，亦如爻動時。上戴黄金精，下負坤元形，中和流汞情，參合應三才。乾動運三光，坤静含陽氣。神室用施行，金丹然後成。可不堅乎，煉化之器。包括飛凝，開合靈户。希夷之府，造化泉窟。陽氣發坤，日晷南極。五星連珠，日月合璧。金砂依分，呼吸相應，華蓋上臨，三台下輔，統録之司，當密其固，詰責能否。火煉中宫土，金入北方水，土〔一〕金三物，變化六十日。自然之要，先存後亡。或土數多，分兩違則；或水銖不定，同處别居。剛柔抗行，不相涉入。非火之咎，譴責於土。土鎮中宫，籠罩四方。三光合度，以致太平。五藏内養，四肢調和。水涸滅影，含曜内朗。金水相瑩，閉塞沈耀。調火温水，發之俱化，道近可求。水土獨相配，翡翠生景雲。黄黑混其精，紫華敷太陽。水能生萬物，聖人獨知之。金德上白，煉鉛以求，黄色焉感，位生中宫。黄金銷不飛，灼土煙雲起。有無互相制，上有青龍居。兩无宗一有，靈化妙難窺。鍊銀於鉛，神物自生。銀者金精，鉛色北靈。水

〔一〕此處當脱「水」字。

者道樞，其數名一，陰陽之始，故能生銀。鉛化黄丹，寄位五金。爲鉛外黑，色禀北方，内懷銀精。被袍懷玉，外似狂夫。銀爲鉛子，子隱鉛中，鉛者銀母，子藏母胞。素真眇邈，似有似无。灰池炎灼，鉛沈銀浮，潔白見寶，可造黄金。殼爲金精，水環黄液。徑寸之質，以混三才。天地未分，混如鷄子。圓高中起，狀似蓬壺。關閉微密，神運其中。爐竈取象，固塞周堅，委曲相制，以使无虞。自然之理，神化无方。磁石吸鐵，隔礙潛通。何況鷄子，配合而生。金土之德，常與汞俱。火記不虚作，鄭重解前文。丹術既著，不可更疑。故演此訣，以附火記，庶使學者取象无惑焉。

朱文公書參同契考異後

右周易參同契，魏伯陽所作。魏君後漢人，篇題蓋放緯書之目。詞韻皆古，奥雅難通。讀者淺聞，妄輒更改，故比他書尤多舛誤。今合諸本，更相讎正，其間尚多疑晦，未能盡祛。姑據所知，寫成定本。其諸同異，因悉存之以參訂云。空同道士鄒訢。愚按：文公雖托名於人，其實鄒訢即公姓名也。

## 又論參同

參同所言坎離水火、龍虎鉛汞之屬，只是精氣二者。精，水也，坎也，龍也，汞也；氣，火也，離也，虎也，鉛也。其法以神運精氣，結爲丹，陽氣在下，初融成水，以火鍊之，凝成丹。内外異色，如鴨子卵，真成此物。參同契文章極好，讀得不枉。曰：「二用无爻位，周流行六虚。」用九、用六亦坎離也，六虚，乾坤之六位，言二用雖无爻位，而常周流六位之間。猶人精氣上下周流一身而无定所也。見語録，餘不盡載。

## 又論龍虎上經

黄義剛問：曾景建謂參同本是龍虎上經，果否？曰：不然。蓋是後人見魏伯陽傳有「龍虎上經」一句，遂僞作此經。皆是體參同而爲，故有説錯處。如二用六虚，却錯説作虚危去。又曰：世云龍虎經在參同之先，季通亦以爲好，及得觀之，不然，乃櫽括參同之語而爲之也。見語録。【參同終】

## 郭氏洞林

按洞林上中下三卷，晉河東郭璞景純之所撰也。本傳云：「璞好經術，博學高才，受業郭公，得青囊書九卷，遂洞五行、天文、卜筮之術，禳災轉禍，通致无方。嘗撰前後筮驗六十餘事，名爲洞林。又抄京、費諸家要撮，更撰新林十篇，卜韻一篇。」世皆罕有其書。余從王浩古仲氏楚翁才古得洞林書，撮抄其事之重大者一二于左，以見一書之大概云。

歲在甲子，正月中，丞相揚州，令余卦安危諸事如何，得咸䷞之井䷯。按卦東北郡縣有武名，地當有銅鐸六枚，一枚有龍虎象，異祥。兑爲金，金有口舌，來達號令者，銅鐸也。山陵神氣出，此則丞相創以令天下。見〔一〕在丑地，則金墓也。起之以卦爲推立之應，晉陵武晉縣也。又當犬與豬交者，狗變入居中，鬼與相連，其事審也。戌亥世應，土勝水，二物相交，象吾和合爲一體，此丞相雄有江東也。民當以水妖相警，歲在水位，而水爻復變成坎，當出大水之象。以此知其靈應。巽

〔一〕「見」：據文義，似當作「艮」。

木成言，果又妖生。二月變爲鬼，戌土所克，果无他。水乃金子，來扶其母，是亦丞相將興之象也。西南郡縣有陽名者，井水當自沸。卦變入井内，丙午變而犯升陽，故知井湧也。於分野應在歷陽。虎來入州城寺，兑者虎，出山而入門闕。正月戌爲天煞，即刺史宅。虎屬寅，與月并而來，此大人將興之應。東方當有蟹鼠爲災，必食稻稼。有離體，眼相連之象。艮爲鼠，又煞陰在子，子亦鼠。而歲子來刑卯，故知東方有災。又當以鵝應翔爲瑞。鵝有象鳥而爲徵，以應象出其相。其應將登其祚也。其年晉陵郡武進縣民陳龍，果於田中得銅鐸六枚。言六者，用坎數也；銅者，咸本家兑故也。口有龍虎文，又得者名龍，益審。陳，土姓，金之用。進者，乃生金也。丹徒縣流民趙子康家有狗與吴人猪相交，其年六月，天連雨，百姓相驚，妖言云：當有十丈水。翕然駭動，无幾自静。又衆人傳言延陵大陂中有龍生，草蓐復數里，竟不知其信否。其明年丑歲九月中，吴興臨安縣民陳嘉親得石瑞，此祥氣之應也。六月十五己未日未時，歷陽縣中井水沸湧，經日乃止。陰陽相感，各以其類，亦是金水之應也。六月晦日，虎來州城，浴井中，見覺便去。其秋冬，吴諸郡皆有蟹鼠爲災。鼠爲子，子水，蟹亦水物，皆金之子。晉主初登祚，五日，有群鵝之應。此論一歲異事，略舉一卦之意。惟不得臈中行刑有血逆之變，將推之不精，亦自无徵，不登於卦乎？死者晉陵令淳于伯也。

攝提之歲，晉王將即祚。太歲在寅，爲攝提格。余自通占國家徵瑞之事，得豫䷏之睽䷥。按卦論之曰：會稽郡當出鍾以告成功，王者功成作樂。會稽，晉王初所封國。又會稽山，靈祥之所興也。神出於家井者，子爻併知，此實王者受命之事也。上有銘勒，坤爲文章，與天子爻並，故知晉王受命之事準此，應在民間井池中得之。鍾出於民家井中者，以象晉王出家而王也。金以水爲子，子相扶而生。此即家之祥徵事也。〔一〕繇辭〔二〕所謂「先王作樂崇德，殷薦之上帝」，言王者祭天以告成功，亦安樂无復事也。其後歲在執徐，會稽郡剡縣陳青井中得一鍾，長七寸四分，口徑四寸半，器雖小，形製甚精，上有古文奇書十八字，時人莫之能識。蓋王者踐祚，必有薦符，塞天下之心，與神物契合，然後可受命。觀鐸啓號於晉陵，鍾造成於會稽，端不失類，皆出以方，天人合際，

〔一〕以上自「按卦論之」至此，文句頗難通，疑其注文亂入正文也。可有二證：一者晉書郭璞本傳語意連貫而簡練，蓋其事皆録自洞林正文也；二者準之上段注文，此段數語若「此實王者受命之事也」皆與上段注文辭體相類。未知混者爲雙湖抑或其前人也。今略據郭璞傳，定此處正文爲：「按卦論之曰：會稽郡當出鍾以告成功，上有銘勒，應在民間井池中得之。」餘當皆爲注文。

〔二〕「繇辭」原作「由應」，慶餘堂本作「繇辭」，據改。

不可不察也。

愚按前一則洞林下卷之首，後一則洞林下卷之終，皆取其事體之重者載之，以見卜筮之有關於國家也如此。

余鄉里曾遭危難，因之災癘，寇戎並作，百姓遑遑，靡知所投。時姑涉易義，頗曉分蓍，遂尋思貞筮，鉤求攸濟。於是普卜郡内縣道可以逃死之處者，皆遇明夷䷣之象，乃投策喟然嘆曰：「嗟乎黔黎，時漂〔一〕異類，桑梓之邦，其爲魚乎。」於是潛命姻妮密交，得數十家，與共流遁。當由吴坂，遇賊據之，乃却回，從蒲坂而之河北。時草賊劉石又招集群賊，專爲掠害，勢不可過。於是同行君子皆欲假道取便，又未審所之，乃令吾決其去留。卦遇同人䷌之革䷰，其林曰：「朱雀西北，白虎東起，離爲朱雀，兑爲白虎，言火能銷金之義。姦猾噏璧，敵人束手。兑爲口，乾爲玉，玉在口中，故曰噏璧。占行得此，是謂无咎。」余初爲占，尚未能取定，衆不見從，却退猗氏縣，而賊遂至。諸人遑窘，方計舊之從此至河北有一間逕，名焦丘，不通車乘，惟可輕步，極險難過，捕姦之藪。然勢危理迫，不可得停。

〔一〕「時漂」：慶餘堂本作「將湮於」。

復自筮之如何，得隨䷐之升䷭，其林曰：「虎在山石，馬過其左。兑虎，震馬，互艮山石。駁爲功曹，猾爲主者。駁猾能伏虎。愚謂：惜不注駁滑象。垂耳而潛，不敢來下。兑虎去不能見。爰升虚邑，遂釋恐誤。魏野。」隨時制行，卦義也。升賊不來，知无寇。當魏，則河北亦荒敗。便以林義通示行人，説欲從此道之意。咸失色喪氣，无有讚者。或云：林迨悞人，不可輕信。吾知衆人阻貳，乃更申命候一月，契以禍機。約十餘家，即涉此逕，詣河北。後賊果攻猗氏，合城覆没，靡有遺育。

昌邑不静，復南過潁，由脉頭口渡，去三十里，所傳高賊屯駐，柵斷渡處以要流人。時數百家車千乘不敢前，令余占可決。得泰䷊，欣然語衆曰：「群類避難，而得拔茅彙征之卦。且泰者通也，吉又何疑。」吾爲前驅，從者數十家。至賊界，賊已去。餘皆迴避標津渡，爲賊所劫，人僅得在，悔不取余卦。至淮南安豐縣，諸人緬然懷悲，咸有歸志，令余卦決之。卜住安豐，得既濟䷾。其林曰：「小狐迄濟，垂尾累衰，言垂渡而困。初雖偷安，終靡所依。按卦言之，秋吉春悲。」卜詣壽春，得否䷋，其林曰：「乾坤蔽塞道消散，虎刑挾鬼法凶亂。十一月虎刑在午，爲鬼。鬼即賊。亂則何時時建寅，火鬼生處。僵尸交林血流漂。火刑與鬼并。此占行者入塗炭。」卜詣松滋，不吉。卜詣合淝，又不吉。卜詣陽泉，得小過䷽之坤䷁。其林曰：「小過之坤卦不奇，雖有旺氣變陽離。卜時立春，其氣變入坤，中氣廢。初見勾陳被牽羈，暫過則可羈不宜。將見劫追事幾危，賴有龍德終无疵。」十二月龍德在艮，凡有月德終无患。於是諸計皆不可，伴人悉散，乃獨往陽泉。會壽春有事，周馥反，爲陽泉群凶所迫，登時惶遽，卒无所至，乃至廬江。其春三月，諸家住安豐者爲賊所得。所謂春悲也。松滋、合淝殘夷更相攻，人无有全者。

右二則，前一則上卷之首，後一則亦上卷内，皆卜避難之事。所謂「林」者，自爲韻語，占決之辭也。

義興郡丞仍叔寶得傷寒疾，積日危困，令卦，得遯䷠之姤䷫。其林曰：「卦象出墓氣家囚，艮爲乾墓，世主丑，故卜時五月，申金在囚。變身見絶鬼潛遊。身在丙午，夏入辛亥，在五月。爻墓充〔一〕刑鬼煞俱，上戌爲鬼墓，而初六爲戌刑，刑在■〔二〕故言充刑。五月白虎在卯，與月煞并也。卜病得此歸蒿丘。誰能救之坤上牛，以下爻見丑爲牛。丑爲子，能扶身，克鬼之厭，虎煞上，

---

〔一〕「充」：正德本、通志堂本、慶餘堂本作「克」。

〔二〕此墨丁，正德本、通志堂本、慶餘堂本作「占」。

令伏不動。若依子色吉之尤。」巽主辛丑，丑爲白虎，金色。復徵以和，解鬼及虎煞，皆相制也。按林，即令求白牛，而廬江荒僻，卒索不得。即日有大牛從西南來詣，途中仍留一宿。主人乃知過將去。去之後尋，復挽斷綱，來臨叔寶，叔寶驚愕起，病得愈也。此即救禦潛應，感而遂通。

此一則係上卷。卜疾有自然救禦之道。

丞相掾桓茂倫嫂病困，慮不能濟，令余卦，得賁䷕之豫䷏，其林曰：「時陰在初卦失度，卜時四月，降陰在初，而見陽爻，此爲失度。殺陰爲刑鬼入墓。四月殺陰在申，申爲木鬼，與殺陰并。又身爲卯，變入乙未，未是木墓。建未之月難得度，消息卦爻爲扶助。馮馬之師乃寡嫗，馬午，午爲火，馮亦馬。申是殺陰，以火姓消之，巽爲寡婦。自然奇救宜殯兔。兔屬卯，所謂破墓出身。子若恤之得守故。」茂倫歸求得兔，令嫂食之，便心痛不可堪，於是病愈。

東中郎參軍景緒病，經年不瘥。在丹徒，遣其弟景岐來卦。六月癸酉日，得臨䷒之頤䷚，其林曰：「卯與身世并，而扶天醫，六月天醫在卯。按卦，病法當食兔乃瘥。」弟歸捕獲一頭，食之果瘥。

右二則，前一則在上卷，此一則在中卷，皆卜病，皆以食兔愈病也。

余至揚州從事弘泰言家，時坐有衆客，語余曰：「家適有祥，試爲卦。若得吉者，當作二十人主人。」即爲卜之，遇豫䷏之解䷧，其林曰：「有釜之象无火形，不見離也。變見夜光連月精。坎爲月。潛龍在中不游行，言蟠者。按卦卜之藻盤鳴。金妖所憑无咎慶。藻盤非鳴，或有鳴者，其家至今無他。」弘泰言大駭，云前夜月出，盥盤忽鳴，中有盤龍象也。右一則亦中卷，此可謂占法之奇中者。卷内他皆稱是，難以盡書，姑録此八則，亦可概見矣。

## 洞極真經

愚按洞極真經，莫知作者。而元魏關朗子明之所傳次也。雖无預於易，然叙本論述聖人本河圖以畫卦，朱子啓蒙之所援證。其爲極也，又起於洛書之數，以北方一爲生之弌，西南二爲育之弍，東方三爲資之弍，而極有一畫矣。又以東南四爲生之弍，中央五爲育之弍，西北六爲資之弍，而極有二畫矣。又以西方七爲生之弎，東北八爲育之弎，南方九爲資之弎，而極有三畫矣。每一極演而爲九，三九二十七，而極終。亦猶近世蔡氏皇極内篇演洛書之數，至於九九八十一也。其爲書也：生傳一，資傳二，育傳三，論上四，叙本一，明變二，極數三，原名四，原德五。論下五，體用六，象用七，象擬八，次象九，互象十，極圖十一。子明自爲之序。今録序及生、資、育三極，與二論要者于左，以見一書大略云。

## 序

朗業儒蓄書，積數世矣。自六代祖淵會鼎國之亂，徙家于汾河，所藏之書散逸幾盡。其秘而存者，唯洞極真經而已。六世祖嘗謂家人曰：「洞極真經，聖人之書也。吾後數世當有賢者生。如得其用，功不下於稷、契；倘不時偶，其顔淵之流乎。是經之藴，當可明也。」朗幸生其族，得聞遺言於祖父。敢不勉勉以發揚先祖之意乎。因〔一〕伏讀累年，思以傳次。然而性蒙識泥，不能洞達。聞崆峒山有林先生者，世之異人也，故往師焉。至之，幾歲孜孜焉，未嘗敢廢弟子之禮。一日，齋戒盥沐，發卷以請其藴。先生乃掩卷而歎曰：此天地之樞機，聖賢之壼奥也，潛而不傳也久矣，子孰從而得之。朗具以先祖

〔一〕慶餘堂本闕自「六世祖嘗謂」至「先祖之意乎因」數句。

之言告。先生因爲朗著〔一〕翼以明其大端，作則以指諸人事，於是洞極之義焕然可詳。朗既得而歸，有頃，聞先生已飛昇矣。嗚呼，聖人之言將假先生而視諸人耶，將不可使下民知之耶。不然，何先生之傳而不留矣。朗以謂天以先生而啓之，而不可以先生盡之，使盡之者，其非朗乎？〔二〕因以先生之翼則附于經，又編其遺言爲洞極論，凡十一篇。復作傳以釋其藴，爲圖以序其象。庶乎來者知洞極之道焉。時太和末年正月上休日序。

## 生傳第一

☰生弌生弍生弎。生：洪明正。一弌：冥虖。傳曰：冥，物始生也。一弍：形虖象。傳曰：形虖象，質始成也。一弎：罔不利。傳曰：罔不利，濟於用也。翼曰：陽秉日生，洪哉大也，明哉正哉，極也。惟生故能大盛而極焉。則曰：聖人以化育天下。次萌、

〔一〕「先生因爲朗著」：慶餘堂本作「因著」。
〔二〕「朗既得而歸」至此，慶餘堂本闕。

息、華、茂、止、安、煥、實，通九傳。

## 資傳第二

☷資弌資弍資弎。資：天生地育，而人資。翼曰：取天地之道曰資。觀其資，三極之情可見矣。則曰：聖人以順天地而創法立制。三弌：資其象，以制服器。傳曰：資其象，制服器也。三弍：資其器，以闢田里，以興地利。傳曰：資其器，興地利也。三弎：資其用，以化育兆姓。傳曰：資其用，化育兆姓，其道大也。次用、達、興、亲、悖、静、平、序，通九傳。

## 育傳第三

☷育弌育弍育弎。育：洪明。翼曰：陰能成陽之生曰育，育則洪，洪然後正。則曰：君子以承君闈化，以育兆姓。二弌：女子育于家，正臧。傳曰：女子育于家，育在內也，不正則否，正乃臧也。二弍：乃蟄乃萌，育于田。傳曰：乃蟄乃萌，育于田也。二弎：利用穫。傳曰：利用穫，育道成也。次和、塞、作、煥、幾、抑、冥、通，通九傳。

## 敘本論并圖

| | | |
|---|---|---|
| ㊀生 | 煥 | 煥 |
| 興 | 華 | 紊 |
| 達 | 幾 | 用 |
| 實 | 安 | 和 |
| 萌 | 育 | 悖 |
| 通 | 靜 | 塞 |
| 茂 | 序 | 作 |
| 息 | 止 | 平 |
| 抑 | 冥 | 資 |

子曰：河圖之文，七前六後，八左九右，聖人觀之以畫八卦。是故全七之三以爲離，奇以爲巽；全八之三以爲震，奇以爲艮；全六之三以爲坎，奇以爲乾；全九之三以爲兑，奇以爲坤。正者全其位，偶者盡其畫。易曰：「四象生八卦。」其是之謂乎。洛書之文，九前一後，三左七右，四前左，二前右，八後左，六後右。後聖稽之以爲三象，是故一爲生之式，四爲生之式，七爲生之式；二爲育之式，五爲育之式，八爲育之式；三爲資之式，六爲資之式，九爲資之式。因而變以成二十有七象。

# 明變論并圖

| 生 | 資 | 育 |
| --- | --- | --- |
| 煥 | 抑 | 萌 |
| 賁 | 用 | 華 |
| 興 | 作 | 安 |
| 燠 | 冥 | 悖 |
| 茂 | 塞 | 止 |
| 達 | 平 | 靜 |
| 序 | 通 | 息 |
| 和 | 幾 | 紊 |

生之象，育乘其弌而爲煥，乘其弍而爲賁，乘其弎而爲興。資乘其弌而爲燠，弍而爲茂，弎而爲達。育一資弍而爲序，育弍資弌而爲和。

育之象，生乘其弌而爲萌，弍而爲華，弎而爲安。資乘其弌而爲悖，弍而爲止，弎而爲靜。生弌資弍而爲息，生弍資弌而爲紊。

資之象，生乘其弌而爲抑，弍而爲用，弎而爲作。育乘其弌而爲冥，弍而爲塞

〓,弎而爲平〓。生弌育弎而爲通〓,生弎育弌而爲幾正〔一〕〓。此之謂變象之道也。

## 極數

子曰:天一、地二、人三,天四、地五、人六,天七、地八、人九,三極之數四十五。天有十二,一、四、七。地有十五,二、五、八。人有十八。三、六、九。審其數而畫之,三十有九則弌,除天地人六數外,有三十九數,歸之於天。四十有二則弍,除人三數外,有四十二,歸之地。四十有五則弎。洛書全數,歸之於人。生之策百一十七,三畫計三十九。育之策百二十六,三畫計四十二。資之策百三十五,三畫計四十五。遺其餘則三百有六十,當期之日。愚計三策之數本甚不合,遺其餘七六五,然後合三百六十之數。易計乾坤之策三百六十,不如是也。未敢以爲然。顯冥之道盡矣。

## 原名

朗問曰:經取極名之,何謂也?子曰:形而上者謂之天,日月星辰皆天也;形而下者

〔一〕「正」字非卦名,疑衍。

謂之地，山川草木皆地也；命于其中者謂之人，戎狄禽魚皆人也。酌其源，則流可知矣；視其表，則影可見矣。達于此者，其知經之名乎。愚謂：此唐韓文公原人之文也。豈崆峒山人先得其所欲言者乎？愚不能无疑。

## 原德

子曰：物无不受之謂洪，物无不燭之謂明，於物无欺之謂正。君子體洪臨下，明以脩性，正以治德，故曰洪、明、正。

## 次象論并圖

| | | |
|---|---|---|
| 生 | 資 | 育 |
| 萌 | 用 | 和 |
| 息 | 達 | 蹇 |
| 華 | 興 | 作 |
| 茂 | 柔 | 煥 |
| 止 | 悖 | 幾 |
| 安 | 靜 | 抑 |
| 煥 | 平 | 寘 |
| 賁 | 序 | 通 |

天地闢，萬物生，生必萌，萌而後息，息而華，華則茂。物不終茂，故所以止，止然後安，安則得其㬇，㬇則實，實則可以資矣。資必有所用，用然後達，達則能興，物不終興，興久則紊，紊則悖，治悖莫若静，静則平，平則有序，序則可以育矣。育然後龢，物不終龢，龢久則塞，決塞必有作，作則焕，焕則幾乎正矣。至正必有抑，抑則冥，物不終冥，故以通而終焉。【洞極篇終】

## 衛氏元包

愚按：元包者，後周衛元嵩之所作也。祖京房易傳八宫卦，以坤宫八卦爲元包太陰卷一，乾宫八卦爲元包太陽卷二，次兑宫八卦爲少陰，次艮宫八卦爲少陽，次離宫八卦爲仲陰，次坎宫八卦爲仲陽，次巽宫八卦爲孟陰，次震宫八卦爲孟陽。運蓍第九，説源第十。凡十卷。唐蘇源明傳，李江注。今録其序及乾坤二卦傳于左，以見一書之大概云。

## 元包序〔一〕

包之爲書也，廣大含弘，三才悉備。言乎天道，有日月焉，有雷雨焉；言乎地道，有山澤焉，有水火焉；言乎人道，有君臣焉，有父子焉。理家〔二〕爲政之尤者。〔三〕昔文質更變，篇題各〔四〕異，夏曰連山，殷曰歸藏，周謂之易，而唐謂之包。包者，藏也，言善惡是非吉凶得失皆藏其書。觀乎囊括萬有，籠罩八紘，執陶鑄之鍵，啓乾坤之扃，孕覆育載，通幽洞冥，窮天人之秘，研造化之精，推興亡之理，察禍福之萌，與鬼神齊奥，將日月齊明。可謂六五經而四三易，雖太玄莫之與京。然文字奇詭，音義譎怪，紛而不釋〔五〕，隱而不明者，得非遭於離亂與？「作易者其有憂患乎」，蓋所謂憂亂世〔六〕而患小人也。故其

〔一〕萬曆本、慶餘堂本作「序節文」。
〔二〕今傳宋本、汲古閣本元包經傳「理家」前有「理國」二字。
〔三〕「包之爲書」至此，萬曆本、慶餘堂本闕。
〔四〕「各」原作「吝」，慶餘堂本作「各」。宋本、汲古閣本元包經傳作「各」，據改。
〔五〕「釋」原作「擇」，宋本、汲古閣本元包經傳作「釋」，據改。
〔六〕底本無「世」字，宋本、汲古閣本元包經傳有「世」字，是也，據補。

辭危〔一〕。衛先生近之矣。秘書少監武功蘇源明洗心澄思，爲之脩傳，解紛以釋之，索隱以明之，帝王之道顯然昭著〔二〕，有以見理亂之兆，有以見成敗之端。江考于訓詁，躭于講習，輒演玄義，庶傳乎好學者焉。國子監四門助教趙郡李江注。

## 元包太陰卷第一

傳曰：理亂相糺，質文相化，亂極而先乎太易，文弊而從乎巨包。聖人以遺〔三〕也，賢人以發也。易始乎乾，文之昭也以行；包始乎坤，質之用也以靖。行者所以動天下之務，靖者所以默天下之機。太陰太陽潛相貞也，少陰少陽潛相成也。巟乎廣反。茻莫榜反，衆草。莫默，地之輿也；顛宀彌偏反，覆也。勹馬茅反，裹也。盈，天之昌也。仍而通之，極乎三十

〔一〕「危」原作「詭」：宋本、汲古閣本元包經傳作「危」，據改。「蓋所謂憂亂而患小人也故其辭詭」，萬曆本、慶餘堂本闕。

〔二〕「顯然昭著」：宋本、汲古閣本元包經傳作「昭然著見」。

〔三〕「遺」原作「道」，宋本、汲古閣本元包經傳作「遺」，按注曰「遺教者也」，則作「遺」是，據改。

六；全而劘之，存乎六十四。其旨微，其體正。語其[一]義，則矗然而不誣[二]；觀其辭，則岙危蘊反，高也。然而不及。捝魚底反。一以布氣，藏萬以植言。斯道君子之幾也夫，誠至君子之爲也夫。於戲，流于睿監，講于太學。伏而惟之，使自怡之，歸人於至和，示人於太樸已矣。

☷坤。宂舛莫默，辰[三]牛林反，辰也。森困匿甲反。匿，靖而不躁，樸而不飾。群類囮昊和反，化也。育，庶物甡植。厥施惟熙，厥勛惟極。傳曰：宂者春之熙，舛者夏之茂，莫者秋之落，默者冬之潛。母萬物者，熙然足以布和，茂然足以長物，落然足以育衆，潛然足以正極。坤道備此四德，故曰宂舛莫默。辰者言其衆，森者言其植，困者言其受，匿者言其藏，皆地之性也。靖而不躁，陰之德也；樸而不飾，質之禮也。群類囮育，所化者衆也；庶物甡植，所生者多也。厥施惟熙，其賚廣也；厥勛惟極，其功大也。昔王體之以立政，俾之以行簡，尚乃儉，務乃素，无起徵修，无勤動爲，惟爾衆宂不順。

〔一〕「其」原作「則直」，宋本、汲古閣本元包經傳作「其」，與下文駢對，則作「其」是，據改。

〔二〕「誣」原作「誙」，宋本、汲古閣本元包經傳作「誣」，據改。

〔三〕宋本、汲古閣本元包經傳作「㐺」，小注謂「音吟，衆立貌」，似是。

## 元包太陽卷第二

☰乾。顛宀勹盈。夰燾斡縈，揭而不𢡮，駁而克明。四敘既侖，萬類〔一〕既生。厥造惟弘，厥勛惟宏。傳曰：顛者仁之高，宀者仁之覆，勹者禮之拎〔二〕，盈者信之充。育萬物者，仁高足以濟衆，義覆足以利物，禮拎足以崇德，信充足以布氣。乾道備此四德，故曰顛宀勹盈。夰燾斡縈，何謂也？夰者言其大，燾者言其溥，斡者言其運，縈者言其周，皆天之象也。揭而不𢡮，陽之用也；駁而克明，文之照也。四敘既侖，寒暑變易也；萬類既生，品物滋長也。厥造惟弘，其惠廣也；厥勛惟宏，其功極也。昔王揣之以行化，規之以立制，發聲明，盛文物，無略威儀，無簡禮度。

## 潛虛

潛虛者，宋太師温國公司馬光君實之所作也。公雅好太玄，自謂玄以準易，虛以擬

〔一〕「類」：慶餘堂本作「物」。
〔二〕「拎」：宋本元包經傳作「檢」，汲古閣本作「撿」。下「拎」字放此。

玄，其作書之意可見矣。朱文公謂「潛虛只是吉凶臧否平、王相休囚死」，「潛虛後截是張行成續，不押韻見得」。今録其要者于左，以見一書之大概云。

萬物皆祖於虛，生於氣。氣以成體，體以受性，性以辨名，名以立行，行以俟命。故虛者，物之府也；氣者，生之户也；體者，質之具也；性者，神之賦也；名者，事之分也；行者，人之務也；命者，時之遇也。

氣圖

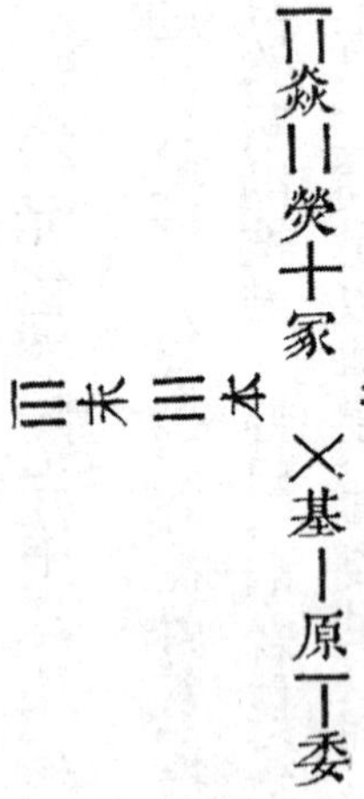

丅焱〢熒十冢
刃Ⅲ卝
本Ⅲ末Ⅲ
乂基一原丅委

# 體圖

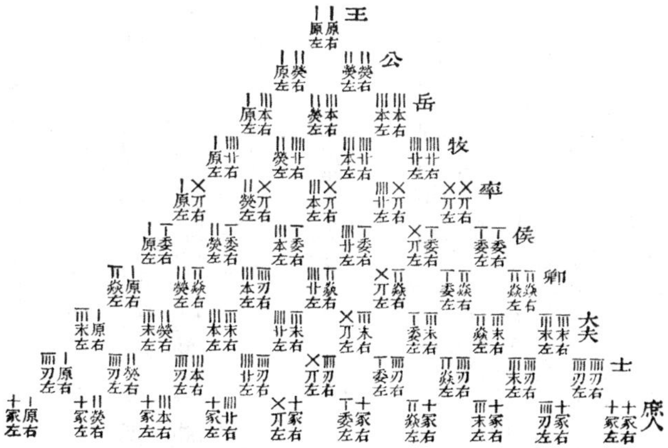

王：原左 原右

公：原左 熒右　熒左 熒右

岳：原左 本右　熒左 本右　本左 本右

牧：原左 卝右　熒左 卝右　本左 卝右　卝左 卝右

率：原左 丌右　熒左 丌右　本左 丌右　卝左 丌右　丌左 丌右

侯：原左 委右　熒左 委右　本左 委右　卝左 委右　丌左 委右　委左 委右

卿：焱左 原右　熒左 焱右　本左 刃右　卝左 焱右　丌左 焱右　委左 焱右　焱左 焱右

大夫：末左 原右　末左 熒右　本左 末右　卝左 末右　刃左 末右　委左 末右　焱左 末右　末左 末右

士：刃左 原右　刃左 熒右　刃左 本右　卝左 刃右　丌左 刃右　委左 刃右　焱左 刃右　末左 刃右　刃左 刃右

庶人：冢左 原右　冢左 熒右　冢左 本右　冢左 卝右　丌左 冢右　委左 冢右　焱左 冢右　末左 冢右　刃左 冢右　冢左 冢右

一等象王，二等象公，三等象岳，四等象牧，五等象率，六等象侯，七等象卿，八等象大夫，九等象士，十等象庶人。一以治萬，少以制衆，其惟綱紀乎。綱紀立，而治具成矣。心使身，身使臂，臂使指，指操萬物。或者不爲之使，則治道病矣。卿詘一，大夫詘二，士詘三，庶人詘四，位愈卑，詘愈多，所以爲順也。詘雖多，不及半，所以爲正也。正順萬墜之大誼也。

性圖

| | | | | | | | | | |
|---|---|---|---|---|---|---|---|---|---|
| 〡〡水 | 〢〢火 | 〣〣木 | 〤〤金 | 〥〥土 | 〦〦水 | 〧〧火 | 〨〨木 | 〩〩金 | 〸〸土 |
| 〡〢火 | 〢〣木 | 〣〤金 | 〤〥土 | 〥〦水 | 〦〧火 | 〧〨木 | 〨〩金 | 〩〸土 | 〸〡水 |
| 〡〣木 | 〢〤金 | 〣〥土 | 〤〦水 | 〥〧火 | 〦〨木 | 〧〩金 | 〨〸土 | 〩〡水 | 〸〢火 |
| 〡〤金 | 〢〥土 | 〣〦水 | 〤〧火 | 〥〨木 | 〦〩金 | 〧〸土 | 〨〡水 | 〩〢火 | 〸〣木 |
| 〡〥土 | 〢〦水 | 〣〧火 | 〤〨木 | 〥〩金 | 〦〸土 | 〧〡水 | 〨〢火 | 〩〣木 | 〸〤金 |
| 〡〦水 | 〢〧火 | 〣〨木 | 〤〩金 | 〥〸土 | | | | | |

凡性之序，先列十純，十純既浹，其次降一，其次降二，其次降三，其次降四，最後五配而性備矣。始於純，終於配，天地之道也。

# 名圖

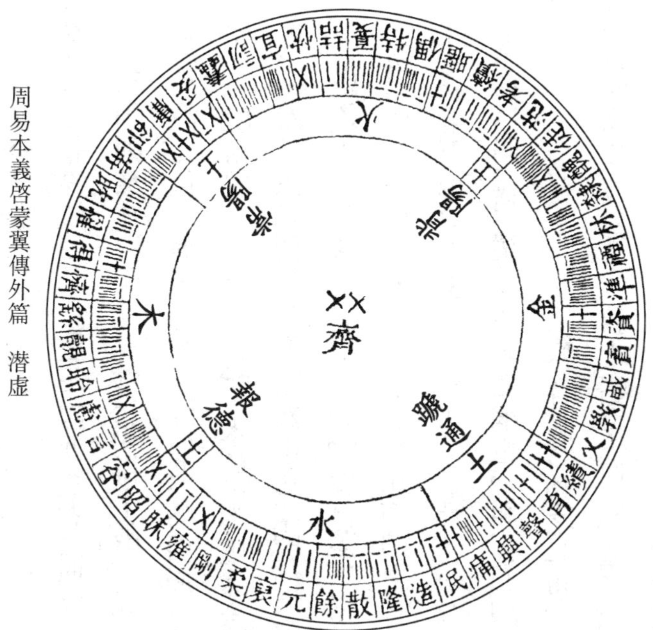

一六置後，二七置前，三八置左，四九置右，通以五十。五行叶序，卬而瞻之，宿躔從度。卬則爲莧，頫則爲墜；卬得五宮，頫得十數。元、餘者，物之始終，故无變。齊者中也，包斡萬物，故无位。㒷至之氣，起於元，轉而周三百六十四變，變尸一日，廼授於餘而終之，以步莧軌，以叶歲紀。人之生本於虛，虛然後形，形然後性，性然後動，動然後情，情然後事，事然後德，德然後家，家然後國，國然後政，政然後功，功然後業，業終則返於虛矣。故萬物始於元，著於裒，蒲侯反。存於齊，消於散，訖於餘，五者形之運也。柔、剛、雍、昧、昭，性之分也；容、言、慮、聆、覿，動之官也；繇、懠、牋西反。得、罹、耽，都含反。情之訹恤。也；歬、卻、庸、妥、吐火反。蠢，尺尹反。事之變也；訒、刃。宜、忱、喆、戛，德之塗也；特、偶、暱、續、考，家之綱也；範、徒、醜、隸、林，國之紀也；禋、因。準、資、賓、戒，政之務也；斆、効。乂、績、育、聲，功之具也；興、痡、鋪。泯、造、隆，業之著也。爲人上者，將何爲哉？養之、教之、理之而已。養之，故人賴以生也；教之，故人賴以明也；治之，故人賴以乂也。夫如是，故人愛之如父母，信之如卜筮，畏之如雷霆，是以功成而名白也。夫爲人上而不能養，則人離叛矣；養而不能教，則人殽亂矣；教而不能治，則人抵捍矣。三具者亡，而祈有功名，可得乎。

卬仰。萸天。頫俯。墜地。㒷冬。逡後。戓戎。

## 行圖、變圖、解圖

| 行圖 | 變圖 | 解圖 |
| --- | --- | --- |
| 元 | 慎于舉趾，差則千里，機正其矢。 | 慎于舉趾，差則遠也。 |
| 元，始也。夜半，日之始也。朔，月之始也。冬至，歲之始也。好學，智之始也。力行，道德之始也。任人，治亂之始也。 | | |
| 裒<br>裒，聚也。氣聚而物，宗族聚而家，聖賢聚而國。 | 初　進而逡而，俟其信而，利用正。 | 聚不可苟，必進逡也。 |
| | 二　人倮而繁，獸猛而殫。 | 人倮而繁，善以道群也。 |
| | 三　百毒之聚，勝者爲主，惟物之蟲。 | 百毒之聚，祇害人也。 |
| | 四　羽毛鱗介，各從其彙。 | 羽毛鱗介，聚以倫也。 |
| | 五　菟絲之莽，附草絶根。 | 菟絲之莽，不知固根也。 |
| | 六　八音和鳴，神祇是聽。 | 八音之裒，感神明也。 |
| | 上　雲還于山，冰泮于川。 | 雲還冰泮，聚極必分也。 |

愚按：自哀至散，凡五十二皆然，散後有餘齊，併具于左。

丅Ⅲ 餘

堯舜之德，禹稷之績，周規孔式，終天無斁。

堯舜周孔，垂世無窮也。

餘，終也。天過其度，日之餘也。朔不滿氣，月之餘也。日不復次，歲之餘也。功德垂後，聖賢之餘也。故天地無餘，則不能變化矣；聖賢無餘，則光澤不遠矣。

XX 齊

衆星拱極，萬矢湊的，必不可易。

衆星萬矢，誰能易中也。

齊，中也。陰陽不中，則物不生；血氣不中，則體不平；剛柔不中，則德不成；寬猛不中，則政不行。中之用，其至矣乎。

# 命圖

命圖上

| | 吉 | 臧 | 平 | 否 | 凶 |
|---|---|---|---|---|---|
| 裒 | 六 | 四 | 二 | 五 | 三 |
| 柔 | 五 | 四 | 三 | 六 | 二 |
| 剛 | 四 | 六 | 五 | 二 | 三 |
| 雍 | 三 | 二 | 五 | 六 | 四 |
| 昧 | 二 | 四 | 五 | 六 | 三 |
| 昭 | 六 | 四 | 二 | 五 | 三 |
| 容 | 五 | 四 | 三 | 六 | 二 |
| 言 | 四 | 六 | 五 | 二 | 三 |
| 慮 | 三 | 二 | 五 | 六 | 四 |
| 聆 | 二 | 四 | 五 | 六 | 三 |
| 覿 | 六 | 四 | 二 | 五 | 三 |
| 繇 | 五 | 四 | 三 | 六 | 二 |
| 懠 | 四 | 六 | 五 | 二 | 三 |
| 得 | 三 | 二 | 五 | 六 | 四 |
| 罹 | 二 | 四 | 五 | 六 | 三 |
| 耽 | 六 | 四 | 二 | 五 | 三 |
| 歬 | 五 | 四 | 三 | 六 | 二 |
| 卻 | 四 | 六 | 五 | 二 | 三 |
| 庸 | 三 | 二 | 五 | 六 | 四 |
| 妥 | 二 | 四 | 五 | 六 | 三 |
| 蠢 | 六 | 四 | 二 | 五 | 三 |
| 訒 | 五 | 四 | 三 | 六 | 二 |
| 宜 | 四 | 六 | 五 | 二 | 三 |
| 忱 | 三 | 二 | 五 | 六 | 四 |
| 喆 | 二 | 四 | 五 | 六 | 三 |
| 戞 | 六 | 四 | 二 | 五 | 三 |

命圖下

| | 吉 | 臧 | 平 | 否 | 凶 |
|---|---|---|---|---|---|
| 特 | 五 | 四 | 三 | 六 | 二 |
| 偶 | 四 | 六 | 五 | 二 | 三 |
| 暱 | 三 | 二 | 五 | 六 | 四 |
| 續 | 二 | 四 | 五 | 六 | 三 |
| 考 | 六 | 四 | 二 | 五 | 三 |
| 范 | 五 | 四 | 三 | 六 | 二 |
| 徒 | 四 | 六 | 五 | 二 | 三 |
| 醜 | 三 | 二 | 五 | 六 | 四 |
| 隸 | 二 | 四 | 五 | 六 | 三 |
| 林 | 六 | 四 | 二 | 五 | 三 |
| 禋 | 五 | 四 | 三 | 六 | 二 |
| 準 | 四 | 六 | 五 | 二 | 三 |
| 資 | 三 | 二 | 五 | 六 | 四 |
| 賓 | 二 | 四 | 五 | 六 | 三 |
| 戒 | 六 | 四 | 二 | 五 | 三 |
| 斆 | 五 | 四 | 三 | 六 | 二 |
| 理 | 四 | 六 | 五 | 二 | 三 |
| 績 | 三 | 二 | 五 | 六 | 四 |
| 育 | 二 | 四 | 五 | 六 | 三 |
| 聲 | 六 | 四 | 二 | 五 | 三 |
| 興 | 五 | 四 | 三 | 六 | 二 |
| 痡 | 四 | 六 | 五 | 二 | 三 |
| 泯 | 三 | 二 | 五 | 六 | 四 |
| 造 | 二 | 四 | 五 | 六 | 三 |
| 隆 | 六 | 四 | 二 | 五 | 三 |
| 散 | 五 | 四 | 三 | 六 | 二 |

元、餘、齊三者，无變，皆不占。初上者，事之始終，亦不占。

揲法上下同

五行相生，得二十五，以三才乘之，得七十五。爲策，虚五，用七十。分爲二，取左一掛於右，揲左以十，觀其餘，扐之。復合爲一，再分之，掛揲右，如左法。左主右客，先主後客陽，先客後主者陰，觀其所合，以名命之。既得其名，又合蓍分之，陽則置右而揲左，陰則置左而揲右，生純置右，成純置左，揲以七，所揲之餘爲所得之變，觀吉凶臧否平而決之。陽用其顯，陰用其幽。幽者，吉凶臧否與顯戾也。欲知始中終者，以所筮之時占之。先體爲始，後體爲中，所得之變爲終。變已主其大矣。又有吉凶臧否平者於變之中，復細別也。不信不筮，不疑不筮，不正不筮，不順不筮，不蠲不筮，不誠不筮，必蠲必誠，神靈是聽。

玄以準易，虚以擬玄，玄且覆瓿，而況虚乎。其棄必矣。然子雲曰：「後世復有楊子

雲，必知玄。」吾於子雲雖未能知，固好之矣。安知後世復無司馬君實乎。〔一〕

## 朱文公辨證

紹興己巳，洛人范仲彪炳文客崇安，予得從之遊。炳文親唐鑑公諸孫，嘗娶溫國司馬氏，其多藏文正公遺墨。嘗示余以潛虛別本，則其所闕之文尚多。問之，云：「溫公晚著此書，未竟而薨，故所傳止此。」蓋嘗以其手藁屬景迂晁公補之，而晁不敢也。近得泉州季思侍郎所刻，則首尾完具，遂无一字之闕，始復驚異，以爲世果自有完書，而疑炳文語或不可信。讀至剛行，遂釋然曰：此贋本也。人問何以知之。余曰：「本書所有句皆協韻，如易彖、文、象，玄首、贊、測。其今有而昔無者，行、變尚協，而解獨不韻，此蓋不知『也』字處末，則上〔二〕字爲韻之例耳。此人好作僞書，而尚不識其體製，固爲可笑。然亦幸其如此，不然則幾何而不遂至於僞真也耶。」亟以書扣季思，此本果家世之舊傳

---

〔一〕此段與今影宋本潛虛文句有不同，多是語氣詞之別。如「虛五，用七十」，宋本作「虛其五，而用七十」；「觀其餘，扐之」，宋本作「觀其餘，置而扐之」。於文義無妨礙，今不復出校。

〔二〕「上」原作「止」，朱子全書本作「上」，據改。

否邪？則報曰：得之某人爾。於是益知炳文爲不妄。嘗欲私記本末，以訂其謬而未暇。今復得鄉人張氏印本，乃泉本之所自出，於是始出舊書授學者，使以相參。凡非温公之舊者，悉朱識以別之，使覽者有以考焉。

## 皇極經世書

皇極經世書者，宋康節先生邵子之所作也。論已見此篇首題辭。今略述先生祖先天方圓圖演數之法，以見作用之大旨。若夫推步之精，知來之神，愚何能闖於其藩，所願學焉，而未敏也。因得友人查伯復顔叔、俞邦翰孟宣相與講之，粗知其説云。

### 經世本先天方圓圖説

康節先天之易，尚象而不尚辭。觀物篇有所謂律吕圖、聲音圖、八卦交爲十二辰圖、十二辰交而爲十六位圖、太極圖、既濟陰陽圖、掛一圖、三千六百年圖。諸圖之傳，並無一字言其所以然，蓋欲示不言之教，如伏羲六十四卦，初无言語文字也。然其圖雖多，特只本之先天六十四卦方圓圖，且以先天圖言之，圓圖象天，包於地外，方圖象地，處於天中，是一大陰陽相配也。分圓圖而觀，乾兑離震居左爲天卦，巽坎艮坤居右爲地卦。分陰陽，立兩儀，而主運行不息之事。分方圖而觀，西北十六卦天卦自相交，東南十六卦地卦自相交。其斜行，則乾兑離震巽坎艮坤，自西北而東南，皆陰陽之純卦也，不能生物。西南十六卦，天去交地，天卦皆在上，而生氣在首，故能生動物而頭向上；東北十六卦，地去交天，天卦皆在下，而生氣在根，故能生植物而頭向下。其斜行，則泰、損、既濟、益、恒、未濟、咸、否，自東北而西南，皆陰陽得偶之合也，所以能生物也。又合二圖而觀，方圖乾處圓圖亥位，謂之天門，是天氣下降也；方圖坤處圓圖巳位，謂之地户，是地氣上騰也。此兩十六卦，所謂陰陽互藏其宅也。方圖泰處圓圖寅位，謂之鬼方；方圖否處圓圖申位，謂之人路。此兩十六卦，是天交地、地交天而生生不息，所以泰居寅而否居申，所謂陰陽各從其類也。夫圓圖主運行之事，方圖主生物之事。運行者氣也，生物者質也。氣非質則无所附麗，質非氣則豈能生物哉。康節經世書本先天方圓圖，其作用大略如此。查顔叔。

## 經世要旨

先天之學，本來只是先天六十四卦大横圖一一八八之序。横圖者，卦之所以列；一一八八者，數之所由肇。卦之於數，猶形之於影耳。由是取横圖復至乾三十二卦，自北歷東，以至于南，取姤至坤三十二卦，自南歷西，以終于北，以應天之運。而天根月窟自然之理不假作爲，莫不對待，而圓圖立矣。取横圖乾一宫之八卦，自乾至泰横布於圓圖之内，而兑二宫之八卦自履至臨加布於乾宫八卦之上，餘六卦以次横列，而乾居西北，坤居東南，否泰陰陽之交居于東北、西南，以應地之方。横斜曲直之妙理无窮，而方圖立矣。若夫圓圖之發用，則以乾兑離震三十二卦爲陽，爲在天日月星辰之四象，爲元會運世之大四象。震離二宫爲陽中陰，兑乾二宫爲陽中陽，又分天道之陰陽太少。坤艮坎巽三十二卦爲陰，爲在地水火土石之四象，爲歲月日時之小四象。巽坎爲陰中陽，艮坤爲陰中陰，又分地道之柔剛太少。其數則自一一二二以至八八，並以十二、三十累因而爲分杪之數。全數悉具觀物篇中。如天地各十六象，皇帝王伯、走飛草木等錯綜敷暢之妙，自見本篇。今不繁具。若夫方圖之取用，則分爲四片，西北十六陽卦爲天卦，而乾主之；東南十六陰卦爲地卦，而坤主之；否泰所主各十六卦，是爲陰陽之交，既濟之卦。其圓圖，陽卦主元會運世，凡三百六十運、四千三百二十世、十二萬九千六百年，皆有當時直事之卦。泝其始，如星甲辰子之直事卦，所謂畫前有易也。直事卦者，即掛一卦也。運世年月皆有之。以掛一全卦之序分去，如每運每世每年每月並用四爻直之，其餘爻即閏爻也。爲説甚多，今不繁具。或以世卦配運卦，或以年卦配世卦。須合方圖天地卦分位置左右。若世卦配運，則運卦居左；年卦配世，則世卦居左。左爲天卦，右爲地卦。須變爻變卦，以合方圖。考大四象掛一之卦，以求分數，考大四象元會運世是何位，即合掛一何卦，亦得其位之分數矣，但按掛一本圖可見也。以此所得之掛一某卦，而質於圓圖以察理亂休咎。而圓圖陰卦爲歲月日時，主動植事物，自有律呂聲音數。合方圖天地卦位置左右，聲陽居左，音陰居右。横看既濟卦，考大小四象而得掛一之卦，以求分杪二數，人用分，物用杪。亦質於圓圖以觀臧否。謂得掛一卦，以質之圓圖在何處。如陽中陽，則極治之時，事物皆美；陰中陰，極亂之時，事物皆惡；陰中陽，亂而將治，事物終美；陽中陰，治而將亂，事物終惡。又察其陰陽進退饒乏，卦氣發斂屈伸之類。凡古今治迹，只是憑一定之卦以推步。動植事物，則隨時取聲音數以求卦而占測也。一定卦者，掛一之序也；聲音者，方圖天地卦，以求得掛一卦也。所謂經者，猶言經緯之經，亦有經綸之義。觀天之數，以元經會者，猶以十二會爲經，而三百六十運以下爲緯；觀地之數，以會經運者，猶以二百五十運爲經，而以二千九百八十世以下爲緯；觀人之數，以運經世者，猶以一百二十世爲經，而以三千六百年爲緯。謂一元則經之以會，九會則經之以運，十運則經之以世也。雖曰斷自唐、虞以下，而百世亦可推也。邵子志存斯世，故惟以經世人事名篇，但動植事物之數雖屬圓圖陰卦，而歲月日時之下，分杪太細，故以四卷載律呂聲音之變，而悉歸之方圖矣。蓋方圓二圖錯綜而用，變動不居，不可爲典要也。皇極取河圖天五地六二中以立數，取圓圖太少陰陽剛柔之倡和，得一萬七千二十四，凡日月星辰之變、水火土石之化、律呂聲音之實數，同歸于此。以此一萬七千二十四自乘，得二萬八千九百八十一萬六千五百七十六，是爲動植通數，而用之，以取掛一卦二百五十六者也。以圓圖大四象，每元之元一太位，各全具六十四卦。係十六之乘十六，又四其六十四也。取掛一卦之法，乃用前數二萬八千九百八十一萬六千五百七十六，是爲九位，掛其中五之位，看左右位陰陽進退消息虛張。其説繁晦，今故略之。學者但按邵子所傳掛一卦之定序考之，似不須布籌以自惑也。掛一卦起於元之元之元之元泰卦，乃方圖東北之位，終始萬物之義，故運世與年各用掛一全卦之序，而直事仍取合於方圖天地卦、圓圖大小四象，而後分杪之數歸宿矣。今當一元之午會、癸運、酉世，即一歲之五月初十日酉時也，是謂大小四象。○俞孟宣。

## 經世與易名位不同

祝涇甫曰：「易以占爲神，極以筭爲智。占者聽圓變之蓍，以求將見之象；筭者布一定之卦，以御无窮之數。占則取驗於天，神之研幾也；筭則斷在人，智之極深也。神以知來而未嘗不藏往，智以藏往而未始不知來。惟易之與極，其旨若相似，而致用實不同。易與極之八卦，名同而位殊，爻同而旨異。位之殊，今先天後天之圖可識矣。旨之異，則易之乾爲天爲金，而極則爲日爲水〔一〕之類也；易之坤爲地爲土，而極則爲水爲雨之類也；易之震爲雷爲木，而極則爲辰爲夜也；易之巽爲風爲木，而極則爲石爲雷也；坎爲水爲月者，易也，極則爲土爲露矣；離爲火爲日者，易也，極則爲星爲晝矣；艮爲山，而今爲火爲風；兑爲澤，而今爲月爲寒矣。自是充之，非惟八卦取象之異於易，而吉凶悔吝亦大不同。」觀物斷決發題。愚謂：極只取伏羲卦畫，不用文王、周、孔之辭，故其作

〔一〕下謂坤爲水爲雨，此不宜復以乾爲水。據邵康節皇極經世書，太陽爲日爲暑，是此「水」爲「暑」之譌。

用之不同，固无怪其然矣。

## 皇極内篇

按皇極内篇者，蔡九峰先生之所作也。先生名沉，字仲默，朱文公門人。其意謂河圖更四聖而象已著，洛書錫神禹而數不傳，故作是書，以究極其數。其演數之法，縱横皆九位。經之以一一、一二，至于九一、九二，而終之以九九；緯之以一一、二一，至于九一、九二，亦終之以九九。其筮法或以蓍，或以木，惜變數之法不傳，莫能適諸用也。今姑録其要，以見一書之概云。

序節文

體天地之撰者易之象，紀天地之撰者範之數。數者，始於一；象者，成於二。一者奇，二者偶也。奇者數之所以行，偶者象之所以立。故二而四，四而八，八者八卦之象也。一而三，三而九，九者九疇之數也。由是重之，八而六十四，六十四而四千九十六，而象備矣；九而八十一，八十一而六千五百六〔一〕十一，而數周矣。易更四聖而象已著，範錫神禹而數不傳。先君子曰：「洛書者，數之原也。」余讀洪範而有感焉，上稽天文，下察地理，中參人物古今之變，窮義理之精微，究興亡之徵兆，微顯闡幽，彝倫攸叙，秩然有天地萬物各得其所之妙。歲月侵尋，粗述所見，辭雖未備，義則著矣。嘉定戊寅長至蔡沉仲默父序。

〔一〕「六」原作「二」，今據永樂刊性理大全本洪範皇極内篇改正。

# 八十一數名

| | | | | | | | | |
|---|---|---|---|---|---|---|---|---|
| 〡〡原 | 〡〢潛 | 〡〣守 | 〡〤信 | 〡〥直 | 〡〦蒙 | 〡〧閑 | 〡〨須 | 〡〩厲 |
| 〢〡成 | 〢〢沖 | 〢〣振 | 〢〤祈 | 〢〥常 | 〢〦柔 | 〢〧易 | 〢〨親 | 〢〩華 |
| 〣〡見 | 〣〢獲 | 〣〣從 | 〣〤交 | 〣〥育 | 〣〦壯 | 〣〧興 | 〣〨欣 | 〣〩舒 |
| 〤〡比 | 〤〢開 | 〤〣晉 | 〤〤公 | 〤〥益 | 〤〦章 | 〤〧盈 | 〤〨錫 | 〤〩靡 |
| 〥〡庶 | 〥〢決 | 〥〣豫 | 〥〤升 | 〥〥中 | 〥〦伏 | 〥〧過 | 〥〨疑 | 〥〩寡 |
| 〦〡飾 | 〦〢厲 | 〦〣虛 | 〦〤昧 | 〦〥損 | 〦〦用 | 〦〧郤 | 〦〨翕 | 〦〩遠 |
| 〧〡迅 | 〧〢懼 | 〧〣除 | 〧〤若 | 〧〥疾 | 〧〦競 | 〧〧分 | 〧〨訟 | 〧〩收 |
| 〨〡實 | 〨〢賓 | 〨〣危 | 〨〤堅 | 〨〥革 | 〨〦報 | 〨〧止 | 〨〨戎 | 〨〩結 |
| 〩〡養 | 〩〢遇 | 〩〣勝 | 〩〤囚 | 〩〥壬 | 〩〦固 | 〩〧移 | 〩〨墮 | 〩〩終 |

## 〢原　一之一

原，元吉幾，君子有慶。數曰：「原，誠之原也。幾，繼之善也。君子見幾有終慶也。」

| 〡吉〡元 | 〡吉〢咎 | 〡吉〣祥 | 〡吉〤吝 | 〡吉𝍤平 | 〡吉𝍥悔 | 〡吉𝍦災 | 〡吉𝍧休 | 〡吉〩凶 |
|---|---|---|---|---|---|---|---|---|
| 〢咎〡吉 | 〢咎〢咎 | 〢咎〣祥 | 〢咎〤吝 | 〢咎𝍤平 | 〢咎𝍥悔 | 〢咎𝍦災 | 〢咎𝍧休 | 〢咎〩凶 |
| 〣祥〡吉 | 〣祥〢咎 | 〣祥〣祥 | 〣祥〤吝 | 〣祥𝍤平 | 〣祥𝍥悔 | 〣祥𝍦災 | 〣祥𝍧休 | 〣祥〩凶 |
| 〤吝〡吉 | 〤吝〢咎 | 〤吝〣祥 | 〤吝〤吝 | 〤吝𝍤平 | 〤吝𝍥悔 | 〤吝𝍦災 | 〤吝𝍧休 | 〤吝〩凶 |
| 𝍤平〡吉 | 𝍤平〢咎 | 𝍤平〣祥 | 𝍤平〤吝 | 𝍤平𝍤平 | 𝍤平𝍥悔 | 𝍤平𝍦災 | 𝍤平𝍧休 | 𝍤平〩凶 |
| 𝍥悔〡吉 | 𝍥悔〢咎 | 𝍥悔〣祥 | 𝍥悔〤吝 | 𝍥悔𝍤平 | 𝍥悔𝍥悔 | 𝍥悔𝍦災 | 𝍥悔𝍧休 | 𝍥悔〩凶 |
| 𝍦災〡吉 | 𝍦災〢咎 | 𝍦災〣祥 | 𝍦災〤吝 | 𝍦災𝍤平 | 𝍦災𝍥悔 | 𝍦災𝍦災 | 𝍦災𝍧休 | 𝍦災〩凶 |
| 𝍧休〡吉 | 𝍧休〢咎 | 𝍧休〣祥 | 𝍧休〤吝 | 𝍧休𝍤平 | 𝍧休𝍥悔 | 𝍧休𝍦災 | 𝍧休𝍧休 | 𝍧休〩凶 |
| 〩凶〡吉 | 〩凶〢咎 | 〩凶〣祥 | 〩凶〤吝 | 〩凶𝍤平 | 〩凶𝍥悔 | 〩凶𝍦災 | 〩凶𝍧休 | 〩凶〩凶 |

愚按：此以後八十數，皆依前圖次序，而吉、咎、祥、吝、平、悔、災、休、凶，亦如此圖排

定，即此圖可以例其餘矣。

筮

筮者，神之所爲乎。其蓍五十，虚一，分二，掛一，以三揲之，視左右手，歸餘於扐，兩奇爲一，兩偶爲二，奇偶三也。初揲，綱也；再揲，目也。綱一函三，以虚待目。目一爲一，以實從綱。兩揲而九數具，八揲而六千五百六十一之數備矣。分合變化，如環无端。天命人事，由是較焉；吉凶禍福，由是彰焉。大人得之而申福，小人得之而避禍。君子曰：筮者，神之所爲乎，大事用年，其次用月，其次用日，其次用時。

# 附録

## 序跋

右先生胡庭芳父周易本義啓蒙翼傳四篇，篇分上、中、下、外，其名書分篇之意，載諸自序者爲明備矣。然刻本已久，且不盛傳，四方學者有不得而見者。乾元蒙恩起廢，承乏閩臬，持憲建寧，暇因以編周易本義舊文，質證於春官郎楊君乾叔。乾叔，文敏楊公裔孫也，博學多聞，積書猶富。於是發其書笥，得解易者數十家，而是書專爲發明本義、啓蒙而著，誠所謂羽翼乎傳者也。乾元始獲假觀焉，而恨其傳之弗廣，見之弗蚤也，既以訂正本義舊文，復命繕寫而併刻之，以廣其傳。夫易更四聖而道大備，至朱子而大明，由朱子而前，解易者無慮數百家，唯本義、啓蒙足以發明作易之本旨，由朱子而後，解易者無慮數百家，唯周易翼傳足以發明本義、啓蒙之要義。於乎，四聖古易亂而復正，正而復亂者，實由本義之存亡也。本義之舊文不復，則古易終不可見矣。學易者欲考復本義之舊文，舍翼傳奚所參訂哉？然則是書也，殆將揭日月而行天，乃猶自託諸螢爝，增輝於太陽，豈其然乎，豈其然乎？

正德己卯秋九月甲寅，萬安後學蕭乾元謹識。

上海圖書館藏明正德刻本。

翼傳者，雙湖胡先生專爲發明本義、啓蒙而著也。曷謂翼？示維教也。教遠而馳，緒散而紛。翼也者，峻其防而不使馳且紛焉。故天位尊於統，河漢匯於源。統不一，則節序差於閏餘；源不定，則脈絡淆於支流。然則易之宗不明，將大道亦荒於好逕。昔者孔子讀易，至三絶其韋編，云必假數年而後可無大過。夫易體至變，而其用常不盡。以夫子之聖，猶不能遽自信於心如是，矧欲以凡人有涯之識當之，有白首而莫得其源已耳。蓋至此而知先生之爲易慮者，意深遠也。夫易備於四聖人，至紫陽氏而後晢於象占。其間苞陰陽之紀，通天下之故，類萬物之情，舉凡否泰損益、剛柔失得、出處語默之宜，靡不畢呈於是，又誰得以明且滅於其中者。然而蓁途易啓，逕竇易開，高明者或筌蹄於易象，闇忽者或望洋於幽渺。蹈跡疑心，迷宗滯故，甚至畏溺而并畏江河，逃影而兼逃日月，北轅適郢，孰知其極。此其於易固自爲欲舍筏而登岸，不知其反墜於蹊也。先生起於紫陽之後，懼夫初旨之浸失其真也，於是極深研幾，遂以其居安玩占之餘，著爲翼傳，凡四篇。凡夫圖極蓍衍之數，靡不晰也；卦爻繇義詞變象占之説，靡不究也。古易變復，以至焦、京、元、洞、元苞、經世之書，靡不參互而考證也。蓋探幽抉奇，誠可闡四聖人之秘，而警夫世之瞶瞶者。

予少時既已習聞其説，恨不得是書而表章之，幸承乏僊鄉，私淑孔邇。且壻是門者，爲瑶圃余公，震直青瑣，著聲易學，素能闡揚斯志。一日，偕其裔孫烈徵、錦鰲，出是傳而屬叙於余，余因是而深歎先生之有功於易也。其於紫陽之説毫無遏佚，乃其得於象占之外，爲理之所未備者，又足以啓人心於千百世之後，而授之證合也。彼劉牧之謬，王弼之亂，紛紛籍籍，第未有以翼之故耳。孟氏不云乎：經正則庶民興。夫正者，翼之謂也。惟翼而後可以反正，惟反正而後可以起民邪慝，而道有所託以不孤。故風航駛駕，猶假維楫，將車行塵，尚資輻輔，況夫一天後先之旨，神化性命之宗。而熒聞見多岐之途，載騤以車，駭爰以吕，曷喻其愚？故自有翼傳，而紫陽氏之教，吾意其江淮行地而無極也。是爲序。

萬曆乙卯歲孟秋吉旦，温陵馮時來題于星源公署。

上海圖書館藏清慶餘堂本。

周易翼傳者，吾婺雙湖胡先生所述也。先生後朱子百年，而生同里，其學以朱爲宗，所云翼傳，蓋因朱子之本義、啓蒙而旁引博證，以闡發之，欲學者因啓蒙以通本義，因本義以見四聖人，此作書之大旨也。古今學易者多矣，考辭尚象，觀變玩占，各因其所見，以自爲方，鮮能盡易，而莫不足以見易。糟粕煨燼，無非易也，而况訓故圖釋之者乎。由周迄漢，率先明象，迨晉王弼，尚名理，而宋人因之。程氏專言義理，邵氏説主象數，乃朱子獨以易爲卜筮之書，且謂必見象數方可説理，此於四聖人之易，遠耶，近耶？竊嘗臆之，易之作本於圖書者也。圖書以理寓，而以數示。離數求之，則所謂畫前有易者，豈百姓日用所能窺？而吉凶與民同患者，將安所寄？於聖人畫繫之意，幾乎晦矣。故傳易以朱氏爲近，而本義、啓蒙真不可無翼也。自舉子業興，易象置不講，而鹵莽誇毗者動稱契象先窮繫表，詆訓詁爲支離，間有慕子雲之元，亦鮮解其摛瑩，玩象玩占，學烏乎在？第令析是編而詔之，參考互證，因數見理，覺有實際，不將爽然自失乎？故易翼傳者，實讀易之司南，尤後學之鍼砭也。愚末學易而從使閩，見是編，欣然嚮往，惜字久而蝕，幾不可讀，會先生之裔孫烈徵、錦鰲輩欲廣其傳，屬余讐校，遂不敢辭，而僭題其簡端。

萬曆乙卯五月庚午，邑後學裔壻余懋孳謹序。

上海圖書館藏清慶餘堂本。